# 두 유령

# 두 유령

## PHANTOMS OF A BELEAGUERED REPUBLIC

## 딥 스테이트와 단일 행정부에 포위된 공화국

## THE DEEP STATE AND THE UNITARY EXECUTIVE

스티븐 스코로넥, 존 디어본, 데스먼드 킹 지음
박동열 옮김

이매진

[이매진 컨텍스트 80]

## 두 유령
딥 스테이트와 단일 행정부에 포위된 공화국

초판 1쇄 2025년 8월 15일
지은이 스티븐 스코로넥, 존 디어본, 데스먼드 킹
옮긴이 박동열
펴낸곳 이매진
펴낸이 정철수
등록 2003년 5월 14일 제313-2003-0183호
전화 02-3141-1917
팩스 02-3141-0917
이메일 imaginepub@naver.com
블로그 blog.naver.com/imaginepub
인스타그램 @imagine_publish
ISBN 979-11-5531-156-1 (03340)

PHANTOMS OF A BELEAGUERED REPUBLIC: THE DEEP STATE AND THE UNITARY EXECUTIVE, REVISED AND EXPANDED EDITION
by Stephen Skowronek, John A. Dearborn, and Desmond King
© Oxford University Press 2021
All Rights Reserved.

PHANTOMS OF A BELEAGUERED REPUBLIC: THE DEEP STATE AND THE UNITARY EXECUTIVE, REVISED AND EXPANDED EDITION was originally published in English in 2021. This translation is published by arrangement with Oxford University Press. Imagine Books is solely responsible for this translation from the original work and Oxford University Press shall have no liability for any errors, omissions or inaccuracies or ambiguities in such translation or for any losses caused by reliance thereon.

Korean translation copyright © 2025 by Imagine Books.
Korean translation rights arranged with Oxford University Press through EYA Co.,Ltd.

이 책의 한국어판 저작권은 EYA Co.,Ltd를 통해 Oxford University Press하고 독점 계약한 '이매진'에 있습니다. 저작권법에 따라 한국 안에서 보호받는 저작물이므로 무단 전재와 복제를 할 수 없습니다.

수잔, 로라, 샘에게

## 일러두기

1. Stephen Skowronek, John A. Dearborn, and Desmond King, *Phantoms of a Beleaguered Republic: The Deep State and The Unitary Executive*, Oxford University Press, 2021을 한글로 번역한 책이다.
2. 'deep state'는 '딥 스테이트'나 '심층 국가'로 옮겼다. 이 책에서는 딥 스테이트를 대중적 담론이나 음모론으로 바라보는 동시에 현대국가의 속성을 보여 주려는 용어로 활용하기 때문이다. 따라서 주로 '딥 스테이트'로 옮기되 국가와 권력 구조에 관련된 학술적 성격이 강할 때는 '심층 국가'로 옮겼다.
3. 'deep state'에 맞춰 국가 제도의 복합성과 상호 의존을 '깊이(depth)'로 표현했다. 개념어로 쓰인 점을 강조해 주로 '심도'로 옮기지만 맥락에 따라 '심층'으로 옮겼다. 이 개념이 'deep'이나 'deeply' 등으로 변주될 때는 '깊게'나 '깊은' 등으로 바꿨다.
4. 행정부에 관한 대통령의 절대적이고 일방적인 통치를 뜻하는 'unitary executive'는 관례에 따라 '단일 행정부'로, 'unitary'와 'unity'는 주로 '단일한'과 '단일성'으로 옮겼다.
5. 'accountability'와 'responsibility'는 '설명 책임'과 '책임(성)'으로 옮겼다. '설명 책임'은 사후적으로 문책받고 설명해야 하는 책임을 뜻한다. '책무(성)'이라는 번역어가 일반적이지만, 딥 스테이트를 논의하는 중심에 선거를 거쳐 확보할 수 있는 정당성을 결여한 관료가 자리하기 때문에 '설명 책임'을 선택했다. 다만 'electoral accountability'는 '선거 책임'으로 옮겼다. 보통 '책임성'으로 번역하는 'responsibility'는 직무 자체에서 발생하는 책임을 뜻한다.
6. 'presidentialism'은 보통 대통령제(presidential system)를 가리키지만 정치에서 대통령 중심성을 옹호하는 견해를 지칭할 때도 사용했다. 비슷하게 'presidential democracy'는 대통령제 민주정을 의미하기도 하고 대통령에게 권력이 집중된 대통령 중심 민주정을 의미하기도 한다. 또한 'democracy'는 명확히 통치 체제를 의미할 때는 '민주정'으로, 그 밖에는 '민주주의'로 옮겼다.
7. 단행본, 신문, 정기 간행물 등은 겹화살괄호(《 》)를, 단행본에 포함된 장, 논문, 기사, 연극, 그림, 음악 등은 홑화살괄호(〈 〉)를 썼다. 원문에 표시가 있거나 이해를 돕기 위해 옮긴이가 추가한 내용에는 대괄호([ ])를 썼다. 원서에서 이탤릭체나 대문자로 강조한 부분은 굵게 표시했다.
8. 모든 각주는 옮긴이 주이며, 저자 주는 미주로 표시했다.

**차례**

옮긴이 글 오래된 미래, 미국에서 배워야 할 교훈 9

초판 서문 21
증보판 서문 25

## 1부 딥 스테이트와 단일 행정부
1장 백척간두에 선 미국 39
2장 약한 국가, 강한 국가, 깊은 국가 51
3장 단일 행정부 65
4장 공화주의적 해법 83

## 2부 풀려난 유령들
서론 107
5장 참모의 심층 115
6장 규범의 심층 128
7장 지식의 심층 156
8장 임명의 심층 190
9장 감독의 심층 236

## 3부 에필로그
10장 국가 심도를 숙고하기 267

증보판 후기 283

주 321
찾아보기 367

옮긴이 글

# 오래된 미래, 미국에서 배워야 할 교훈

## 대통령과 대통령제

대통령제가 일상에 가득했다. 2024년 12월 3일에는 한국 대통령이 계엄령을 선포했고, 미국 대통령은 2025년 4월 2일을 '해방의 날'로 명명하며 대대적인 관세 인상을 선언했다. 자멸에 가까운 결과가 둘째 공통점이라면, 첫째 공통점은 대통령이 일으킨 사건이라는 데 있다. 우리는 이제 '대통령 하나 잘못 뽑은' 결과에 익숙해졌다. 문제가 있다면 한 인물에 너무 많은 기대를 한다는 점일까.

이 책 《두 유령》은 다른 관점을 제시한다. 인물이 아니라 역사와 제도에 초점을 맞춘다. 정치란 인간의 일이지만 정치판 속 인간은 기물이기도 하다. 이 책은 게임의 규칙인 제도에 주목한다. '트럼프' 대통령이 아니라 트럼프 '대통령'이 중요하며, 대통령 직위를 둘러싼 제도들의 배치가 어떻게 정치에 영향을 미치는지 보여 준다. 곧 이 책은 대통령$^{president}$이 아니라 대통령직

presidency에 주안점이 있다. 트럼프는 외계인이 아니었다. 도널드 트럼프가 저지르는 기행은 대통령직의 변화를 보여 주는 교본으로도 손색이 없다.

이 책은 트럼프 1기 행정부를 다루지만 동시에 이런 행정부가 등장할 수밖에 없던 미국의 국가 형성 과정을 살펴본다. 길게 보면 트럼프는 헌법 제정부터, 짧게 봐도 1970년대부터 현재까지 미국 역사 속에 위치한다. 트럼프 임기 전체를 특징짓는 '단일 행정부 이론'과 '딥 스테이트 deep state 음모론'의 결합은 미국 국가라는 맥락 속에서만 제대로 이해될 수 있다.

## 단일 행정부 이론과 딥 스테이트 음모론

트럼프가 타의 모범이 되는 삶을 산 사람인지는 논란이 있겠지만, 현대 미국 대통령의 어떤 면모를 모범적으로 보여 준다는 데에는 이견이 없다. 이런 면모는 '단일 행정부'라는 말로 집약된다. 단일 행정부 이론은 말하자면 대통령과 행정부가 한 몸이 돼야 한다는 주장이다. 한국에서는 새삼스럽다. 한국인들은 대통령 비서실의 입김이 일선 공무원의 소신보다 강하고, 대통령 말 한 마디에 행정 업무 우선순위가 뒤집히는 상황을 많이 목격했다. 창작물이든 현실이든 말이다. 사극에서 왕이 하는 말을 안 듣는 신하는 대개 악역이다.

거꾸로 생각하면 미국에서 단일 행정부는 낯선 개념이라는 점을 알 수 있다. 그렇기 때문에 단일 행정부 이론을 제시해 새로운 제도 배치를 주장한 것이다. 미국 행정부와 행정 기관은 하향식 명령에 전적으로 복종하지 않는다. 적어도 1930년대 이전까지 지역 시민과 지역 정당이 관리 행정의 주도권을 쥐고 정부 행정 영역 자체를 형성해 온 역사가 있을뿐더러, 대통령 한 명이 행정부를 쥐고 흔들기에는 정규 절차와 청렴성, 전문성 등 관료가 지녀야 할 미덕이 걸림돌이 된다. 국민이 통치하는 민주주의 국가라도 국민이 뽑은 대통령에게 국가 운영을 전부 맡기지는 않는 법이다.

이런 역사적 배경 때문에 미국에서 단일 행정부 이론은 1960년대 말이 돼서야 점차 논리를 갖추기 시작한다(그렇게 된 역사는 4장에서 소개된다). 핵심은 미국 헌법 제2조 1항인 '권한 부여 조항 vesting clause'이다. '행정권은 미합중국 대통령에게 속한다'는 이 문장에는 관료가 없다. 독립된 기관도 없다. 제한도 없다. 단일 행정부 이론은 이 문장을 곧이곧대로 받아들여 대통령이 모든 행정권을 가질 수 있다고 주장한다. 다른 근거도 있다. 대통령은 전국 단위 선거를 거치는 유일한 공직자다. 결국 단일 행정부 이론이란 대통령이 행정부의 모든 것을 마음대로 할 수 있다는 발상이 헌법적으로도 정당하고 민주적으로도 정당하다고 주장하는 이론이다. 트럼프는 헌법과 선거 결과를 양손에 쥐고 정당성을 주장했다.

트럼프는 단일 행정부 이론을 딥 스테이트 음모론에 결합했다. 딥 스테이트란 원래 튀르키예나 이집트 등에서 정치를 통제하는 군부 세력을 분석할 때 쓴 용어였다. 트럼프는 용법을 확장해 딥 스테이트를 행정부 안에서 대통령에게 저항하는 비밀 네트워크로 규정했다. 단일 행정부 이론과 딥 스테이트 음모론을 연결하는 매개는 민주적 설명 책임 accountability이다. 자기는 민주적 정당성을 갖춘 대통령이지만 적대자들은 국민 의사에 반하고 국가의 심층에 눌러앉아 민주적 지도자를 방해한다는 수사가 완성됐다.

해결책은 다시 단일 행정부였다. 기득권 '늘공'을 통제하려면 낙하산 '어공'을 내려보내면 된다. 관료 조직을 법률이나 규범에서 해방시켜 트럼프가 지닌 의향을 100퍼센트 실현하면 된다는 말이었다. 트럼프와 단일행정부주의자들은 미국 국가에 딥 스테이트라는 낙인을 찍으면서 대통령직과 행정부를 사유화해 나갔다. 결국 단일 행정부 이론과 딥 스테이트 음모론은 서로 소환하는 한 쌍이 됐다.

그러나 저자들이 한 표현을 따르면 '미국 국가는 깊다$^{American\ state\ is\ deep}$.' 사실 현대 국가는 다 깊다. 국가 구조가 복잡하고, 책임이 분산되며, 횡적 교류를 거쳐서만 정상적으로 운영된다는 의미다(미국 국가를 둘러싼 논쟁은 2장에 소개된다). 현대 민주정 국가는 다수결 투표 시스템을 갖출 뿐 아니라 국민 지배를 실현하고 원활한 작동을 보장하기 위해 켜켜이 층을 쌓는 제도적 복합체다. 저자들은 이런 층들을 '심도$^{depth}$'라고 표현한다.

결국 트럼프가 단일 행정부 이론을 앞세워 공격한 표적은 현대 미국 국가 자체다. 트럼프 행정부 시기는 미국 국가가 매끈하게 작동할 때는 드러나지 않은 문제가 수면에 떠오른 시기였다.

## 대결 — 단일 행정부와 딥 스테이트

2부에서는 이런 배경을 전제로 트럼프 1기 행정부에서 단일 행정부와 딥 스테이트 사이에 벌어진 대결이 생생하게 펼쳐진다. 저자들은 국가의 심층을 참모진, 규범, 지식, 임명, 감독이라는 다섯 범주로 나눈다.

5장 〈참모진의 심층〉에서는 백악관에 주목한다. 대통령은 대개 정당에 소속되고, 대통령 참모진에는 대통령하고 다른 계파도 포함된다. 트럼프 1기 백악관은 공화당 기득권 세력과 포퓰리스트 반란 세력이 맞붙은 전장이었다. 게다가 대통령이 돼도 따라야 할 정규 절차가 있고, 보좌진은 대통령을

'가르쳐야' 한다. 트럼프가 납득할 수 없는 현실이었다. 딥 스테이트는 무역협정 서류 초안을 훔치고 충성파가 보낸 서한을 대통령에게 전달하지 않는 방식으로 대응했다.

6장 〈규범의 심층〉에서는 대통령이 내린 지시와 정부 기관이 보이는 행동 양식이 충돌한다. 연방수사국[FBI]은 정치적 개입에 영향을 받으면 안 되지만 정치적 대통령을 상관으로 둔다. 러시아가 미국 대선에 개입해 트럼프를 지원한 첩보가 들어오자 연방수사국의 독립성이 대통령하고 충돌했다. 트럼프에게 힐러리 클린턴을 기소하지 않는 연방수사국은 딥 스테이트 도당일 따름이었다. 연방수사국 요원들은 기관 메신저로 대통령 '뒷담화'를 하다 물의를 빚었다.

7장 〈지식의 심층〉에서는 단일 행정부와 과학이 충돌하는 장면을 볼 수 있다. 대체로 과학은 정치적 의지에 상관없이 존중받아야 하는 영역이지만, 트럼프는 대통령의 권위를 앞세웠다. 날씨를 조종할 수는 없었지만, 틀린 기상 예보를 틀리다고 한 예보관에게 훈계할 수는 있었다. 환경 규제에 공개 데이터만을 사용하라고 종용해서 폭넓은 탈규제화를 촉발하기도 했다. 자기 정책에 맞지 않는 연구 결과를 내는 연구 기관은 눈에 띄지 않는 곳으로 옮겼다. 팬데믹 대응은 사전 선거 운동에 맞먹었다. 딥 스테이트가 하는 저항은 산발적일 뿐이었다.

8장 〈임명의 심층〉에서는 대통령의 임명권과 해임권이 문제다. 트럼프가 제시한 기준은 오직 충성이었다. 전문성, 경력, 독립성 등 다른 자격 요건을 완전히 무시했다. 국가안전보장회의[National Security Council·NSC]를 운영하는 국가안보보좌관은 결국 무명 변호사에게 돌아갔고, 상원 인준을 통과하기 힘들 듯한 직책은 '대행'으로 채웠다. 트럼프는 '대행이 좋다'는 말까지 했다. 다행히 딥 스테이트에는 연방준비제도가 마지막 보루로 남아 있다.

9장 〈감독의 심층〉에서 단일 행정부는 국가의 제1부, 곧 의회에 맞서 싸운다. 의회는 공무원들을 상대로 소통 채널을 유지하고, 내부 고발자에 귀 기울이며, 행정부를 지속적으로 감독하려 한다. 트럼프가 받은 첫 번째 탄핵 조사는 의회가 지속적으로 노력하지 않으면 불가능한 일이었다. 탄핵 과정에서도 많은 하위 공무원이 기꺼이 증언해 '딥 스테이트'의 실체를 드러냈다. 그러나 이 과정에서 몇 가지 규정 위반이 벌어졌고, 탄핵은 당파로 갈린 상원을 통과할 수 없었다. 무죄를 선고받은 트럼프는 기꺼이 복수했다. 트럼프는 '마녀사냥'에서 살아남을뿐더러 2025년 현재 두 번째 임기를 보내고 있다.

트럼프 2기 행정부도 딥 스테이트를 상대로 전방위 공격을 진행 중이다. 무역대표부는 관세 유예를 몰랐다. 중앙정보국에서는 트럼프 수사를 맡은 직원과 검사들이 사임하거나 해고됐다. 관세 계산식은 경제학하고는 무관했으며, 대통령은 관세를 누가 무는지도 모르는 듯 발언했다. 법원은 대통령이 지닌 행정부 재편 권한과 임면권을 마구 휘두르려던 정부효율부$^{DOGE}$를 제지했다. 이제 행정부 직원들은 내부 고발보다는 정부를 떠나는 선택을 하는 추세다.

충성이 유일한 기준이다 보니 희극적인 상황도 연출됐다. 국가안보보좌관과 백악관 대변인은 인가받지 않은 메신저 '시그널'에 기자를 포함한 단체 채팅방을 만들고 예멘 후티 반군 공습 계획을 미리 공유했다. 이민국 국장은 값비싼 시계를 차고 불법 체류자 수용소 앞에서 사진을 찍었다. 하버드 대학교는 승인되지 않은 공문을 수령한 뒤 정부를 상대로 타협하려는 생각을 포기했다. 개인을 향한 충성은 호환성 강한 덕목이 아니었다.

## 헌법, 역사, 제도

'트럼프는 예외가 아니다.' 이 책을 관통하는 메시지다. 트럼프가 신봉한 단일 행정부 이론은 1960년대 말에 정교해졌고, '딥 스테이트'는 현대 국가의 특성을 과장하는 음모론이다. 트럼프가 특별한 점은 두 유령을 결합한 데 있을 뿐이다. 저자들은 대통령직을 둘러싼 제도 배치는 늘 바뀌었으며, 이런 역사적 변천을 제대로 파악해야만 현대 미국 국가가 마주한 문제를 올바로 풀 수 있다고 본다(자세한 이야기는 3부와 증보판 후기에 등장한다).

첫째, 헌법에 담긴 원뜻에 집착하면 안 된다. 저자들은 헌법을 글자 그대로 해석하는 '헌법 원본주의'와 '법률 형식주의'에 반대한다. 일단 '글자 그대로'라는 말에 어폐가 있다. 헌법 제정자들은 일치단결한 무리가 아닐뿐더러 최소한으로 동의한 요소는 다름 아닌 '철저히 탈정치화된 대통령'이다. 이런 사실은 우리가 신기하게 생각하는 미국식 선거인단 제도에 그대로 반영돼 있다. 원래 선거인단은 대중이 한 선택을 한 번 거르려고 고안된 제도다. 다시 말해 헌법 원본주의나 형식주의 해석을 따르려면 단일 행정부 이론을 완전히 폐기해야 한다. 이런 전제 없이 헌법을 단일 행정부를 옹호하는 논거로 사용할 수는 없다.

둘째, 대통령직을 둘러싼 제도 배치에서 사법부와 입법부가 하는 구실도 중요하다. 저자들은 주로 행정부 내부에서 벌어지는 다툼에 주목하지만 제도 배치가 변천하는 과정에서 정당과 법원이 변화하는 모습을 무시할 수는 없다. 여러 대목에서 설명하듯 대통령과 대통령 후보가 정당을 장악해 공당이 사당私黨처럼 운영되면서 대통령 권력이 개인화됐다. 정당은 자기 당 후보가 대통령에 당선하기를 기대하며 단일 행정부가 하는 행위를 적극적으로 제지하지 않는다. 또한 트럼프 행정부는 단일 행정부 이론을 추종하는 법률가들을 사법부에 대거 임용하면서 단일 행정부가 활동하는 범위를 넓히는 데 성공했다. 단일 행정부가 지닌 위험성은 행정부 사유화를 넘어 정부 전체를 장악하는 데 있다.

셋째, 헌법 문구가 아니라 정신을 보존해야 한다. 헌법을 글자 그대로 적용한다는 말은 처음부터 어불성설이었다. 대통령직은 금세 정치화됐다. 헌법 제정자들이 금기시한 정당도 거의 처음부터 등장했다. 저자들은 이런 상황에서 미국인이 헌법 자구에 집착하지 않은 점을 지적한다. 미국인들은 헌법 외적인 제도 배치를 거쳐 현실을 수용했다. 19세기에는 정당 정치를 매개로, 20세기에는 행정 영역을 거친 협치를 매개로 통치했다.

저자들은 21세기 미국인도 새로운 제도 배치를 창조적으로 구상해야 한다고 제안한다. 권력 분립, 그리고 견제와 균형이라는 헌법을 구성하는 두 원리와 공화주의 정신을 계승하는 방법은 헌법에 집착하는 태도하고는 무관하다고 설명한다. 1960년대 말부터 협치를 부정하고 대통령직을 개인화하는 흐름이 지속되기는 했지만, 19세기 말 정당 정치에 닥친 위기가 20세기 관리 행정을 거쳐 해결된 사례처럼 21세기에도 새로운 해법을 찾을 수밖에 없다고 진단한다.


**오래된 미래, 미국에서 배우자**

우리는 정부가 대통령 중심으로 운영될 때 어떤 결과가 빚어지는지 잘 안다. 윤석열 전 대통령이 2024년 12월 12일에 낸 담화문을 살펴보자. "지난 이 년반 동안 거대 야당은 국민이 뽑은 대통령을 인정하지 않고 끌어내리기 위해 퇴진과 탄핵 선동을 멈추지 않았습니다. 대선 결과를 승복하지 않은 것입니다. …… 거대 야당이 헌법상 권한을 남용하여 위헌적 조치들을 계속 반복했지만, 저는 헌법의 틀 내에서 대통령의 권한을 행사하기로 했습니다." 선거를 내세워 정당성을 강조하는 동시에 헌법을 강조하는 말이었다.

대통령이란 국민이 참여한 투표를 거쳐 당선한 행정부 수반이라는 점이 핵심이다. 대통령제는 국민 의지를 행정 조치를 거쳐 직접 해결하겠다고 약속하는 데 유리한 체제다. 의회에서 진행되는 복잡한 입법 절차, 정당 공천, 지역구 투표 등은 대통령 전국 선거처럼 직관적으로 민의를 대표하지 못한다는 논리는 명쾌해 보이며, 사실을 부분적으로 반영한다. 미국의 오늘은 한국의 어제이기도 하다. 딥 스테이트와 단일 행정부는 우리 현실을 설명하는 데도 꽤 유용하다.

제헌 의회에서 대통령제가 논의된 순간부터 비슷한 구도를 찾아볼 수 있지만, 여기에서는 문재인 행정부*부터 살펴봐도 충분하다. 대통령과 법무부 장관이 검찰총장하고 대립하며 '검수완박'을 외쳤다. 사람에 충성하지 않는다고 공언하던 검찰총장은 대통령이 됐다. 윤석열 행정부에서도 딥 스테이트와 단일 행정부는 여전히 대립했다. 전문가 집단도 권위에 맞섰다. 대통령과 의사 집단 사이에 벌어진 갈등은 비상계엄 선포 담화에도 반영됐다. 명령에 절대복종해야 하는 군인들이 의무를 저버린 덕분에 계엄이 일찍 끝날 수 있었다. 트럼프는 방해물 없이 명령을 관철할 수 있는 도구로 대행을 좋아한 대

---

\* 이 표현에서 벌써 한국은 삼권 분립이 허약하다는 사실을 알 수 있다. 한국은 대통령 선거 결과 '○○○ 정부'나 '○○○ 정권'이 출범한다고 한다.

통령일 뿐이었지만, 한국에서는 대통령직까지 대행이 맡아 민주적 정당성이 더욱 결핍된 채 몇 달을 지내야 했다('대행의 대행'과 '대행의 대행의 대행'까지 등장했다). 부정선거론은 아무 근거도 입증하지 못했지만, 선거관리위원회가 지녀야 할 신뢰성을 훼손하는 데 성공했다. 헌법적 책무인 선거 관리를 '가족 기업'이 하는 일이라고 생각하는 이가 기관에 있다고 보도됐고, 헌법재판소에 따르면 선관위는 감사원 감사 대상이 아니었다.

대통령이 부재한 상황에서도 비슷한 문제가 반복됐다. 2025년 대선 시기에 더불어민주당은 '테러 대응 TF'를 발족했다. 전직 국정원 '블랙 요원' 동향 신고도 들어온다고 했다. 대선 후보는 검사 파면을 공약했고, 유세에서는 내란 세력이 '국가 기관 내에 숨어' 있다고 주장하면서 이런 사람들을 '깨끗한 법정'에 세워야 한다고 발언했다. 딥 스테이트 도당을 대하며 단일 행정부가 느끼는 두려움이 짙게 느껴진다. 이 공포는 의혹으로 제기된 사안들이 진실인지 거짓인지하고는 무관하다.[*]

'깨끗한 법정'이라는 표현에서 알 수 있듯, 더불어민주당과 사법부 사이의 관계도 원만하지 않다. 이재명 후보 재판 진행을 두고 '삼권 분립이라는 것이 이제 막을 내려야 될 시대가 아닌가'라는 발언이 나왔고, 대법관 수를 30명이나 100명으로 늘리자는 법안도 등장했다(이 책 증보판 후기에서는 트럼프 1기 행정부가 사법부 체계를 재편하는 데 얼마간 성공한 내용을 확인할 수 있다). 이미 정당은 대통령과 대통령 후보를 중심으로 움직이는 형국이고, 사법부 구성까지 개입하려는 모습에서 이는 기시감이 크다.

---

[*] 2025년 대통령 선거가 시작된 계기를 생각할 때, 다른 정당이나 후보들에게는 민주적 정당성을 지렛대로 국가 기관하고 다툴 만한 여지가 적었다.

민주적 대표를 자임하는 이들은 관료 집단을 공격하고 관료 집단은 납득하기 힘든 사보타주를 저지른다는 전체 구도는 이 책에서 다루는 사례들에 견줘 별로 다르지 않다. 역사도 문화도 인물도 다른 두 나라에서 비슷한 현상을 관찰할 수 있는 이유는 대통령제 민주정이 취하는 기본 구도 때문이다. 구체적인 제도는 전혀 다르다. 그러나 대통령이 민주적 정당성과 헌법적 정당성을 개인에게 집중시키는 한, 그런 자원을 이용해 여당을 완전히 장악하고 한 몸으로 움직이는 한, 현대 국가의 심층이 민주적 위임을 제외한 여러 보조 수단을 요구하는 한, 원리는 같다.

헬레나 노르베리 호지가 《오래된 미래》에서 세계화가 가져온 폐해를 경고했다면, 《두 유령》에서 우리는 개인화된 대통령 중심 민주정이 가져온 폐해를 배울 수 있다. 비교는 좋은 출발점이다. 우리는 한국 대통령제의 역사를 알아야 하고, 현 상황을 만든 제도 배치를 알아야 한다. 제도의 역사가 우리의 현재를 규정한다.

## 감사의 말

스티븐 스코로넥, 존 디어본, 데스먼드 킹은 미국 정치 발전American Political Development·APD 접근을 취하는 학자들이다. 1970년대와 1980년대 미국 사회과학 학계에서 '국가로 귀환하기'가 대두한 뒤 미국 정치를 설명할 때 역사와 제도를 강조하는 흐름이 이 접근으로 모였다. 그중에서도 스코로넥은 대통령학의 거장이고 킹은 미국 국가론의 대가다. 디어본도 미국 대통령직을 다루는 빼어난 저작을 남긴 소장 학자다.

저자들이 일군 명성과 경력에 걸맞은 책이라 번역이 쉽지 않았다. 앞으로 쓸 박사 학위 논문에 연관된 내용인데도 학문 분과 사이에 놓인 장벽은 높았다. 도널드 트럼프 2기 행정부 출범과 비상계엄이 겹친 덕분에 혼자 공부하는 데 그치지 않을 수 있었다. 아주 압축적으로 서술된 1부와 3부는 이론적으로도 훌륭한 가치를 지녔다. 무지 탓에 오역할까 봐 여러 번 살펴야 했다(그런데도 남은 오역은 내 책임이다). 독자들에게는 장벽이 될 수도 있겠다. 트럼프 1기 행정부를 다루는 2부는 읽기가 훨씬 쉽다.

고마움을 전할 이들이 많다. 중앙대학교 사회학과 백승욱 교수께서는 지도 교수로서 20세기 초 미국 사회를 연구하더라도 메시지는 언제나 당대를 바라봐야 한다고 늘 당부하셨다. 이런 격려에 힘입어 번역을 시작할 수 있었다. 동료 대학원생들에게도 고마움을 전한다. 위진철은 각주 정리에 큰 도움을 줬다. 김진현, 오윤구, 송지현, 강석남은 역자 해제를 손질해 줬다. 사회진보연대에는 빚이 많다. 내가 현실에 눈감지 않는다면 이 사람들 덕이다. 늘 연구를 재촉하는 이진호 인천지부 사무처장과 이미지 광주전남지부 사무처장, 트럼프 행정부를 공부할 계기를 만들어 준 정책교육실 정성진 국장에게 고마움을 전하는 한편, 같은 부서 김진영 국장에게는 각별한 고마움을 전한다. 언제나 삶의 태도를 배운다. 마지막으로 학문한다면서 무엇을 하는지 보여 드린 것이 잘 없는데도 늘 응원해 주시는 부모님과 동생들에게 감사의 말을 남긴다.

## 초판 서문

도널드 트럼프 대통령을 다룬 초기 논평들은 이 시기를 대통령직의 나머지 역사에서 분리하는 경향이 있었다. '정상이 아니다', '일탈이다', '독특하다$^{sui\ generis}$'라는 식이었다. 이런 설명은 묘한 위안을 줬다. 트럼프 대통령을 가능하게 한 통치 구조가 아니라 대통령 자신에게 관심이 집중된 때문이었다. 그러나 대통령은 외계인이 아니다. 대통령은 우리 제도 속에서 자라났다. 이 책에서 우리는 트럼프 개인에게 매이기보다는 더욱 체계적인 조사를 하려 시도했고, 트럼프가 펼친 공연을 미국 국가$^{American\ state}$*의 상태를 보여 주는 중요한 논평으로 다루려 했다.

이 프로젝트는 2019년 겨울 옥스퍼드 대학교에서 커피를 마시며 나눈 대화에서 시작됐다. 데스먼드 킹은 로더미어 미국연구소에서 안식년을 보내는

---

* 'nation'이 공동체와 민족성에 주목하는 반면 'state'는 정치체와 법, 제도에 주목한다. 미국 국가 논의를 다루는 2장을 참조하라.

스티븐 스코로넥을 매주 너필드 칼리지로 초대해 함께 점심을 먹었고, 얼마 지나지 않아 두 사람은 트럼프 대통령이 '딥 스테이트'에 퍼붓는 공격이 국가 형성과 미국 정부를 만든 제도 설계에서 생긴 문제에 무엇을 시사하는지 토론하기 시작했다. 두 사람은 트럼프 시대에 등장한 서로 경쟁하는 제도 설계 아이디어와 그런 아이디어들이 실제로 일으키는 상호 작용을 분석하는 논문을 함께 쓰기로 결정했다. 특히 단일 행정부 주장이 현대 미국 국가에서 '깊이'가 지닌 가치를 묻는 질문을 전면에 부각하는 과정에 주목했다.

2019년 봄, 킹과 스코로넥은 여러 학자를 옥스퍼드 대학교로 초대해 트럼프 시대의 대통령직을 주제로 이틀간 깊은 논의를 나눴다. 이 학술회의에서 발표된 논문들은 그 뒤 대서양을 오간 토론이 이어지는 과정에서 상당한 변화를 겪었고, 곧 논문이라는 형식이 이 주제에 관련된 다양한 사안을 다루는 데 적절하지 않다는 점이 분명해졌다. 그때 예일 대학교에서 일하는 존 디어본이 프로젝트에 합류했다. 디어본을 만나 협업하면서 직관적 판단을 개념 설명과 경험 조사를 거쳐 정리해 독립된 장으로 구성한 결과 마침내 이 프로젝트가 책으로 완성됐다.

2020년 5월, 코로나바이러스에 따른 봉쇄 조치 때문에 머릿속에 품은 국가와 현실의 국가가 어긋나 보이는 상황에 원고가 완성됐다. 옥스퍼드 대학교 출판부는 책이 제작되는 동안 평소보다 더 긴 기간 동안 원고를 갱신할 수 있도록 관대하게 허락했고, 덕분에 8월 말까지는 최신 소식을 계속 반영할 수 있었다. 선거가 다가오면서 원고 수정은 중단돼야 했다. 선거가 가하는 압력 때문에 우리가 다룬 몇 가지 쟁점이 더욱 심화되는 듯했다. 대통령이 우정청Postal Service과 인구조사국Census Bureau에 개입한 새로운 사안들도 우리가 분석한 내용하고 비슷한 양상을 보였다.* 우리는 이런 논쟁을 역사적이고 분석적인 방식으로 정리해 21세기 미국에서 국가 권력의 조직과 배치가 지니는 중요성을 명확히 밝힐 생각이었다.

옥스퍼드 대학교 산하 로더미어 미국연구소에서 관장하는 위넌트 기금과 너필드 칼리지에서 관장하는 멜론 기금이 건넨 지원에 감사드린다. 또한 예일 대학교 맥밀란 센터 산하 대표제연구센터와 사회·정책연구소가 건넨 지원에도 감사드린다.

2019년 옥스퍼드에서 열린 학술회의에 참석한 나이절 보울스, 코리 브렛슈나이더, 가레스 데이비스, 새뮤얼 디카니오, 야나나 딜, 게리 거스틀, 어슐러 헤킷, 리처드 존슨, 할 존스, 트레버 맥크리스킨, 시드니 밀키스, 질리언 필, 앤드루 루달레비지, 다라 스트롤로비치, 피터 트루보위츠, 스티븐 턱이 한 기여는 우리들이 사고하도록 자극할 뿐만 아니라 집필 과정에서 중대한 영향을 미쳤다. 우리는 폭넓은 토론을 거치며 큰 도움을 받았고, 그중 많은 이가 개별 장과 초고를 읽고 귀중한 도움을 줬다. 브라이언 쿡, 블레이크 에머슨, 대니얼 갤빈, 잭 그린버그, 스테파니 히긴슨, 안드레아 카츠, 크리스티나 키넌, 디디 쿠오, 프랜시스 리, 데이비드 루이스, 데이비드 메이휴, 시드니 밀키스, 브루스 미로프, 카렌 오렌, 다프나 레넌, 노아 로젠블럼, 앤드루 루달레비지, 애덤 샤인게이트, 캘빈 터빅, 이안 터너, 벤저민 월드먼, 마거릿 위어에게 감사드린다.

옥스퍼드 대학교 출판부에서 일하는 데이비드 맥브라이드는 열정적이고 건설적인 편집자로서 귀중한 도움을 줬다. 에밀리 맥켄지와 제레미 토인비는 제작 과정에서 전문적 지침을 제시했다. 또한 익명 심사자 네 분에게 감사

---

★ 증보판 후기를 참조하면 된다.

린다. 우리는 심사평을 받아들고 긴 토론을 진행했으며, 그 결과를 바탕으로 중요한 수정을 시도할 수 있었다. 독자들이 품은 궁금증을 모두 풀 수는 없겠지만, 심사자들이 건넨 요구를 따른 덕분에 우리는 이 책에 담긴 목표와 내용을 훨씬 더 명료하게 만들 수 있었다.

**증보판 서문**

증보판 출간이 결정되면서 전체 주제를 반추하고, 논평을 살펴보고, 출간 뒤에 벌어진 여러 사건을 짚어 볼 기회가 생겼다.* 말미에 덧붙인 〈증보판 후기〉에는 2020년 대선과 조 바이든 집권기 초반에 생긴 사안들을 담았다. 여기에서는 [1기] 트럼프 대통령 시기 이후를 궁금해하는 독자를 위해 우리가 분석한 근거를 다시 살피려 한다.

우리가 책을 집필하기 시작할 무렵에는 도널드 트럼프가 좋은 정부**가 지녀야 할 기본 원칙을 함부로 무시하고 있다는 비판이 이미 충분히 제기됐다. 그렇지만 우리는 다른 문제, 좀더 마음에 걸리는 문제를 다루기로 했다. 우리가 판단할 때 트럼프 이전부터 기본 원칙들은 서로 충돌하고 있었다. 지

---

\* 이 증보판 서문에서 저자들은 전체 주제를 '관리(management)'와 '동원(mobilization)' 관계로 요약한다. 역사적으로 행정부 관리와 정치적 동원을 연결하는 제도적 배치에 주목하자는 주장인 셈이다. 그래서 관리와 동원이라는 열쇠말이 계속 변주돼 등장한다.
\*\* 'good government'는 '좋은 통치'[善治]와 '훌륭한 정부'를 함께 의미한다.

난 수십 년간 '이런 정부가 좋은 정부다'는 상식 자체가 문제가 됐다. 우리는 상식이 혼란에 빠지고 모순을 겪은 과정을 보여 주려 했다. 《두 유령》은 트럼프주의Trumpism가 출현할 수 있던 정치적 배치와 제도적 배치에 주목한다. 이런 배치들은 트럼프 이전부터 생겨나 트럼프 이후에도 살아남았다. 트럼프가 이런 배치를 활용한 방식을 분석하면 미국에서 대통령제 민주정이 달려온 종잡기 힘든 경로를 새로운 방식으로 이해할 수 있다.

대통령은 유권자를 동원하고 행정부를 관리한다. 두 활동은 대통령제 민주정을 구성하는 기본 요소다. 암묵적일 때가 많지만 사람들은 동원과 관리가 서로 보완될 수 있다고 기대한다. 그러나 이 기대가 문제의 요점이다. 두 활동은 자연스레 조화하지 않는다.

제도를 거쳐 정치적 동원과 행정부 관리가 연결된다. 둘의 관계는 제도에 따라 구성되고 표현된다. 대통령제 민주정은 이렇게 구축된 결과에 따라 대통령이 펼치는 두 활동이 서로 상대 영역을 잡아먹지 못하게 방지하고, 국민 통치와 책임 정부 사이의 균형을 건전하게 유지한다. 그렇지만 제도의 배치는 시기와 장소에 따라 매우 다양하다. 어떤 배치는 다른 배치보다 효과적이다. 어떤 배치는 해로운 결과를 초래하기도 한다.

제도 배치를 할 수 있는 경우의 수는 꽤 많지만, 처음에 미국 대통령직은 그 스펙트럼에서 벗어나는 유익한 예외로서 구상됐다. 제헌 회의 참가자들은 대통령 직위를 창설할 때 정치적 동원과 행정부 관리 사이의 긍정적 관계를 전혀 생각하지 않았고, 양자 사이의 연계를 아예 회피할 수 있어야 한다고 생각했다. 이런 구상 때문에 헌법 제2조에서 [1번 조항으로] 대통령에게 '행정권executive power'을 부여해 의회에 맞선 독립성을 확보하면서 바로 다음 조항으로 간접 선출 제도를 명시했다.* 행정권 행사는 정치적 파벌이나 이해관계를 지닌 도당, 대중의 열광하고는 분리돼야 했다. 헌법 제정자들은 정치화된 최고 행정관chief executive**을 혐오했다. 제정자들은 [대통령직] 정치화가 일어나면 안정적인 법 집행을 위협할 뿐만 아니라 결국 헌정 체계로 구현된 섬세한 균형에 충격을 줄 수 있다고 봤다. 헌법에는 국가 행정에 수탁된 정부 책무를 보호하기 위한 '동원 **없는** 관리'가 설계됐다.

정치화된 대통령이 통치에 혼란을 초래할 수 있다는, 건국 초기에 제기된 염려는 오늘날 미국에서 다시 발견돼 공감을 사고 있다. 그렇지만 그런 미래를 피하려고 헌법 제정자들이 한 여러 구상은 처음부터 어그러졌다. 대통령 권력은 대중 정치를 떼어 낼 수 없었다. 대통령은 대중하고 즉시 연계했으며, 이런 연계는 정부 전반에 꾸준히 영향을 확대해 나가다가 결국에는 기본 원칙이 됐다. 시간이 흐르면서 대통령직을 정치적 동원의 중심에 두는 일련의 대안적 제도 배치가 생겨났다. 또한 대통령 직무 설명서에 대중적 리더십이 포함되면서 동원과 행정부 관리 사이에 건설적 관계를 구축하는 문제가 언제나 현안으로 다뤄졌다. 오늘날 미국 대통령제 민주정에서도 이 관계를 올바르게 유지하는 문제가 지속적인 현안으로 취급된다.

《두 유령》에서 우리는 전국적인 정치적 동원과 행정부 관리가 서로 영향을 미치는 방식이 미국 헌정 체계 전체에 중요한 요소라는 점을 상기시키려 했다. 맨 처음부터 여러 시대를 거치면서 내내 말이다. 긴 역사 속에서 동원과 관리를 연결하는 여러 제도적 구축물이 있었다. 이 책은 [1기] 트럼프 임기를 이런 역사 속에 자리매김하며, 특히 1970년대에 일어난 심대한 변화를 지적

---

\* 미국 헌법 1조, 2조, 3조는 각각 입법부, 행정부, 사법부를 규정한다.
\*\* 행정부 수반인 대통령을 의미한다.

한다. 트럼프가 등장한 무렵은 대통령 선출 방식과 대통령 권력이 완벽히 재편된 뒤였다. 후보를 중심에 두는 정치적 동원이 권장됐고, 승자가 행정부를 사적 지지 기반이 직접적으로 연장된 기관처럼 운영하는 일도 가능했다. 트럼프는 이 가능성을 움켜쥐었고, 임기 동안 최근 상황이 흘러온 방향이 이상한 정도를 여실히 드러냈다. 트럼프 수중에서 관리는 동원하고 구별되지 않았으며, 그런 해로운 융합 때문에 정부는 거의 껍데기만 남게 될 뻔했다.

초기 미국 대통령제 민주정은 이런 결과를 방지하려는 목적으로 구축됐다. [그렇지만 실제로 실행된] 역사적 해결책은 국가 지도자로서 대통령이 훨씬 눈에 띄고 정치적인 기능을 수행한다는 점을 전제로 권력 분립을 완화하고 삼부 간 협력을 바탕으로 행정부를 통제할 수 있게끔 강력한 제약을 걸었다. 이런 재배치가 여러 번 일어나면서 실제 제도가 원래 헌법 설계에서 점차 멀어지지만 또 다른 측면에서는 건국 세대의 정서가 그대로 반복됐다. 곧 대통령 중심 포퓰리즘에 대항하는 강력한 공화주의적 반감이 계승됐다. 19세기 동안 대통령은 대개 방대하고 분권화된 정당 체계를 바탕으로 행정부를 간접적으로 통제했다. 20세기에 들어서며 개혁가들은 국가 자체를 '깊게' 만들었다. 행정 영역에 속한 공직자를 보호하고 전문 보좌진과 특수한 전문 지식을 수단 삼아 대통령 직위를 제도화하면서 일방적으로 명령을 강요하는 방식은 더욱 어려워졌다.

지난 수십 년간 드러난 양상은 매우 달랐다. 지역 정당 조직이 대통령을 통제하지 못하게 되면서 대통령 후보들은 독자적인 정치적 지지 기반을 더욱 자유롭게 구축할 수 있었다. 동시에 새로운 법률 형식주의*가 대두하면서 권

---

* 법 조문의 문자적 의미와 논리 형식을 중시하는 법 해석 이론이다. 간단히 '형식주의'로 옮긴다.

력 분립이 경직됐고, 현직 대통령이 '행정권'을 직접적이고 배타적으로 통제할 수 있어야 한다는 주장도 거세졌다. 그 결과 익숙한 요소들의 기묘한 결합이 등장했다. 정치화를 막기 위해 권력 분립을 추구한 원래 도식과 다르게, 새로운 제도 배치는 대통령이 행정부를 정치화하도록 촉진한다. 또한 건국 뒤에 정치화된 대통령직을 통제하려는 방편으로 권력 공유를 채택한 데 견줘 새로운 제도 배치는 권력 공유에 적대적이다. 대통령직 정치화와 권력 분립이 결합하면서 기본 원칙들이 유례없이 불안정하고 분열적인 방식으로 뒤섞였다.

새로운 제도 배치에 내재한 동학은 2016년부터 2021년 사이에 가장 생생하게 작동했다. 트럼프는 개인 중심 정당의 출현과 '단일 행정부' 주장 사이에 강한 친화성이 있다는 점을 보여 줬다. 또한 트럼프는 사당이 된 정당과 단일 행정부 이론이 결합하면 대통령과 행정부 사이의 긴장이 커질 뿐 아니라 행정 영역에 필요한 보호 수단을 없애려는 대통령 활동에 기름을 부을 수 있다는 사실을 보여 줬다. 그러나 이런 점이 전부는 아니었다. 트럼프가 벌인 행정부 '해체' 활동은 기본 원칙 수호라는 미명 아래 추진된 점에서 특히 주목할 만하다. 트럼프는 헌법적 권한과 국민의 의지를 명분으로 '딥 스테이트', 곧 자기 뜻에 반대해 행정부 내부에서 일어난 저항을 공격했다.

본문에서 자세히 설명한 대로 딥 스테이트와 단일 행정부는 복잡하기로 악명 높은 미국 정부 설계에서 추론된 명제다. 우리는 이 둘을 '쌍둥이 유령 phantom twins'이라고 부른다. 헌정의 그늘 속을 배회하며 헌법의 모호함 속에서 서로 불러내기 때문이다. 대통령이 단일 행정부, 곧 대통령이 행사하는 위계적 통제를 고집하면 행정 요원은 저항할 수밖에 없다. 의회가 행정 관리자들에게 강제 명령을 수단으로 하는 지배에 맞서 자기 자신을 방어할 수 있는 강력한 자원을 부여하기 때문에 가능한 일이다. 그리고 행정 요원이 대통령 통제에 저항하면, 이번에는 '최고' 행정관이 격노해 선거를 거쳐 부여된 권한의 보장, 행정부의 단일성, 행정 영역의 복종을 더욱 첨예하게 주장한다. 이런 상황은 헌법만으로 해결할 수 없는 난제다. 헌법 구조 자체에 뿌리박힌 문제이며, 구체적으로는 권력 분립 원리와 견제와 균형 원리 사이의 긴장 속에 자리 잡은 문제다. 역사에서 지침을 찾자면 가장 좋은 방법은 헌법 틀 안에서 분열을 봉합하고 부처 간 협력을 증진하는 제도적 혁신일 수 있다.

예리한 독자 한 명은 트럼프 시대에 미국 정부에서 풀려난 두 유령이 매력적인 경험적 대응물을 지닌다고 지적했다.[1] '딥 스테이트' 유령은 책임을 문책할 수 없는 권력을 향한 두려움을 자극하지만, 행정 수단들이 정교하게 구조화되고 정치에서 단절되면서 생겨난 '심도'(깊이)는 가치 있는 국가의 속성으로 실재한다. 심도는 역량과 전문성, 지속성과 일관성, 협의와 협력의 기반을 강조하는 개념이다. '단일 행정부'도 도플갱어가 있다. 지난날 정부 운영 전반에서 '단일성'을 꾀하려고 만들어진 다양한 비공식적 제도 속에 말이다. **행정부 내부**의 단일성은 권력 분립이라는 헌법 원칙에서 유래한 통념으로, 좋은 정부란 대통령이라는 한 인물이 지닌 책임성과 그 인물이 국민에게 지는 개인적 설명 책임에서 나온다고 보는 관점이다. 반면 지난 시기에 제도 배치는 단일성을 **부처 간** 협력 관계에서 찾았고, 좋은 정부란 여러 부처가 공동으로 정부 책무를 책임지면서 생겨난다고 보는 관점에 따라 형성됐다. 이런 점에서 20세기 초 진보주의 구상은 특히 주목할 만하다. 진보주의자들은 헌법이 분리한 요소(대통령과 의회)를 더욱 긴밀히 연결하는 한편 헌법이 결합한 요소(대통령 권력과 공공 행정)을 더욱 확실히 분리하려 했다.

몇몇 독자는 이 책이 결국 단일 행정부의 위협에 맞서 행정 영역의 심도를 옹호하는 내용이라고 말했다.[2] 타당하다. 미국인들은 관료를 의심하고 강한 대통령을 이상화한다. 이런 이유로 행정 영역의 심층에 자리한 정부의 자산은 과소 평가되고 외부 위협에 취약해진다. 《두 유령》은 트럼프 대통령이 행정 영역의 심층을 집요하게 공격한 결과 역설적으로 심도의 가치가 부각한 데 주안점을 뒀다. 트럼프가 공격한 덕분에 정부가 보유한 관리 행정 자산이 의도하지 않게 전면에 드러났고, 우리는 그런 동학을 추적해 심도가 지닌 가치를 더욱 분명하게 조명할 수 있었다.

그러나 심도가 미국 국가에 주는 부담을 외면한 채 분석을 진행한다면 우리가 한 논의는 설득력을 잃을 수 있었다. 관료제 통제는 실질적이고 지속적인 문제이며, 우리는 이 문제를 은폐할 의도가 전혀 없었다. 우리는 조사 과정에서 대통령에 맞서 관료들이 벌이는 강한 저항을 목격했으며, 그중 일부는 노골적인 전복 행위에 가까웠다. 우리는 두 측면에 내포된 가치와 위험을 솔직하게 평가하자는 목표를 세웠다. 우리는 다양한 영역에서 벌어진 실제 사례를 선별했다. 사례를 보면서 대통령이 내세운 주장과 대통령이 공격한 표적이 내세운 주장을 검토했다. 기본 작동 원리를 지탱하는 규범과 분별력이 가장 심각하게 시험받는 환경 속에서 시스템이 작동하는 방식을 평가했다.

결과를 종합하면 심도가 보호하는 가치를 자의적인 강요가 위협한다는 주장은 사실로 밝혀졌으며, 자의적 강요가 지닌 위험이 심도의 가치를 보호하는 데 따르는 위험을 능가하는 듯 보였다. 우리가 발견한 관료제의 책략은 모두 비교적 빠르게 무력해졌다. 그러나 대통령이 감행한 격정적 개입을 두고는 같은 말을 할 수는 없다. 대통령이 행정부를 더 강하게 장악하는 방식은 심도가 던지는 문제를 해결하는 간단한 방법으로 보일 수 있다. 그러나 심도는 좋은 정부를 정의하는 상식적 통념 중 하나다. 트럼프 행정부를 거치면서 상식의 정의가 혼란스러워진 면이 있지만 말이다. 다행스럽게도 우리는 집합적 해법을 실험한 다른 전통에 의지할 수 있다. 약간의 창의성과 제도적 임시방편만으로 단일한 지휘 통제 체계라는 과잉 수단을 떠안지 않은 채 심도가 제기하는 도전에 효과적으로 대응할 수 있을지 모른다.[3]

그래도 몇몇 독자는 트럼프식 단일 행정부가 지나치게 과장돼 오히려 단일 행정부 개념을 왜곡하고 있다고 반박할지도 모른다.[4] 단일 행정부 이론을 두둔하는 대표적인 옹호자 중 한 명은 이런 맥락에서 트럼프를 '별종oddball'이라고 평가 절하했으며, 이 책에서 심도를 제거하려 트럼프가 벌인 활동을 지나치게 과장한다고 주장했다.[5] 트럼프가 벌인 활동이 실제로 거둔 효과는 〈증보판 후기〉에서 좀더 자세히 평가할 예정이다. 여기에서는 이렇게 말해두기만 해도 충분할 것 같다. 우리는 그 문제를 다르게 본다. 행정부를 향해 트럼프가 감행한 공격은 좋은 정부의 기본 원칙을 바꾸려는 유력한 이론, 곧 단일 행정부 이론에서 도출됐다. 다년간 변호사, 판사, 헌법학자로 구성된 사단이 이 이론을 발전시켰고, 그런 과정에서 대통령이 행정부 통제를 심화하려는 시도를 정당화하는 데 일조했다. 백악관과 법무부에 속한 고위 공무원들은 여러 차례 단일 행정부 이론에 기대어 트럼프가 한 행위를 정당화했다. 이제 더 이상 단일 행정부 이론은 애매한 무엇이 아니다. 우리는 트럼프 행정부 시기에 단일 행정부 이론이 실제로 작동하는 과정을 목격했다. 단일 행정부 구상에 담긴 의미는 대통령 권력을 추구하는 적극적 전개를 거치며 명료해졌다.

딥 스테이트 혐의는 여기서 두드러졌다. 이 음모론은 단일 행정부 이론에 담긴 정치적 함의를 예리하게 깎아 내서 주로 형식주의적이고 헌법적이던 이론을 무기로 벼려 냈다. 트럼프는 심도를 보호하는 장치가 대통령을 선출한 국민의 의지를 가로막는 장애물이라고 낙인찍었다. 대통령이 행정부 권위를 단독으로 지닌다는 형식주의적 주장에 국민의 정치적 위임과 국민 투표적 특권을 결합한 논리였다. 그 결과 헌법은 본래 자기가 막으려 한 종류의 권력을 촉진하는 수단으로 탈바꿈했다. 형식주의는 개인적이고, 포퓰리즘적이고, 카리스마적인 대통령직을 강화하는 도구가 됐다. 헌법이 그런 종류의 권력하고 충돌한다는 주장에 트럼프가 동원한 지지층은 아주 솔직하게 대답했다.

"그만 좀 해라."

"선거에는 결과가 따르기 마련이지."

트럼프는 별종일 수 있지만, 트럼프주의가 제기한 문제는 제도적인 사안이다. 그렇기 때문에 트럼프가 수행한 대통령직을 일탈로 단정하면 안 된다. 트럼프는 요즘 들어 제도가 발전하며 나타난 혼란스러운 경향들을 효과적으로 이끌어 내고 결합했다. 수십 년간 여러 논평가가 개인 중심 정당을 매개로 한 정치적 동원은 위험하다고 경고했다. 그런 점에서 트럼프주의는 전혀 이례적이지 않았다. 오히려 개인 중심 정당을 매개로 한 정치적 동원이 가장 분명하게 구현된 사례였으며, 그동안 역사적 전개를 두고 제기된 염려를 명확히 입증했다. 물론 트럼프는 '극단적' 사례였다. 그러나 트럼프는 경향을 정교하게 다듬었고, 그런 과정에서 우리에게 현재의 제도적 배치에서 무엇이 어긋나 있는지를 자기 자신의 됨됨이만큼이나 여실히 드러내 보였다.

관리 측면에서는 조금 다른 양상이 펼쳐졌다. 수십 년에 걸친 '단일 행정부' 선동은 현재의 제도 배치에 매우 비판적이었다. 이 개혁 운동을 상징하는 수사가 보여 주는 요지는 정부를 건국 원칙으로 되돌리고, 행정부 조직에 축적된 오류를 바로잡으며, 헌법 제정자가 의도한 방향에 맞춰 행정 통제를 다시 배치하자는 데 있었다. 이런 목표에 맞춰서 단일 행정부 옹호자들은 헌법 2조의 '권한 부여 조항'*에 적힌 단호한 문구에 집착했다. 그러나 동원이 관리에 연결되는 방식을 아는 사람에게는 기본으로 회귀해야 한다는 주장이 분명히 어색하게 들릴 수 있다. 동원과 관리의 관계라는 결정적 문제를 해결하려고 제정자들이 감행한 시도는 명백히 실패했다. 동원 없는 관리는 만들어지마자 종결됐다. 결국 그 뒤 세대들은 이 문제를 저마다 나름의 방식으로 다시 고민해야 했다. 지난 200여 년 동안 임시방편으로 마련된 제도들은 제정자들이 고안한 정식이 지닌 한계를 보완하려는 시도였고, 개혁가들이 떠올린 다양한 해결책은 정도에서 차이는 있을지언정 모두 원래 헌법이 설계된 방식을 겨냥한 직접적 비판이었다.

이런 문제는 오늘날 기본 원칙을 둘러싼 혼란에 직접 맞닿아 있다. 헌법 2조 1항의 본문에서 '권한 부여 조항' 바로 다음에 나오는 대통령 선출 방식이 어떤 내용인지 기억해 내면 이 조항을 둘러싼 길고 고통스러운 논쟁을 무력하게 만들 수 있다. 반복해 대안을 검토한 끝에 채택된 우회적 선출 방식은 헌법 설계의 핵심 중 하나였다. 헌법은 권력을 분립하면서 대중하고는 간접적 방식만으로 연결된 공직자에게 '행정권'을 부여했다. 대중적 리더십을 견제해서 대통령을 국가적 이익과 성실한 법 집행 의무에 묶어 두려는 목적이었다. 그러나 이 전략이 무너지고 대중적 리더십이 부상한 뒤로 헌법 원칙을 지키는 과제는 동일한 목적을 달성할 수 있는 비정형적 수단을 새로 마련하는 문제로 바뀌었다. 다시 말해 대통령직을 탈정치화하겠다는 원래 구상을

---

* 미국 헌법 1조, 2조, 3조의 각 1항은 각각 입법부, 행정부, 사법부에 부여하는 권한을 규정하며, 따라서 각 조의 첫 문장은 '권한 부여 조항'이나 '수권 조항'으로 불린다.

되살리지 않는 이상 '원본주의자'*가 주장할 수 있는 방안이란 기껏해야 원래 의도를 불완전하게 해석한 결과일 뿐이며, 그런 왜곡된 해석은 오히려 근본적 혼란을 심화시킨다.

헌법 제정자들은 강력한 대통령직을 원했지만, 동시에 행정권이 사적인 추종 세력에게 도구로 활용되는 상황을 경계했다. 원래 의미라고 할 수 있는 무엇인가를 되살리려 한다면 바로 이 지점에서 출발해야 한다. 이제 제정자들이 두려워한 악몽이 현실이 된 모습을 목도한 때문이다. 권한 부여 조항이 작성된 뒤 대통령 선출 방식은 빠르게 변화했다. 그렇기 때문에 해당 조항을 '문자 그대로' 보는 방식으로 서둘러 회귀하려는 시도는 딱 부러지게 위험이라고 규정할 수는 없지만 잘못된 시도는 맞다. 원문만 좇는 축자逐字식 해석을 시도하면 현실적으로는 대통령제 민주정의 기본 원칙들이 서로 충돌하는 결과를 불러올 뿐이다. 트럼프 행정부는 그런 불일치를 명확히 드러냈다. 정치화된 대통령이 행정부 전체를 장악하고 이런 상태를 제정자들이 사용한 언어를 빌려 정당화하는 방식은 역사를 기만하는 행위다. 행정권은 오랜 기간 실용적이고 권력을 공유하는 제도 배치를 통해 확대됐으며, 이런 행정권을 대통령이 '전부' 장악하려는 시도는 정치적인 미끼 상술에 가깝다. 사실상 판에 박힌 트럼프주의 문구인 셈이다.

결국에는 트럼프 대통령직이라는 기이한 스펙터클과 그런 현실을 발생시킨 근원적 문제 사이의 밀접하면서도 역설적인 연결이 드러난다. 트럼프 행정부는 권력 분립이 남긴 채무를 완벽히 구현했다. 헌법 제정자들이 선출 제

---

* 원본주의(originalism)는 미국 법학에서 헌법을 원문 그대로 이해해야 한다는 접근이다. 반대 진영은 '살아 있는 헌법(living constitution)'이라고 불린다.

도를 통해 미리 방지하려 한 문제였다. 우리는 원래의 헌법적 해결책이 남긴 한계를 극복하려 여러 차례 시도했지만, 이제는 원점으로 돌아와 처음에 제기된 염려를 마주하고 있다. 역사적 반전은 뚜렷하다. 트럼프 대통령직은 동원 없는 관리의 거울상이었다. 이 시기는 처음부터 끝까지 정치적 동원으로 일관했고, 모든 거버넌스가 지닌 가치는 대통령 중심 당파성에 잠식됐다.

    개혁가들은 대통령직을 강화할 때마다 정치적 동원과 행정부 관리 사이의 관계를 재구성했다. 현재의 제도 배치에서 드러난 기능 장애가 폭로된 지금, 우리는 이 관계를 재구성해야 한다. 미국 역사를 보면 관리와 동원이 모두 집합적 기반 위에 놓이고 상호 영향을 고려하며 조정될 때 국가가 잘 작동한다는 사실을 알 수 있다. 《두 유령》은 구체적인 개혁 방향을 제시하지는 않는다. 그러나 단일 행정부가 낳는 병증은 전체론*적이고 실용적인 방식으로 접근해야 가장 효과적으로 해결될 수 있다고 제안한다. 헌법상 규정된 형식적 권력 분립, 특히 권한 부여 조항에 더는 집착하지 않는다는 의미다. 대신 우리는 대통령직을 둘러싼 비공식적 제도 배치, 특히 정당의 조직 구조와 대통령 선출 제도의 구성 방식에 더 많은 관심을 기울여야 한다. 인격을 중심에 두는 대통령직에서 벗어나 국가 운영에 따르는 정치적 설명 책임을 집합적으로 이해해야 한다. 그렇게 해서 우리는 다시금 기본 원칙들을 일치시키고, 그동안 원칙들이 상충하며 생겨난 긴장을 완화하고, 이제는 사라진 부처 간 협력이라는 기예를 되살리고, 좋은 정부에 관한 상식을 재건한다는 희망을 품을 수 있다.

---

\*   전체론(holism)은 어떤 현상을 구성 요소가 아닌 총합으로 이해해야 한다는 관점으로, 보통 환원론(reductionism)에 대비되는 개념이다.

# 1부
# 딥 스테이트와 단일 행정부

1장

# 백척간두에 선 미국

2016년부터 2020년 사이 트럼프 대통령은 행정부 관할 기관의 저항에 부딪힐 때마다 '딥 스테이트'(심층 국가)의 음모를 주장했다. 미국 시민들은 대통령의 권한을 견제하고 국민의 의사를 방해하는 그림자 정부가 있다는 주장에서 '국민에게 설명하지 않는 권력'이라는 오랜 공포의 대상을 떠올렸다. '심층 국가'라는 말은 원래 튀르키예와 이집트 같은 나라에서 나타난 권력 구도를 가리켰다. 이런 나라에서는 군부가 정치 지도자를 감시하고 정치 활동을 제약했다.[1] 이 단어는 오늘날 훨씬 넓은 범위를 포함한다. 딥 스테이트는 여전히 국가의 '수호자'를 자칭하는 비밀 집단을 가리키지만, 트럼프 시기 미국에서 이 말은 특정 관료 집단을 비난하는 용어로 쓰였다. 행정부에 소속돼 있으면서도 국가의 '최고' 행정관인 대통령이 지닌 권한보다 자기 자신의 이익과 이데올로기를 우선시하는 집단이 바로 딥 스테이트였다. 트럼프는 정당하게 선출된 지도자가 정치적 우선순위를 추구할 수 없게 방해하는 세력에 딥 스테이트라는 이름을 붙였으며, 단단히 자리 잡은 관료 집단과 그 집단을 지원하는 폭넓은 네트워크가 딥 스테이트의 실체라고 주장했다. 미국처럼 국가를 불신하는 정치 공동체에서 딥 스테이트라는 유령은 국가적 악몽이다. 트럼프는 이 악몽에서 깨어나려면 강력한 지도자strongman가 국가를 장악해야 한다고 주장했다.

미국 정부와 튀르키예 정부는 매우 다르다. 트럼프 세력이 미국에 심층 국가가 있다고 이야기해도 정치적 과장으로 치부되기 일쑤다.[2] 그렇지만 아무리 허황돼 보여도 딥 스테이트 음모론을 덮어놓고 무시하면 오류에 빠질 수 있다. 2018년 9월, 트럼프 행정부 내부 인사가 《뉴욕 타임스》에 익명으로 기고한 유명한 칼럼을 보자. 그 인사는 '백악관과 주변의' 고위 관료들이 '[대통령의] 어젠다와 최악의 성향이 해를 끼치지 않도록 내부에서 열심히 노력하고 있다'고 밝히면서 불안을 가라앉히려 했다. 이렇게 익명 저자는 대중들이 보내는 폭넓은 지지를 전제로 글을 쓸 뿐 아니라 정무직 고위 공무원 중에 '수호자' 가치관을 지닌 사람이 있다는 암시도 했다. 정무직 공무원은 대통령 개인의 이익에 봉사한다는 선입견을 거부한 셈이다. 최상위 관료를 자처한 이 '익명' 저자는 정부 정책을 개인적 '변덕'에서 '단절'시키고 경솔한 지시를 '저지'하겠다는 결의를 표명했다. 또한 '저항'을 자랑스럽게 옹호했으며, 이런 저항이 본질적으로 '우리 민주주의 제도를 보존하기 위한' 활동이라고 주장했다. 대통령의 의지를 행정 관료가 꺾는다는 딥 스테이트 음모론에 정반대되는 이야기다. 비대한 자의식을 지닌 지도자야말로 악몽의 주인공이다. 이 시나리오에서 지도자는 '방 안의 어른들'[*3]을 무시하며 권한을 행사한다.

'익명' 저자는 자기가 한 활동이 '딥 스테이트' 음모가 아니라 '안정된 국

---

\* 책임 있고 분별 있는 사람들을 가리킨다.

가steady state가 작동'한 결과라고 말했다.⁴ 그러나 두 표현은 큰 차이가 없다. 이 관료는 의무감을 드러내면서 대통령이 정부에 품은 의심을 고스란히 요약했다. 국가 관리자들이 하는 일과 최고 행정관이 거는 기대 사이에는 넓은 간극이 있다. 다시 말해, 안정된 국가란 행정 영역에 복종과 정치적 응답성을 요구하는 대통령하고는 거리가 멀다.

같은 현실을 두고 두 가지 상반된 개념이 부딪쳤고, 각 개념이 지향하는 바도 달랐다. 이렇게 되면 트럼프 세력도 진실을 어느 정도 이야기한 셈이라고 볼 수 있다. 도발적인 행간을 잠시 무시하면, 트럼프가 맞서 싸운 현실에서 명제를 하나 추출할 수 있다. 한마디로, 미국 국가는 '깊다'American state is 'deep'. 심도는 20세기 정치 발전이 가져온 산물 중 가장 두드러진다. 이 시기 행정 수단과 자문 수단이 크게 확장하면서 국가는 한층 깊어졌다. 딥 스테이트를 정치적 날조라고 무시더라도 국가 심도는 인정하는 편이 좋다. 정부 조직도만 훑어봐도 심도를 확인할 수 있다.

국가가 깊다는 말은 삶의 모든 측면에 공공 부문이 침투해 있다는 말하고 같다. 이것이 심도가 지닌 첫 번째 의미다. 국가는 사회 규제와 국가 안보에 막대한 자원이 투입되면서 깊어진다. 트럼프는 딥 스테이트를 공격하면서 깊어진 국가 활동을 뒤흔들려 했다. 정부가 맡은 책무를 바꾸려 했고, 어떤 정책은 폐지하려 했다. 공평하게 말하면, 대통령은 늘 기성 제도를 뒤흔든다.⁵ 모든 대통령은 자기가 취임하기 전에 확립된 제도 배치를 교란하고 정부 책무를 재구성하려 들며, 그 결과 '안정된 국가'의 관리자는 압력을 느낄 수밖에 없다. 우리는 각 대통령이 자기 식으로 '행정부administration*'를 구성한다고 대수롭지 않게 말하지만, 이 말에 담긴 실제 의미를 깊게 생각해 보지는 않는다. 각각의 '행정부'가 구성될 때마다 핵심 질문이 제기된다. 이번 행정부에서 터질 혼란의 범위와 강도는 어느 정도인가?

이렇게 보면 심도가 지닌 다른 측면을 살펴볼 수 있다. 이를테면 국가의 행정 시스템은 폭넓을 뿐만 아니라 밀접하게 연결돼 있다. 백악관에서 세관 사무소에 이르기까지 정부 운영 단위들은 특정 목적에 따라 조직되며, 임무와 책임, 규칙과 절차, 규범과 규약을 통해 정교하게 움직인다. 심도를 이야기할 때 넓은 범위만을 생각해서는 안 된다는 뜻이다. 정부의 꼭대기에서 바닥까지, 각 단계의 권한을 자의적 결정과 개입에서 보호하는 장치도 심도를 구성하는 일부다. 이런 매개 수단은 정부 통제를 비인격화하고 개인적 선호보다 공식 의무를 앞세울 수 있게 만든다. 이렇게 해서 국가는 더욱 깊어진다.

행정부 지향을 상층에서 바꾸는 일이 어렵다면, 원인은 심도가 그런 성격을 띠기 때문이 확실하다. 깊게 뿌리내린 저항이 다양한 모습으로 나타날 수 있다. 그러나 방향 전환의 용이성은 국가 권력을 조직할 때 고려해야 할 많은 가치 중 하나일 뿐이다. 대신에 심도는 안정성과 지속성을 보장한다. 심도는 방향 전환의 타당성을 점검하고 관련 계획을 미리 검토하는 데 도움을 주며, 정부는 신중한 숙고를 거쳐야만 책무를 이어 가거나 변경할 수 있게 고정된다. 더 깊은 국가를 만들면 설명 책임이 더욱 폭넓게 공유되고 재량이 더 너르게 감독받을 수 있다. 또한 정부 기관 사이에 하향식뿐 아니라 상향식 소통과 횡적인 소통을 위한 통로를 제공할 수 있다.[6] 결과적으로 국가의 심도는 정치적 리더십이 공공의 목적을 더 효과적으로 수행할 수 있도록 돕는다.

---

* 'administration'은 각 대통령 임기 동안 구성한 행정부를 지칭하는 말이기도 하고, 일반적인 정부 행정 업무 영역을 의미하기도 한다. 이 책은 행정 업무 영역이 지닌 고유한 자율성과 논리를 강조하기 때문에, 대통령과 구분하려는 목적에서 행정 관료나 행정 기관을 통칭할 때는 '행정 영역'이나 '관리 행정'이라는 표현을 썼다. 'administrative'도 마찬가지 원칙으로 옮겼지만, 'administrative state'를 옮길 때는 대중적으로 잘 알려진 '행정 국가'를 골랐다.

국가의 심도는 인적 자원 차원에서 명백하다. 미국 국가는 기술적 노하우와 운영 경험 속에서 작동한다. 미국은 방대한 전문 지식, 관리 기술, 제도적 기억이 형성한 저수지에서 자원을 끌어낸다. 오늘날 국가가 지닌 권위는 법과 정치에서 나올 뿐 아니라 지식에서도 나온다. 임무와 규칙, 규범과 절차가 행정 수단을 보호하고 다양한 소통 통로를 촉진하면서, 미국 정부는 점차 법적이고 정치적인 프레임 속에 지식 기반형 권위를 수용했다. 그러나 지식이라는 차원에서 심도는 정부가 아니라 이해관계를 맺은 외부에서 가장 잘 드러난다.

국가와 외부의 연계, 곧 국가가 대학, 전문 협회, 싱크탱크, 언론 매체 등하고 맺는 관계는 폭넓다. 이런 유대는 문화와 평판에 따라 만들어진다. 이런 유대가 있기 때문에 행정 관리자*는 명확한 기준 아래 결정할 수 있고, 정치가인 책임자에 조언할 근거를 마련할 수 있으며, 공식적인 정부 바깥을 향해서도 목소리를 전달할 수 있다. 이 모든 요소가 딥 스테이트 논란을 다룰 때 중요하다. 관리자가 오랫동안 습득한 '퇴적된' 정부 운영 지식도 마찬가지로 중요하다.[7] 여기에서는 관리자들이 이 지식을 업무를 잘 수행하려고 사용하는지, 아니면 딥 스테이트 비판자들이 주장하듯 스스로 야망을 추구하려고 사용하는지가 문제가 된다.

다음 장에서는 심도를 보여 주는 지표를 상세히 검토할 작정이다. 대통령 이야기를 마무리하자. 역사적으로, 국가 행정 역량이 확장되면서 미국의 최고 행정관은 이득을 봤다. 국가 전체의 행정적인 의사 결정 권한이 한데 집중

---

\* 'administrator'는 특정 행정 기관의 책임자를 지칭할 때는 '관리자'나 해당 직위로 표기하고, 일반 명사로서 공무원과 관료를 뜻할 때는 '행정 관리자'로 옮겼다.

되면서 정부가 사실상 대통령 중심 정부로 변화했다.[8] 대통령은 행정 요원을 지휘해 국가 업무 전반에 걸쳐 막대한 권력을 행사할 수 있으며, 정책을 일방적으로 변경할 수도 있다. 이제 대통령은 의회를 쉽게 우회한다. 의회는 대통령이 선호하는 정책에 회의를 나타내고, 그렇지 않더라도 논의가 너무 복잡해 결정이 잘 실행되지 않는 장소였다. 때로는 행정 관리자가 대통령이 원하는 정책을 미리 추진하는 일도 생겼다. 이를테면 이란-콘트라 사건*에서는 국가안전보장회의 관료들이 의회가 설정한 정책을 무시하고 로널드 레이건 대통령이 제시한 의제를 따르는 독단적 계획을 꾸몄다.[9]

심도를 얻은 뒤 미국 국가는 헌법의 기반을 형성하는 다양한 제도적 관계를 시험했다. 각 관계에 따라 서로 다른 문제가 제기됐다. 트럼프 대통령이 딥 스테이트 음모론을 제기하며 심도 문제를 하나 더 추가했다. 이번 문제도 또 다른 쟁점을 보여 준다. 많은 논평에서 국가 행정 역량이 확장되면서 현직 대통령이 권력을 확대한다는 내용을 발견할 수 있었지만, 트럼프는 다른 방향에 주목했다. 트럼프는 행정 영역이 대통령 권한에 저항하고 대통령의 부하인 공무원들이 정치적 네트워크를 만들어서 공익을 매개하는 데 불만을 터트렸다.

이런 불만에서 트럼프는 혼자가 아니다. [헌법 2조에 따른 대통령 권한인] '행정권'은 행정 영역이 형성한 권위와 영향력에 좌우된다. 이 일은 미묘하지만 심오한 방식으로 벌어진다. 이런 점 때문에 대통령들은 항상 심도에 민감했다. 대통령은 자기 방식으로 행정부를 운영하려 하며, 이런 제도적 특

---

\* 1986년 11월 미국이 비밀리에 이란에 무기를 판매한 사건으로, 대금은 니카라과 반정부 게릴라 조직 콘트라로 송금됐다.

성 때문에 심도를 의심하고 심도의 가치를 평가 절하하는 경향이 있다. 요즘 대통령들은 심도를 더욱 불편해한다. 행정부 권력이 커지면서 입법 지침을 제시하기보다는 행정 영역을 움직여 국가를 운영하는 방향이 점점 더 현실적이고 매력적인 선택지가 된 때문이었다. 20세기 말 수십 년간 행정부에서 일어난 가장 큰 변화는 새로운 책무와 서비스를 국가에 도입한 조치가 아니라 최고위층의 정치적 관리자가 급증한 상황에서 비롯됐다.[10] 보좌관, 부보좌관, 부보좌관의 보좌관이 증가했고, 따라서 대통령이 관리 행정을 주도하면서 상설 정부permanent government*는 더 큰 압박을 감당해야 했다. 미국은 이 점에서 현대 민주주의 국가들 사이에서 두드러진 사례다. 미국 정부에는 정무직 감독관이 한 무더기이며, 여기서 우리는 정부를 통제하겠다는 열망이 여전히 해결되지 않은 상태일 뿐 점점 논란이 된다는 사실을 알 수 있다.[11]

얼마 전부터 대통령들이 행정 영역이 가하는 제약과 행정부를 통제할 때 느껴지는 제약에 조바심을 느끼면서 반복적으로 갈등이 점화됐다. 조지 워커 부시 대통령은 연방 검사 한 무리를 약식으로 해임해 이목을 집중시켰다.[12] 버락 오바마 대통령은 공격적으로 대통령 권한을 사용한 대통령이라며 조지 워커 부시를 비판했지만, 자기도 불미스러운 정보를 빼돌린 '유출자'를 간첩법에 따라 기소하는 한편 유출자하고 협력한 언론인들을 감시하면서 증언을 강요했다.[13] 트럼프 대통령도 이런 전통에 따라 행정 관리자를 억압하고, 행정부 내부에 더 깊이 개입하고, 행정부 업무에 구체적인 요구를 관철하려는 의지를 드러냈다.

트럼프는 정부의 행정 자원을 직접적이고 위계적이고 배타적으로 통제하

---

\* 선출 정치인하고는 독립적으로 국가 정책에 지속적인 영향을 미치는 상설 관료제나 공무원 조직을 의미한다.

고 싶어했다. 다시 말해 '단일 행정부'를 지향했다.[14] 물론 트럼프가 단일 행정부를 처음 주장한 대통령은 아니었다. 수십 년간 단일 행정부에 유리한 방향으로 헌법을 강조하는 주장과 대통령 활동이 점점 정교해졌다. 그렇지만 이런 흐름 속에서도 트럼프는 두드러졌다. 문제의 핵심을 꿰뚫고 있었다.

트럼프 대통령은 행정부 운영에서 개인적 권위를 보장받아야 한다는 대통령의 주장과 정부 심도를 겨냥한 적대감을 연결했다. 태도가 솔직하고 명확했다. 트럼프가 제기한 두 가지 명제, 곧 단일 행정부와 딥 스테이트는 미국 정부에 널리 퍼졌다. 두 명제에 따르면 최고 행정관은 행정부하고 **대립**하며 대통령 권한을 제약하거나 지시에 응답하지 못하게 하는 모든 요소는 헌법에 따라 제거돼야 한다. 이렇게 보면 '딥 스테이트'는 행정 영역이 형성한 권력 구도를 고발하는 포괄적 기소장에 달린 제목이다. 트럼프는 딥 스테이트가 꾸민 음모를 선언하며 심도가 해악이라고 낙인찍었다. 대통령은 민주적 가치에 적대적일 뿐 그 밖의 가치란 없는 심도를 제거해야 한다고 주장했다. 트럼프는 동시에 단일 행정부 주장을 더욱 강력히 내세웠다. 미국인들이 관료를 불신하는 정서가 더 순수한 대통령 중심제를 향한 망설임을 넘어서리라 가정한 때문이었다.

지난 수십 년간 대통령은 심도에 맞서 공공연히 갈등했다. 이제 우리는 '백척간두'에 서 있다. 우리는 개별 조직에서, 그리고 미국 정부라는 큰 맥락에서 심도가 맡은 임무를 진지하게 검토해야 한다. 트럼프는 단일 행정부에 판돈을 걸었다. 한때는 대통령 권력을 강화하자는 법률가들만 단일 행정부를 이야기했지만, 이제는 다들 이 말을 안다. 미국 정부와 정치의 장에서 단일 행정부가 미칠 영향은 이제 사변 영역에 머무르지 않는다. 매일 헤드라인에 단일 행정부가 등장한다. 이 책은 그런 현황을 점검하는 데 목적이 있다.

## 쌍둥이 유령

정치의 장에서는 심층 국가 혐의가 발견된다. 헌법의 장에서는 단일 행정부 추론이 등장했다. 둘은 추상적 개념이면서 추측이기 때문에 유령이라는 분류가 어울린다. 요즘 많은 사람이 심층 국가와 단일 행정부를 다뤘고, 근거 없는 과장이라는 의견이 다수였다. 그러나 그런 의견은 심층 국가와 단일 행정부가 서로 강화한다는 사실을 잘 포착하지 못했다. 쌍둥이 유령은 상대를 소환한다. 곧 심층 국가라는 문제와 단일 행정부라는 해결책은 상대방을 만들어 낸다.

우리는 쌍둥이 유령을 살펴보고, 유령들이 가리키는 문제를 고찰할 생각이다. 단일 행정부 관점에서 심도란 대통령 권한이 닿지 못하는 먼 영역일 뿐이며, 믿을 수 없는 요소다. 대통령은 심도를 제거하려고 노력하면서 단일 행정부를 추구한다. 이런 활동에서 미국 정부의 운영 원칙과 단일 행정부 설계 사이의 차이점이 드러난다. 트럼프가 행정부를 공격하면서 세 가지 결과가 나타났다. 첫째, 국가의 심도가 만천하에 드러났다. 둘째, 정부를 향한 단일 통제가 지닌 위험성이 드러났으며, 사람들은 처음에 국가가 깊어진 이유를 떠올리게 됐다. 셋째, 행정 영역에서 저항이 시작됐으며, 저항 범위는 합리적 대응부터 충격적 시도까지 다양했다.

트럼프가 대립 구도를 설정하면서 미국 국가의 길고 혼란스러운 역사를 새롭게 조망할 기회가 생겼다.[15] 이 책 1부는 트럼프 행정부를 설명할 배경으로 미국의 국가 형성 이야기를 재평가한다. 현대 미국 정부에서 관찰할 수 있는 다른 갈등처럼, 트럼프가 만든 갈등도 미국 헌법 체계에서 발견된다. 이때는 권력 분립 원칙과 견제와 균형 원칙이라는 두 원칙 사이의 관계가 문제다.

역사적으로 미국 정치인은 헌법 구조가 말해 주지 않는 모호성, 곧 행정 관리를 조직하는 방식, 공익을 판단하는 방법, 정치적 설명 책임을 보장하는 방안 등에 화를 내면서도 국가를 잘 작동시키는 방법을 찾아냈다. 이런 문제가 반복되면서 미국인들은 헌법의 기저에 깔린 질문들을 실용적 방식으로 해결했고, 새로운 권력 공유 체제가 만들어지면 문제는 수면 밑으로 가라앉았다. 그렇지만 이제 공화국을 잘 유지하던 타협 정신이 무너졌으며, 사람들은 응급조치를 취하지 않고 대립에는 불이 붙었다. 학자들은 아직 이유를 완벽하게 이해하지 못했다. 우리는 지난 역사를 검토하면서 앞서 채택한 해결 방식이 효력을 다한 현실을 보여 주겠다. 이제 국가 설계와 민주적 정당성이라는 오래된 문제들을 협상하기 어려워졌고, 문제가 나타나는 빈도가 점차 높아지고 있다.

앞으로도 오랫동안 토론 거리가 될 질문들이 있다. 국가의 심도가 다양한 방식으로 나타나면 딥 스테이트 음모가 존재한다고 볼 수 있는가? 대통령의 행정권을 규정하고 있는 헌법 2조는 심층 국가를 겨냥한 일방적 공격을 허용하는가?

우리는 이런 질문들을 다룬다. 분석 과정에서 피할 수 없는 질문들이다. 그렇지만 누군가를 고발하려는 목적으로 이 책을 시작하지는 않았다. 이런 이유로 우리는 심도와 딥 스테이트를 구분했다. 심도는 국가의 속성인 반면 딥 스테이트는 심도를 향한 선험적 고발이다. 우리는 어느 한쪽 편을 들기보다는 국면 자체를 분석하려 한다. 미국 헌법 체계에서 행정 영역의 권력이 늘 모호한 채 유지되다가 갑작스레 심층 국가와 단일 행정부 사이의 전쟁이라는 틀이 만들어진 이유하고 함께, 이 틀 속에서 갈등하는 가치들은 무엇인지 보여 줄 생각이다. 지금은 미국 국가의 미래에 큰 영향을 미칠 구상들이 현실에 등장한 중요한 시점이다. 제도의 논리를 따르는 행위자들이 중심 질문을 포착하고 해결하려는 중이다. 트럼프와 '저항' 세력은 각자 정치적인 답, 임기응변적인 답, 재치 있는 답, 그리고 무엇보다 자기 목표에 맞춘 답을 제시했다. 행정 규약과 독단적 행위, 대통령의 지휘와 자의적 명령을 나누는 미묘한 경계가 점점 흐려졌다. 수십 년간 이 문제를 연구한 정치학자와 헌법학자 집단은 이제 논쟁을 따라잡느라 분주하며 모호한 국가 구조를 설명하지 못한 채 정치적 상황 논리에 휘둘리기 십상이다.

우리는 정치 무대에서 실제로 벌어지는 일을 분석하면서 길을 찾지 않으면 추상적이고 실체 없는 스펙터클 속에서 길을 잃을 수밖에 없다고 확신한다. 2부를 구성하려 트럼프 재임기에 불거진 숱한 갈등 중 일부를 고른 뒤, 이 표본들을 짤막하게 살피면서 국가의 권위가 다양한 방식으로 구성된다는 점을 확인한다. 우리는 가장 특징적인 사례를 조사하며, 여기에서 행정 관리자들이 최고 행정관에 저항하며 내세운 근거를, 그리고 대통령이 행정 관리자들이 내세운 근거를 침해한 정도를 살펴본다.

조사 결과는 뒤죽박죽이다. 전반적으로 한쪽을 지지하기 어려운 결과를 볼 수 있다. 한쪽 편을 들기보다는 자기 자신하고 충돌하는 체계, 자기가 기반하는 전제를 확신하지 못하고 균형을 잃은 국가에 주목하는 편이 바람직하다.[16] 우리는 심도를 평가하면서 좋은 국가와 나쁜 국가를 평가하는 완전하게 상반된 관점이 있다는 점을 강조했다. 두 관점 사이에 벌어진 대립 때문에 우리 정치체는 이제 한계에 도달했다.

미국 국민은 딥 스테이트와 단일 행정부가 벌이는 무시무시한 대결에 징집됐다. 이 끔찍한 대결에서 두 유령은 상대를 이용한다. 한쪽에는 국민의 의지를 저지하고 국민이 선출한 지도자의 헌법적 권위를 약화시키는 딥 스테이트 음모 세력이 존재한다. 반대편에는 대통령 권력을 노골적으로 인격화하려는 세력이 단일 행정부의 탈을 쓰고 서 있다. 이 세력은 이성이나 법치를 아랑곳하지 않는다. 우리는 둘을 '포위된 공화국의 쌍둥이 유령'이라 부르려 한다. 두 위협은 서로 연결된다. 우리가 정리한 명제는 다음 같다. 첫째, 심층 국가와 단일 행정부는 똑같은 증후군이며 동전의 양면을 보여 줄 뿐이다. 둘째, 두 유령이 갈등을 빚으면서 오랫동안 억눌려 온 근본적인 거버넌스 문제가 드러났다. 셋째, 권위를 다루는 상반된 두 관점은 서로 좋은 효과를 이끌어 내지 못하고 있다. 우리는 쌍둥이 유령이 풀려나게 된 전개 과정에 주목한다. 길들일 수 없다면, 두 유령은 미국 정부를 계속해서 분열시킬 수밖에 없다.

2장

# 약한 국가, 강한 국가, 깊은 국가

미국 국가는 쉽게 특징지을 수 없다. 학자들은 오랫동안 미국 국가가 제기하는 개념적 난제를 상대로 씨름했다. 심층 국가라는 새로운 용어가 침입하면서 학계가 동요한 사실은 분명했다. 새로운 용어가 등장하며 이전에 산발적으로 다룬 문제들이 한데 모였고, 헌법 설계, 제도 발전, 정치적 설명 책임을 둘러싼 오랜 질문들도 수면으로 부상했다. 미국 정치를 뜨겁게 달군 딥 스테이트 논란 이후, 시들하던 학문적 수수께끼는 신비로운 학계를 벗어났다. 우리가 어떤 국가를 원하는지 다시 고민하려면, 국가를 더욱 명료하게 이해하는 문제를 가장 시급한 과제로 삼아야 한다.

그동안 미국 국가를 다룬 논의에서 심도가 간과된 점은 의외일 수 있다. 심도가 국가 곳곳에 등장하기 때문이다. 관심은 대부분 다른 주제에 쏠렸다. 지금까지 벌어진 논쟁에서는 국가의 강함과 약함을 묻는 질문을 주로 다뤘으며, 미국 국가가 지닌 가장 이례적인 특징이 중요했다. 사안이 심도에 직결될 때도 미국 예외주의 American exceptionalism를 중심에 두는 토론 안에 국한되거나 논의 자체가 위축될 수밖에 없었다. 딥 스테이트 소동이 일어나면서 이런 틀이 깨졌다. 미국은 다른 모든 국가가 직면하는 문제를 더 직접적으로 대면해야 했다. 이 장에서는 오랜 국가 논의를 지금의 논쟁을 중심으로 재구성할 생각이다.

## 약한 국가?

'국가다움stateness', 곧 국가성을 규정하는 몇몇 선험적 특성 때문에 미국은 비교적 '약한' 국가로 분류됐다.[1] 검토할 특성은 세 가지다.

첫째, 구조적 약점이다. 가장 중요한 특성이다. 헌법 체계는 견제와 균형을 보장해 권위를 파편화하고 권력을 세분화한다. 이런 구조는 '강한' 국가를 연상시키는 단일하고 위계적인 지휘 계통을 분열시킨다.[2] 대통령은 강력한 '단일 행정부'를 선동하지만, 이 요구를 일단 제쳐 두자. 공화국은 '권력을 공유하는 독립된 기관들'을 기본 틀로 삼으며, 그렇기 때문에 입법과 행정과 사법이 모두 행정 수단에 연결된다. 문제는 이 세 권위가 독립적이면서 때로는 불협화음을 낸다는 사실이다.[3] 입법부, 행정부, 사법부는 국가의 관리자를 서로 다른 방향으로 끌어당긴다. 삼부는 단독으로 업무를 처리할 수 없도록 설계됐다. 어떤 부도 일관된 방침을 정하거나 정부 전체를 지휘할 수 없다. 이런 구조 속에서 정치 지도자는 좌절할 수밖에 없다. 헌법과 강력한 국가 지도력을 조화시키는 문제는 처음부터 존재했다.

많은 사람이 간과했지만, 구조적 약점은 심도에 공헌할 수 있다. 구조가 분산돼 있기 때문에 중앙 지휘가 지닌 가치를 높이려면 타협과 절충이 필요하다. 의회와 법원은 대통령의 강력한 지도력을 지지할 수 있지만, 자기들이 지닌 권한도 같은 수준에 맞추려 할 가능성이 크다. 대통령이 정부 운영에 관련돼 더 큰 권한을 주장하는 만큼 의회와 법원도 자기들의 권한을 보호하려 한다. 이 과정을 거쳐 단순히 위계적인 제도 설계를 거부하는 직위와 규칙이 생겨나며, 결국 국가는 더욱 깊어진다. 누군가 최고 행정관을 강조한다고 해서 전면적으로 거부할 필요는 없다. 지금은 상층의 관리 감독 조항이 점점 증가한 상황이지만 행정부를 통제할 때는 여전히 조건이나 불투명한 점이 많다. 의회는 행정 영역이 지닌 권위를 개인적 간섭에서 보호하려 여러 수단을 동원할 수 있다. 이를테면 행정 영역 안에 협력적 의사 결정 수단을 보존하고, 대통령을 통하지 않으면서 공무원에게 접근하거나 연락할 수 있는 경로를 만들어 두고, 행정 영역을 보호할 장치와 독립성을 적극 지지한다. 이 중에서 어떤 방식을 이용하든 입법부는 행정 영역을 중앙 지휘해야 한다는 요구를 수용할 때 제약을 걸고 모호한 부분을 남길 가능성이 높다. 의회는 행정부 권력이 점점 강해지더라도 이런 방식을 유지하게 된다.

둘째, 정치적 약점이다. 미국 국가가 지닌 이 약점은 구조적 특성에 연관된 정치적 특성이다. 정부 구조가 분할되면 행정 관리자의 지위가 불확실해지고 외부 이해관계에 힘이 실린다. 학자들은 오랫동안 행정 기관에 연계된 외부 지원 네트워크에 주목했다. 그렇지만 중앙 정부에서 권한이 파편화되듯 시민사회가 행정 문제에 폭넓은 영향력을 미치면 국가 권력이 분산되고 약화한다는 주장이 통설이었다. 이전 세대 분석가들은 '포획capture' 문제에 집중했다.[4] 포획이란 행정 기관이 자기가 규제해야 할 이익 집단에 거꾸로 조종당하는 상황을 뜻한다. 다양한 행정 부서가 의회 위원회하고 횡적으로 연결되며, 이렇게 구성된 이익 집단은 외부 간섭을 차단한다. 바로 이 '철의 삼각형'이

형성되면서 상층의 관리 감독과 중앙 지휘가 약화한다.[5]

이익 포획 이론은 여전히 영향력이 상당하다. 실제로 단일 행정부의 필요성을 뒷받침하는 주요 논거 중 하나가 이익 포획이다. 단일 행정부는 행정부를 위계적으로 조직해 대통령의 통제 아래 두자는 구상이다.[6] 그러나 대통령 권한 강화가 포획에 대응하는 유일한 방법은 아니다. 1970년대에 의회와 법원은 문제를 다룰 때 대통령직을 강화하거나 행정부 위계 서열을 명확히 하는 방향으로 접근하지 않았다. 오히려 행정적 의사 결정에 이해관계자가 접근할 통로를 확대하고 영향력을 더 폭넓게 분산시키는 방안이 채택됐다. 모든 이해관계자가 직접 참여할 때 공익이 가장 잘 실현된다는 다원주의 개념을 활용해 '포획'될 위험에 대응했다.[7]

정치적 약점을 고려할 때도 **심도**와 **약함**을 구분하는 편이 좋다. 미국에서 행정 영역의 권력은 엄격한 위계적 통제 계통에 쉽게 순응하지 않는 대신 국가 전체에 깊이 뿌리내린다. 행정 영역이 사회, 문화, 경제 등 더 넓은 세계하고 형성한 연계가 대통령을 상대로 마찰을 일으킬 수 있지만, 이런 연계는 약하지 않다.[8] 오히려 강력한 쪽에 가깝다. 이런 네트워크를 형성하는 연계의 효과를 포획 개념으로 설명할 수는 없다. '군산 복합체'[9]의 등장을 경고할 때 드와이트 아이젠하워 대통령은 미국의 '이익 집단 자유주의'[10]에서 흔히 나타나는 분산된 후견 관계를 넘어서는 뭔가를 포착했다. 아이젠하워는 국가 권력이 분산돼 있다는 점보다는 폭넓은 영향력을 행사하는 비공식 네트워크 안에 권력이 집중된다는 사실을 염려했다. 2008년 금융 위기 뒤 연방준비제도 이사회 Federal Reserve Board(연준)에도 비슷한 염려가 제기됐다. 특히 연준하고 금융계가 밀접한 관계를 맺거나 연준이 시야가 좁아서 금융 정책이 미칠 사회적 영향을 잘 고려하지 않는다는 점이 문제였다.[11] 국내외에서 독자적 방향을 설정할 만큼 강력하다는 점에서 이런 '복합체'가 지닌 중요성에는 의문의 여지가 없지만, 그 의미를 설명하려면 강약이라는 전통적 기준은 적절하지 않다.

도널드 트럼프가 대통령으로 선출되기 직전부터 미국 논평가들은 '딥 스테이트'라는 표현을 아이젠하워하고 똑같은 용법으로 사용했다. 논평가들은 정부 기관과 사적 경제 권력('거대 자본'과 '거대 석유 기업')이 상호 침투한 과거를 참조했다.[12] 정경 유착은 심도가 초래하는 심각한 문제 중 하나이지만, 과연 대통령에게 더 탄탄한 통제력을 부여하는 강력한 국가를 설계하는 해결책이 최선일까? 1970년대에 제기된 이 질문은 여전히 적절하다.[13]

지난 경험을 바탕으로 우리는 대통령 권한을 강화하는 해결책이 이익 집단의 지배에 대응할 유일한 방안이 아니라는 사실을 안다. 지금 펼쳐진 정치판에서 대통령이 고결한 영웅이 될 수 있다는 가정에 기대면 강력한 대통령이 매력적으로 보일 수도 있다.[14] 현실은 달랐다. 1970년대에 입법자들은 대통령도 의회만큼이나 특수 이익이 미치는 영향에 취약하다고 믿었고, 이런 이유로 대통령이 더 강해지지 않게 막으려 했다.[15] 아무리 좋게 봐도 정경 유착에서 대통령이 예외라고 할 수는 없다.[16]

셋째, 인구 통계에 관련된 약점이다. '약한 미국'이라는 통념을 만든 셋째 특성은 인구 통계에 관련된다. 미국 공직자는 매우 대표성이 높은 집단이다. 공직자 집단에는 다양한 미국인이 골고루 포함되며, 공직자들이 특정 사회계층 출신이거나 같은 배경을 공유한다는 증거는 적다.[17] 역사적으로 옥스퍼드 대학교와 케임브리지 대학교를 아우르는 '옥스브리지'가 영국 정부에 미친 영향이나 '그랑제콜 Grandes écoles'이 프랑스 정부에 미친 영향에 비견되는 엘리트 집단의 영향력이 미국에는 존재하지 않는다.[18] 만약 미국을 통치하는 계층에 연결된 특정 집단이 있다면, 그 집단은 공공과 민간의 경계를 자유롭게 넘나들면서 사실상 국가 권한이 관련된 모든 문제에 소송을 제기하는 변호사 정도일 듯하다. 전반적으로 보면 미국 지배 계층이 단일한 사고방식을 지니거나 독자적 이익을 위해 협력할 가능성은 적다.

이런 약점을 평가할 때도 국가의 강약을 보여 주는 선험적 지표에 지나치게 집착하면서 심도가 지닌 복합적 성격이 흐려지고 현 상황을 명확하게 파악하기가 힘들어진다. 인구 통계적 요소 때문에 미국 행정 관리자들이 공동의 유대감을 조성하는 일이 비교적 어려울 수도 있지만, 그래도 관료들 사이의 유대감은 분명히 존재한다.[19] 외교부, 국가 안보 기관, 법 집행 기구가 작동할 때, 심층에서는 전문성, 정부 서비스, 공통 목표가 한데 묶여 영향을 미치고 있다. 이런 속성은 일반적으로 좋은 정부를 구성하는 필수 요소로 칭송받는다. 이 미덕을 모범적으로 보여 주는 사람들은 우리의 정치 문화에서 미국 정신에 담긴 이상을 구현하는 존재로 찬양받으며, 관료들의 개인적 배경이 매우 다양하기 때문에 의미가 매우 크다.

오늘날 미국에서 군대보다 더 널리 존경받는 정부 기관은 거의 없다.[20] 대통령의 권위는 군사 영역에서 논쟁의 여지가 없지만, 그러나 군은 또한 공직자들이 최고로 존경받는 영역일 뿐 아니라 훈련과 전문성이 폭넓게 존중받는 곳으로 여겨진다. 분명히 대통령은 군 고위층을 이길 수 있다. 그러나 정치학자 리처드 뉴스타트가 지적한 대로 대통령의 헌법적 권위와 군의 전문적 자격이 다투게 되면 대통령은 큰 정치적 비용을 치러야 한다.[21] 군인이 직업적 평판을 걱정할 때, 강직함이 위협받는다고 느낄 때, 대통령의 상황 판단과 군대의 상황 판단 사이의 차이가 명백해질 때, 심도가 지닌 정치적 복합성도 드러난다.[22]

행정 관리자가 상급자에게 특정 행동 방침이 지닌 장단점을 설득하려고 자기 권위를 이용하는 상황과 상급자의 권위를 약화시키려고 역량을 키우는 상황은 분명 다르다. 그러나 두 사례 모두 심도가 작동했으며, 미국 역사에서 그런 구분이 약해진 사례는 드물지 않다. 아마도 가장 유명한 인물은 에드거 후버J. Edgar Hoover일 텐데, 후버는 미국에서 딥 스테이트가 지닌 위협을 상징한다.[23] 후버는 연방수사국을 이끈 유능한 국장으로서 행정적 수완과 신중한 평판 관리 능력을 바탕으로 선출직 공무원들, 심지어 대통령까지 위협할 수 있는 강력한 세력을 구축한 바 있다. 또한 정부 관료의 권위가 정치 문화 전반으로 확산되면서 경계가 미묘하지만 더 현저하게 흐려진다. 그런 사례로 은퇴한 군사, 법 집행, 외교 분야 관료가 정기적으로 언론에 등장해 대통령이 내린 결정과 정부 정책을 해설하는 현상을 들 수 있다. 관료 집단은 이런 과정을 거치며 행정부 바깥에서 벌어지는 전국적 정치 논쟁에 직접 영향을 미친다.[24]

사안을 완전히 다른 관점으로 볼 수도 있다. 미국 관료제는 비교적 대표성을 띠는 편이지만 상임 행정 인력을 두면서 자연히 국가 운영에 심도가 더해진다는 관점이다. 이렇게 볼 때 대통령 정치가 진행되면서 복잡한 심도 문제가 주기적으로 발생할 수밖에 없다. 공무원 보호 제도는 공무원을 일상의 정치적 압력에서 보호하는 한편 지식과 전문성의 저수지를 형성하지만, 그러나 동시에 선출되지 않은 결정권자의 임기를 연장해 공무원을 정치 리더십의 변화에 노출시킨다. 정권 교체 때마다 연속성과 변화라는 가치가 충돌한다. 행정권을 재조정하려는 새로운 '행정부'는 그동안 맡은 바 임무를 성실히 수행한 직업 관료들하고 충돌한다. 때로는 이런 긴장 때문에 대통령이 특정 부서를 주변화하려 노력한다. 리처드 닉슨 대통령*은 임기 초에 국무부를 무시했다.[25] 이런 충돌은 훨씬 더 큰 규모로 일어나기도 했다. 지난날 빠르게 미국 국가가 확장된 '빅뱅'의 순간을 살펴보자. 1930년대와 1940년대에 걸친 민주당 우위 시기에 미국 정부는 질주하듯 성장했다. 1950년대 보수화 물결 속에서 정치인들은 1930년대와 1940년대에 공직에 들어온 한 세대의 사람들이 제5열 좌익 전복 세력이 아닌지 의심하게 됐다.

1960년대와 1970년대에 정책 혁신이 일어나면서 정부가 또 한 차례 빠르게 확장했다. 국가 권력이 미국인의 삶에 더욱 깊숙이 침투해 정부 프로그램을 관철했으며, 행정 영역 권력을 통제하는 문제를 놓고 정치적 갈등이 빠르게 고조됐다. 적응과 조정은 점점 더 어려워졌다. 바로 이 시기에 뿌려진 씨앗이 현재 심층 국가와 단일 행정부의 대립으로 자라났다.

## 강한 국가?

'약한 국가' 이론을 반박하는 주장은 많다. 그렇지만 약한 국가를 옹호하는 쪽이든 반대하는 쪽이든 심도는 거의 거론하지 않았다. 미국 국가가 '약하다'는 '신화'를 불식시키고 싶은 사람들은 먼저 미국 정부가 국내외에서 확고한 권력을 휘두른다는 사실에 주목한다. 그러니까 약한 국가 이론을 반박하는 근거는 실제로 관찰되는 미국 국가의 강점이다. 약한 국가 이론은 국가다움의 기준을 몇몇 유럽 사례에서 도출하지만, 그런 특성은 추상적이고 선험적

---

\* 1969년부터 1974년까지 재임한 37대 대통령 리처드 닉슨(1913~1994)은 공화당 소속이었다. '워터게이트 스캔들' 때문에 1974년 사임했다.

이라 미국 국가를 분석할 때 여러 문제가 생긴다. 또한 '약하다'는 말이 뉘앙스가 조금 경멸적이라는 점도 중요하다. 약하다는 표현에는 더 위압적인 조직 설계, 말하자면 '더 강한' 국가 설계를 이상화하는 함의가 들어 있기 때문이다.[26] 단일 행정부를 요구하는 주장을 평가하는 데 이런 쟁점들을 유용하게 활용할 수 있다.

그렇지만 강한 국가를 본격적으로 논의하면 분석 기반이 완전히 바뀐다. 약함을 식별할 때 국가 설계를 근거로 삼았다면, 강한 미국 국가 이론의 근거는 미국 국가가 전혀 다른 원천에서 상당한 힘을 끌어온 데 있다. 여러 연구를 통해 눈에 잘 보이지 않는 국가, 영향을 간접적 형태만으로 체험할 수 있는 '잠복한' 국가가 발견됐다.[27] 미국 국가가 발전할 때 국가 활동 중 가장 강력하고 영향력 있는 부분은 미국인 대다수의 '시야 바깥'에 있었다.[28] 국가의 강함은 중앙이 아니라 주변에서 더 자주 관찰됐다.[29] 이런 힘은 위계적 지휘통제가 아니라 '하부 구조적' 권력에서 나오며, 이때 하부 구조적 권력이란 시민이 쓰는 도구로서 자기가 봉사하는 이해관계에 결합한다는 뜻이다.[30] 공권력과 민간 권력은 수평적 관계로 융합돼 상황에 유연하게 대응할 수 있었다.[31] 또한 시민권을 완전히 누리지 못한 소수자들이 국가의 힘을 더 직접 느낀 반면 다른 시민들은 잘 느끼지 못했다.[32]

이런 평가에서는 기준이 전환돼 국가의 수행 능력에 초점을 맞춘다. 공적인 자원을 동원하고 집합적 목적을 위해 정부 권력을 활용할 수 있는 역량이 핵심이다. 미국 국가는 겉으로는 겸손해 보였지만, 사실은 매우 능숙하게 사회적 에너지를 집중시켰다.[33] 자치는 미국 민족의 야망이었고, 법은 그런 야망을 실현하는 도구였다. 이렇게 발휘되는 힘이 엄격히 헌법을 따르지는 않는다. 또한 꼭 일관된 방식으로 발휘되지도 않으며, 국가 활동 영역에 지속해서 등장하지도 않는다. 이 힘은 필요할 때만 구현된다. 미국의 독특한 실용주의 성향 때문에 국가는 상황에 따라 필요한 만큼 강해졌다.[34] 미국 국가를 이끈 주요 속성은 유용성, 창의성, 접근성, 적응 능력, 대응 능력, 폭넓은 정치적 토대였다.

'강한' 국가 이론은 미국을 '약한' 국가로 묘사하는 전통적 관점을 수정할 때 중요했지만, 이제는 조금 예스러운 이론이 됐다. 곰곰이 따지면 강한 국가 논의도 미국 예외주의를 다른 방식으로 주장할 뿐이다. 그리고 강한 국가 이론은 약한 국가 이론을 직접 반박하지 않고 전혀 다른 기준을 적용한다. 이런 이유로 약한 국가와 강한 국가라는 두 평가는 공존할 수 있다. 어떤 연구자들은 이 딜레마를 '연방 국가는 행정적으로는 약하지만 규범적으로는 강하다'고 표현하기도 했다.[35] 결론적으로 약한 국가와 강한 국가 '논쟁'이 발생할 때 실제 내용을 둘러싼 이견은 별로 없다. 국가의 공식 조직과 실제 운영 중 강조하는 부분이 다를 뿐이다. 요점은 설계도만 보면 약해 보이는 국가가 실제로는 상당히 강할 수 있다는 사실, 반대로 강한 국가를 설계한다고 해서 실제 국가가 강하다는 보장은 없다는 사실이다.

오늘날 미국인들은 국가의 강약이 아니라 **심도**를 놓고 논쟁한다. 이제 국가는 지난날보다 덜 예외적이고 더 선명하게 보인다. 미국인들은 현대 국가의 심도를 두고 맞서는 중이다. 학자들도 '미국 국가'라는 학술적 주제를 어서 빨리 부활시켜야 한다. 처음으로 모든 사람이 국가를 주제로 허심탄회하게 이야기를 나누고 있다. 트럼프가 대통령이 된 미국에서 국가는 비밀스럽거나 불가해한 존재가 아니다. 이 현상은 피할 수 없게 됐다. 대통령이 논쟁을 전면에 내세운 탓이다.

미국인들은 그때그때 실용적으로 문제를 해결하고, 마치 브리콜라주 같은 기법으로 제도를 조형했다. 그런 역사가 길게 쌓이면서 국가가 점점 깊어졌고, 후대가 배울 수 있는 교훈도 많이 축적됐다.[36] 그러나 심층 국가와 단일 행정부가 대립하면서 돌연 시계가 거꾸로 돌아갔다. 사람들은 국가 구조와 권위를 조직하는 형식에 주목하게 됐다. 이제 헌법 설계에 잠복한 복잡한 문제들, 곧 권력 분립, 견제, 권력의 위임과 분산, 정치적 설명 책임, 민주적 정당성이 주요 쟁점으로 떠올랐다. 우리를 여기까지 오게 한 자유분방한 혁신 정신하고는 거의 무관하게, 사람들은 형식주의적 분위기 속에서 적법한 권한 배분 방식이 무엇인지 논쟁하면서 발목이 잡혀 있다. 헌법 제정자들이 품은 의도를 올바르게 해석해야 한다는 주장이 대세이며, 마치 진정한 의도를 찾으면 행동 지침을 얻을 수도 있다는 태도가 만연하다. 과거에는 적당히 넘어갈 수 있던 사안들이 이제는 무겁고 해결하기 어려운 장애물이 됐다.

심도를 둘러싸고 대립이 일어나면서 약한 국가와 강한 국가를 나누는 이분법하고는 결이 다른 논의가 시작됐다. 한편으로 이 대립을 보면 권력 분립이라는 헌법 원칙이 단순히 국가의 약점이 아니라는 사실을 알 수 있다. 반면 다른 한편에서는 심도를 대신할 뚜렷한 대체재가 전면에 나타났다. 바로 단일 행정부로 지칭되는 강력한 국가 설계다. 이 설계는 대통령과 행정 영역의 거리에 딥 스테이트라는 낙인을 찍으면서 위계적 지휘 통제를 해결책으로 제시한다. 대통령 중심주의presidentialism의 내용을 보면 민주주의를 관료주의에 견줘 상위로 격상시키고, 이익 집단 자유주의가 형성한 후견적 네트워크를 과감히 끊어 내고, 행정 영역의 기만에 맞서 싸우겠다는 약속을 발견할 수 있다. 심도에 연관된 여러 문제에 반대하는 견해에서 보면 단일 행정부를 보유한 강력한 국가는 안전한 피난처처럼 보인다.

## 깊은 국가?

'심층 국가'를 논의함으로써 분산된 문제들을 묶고 오래된 논쟁을 재고할 수 있다. 그렇지만 이 용어에는 심각한 결점이 몇 가지 있다. 앞에서 본 대로 현대 미국 국가가 마주한 다양한 사안에서 심도가 등장한다. 심도라는 말로 표현되는 다양한 속성은 느슨하게 연결돼 있다. 따라서 심층 국가 개념은 뜻이 아주 다양하다. 이 수사를 사용할 수 있는 현상이 무차별로 확대될 수 있기 때문이다.

지나치게 다양한 문제가 심층 국가라는 우산 밑으로 들어오기 때문에 이 개념을 사용하는 데는 득보다 실이 더 커 보인다. 합법적 권위에 저항하거나 권위를 전복하려 자기 위치를 이용하는 불량한 행정 관리자를 딥 스테이트로 지칭할 수 있지만, 반대로 상층의 변덕스러운 결정에 맞서서 법적 보호 수단을 모색해야 하는 곤경에 놓인 행정 관리자도 딥 스테이트에 포함될 수 있다. 또한 딥 스테이트에는 명목상 책임자를 보좌할 때 지식과 전문성을 내세우는 경력직 공무원, 행정 기관에 찾아와 사익을 추구하는 고객, 내부 정보를 이용해 정치 평론가로 이름을 날리며 '할 말은 하는 사람straight shooters'이라고 불리는 행정 관리자가 포함된다.

이렇게 심층 국가 개념을 사용하면 서로 다른 현상을 같은 범주로 묶기 쉽고, 정부와 정치를 더 구체적으로 이해하는 데에는 도움을 받지 못하는 듯하다. 실제로 행정 관리자가 편견에 따라 행동할 수도 있다. 관료들은 이익이나 권한을 위협하거나 정치 성향에 어긋나는 지시를 거부할 수도 있다. 그렇지만 행정 영역에서 저항이 일어나는 이유는 다양하다. 상부가 한 요청이 법적으로 금지된 사항일 수도 있고, 규칙과 절차를 위반할 수도 있으며, 최선의 실행 방식이 아닐 수도 있다. 또한 졸속으로 결정된 요청에 더 많은 성찰과 개선이 필요할 수도 있으며, 제시한 방안이 실용적이지 못해서 문제를 해결하지 못하거나 심지어 악화시킬 수도 있다. 저항이 일어난 동기를 명확하게 식별하기 어려운 사례가 많다는 말이다. 딥 스테이트 음모론을 이용하면 이런 식별을 하지 않고 포괄적으로 고발할 수 있다. 이 음모론에는 대통령의 직접적 통제를 벗어난 모든 사안에 오명을 씌우고 심도의 긍정적 측면과 부정적 측면을 뒤섞어 버릴 수 있는 정치적 잠재력이 존재한다.

트럼프 시기에 미국인들은 통치 체제를 온전히 평가할 수 있는 기회를 얻었다. 그러나 이 기회는 쌍둥이 유령이라는 위기를 동반했다. 우리가 직면한 현실은 오랜 정치 발전을 겪은 국가 자체이며, 이 기회를 이용해 미국 국가의 모든 차원을 더 깊이 이해할 수 있다. 강하든 약하든 국가는 다양한 목적, 경쟁하는 우선순위들, 숱하게 많은 요원, 통일되지 않은 운영 방식, 폭넓은 사회적 연계를 포함한 복합적 조직이다. 국가에는 모든 권위가 모여 있지만 많은 부속 요소가 한 몸처럼 움직이는 일은 드물다. 효율성을 극대화하고 하향식 통제를 강조하는 국가를 설계해도 높은 거래 비용이 발생하기 마련이다. 곧 '국가' 개념에는 심도가 이미 포함돼 있다. '심층 국가'는 동어 반복이거나 불분명한 표현인 셈이다. 그래서 딥 스테이트의 일원이라고 공격받는 행정 관리자들은 심도 자체를 거부하기보다는 심도가 사실은 유익하다고 반박한다. 이 관료들은 '안정된 국가'나 '헌신적 국가'라는 표현을 제안하면서 동일한 현상에 긍정적 뉘앙스를 심으려 시도한다.[37]

심도를 어떻게 다뤄야 할까? 이 질문이 국가가 맞이한 진정한 시험이다. 국가는 행정 역량, 법적 책임, 다양한 가치의 균형 등 심도가 제기하는 많은 문제를 해결해야 한다. 지금까지 미국 정부는 이런 문제를 해결할 수 있었고,

사안이 다양하고 잡다한 만큼 다양하고 잡다한 대답을 내놨다. 그러나 이제는 같은 문제들이 훨씬 큰 분쟁을 일으키고 있을 뿐만 아니라 각각 다르게 다뤄야 하는 복수의 문제들이 딥 스테이트라는 포괄적 신조어 아래 **한 가지**로 뭉개졌다. 딥 스테이트를 통해 우리는 심도가 제기하는 도전과 해결책을 이전하고는 다르게 인식한다. 딥 스테이트는 정치적 명제이며, 더욱 거침없이 대통령 중심주의를 주장하는 중요한 명제다.

3장

# 단일 행정부

모든 심도는 어떻게 표현되든 '단일 행정부'를 공격한다. '딥 스테이트' 음모론에 포함되는지는 중요하지 않다. 단일 행정부는 현시대 정치 담론에서 화폐로 통용되는 또 하나의 도발적 명제다. 단일 행정부 이론은 솔깃한 논리를 지니고 현대 미국 정부에 긴 그림자를 드리운다는 점에서 딥 스테이트 음모론하고 비슷하다. 세부 사항을 자세히 검토하지 않으면 아주 포괄적이라는 점도 마찬가지다.

심층 국가와 단일 행정부가 단순히 흥미로운 속성을 공유하는 별개의 추상 개념이라고 생각하면 오산이다. 두 개념은 현실의 정치 동학을 구성한다. 둘은 상호 도출과 상호 충돌을 동시에 일으킨다. 이 상호 작용이 일어날 때 헌법 설계의 근본적 모호성이 드러나고 국가 체계 전체에 고장이 일어난다.

대통령들은 단일 행정부 이론을 활용해 자기가 행사하는 직접 통제에 맞서서 행정 영역을 보호하는 방패막이를 제거하려 한다. 대통령은 본능적으로 심도를 참지 못하며, '심층 국가'가 자기가 지닌 헌법적 권한을 위협한다는 주문을 읊조리면서 단일 통제의 필요성을 주장한다. 심층 국가의 일원으로 지목된 이들은 위협을 느끼며 억압에 맞서 모든 방어 수단을 동원한다. 국가의 공복이 어떤 조치를 자의적 명령이라고 판단하고 저항할 때, 곧 위계적 지휘 통제에 맞서서 자기를 지키려 자원을 동원할 때, 이 사람들은 미국 국가가 얼마나 깊은지를 보여 준다. 이 책 2부에서 우리는 이런 대립이 실제로 작동하는 과정을 검토하고 행정부 단일성을 요구하는 호전적 주장 속에서 심도가 유지될지 어쩔지를 전망해 볼 작정이다.

## 단일행정부주의자 트럼프

2016년, 일반 투표popular vote*에서 패배한 도널드 트럼프가 결국 당선하면서 큰 파장이 일었다. 어떤 사람들은 예상 밖 결과에 충격을 받았고, 어떤 사람들은 이 승리가 끼칠 영향을 예측할 수 없어 전전긍긍했다.[1] 이 시기 트럼프는 외톨이였다. 자기를 후보로 지명한 정당을 비판하면서 독자적 지지 세력을 구축해 나갔다. 트럼프는 충성스러운 지지자들에게 연방 정부가 '조작'된 상태이고 핵심부도 '부패'한 사람들이라는 메시지를 보냈다. 선거 반란을 일으켜 부패한 정부를 깊이 파헤치겠다는 의도를 알리고 정부 비판을 수단 삼아 내부 저항에 대비하려 했다. 트럼프가 단일 행정부가 지닌 매력에 저항할 수 없는 상황은 놀랍지 않았다. 트럼프는 단일 행정부 이론을 순전히 도구로 봤다.

---

* 선거인단 투표가 아니라 투표자 전체 투표를 셈한 결과다.

트럼프는 정부 경험 없이 권력을 얻었고, 마치 기업가가 세무사에게서 세법 속 허점을 배우듯 단일 행정부 이론을 받아들였다. "이게 바로 [헌법] 2조라는 겁니다. …… 이건 지금껏 아무도 알지 못한 수준으로 내게 모든 권리를 주죠."[2] 트럼프가 헌법 이론가다운 언어로 발언하지는 않았지만, 원래부터 대통령은 학자가 아니다. 대통령은 자기에게 유용한 아이디어에 매달린다. 트럼프는 이론의 정치적 경계를 더 선명하게 그렸다. "나는 2조를 적용받고, 그래서 대통령으로서 내가 원하는 것은 무엇이든 할 권리가 있다." 표현은 조금 거칠더라도 트럼프가 노린 대상에게는 메시지가 확실하게 전달됐다.[3]

트럼프 대통령은 주위를 열렬한 단일행정부주의자들로 둘러쌌다. 보수주의 법학 운동을 토양 삼아 자라난 단일 행정부 이론은 행정부를 운영하는 기준이었다. 트럼프와 공화당 사이의 유대도 꽤 큰 부분이 보수주의 법학 운동하고 맺은 동맹 위에서 유지됐다. "우리는 위대한 판사들이랑 함께할 겁니다. 보수 성향 판사들이며, 모두 [보수 법률가 모임인] 연방주의자협회Federalist Society가 선택한 사람입니다."[4] 브렛 캐버노Brett Kavanaugh는 연방주의자협회 일원이자 트럼프가 두 번째로 지명한 대법관이었고, 대통령이 행정권을 독점해야 한다고 완고하게 주장하는 인물로 통했다. 캐버노는 법원이 헌법에 근거해 특별검사를 보호하는 조치를 공공연하게 비판했고, 독립 규제위원회에 회의를 표명했으며, 행정부 하위 공무원이 요청한 소환장에 따라 대통령에게 정보를 공개하도록 명령할 수 있는 법원 권한을 경계했다.[5] 캐버노의 뒤를 이어 트럼프가 워싱턴 연방 항소법원 판사로 임명한 네오미 라오Neomi Rao도 연방주의자협회 회원으로, 초기에 정보규제국Office of Information and Regulatory Affairs·OIRA에서 행정관으로 근무했다. 라오는 민주적이고 헌법적인 근거를 들어 강력한 대통령 통제를 지지했다. "선거는 행정 영역에 실질적인 영향을 미쳐야 한다. 그렇지 않으면 우리는 헌법에 어긋나는 제4부를 갖게 된다."[6]

대통령 법률 고문 존 다우드John Dowd는 고객인 트럼프에게 단일 행정부 이론을 해설하면서 오직 대통령만이 행정부를 운영해야 하며 논란이 된 행위(이를테면 연방수사국 국장 해임)는 헌법적 권한에 포함된다고 확언했다.[7] 2016년 대선에서 불거진 러시아 공모 혐의에 대응하려고 트럼프가 고용한 또 다른 변호사 마크 카소위츠Marc Kasowitz도 같은 논리를 제시했으며, 대통령이 자기가 한 행위를 겨냥한 모든 수사를 중단할 수 있다는 암시를 남겼다. "대통령은 …… 행정부를 향한 어떤 수사든 개시와 중단을 지시할 수 있는 반박 불가능한 권한을 가졌습니다. 헌법에 모든 행정권을 대통령에게 부여하는 단일 행정부가 규정돼 있기 때문입니다."[8] 트럼프가 두 번째 법무부 장관으로 내세운 윌리엄 바William Barr는 임명되기 전 '[대통령만이] 홀로 행정부다'고 장담하는 메모를 작성해 대통령에게 보냈다.[9] 소비자금융보호국CFPB의 조직 구조를 다루는 헌법 재판에서 노엘 프란시스코Noel Francisco 송무차관[*]은 최고 행정관에게서 독립적인 국장 한 명이 정부 기관을 관할하면 대통령이 지시하는 정책을 방해할 수 있다고 주장했다. "이런 근거 때문에 헌법 제정자들은 강력하고 단일한 행정부를 채택했습니다. …… 대통령에게 책임을 지지 않는 사람 한 명에게 이런 권한을 부여하면 헌법 구조에서 명백히 일탈하게 됩니다."[10] 주로 법조계에 포진한 단일행정부주의자들은 트럼프를 향한 내부고발을 방지할 때도 같은 논리를 내세웠다. 조지 워커 부시 행정부 시절 법무부 법률자문실Office of Legal Counsel·OLC에서 근무한 뒤 트럼프 시기 백악관에 비공식 법률 자문을 제공한 법학 교수 존 유John Yoo는 트럼프가 우크라이나에 거

---

[*] 법무부 차관직으로, 연방 정부를 대변해 대법원 사건을 담당하는 직위다.

래를 제안한 사실*을 폭로한 내부 고발자를 비판했다. 헌법 제정자들이 대통령에게 '행정권'을 부여하면서 행정권에 국가 안보와 외교 관련 권한이 포함된다고 이해한 만큼 정보기관은 대통령을 '위해' 일해야 할 뿐 대통령을 대상으로 삼아서는 안 된다는 주장이었다.[11]

우리는 모두 '큰' 정부, 권력 집중, 관료제를 향한 정치적 비판에 익숙하다. 단일 행정부가 하는 비판은 다르다. 단일행정부주의자는 행정부의 권력이 지나치게 크다고 비판하지 않는다. 진짜 문제는 그중 대통령이 직접 통제할 수 있는 권력이 충분하지 않다는 사실이다. 단일행정부주의자들은 대통령이 자유롭게 행정권을 행사할 수 있어야 하며, 그런 행사에 따른 설명 책임은 자기를 뽑은 국민한테만 진다고 주장한다. 단일 행정부 이론은 행정 영역에 고유한 독립성을 부정하는 논리이며, 대통령 권력이 지닌 개인적, 포퓰리즘적, 카리스마적 성격을 강화한다. 행정부를 감독하는 권위는 행정부에 명령하고 공무원을 통제하는 권력으로 탈바꿈한다.[12] 당선자가 현직 대통령에게서 '행정권'을 인수하면, 곧 '새로운 행정부'가 만들어지면 새로운 대통령이 한 구상에 맞춰 행정부를 전면 개조할 수 있다는 듯 의미를 부풀리는 논리도 이 이론에 영향을 받은 결과다.

트럼프 대통령은 딥 스테이트 위협을 밝혀서 단일 행정부 이론에 크게 기여했다. '불량 관료'를 향한 분노를 승화시켜 단일 통제 주장을 강화하는 귀중한 정치적 자산을 만들었다.[13] 대통령은 '딥 스테이트의 파괴'를 기대하면서 '내가 세운 위대한 업적 중 하나가 될 것'이라고 장담했다.[14] 마찬가지 맥락에서 전 수석 전략가 스티브 배넌Steve Bannon은 '행정 국가 해체'를 트럼프

---

* 우크라이나 지원금 송금과 헌터 바이든 수사를 맞바꾸려 한 시도. 상세한 내용은 9장을 참조하라.

행정부의 정치 프로젝트로 추진하자고 제안했다.[15] 트럼프나 배넌은 행정부를 없애려 하지 않았다. 행정부의 심도를 제거하고, 행정 관리자의 권위를 부정하며, 관리자를 대통령에게 종속시키는 일이 두 사람이 세운 목표였다.

행정부 안팎의 행위자들은 좋은 정부와 행정 관리자의 위상을 놓고 정반대 견해를 제시했다. 이런 견해에 따르면 대통령과 행정 관리자 사이의 거리 두기가 중요하다. 행정 관리자는 각각 다른 책임자들이 제기하는 다양한 요구를 중재해야 하기 때문이다. 결론적으로 대통령이 어떤 조치를 일방적으로 강요하면 법치와 공익을 해칠 수 있다. 미디어 대변인들은 이런 주장을 소개하면서 국민에게 선택을 촉구했다. 한 논평에는 '트럼프 대통령이 옳다'는 선언이 실렸다. 딥 스테이트는 건재할 뿐 아니라 특정 지도자의 이익을 넘어 미국 국민의 이익을 보호하는 의무를 어떻게든 기억해 낸 애국적 공복들로 구성된 집단이라는 의견이었다.[16] 존 맥러플린John McLaughlin 전 중앙정보국Central Intelligence Agency·CIA 국장 대행은 다른 전직 중앙정보국 관계자와 연방수사국 관계자들하고 함께한 토론회에서 '딥 스테이트에 감사하라'고 외쳤다.[17] 트럼프가 약식으로 해임한 제임스 코미James Comey 전 연방수사국 국장은 딥 스테이트의 일원이라고 비난받자 아예 말뜻을 비틀었다.

> [트럼프가 하는 주장은] 완전히 틀리면서 완전히 옳다. …… 선출직 공무원이나 정치 지도자를 몰락시키려는 딥 스테이트, 곧 깊게 뿌리내린 중앙 권력이란 없다. …… 그러나 이 주장에는 미국인들이 밤에 안심하고 잠들게 하는 진실이 담겨 있다. 군, 정보기관, 법 집행 기관에는 법치와 헌법을 존중하는 문화가 있다. 이 문화는 매우 깊게 뿌리내렸으며, 다행스럽게도 파괴하려면 몇 세대는 걸려야 한다.[18]

코미 진영 사람들은 심층 국가를 행정 영역의 사보타주나 국민 의지에 맞선 독단적 저항으로 보지 않는다. 그 사람들이 볼 때 심층 국가는 행정부가 짊어진 국가적 책무를 개인적 변덕, 사적 이익, 파벌 하수인에게서 보호한다. 공공 행정의 청렴성을 수호하고 공직자가 대통령이 아니라 헌법에 충성을 맹세하는 국가가 심층 국가다.

**헌법의 텍스트와 맥락**

그러나 헌법에 충성을 맹세하는 일 자체가 문제다. '단일 행정부' 이론도 헌법에 바탕을 두기 때문이었다. 헌법 제2조의 첫 문장은 다음 같다. '행정권은 미합중국 대통령에게 속한다The executive Power shall be vested in a President of the United States of America.' 단일 행정부 이론은 이 구절에서 출발한다. [입법부를 규정한] 헌법 1조의 권한 부여 조항이 의회 입법의 범위를 '이 헌법에 따라 부여되는 herein granted' 권한으로 제한하는 반면, 2조 권한 부여 조항은 이런 제한이 없다.* 일반적 해석을 따르면, 이런 차이가 생겨난 이유는 헌법을 제정할 때 국가 수반이 일종의 집행위원회하고 책임을 나눠야 하는지를 놓고 논쟁이 벌어진 때문이었다. [결국 집행위원회 안이 폐지되면서 대통령을 강조하게 된다는] 널리 알려진 해석하고 다르게 2조에 열거된 권한을 한 인물에 몰아 주자는 식으로 권한 부여 조항을 독해할 수도 있다.[19] 단일 행정부 이론은 이런 독

---

\* 미국 헌법 1조 1항은 다음 같다. '이 헌법에 따라 부여되는 모든 입법권은 합중국 의회에 속하며, 합중국 의회는 상원과 하원으로 구성한다(All legislative Powers herein granted shall be vested in a Congress of the United States, which shall consist of a Senate and House of Representatives).'

해를 확대해 권한 부여 조항이 헌법에 열거된 권한을 넘은 전방위적 권력을 부여한다고 주장한다.

단일 행정부를 주장하는 사람들은 헌법 2조가 '**일부** 행정권'이나 대부분의 행정권을 대통령에게 부여한다기보다는 '**모든** 행정권'을 대통령에게 부여한다고 해석한다.[20] 그런 해석의 핵심에는 행정부에 부여된 모든 권한은 대통령의 묵인 아래 행사된다는 주장, 헌법에 최고 행정관이 행정 영역을 직접적이고 위계적이며 배타적으로 운영할 수 있다는 내용이 포함돼 있다는 주장, 필요할 때 대통령은 대리인에게 위임한 권한을 몸소 행사할 수 있다는 주장이 포함된다.[21]

이런 주장을 둘러싸고 뜨겁고, 풍부하고, 통찰력 있는 논쟁이 촉발됐다. 단일 행정부가 지닌 장점, 개념의 범주와 한계, '행정권'이 뜻하는 의미를 다루는 방대한 문헌이 생산됐다.[22] 그렇지만 논쟁의 범위가 넓어지기는 해도 이론의 취지는 분명했다. 심도를 없애고, 위계적 통제를 확대하고, 행정 영역에 대통령의 의지를 관철하려 했다. 행정 영역이 정치와 정책을 매개할 때 발생하는 권위에 반대하고, 대통령만이 행정 영역을 통제할 수 있다고 주장하며, 다른 방식을 채택하던 오랜 관행에 낙인을 찍으려 했다. 내부 저항에 직면한 현직 대통령은 이 모든 요소를 유용하게 활용할 수 있다.

대통령들이 하는 주장은 줄곧 단일 행정부 이론에 부합했지만,[23] 1970년대와 1980년대가 돼서야 이론으로 정립되기 시작했다. 지적인 관심이 상대적으로 늦게 부상한 점은 주목할 만한데, 우리는 그런 현상에 담긴 의미를 여러 번 고민해 볼 생각이다. 1960년대 중반 연방 정부가 대규모로 확장하기 시작한 뒤에 이 이론이 발전한 사실만은 분명하다. 행정 영역의 권력이 국민 생활에 가장 깊숙이 관여하고 통치의 대부분을 공공 행정이 차지하게 된

시대였다. 단일 행정부 이론은 시의적절하게 질서와 통제를 재확립할 수 있는 원칙을 제안했다. 이 이론은 헌법 원문을 면밀히 독해해 대통령 단일 통제 원칙을 정립했으며, 이렇게 해서 관행을 검토하고 행정 수단을 조정하는 과정에서 예전에 벌어진 '실수'를 정정할 방안을 제공했다. 단일 행정부 이론은 헌법이 지닌 원래 의미에 충실히 부합할 수 있게 행정부 운영 방식을 재편하겠다고 약속했다.

단일 행정부 이론은 1930년대와 1940년대에 행정 조직이 가파르게 팽창할 때 대통령이 통솔권을 확보한 사실을 통설하고 다르게 해석하는데, 이 쟁점은 좀더 미묘하다. 이 시기에 대통령실Executive Office of President·EOP이 설립되면서 대통령직이 강화된 사실은 맞지만, 이런 변화는 대통령 지휘를 정부 운영에 더 철저히 통합하려는 시도였다. 개혁의 핵심은 대통령직 '제도화', 곧 중앙 지시와 상호 조정이 공존할 수 있는 기반을 마련해 대통령과 다른 정부 기관이 맺는 연계를 공식화하는 데 있었다. 상부를 향한 관리와 자문이 공식화되면서 정부 기관은 대통령이 하는 구상을 더 신뢰하고 쉽게 수용할 수 있었다. 이때 행정 영역이 지닌 가치, 곧 전문성과 전문가로서 내리는 판단이 특히 중요했다.

그러나 단일 행정부 이론은 이런 통제 방식을 다르게 해석했다. 권한 부여 조항으로 되돌아가서, 지식과 전문성에 근거한 중앙 지휘가 필요하다는 주장 대신에 더욱 고립되고, 고독하며, 사적이고, 주관적인 대통령 개념이 전면에 등장했다. 대통령은 단지 '최고 지위' 행정관이 아니라 '오직 혼자' 행정부를 구성하는 존재였다. 전국적으로 행정 수단이 확산하고 관리 행정 권력이 깊이 침투해 문제가 발생하더라도 '제도화된 대통령직'을 통해 문제를 조율하기보다는 대통령 개인이 개인적이고 일방적으로 해결해야 한다는 주장이었다.[24] 행정 영역에 막대한 통치 권력이 집중돼 있다고 전제하면서 단일 행정부 이론은 헌법을 근거로 대통령 중심 민주정을 지향하는 강한 국가를 설계했다.

## 대통령제 민주정과 공화정

단일 행정부를 옹호하는 헌법 해석은 정치적 주장을 내포한다. 앞서 살핀 라오의 발언("선거는 행정 영역에 실질적인 영향을 미쳐야 한다. 그렇지 않으면 우리는 헌법에 어긋나는 제4부를 갖게 된다")에서 추측할 수 있듯이 트럼프 시대 단일 행정부 이론은 특히 선거의 중요성을 강조했다. 연방수사국 국장 코미는 트럼프에 저항하면서 자기가 대통령의 사익이 아니라 미국 국민의 공익을 보호한다고 주장했다.[25] 간단히 말해 단일 행정부 이론은 법을 다룰 때는 권한 부여 조항을 형식주의적으로 추론하고 정치를 다룰 때는 정부의 설명 책임을 국민 투표식으로 이해한다.[26]

누가 행정부를 정치적으로 책임지는가? 단일 행정부 이론은 단 한 사람, 곧 전국 선거에서 선출된 대통령이 국가적 책무를 관리해야 한다고 주장한다. 단일 행정부 이론에서 좋은 정부란 대통령이 행정 영역을 장악한 정부이며 대통령이 행정 영역을 완벽히 통제하지 못하면 책임 소재가 모호해진다. 그러면 '국민'이 다음 선거에서 현직 대통령이 거둔 성과를 판단할 기준이 흐려진다. 헌법의 원래 구상을 강조하는 단일 행정부 이론이 이토록 현대적인 근거를 제시하니 놀라울 지경이다. 헌법 제정자들은 마치 순수한 민주주의자처럼 그려진다. 이런 사정 때문에 단일 행정부 이론은 헌법에서 대통령 선거를 규정할 때 민의를 간접적 형태만으로 표현할 수 있게 만든 원인을 설명할 수 없고, 행정 영역의 책임성을 배타적으로 집행하기보다는 권한을 폭넓게 공유할 수 있게 만든 원인도 설명할 수 없다.

미국 헌법은 민주적 요소를 결핍하고 비난 회피 성향을 띤다는 비판을 강하게 받는데, 이런 비판은 헌법 제정 뒤에 행정 역량이 확대되면서 더욱 중요해졌다. 그러나 문제만 들어내려는 시도에서 다른 문제가 만들어진다. 단일 행정부 이론은 '관리 행정'을 대통령의 전유물로 삼음으로써 행정부를 삼권 분립에서 가장 중요한 요소로 만든다. 그런 결과로 헌법에서 가장 신선한 혁신으로 일컬어지던 견제와 균형 원칙이 적용되는 범위가 줄어든다. 그렇게 되면 견제와 균형 원칙에 어긋나지 않으면서도 단일 행정부 이론하고는 다른 방식으로 설명 책임을 보장할 수 있는 대안적 이론까지 가려진다.

대안적 이론을 공화주의 이론이라고 부르자. 헌법을 다르게 해석하는 공화주의 이론은 주요 책임을 제도적으로 분립시키기 때문에 역효과를 상쇄하기 위해 제도들의 운영을 결합한다고 설명한다.[27] 그러면 국정에서 단독적 설명 책임이 아니라 집합적 설명 책임이 발생하게 되며, 책임이 분립돼 있기 때문에 삼부는 협치를 통해 정부를 관리해야 한다. 이런 정부관政府觀은 대통령이 실체적 적법성에 관해 자기가 품고 있는 견해에 상관없이 법원 판결과 의회 법안을 '충실하게' 집행해야 한다는 법률 집행 조항을 독해하는 데 부합한다.[*28] 헌법 1조가 의무를 실행하기 위해 '필요하고 적절한 necessary and proper' 모든 규칙과 규제를 설정할 권한을 의회에 부여한다는 점을 고려하면 설득력

---

\* 법률 집행 조항('take care' clause)은 미국 헌법 2조 3항에 포함된다. '[대통령은] 법률이 충실하게 집행되도록 유의[한다].'

은 더 커진다.* 헌법은 '관리 행정'의 모든 측면에 입법부와 사법부가 개입할 수 있게 허용한다. 이를테면 임명과 감독, 임기와 취임 조건 규정, 하급 관청 설치와 관련 임무 명시 등이 여기에 해당한다.

공화주의 원칙에 따라 국가를 조직하면 협력적 체계로 행정 영역을 통제할 가능성이 크다. 헌법에서 분리된 요소들은 제도를 거쳐 중개되며, 원래 형태라면 병렬적으로 진행돼야 할 삼부 간 행정 업무를 소통할 통로가 도입된다. 이 공화국에서 공익을 일방적으로 선포하는 일은 없다. 다양한 이해관계를 모아 공익을 증류한다는 표현이 어울릴 수 있다. 권한을 부여하고 설명 책임을 감당하는 경로가 복잡하고 타협적인 성격을 띨 테기 때문에, 조직적으로는 여전히 '약한' 국가일 수 있다. 그러나 이 국가는 바로 그런 특성에 따라 상당한 수준의 심도를 허용하며, 심지어 장려할 가능성도 크다. 공화국은 행정부 단일성을 많은 부분 포기하더라도 정부 행정을 위한 정치적 버팀목을 삼부 간 협력이라는 받침 위에 세우려 한다.

단일 행정부 이론은 정반대로 심도에 적대적인 강한 국가를 설계한다. 이 이론은 '권력을 공유하는 분리된 제도들'이라는 구상이 '흐물흐물한 사고방식'이라고 일축한다.[29] 집합적 통제라는 공화주의적 안전장치를 무시하고 설명 책임을 오직 대통령에게 둔다. 단일 행정부는 공화국을 위협하는 유령이다. 행정 영역이 지니는 여러 속성, 이를테면 행정과 정치의 단절, 중립성, 중재 기능, 독립성 등을 배격하고 관리 행정을 정부 공동의 기반이 아니라 대통령의 영역으로 간주한다.

---

* 미국 헌법 1조 8항. '18. [의회는] 위에 기술한 권한들, 그리고 이 헌법이 합중국의 정부나 정부 부처나 정부 관리에게 부여한 모든 기타 권한들을 행사하는 데 필요하고 적절한 모든 법률을 제정한다."

정치적 명제로서 단일 행정부 이론은 공화주의 이론보다 훨씬 단순 명료하다. 이런 강점은 점점 선명해지고 있다. 현대 미국에서 대통령 선거는 장대한 드라마처럼 연출되는데, 후보들은 유세 때마다 지금이 우리 생애에서 가장 중요한 순간이라고 소리치며 이 선거가 국가적 결정의 시점이자 명확한 해결의 계기라고 주장한다. '선거는 결과를 낳는다.' 트럼프 진영 단일행정부주의자들이 끊임없이 하는 말이다.

그렇지만 헌법 조항을 문자 그대로 읽으면 공화주의 이론은 단일 행정부 이론만큼 타당해 보인다. 이런 현실이 우리 시대의 딜레마다. 법학자들은 이 문제를 다룰 때 헌법에 한뜻이 담겨 있다고 애써 설득했지만, 헌법 제정자들은 논쟁하는 무리였다.[30] 그리고 제헌 논쟁에서 두 집단이 내놓은 주장을 검토하면, 헌법 제정자들은 단일 행정부와 공화주의를 함께 수용할 수 있다고 생각한 듯하다는 추측이 가장 그럴듯하다. 현시대에 헌법을 명확하게 해석하려는 여러 시도는 이 문제를 해결하는 데 걸린 판돈을 보여 주는 지표일 뿐이다. 많은 권력이 행정 영역에 집중되면서 관료제를 통제하게 되면 마치 정부 운영 전체를 장악할 수 있게 되는 듯한 시대가 온 때문이다. 우리 시대 대통령들은 헌법 때문에 정치적이고 개인적으로 책임을 져야 하는 상황에 노출되고, 이런 상황 때문에 불편함도 많이 겪는다. 대통령은 연방 관료제에 깊이 개입하고, 자기가 생각한 우선순위에 최대한 맞춰 행정부를 운영하며, 이런 목표를 최대한 신속하고 철저하게 실현하려는 강한 유인을 지닌다.[31] 명확한 권한 계통을 구축하려는 관심 때문에 대통령은 자연스럽게 강력한 단일행정부주의자가 되며, 실무적 차원을 고려해도 대통령은 단일 행정부 이론이 추구하는 권력을 요구하게 된다.[32]

현시대에는 정치라는 두꺼운 덮개가 추가돼 헌법 구조와 국가 구조의 모호성을 더욱 다루기 어려워졌다. 1970년대와 1980년대에 단일 행정부 이론이 전파될 때부터 정치는 문제였다. 단일 행정부 이론은 보수주의 반란이 태동하던 1970년대와 1980년대에 함께 보급됐다. 보수주의 반란은 '반정부'를 수사로 내세웠고, 1960년대 전후 '사회 혁명'*이 진행되면서 연방 정부가 맡게 된 책무와 책임에 특히 적대적이었다. 단일 행정부 이론은 보수주의 법률 운동과 연방주의자협회에서 태동했다. 공화당 행정부에서 단일 행정부 이론의 칼날은 더욱 날카로워졌다. 공화당에 속한 레이건,** 부시,*** 트럼프 행정부는 이 이론을 가장 솔직하고 적극적으로 지지했다. 이 이론은 명백히 정치적 편향을 드러낸다.

그렇지만 정치적 편향을 과장해서는 안 된다.

공화당 행정부는 정부 규모를 축소하지 않는다. 공화당 대통령들도 정책 목표를 달성하려고 민주당 대통령들만큼 행정 역량에 의존한다. 공화당 대통령은 정책 우선순위를 추진할 때 주저하지 않고 행정 역량을 확충한다. 트럼프 행정부도 예외가 아니었다.[33] 더 중요한 사실은 원칙적으로 행정 영역 확대에 덜 적대적이야 하는 민주당 대통령들이 행정 관리자를 점점 더 억압하고 단일 행정부를 만들겠다는 결심을 실천한 점이다. 워터게이트 이후 '제왕적 대통령'[34]이라는 꼬리표를 떼어 내는 데 주력해 권력을 잡은 지미 카터****조차 '불충한' 행정 관리자에게 불만을 품었다. 카터는 행정부 내부의 조

---

\* 1960년대 전후 사회적 권리를 확대하려는 민주당 정책 노선을 의미한다.
\*\* 로널드 레이건(1911~2004)은 40대(1981~1989) 미국 대통령이다.
\*\*\* 조지 워커 부시(1946~)는 43대(2001~2009) 미국 대통령이다. 아버지인 41대 대통령 조지 허버트 워커 부시하고 구분하려고 '아들 부시'로 부른다.
\*\*\*\* 지미 카터(1924~2024)는 39대(1977~1981) 미국 대통령이다.

직적 비효율성을 뿌리 뽑고 조직을 좀더 위계적으로 배치하는 데 집착했다.[35] 카터는 공무원 제도를 개혁했다. 인사 관리 체계를 재편해 대통령 통제를 강화했고, 규제를 완화해서 고위 경력직 공무원이 정무직 감독관하고 더 쉽게 협력할 수 있게 유혹했다.[36] 카터 행정부는 의회가 닉슨 행정부의 권력 남용에 대응해 법무부의 독립성을 강화하려 한 시도도 좌초시켰다.[37] 또한 카터는 정부 기관이 규칙을 수립할 때 중앙 감독이 가능하도록 규제 심사regulatory review 제도를 도입했다. 규제 심사는 뒤이은 레이건 때 유명해졌다.[38] 빌 클린턴\*은 규제 심사를 폐지해 독립 기관의 권한을 존중한다는 뜻을 드러낼 기회가 있었지만, 오히려 제도를 강화해 대통령의 감독과 명령 사이에 놓인 경계를 허무는 쪽을 선택했다.[39] 엘레나 케이건Elena Kagan을 대법관으로 임명한 대통령은 버락 오바마\*\*였는데, 케이건은 클린턴 시절부터 '대통령 중심 관리 행정'을 옹호한 인사였다. 민주당 대통령은 사회 혁명과 확대된 연방 정부에 헌신하면서도 행정부의 위계질서와 단일성 개념에 집착했다. 행정 영역을 거쳐 정치적 의제를 추진하는 데 유용하기 때문이었다. "민주당원들은 역사적으로 공화당원들만큼이나 출세주의자하고 함께 일하기를 꺼렸다. 이데올로기 문제가 아니라 [출세주의자들이] 속도를 열망하기 때문이었다."[40] 양당 소속 대통령은 모두 정책과 이념 관련 공약을 신속하게 추진하려는 관심을 공유하며, 이런 이유 때문에 대통령 통제 아래 단일하게 움직이는 행정부라는 개념은 정당을 초월하는 매력을 지닌다.[41]

---

\* 빌 클린턴(1946~)은 42대 미국 대통령(1993~2001)으로 민주당 소속이다.
\*\* 버락 오바마(1961~)는 44대 미국 대통령((2009~2017)으로 민주당 소속이다.

## 선명한 괴리

헌법 제정자들은 대중이 최고 행정관을 선출할 때 나타날 결과를 미리 알았다. 대통령은 권위가 선출에서 직접 유래한다고 생각하며, 이 권위를 활용해 헌법상 행정권을 강화하려는 경향을 드러낸다. 대통령과 지지자가 맺는 정치적 유대는 국가 전체를 아우르는 관리인 임무stewardship*하고 경쟁할 수 있다. 헌법 제정자들은 이런 문제를 명확히 이해했다. 공화주의 관점에서 보면, '행정권'을 특정한 개인에게 부여해 대중이 그 한 명을 선출할 때 대통령은 대통령 정당이 지닌 이해관계의 연장선에서 정부 책무를 다룰 가능성이 크다.

이런 결과를 추론하면서 알렉산더 해밀턴**은 대통령 선거가 '정부 운영에 있어 수치스럽고 파괴적인 돌연변이'를 조장할 수 있다고 경고했다.[42] 이런 전망은 연방 정부 프로젝트의 핵심을 뒤흔들었다. 헌법 제정자들이 필라델피아에 모인 주된 이유가 바로 불안정성에 대처하는 데 있기 때문이었다. 여러 주 정부에서 발생하는 정치적 불안정성을 두려워한 헌법 제정자들은 '안정적 관리'를 추구했다.[43] 반면 대통령은 전임자가 쌓은 업적을 '뒤집고 무효화'하라는 국민의 명령을 등에 업고 활력을 얻었으며, 안정적이고 지속적인 법률 운영에 우선순위를 둔 헌법 제정자들의 목표를 위협했다.[44]

헌법 제정자들의 선견지명을 고려하면 단일 행정부 이론에는 봉합 자국이 선명하다. 이 이론은 권한 부여 조항을 확대 해석하는 원본주의 해석과 세

---

\* 26대 대통령(1901~1909) 시어도어 루스벨트(1858~1919)가 대통령이란 국민의 창고 관리인(steward) 노릇을 해야 한다고 주장한 데서 유래한 표현이다.
\*\* 알렉산더 해밀턴(1755~1804)은 미국 헌법 제정에 참여한 '건국의 아버지(founding fathers)'에 속하며, 초대 재무부 장관을 지냈다.

월이 흐르며 근본적으로 변화한 선출 절차를 하나로 꿰맸다. 그렇지만 (2조의 권한 부여 조항 바로 다음에 이어지는) 원래의 대통령 선출 절차는 헌법 제정자들이 단일 행정부 원리와 공화주의적 원리라는 두 마리 토끼를 잡으려 한 사실을 보여 주는 가장 확실한 증거다. 비록 까다롭고 모호하며 작동되지 않는 절차였지만, 헌법 제정자들이 위험을 인식하고 이런 절차를 거쳐 방지하려 한 사실은 명확하다.

제정자들은 대중의 통치가 일으키는 혼란을 최소화하는 방법으로 대통령 임기를 길게 하고 선출 횟수에 제한을 두지 않는 방식을 채택했다. 또 다른 방법은 선출 과정을 되도록 권력에서 분리하는 방식이었는데, 대통령의 특권*을 선거 정치가 아니라 헌법에 못 박아 놓고 선거 과정을 국가 전체의 이익을 반영하는 인물에 유리하게 구성했다. 그래서 원래 대통령 선거에서 후보와 국민의 연결은 간접적이었으며, 후보자 유세나 전국적 선거 운동도 헌법에는 서술되지 않았다. 개별 지역에서 특별히 선정된 선거인단이 대통령을 선출했으며, 선거인단은 대통령 후보와 부통령 후보를 구분하지 않은 채 두 명에게 투표하게 규정돼 있었다. 선거인은 자기 이해관계에 매몰된 후보자에게 표를 낭비하지 않으면서 아무 이해관계도 위협하지 않을 안전하고 전국적으로 명망 있는 인물을 찾으리라는 기대를 받았다. 이상적인 본보기는 조지 워싱턴이었다. 만약 이런 인물이 나타나지 않는다면 행정권 요구를 중개할 수 있는 하원에서 대통령을 선택하는 방식이 보완책으로 마련됐다.[45]

원래 헌법은 [선거를 통한] 대통령 권한 강화를 제한했다. 대통령 선거 뒤

---

\* 헌법적 맥락에서 'prerogative'는 예외적 권력이 아니라 헌법에서 유래하는 고유 권한을 의미한다. 이를테면 의회가 지닌 특권에는 입법이 포함된다.

국가적 분열이 정부로 옮겨 와 정부 운영 전반을 정치화시키는 사태를 막으려는 의도였다. 원래 대통령 선출 절차는 강력한 정치 지도자를 대통령으로 만드는 절차가 아니었다. 그렇지만 헌법 제정자들이 단일 행정부가 지닌 장점이라고 생각한 안정성, 국가적 결의, 보편적 이익을 위한 효율적 조치를 잘 실현할 수 있는 선출 절차이기는 했다.

거의 건국하자마자 전국적 선거 운동, 조직된 야당, 경쟁 선거가 등장한 탓에 헌법 제정자들이 마련한 해결책은 제대로 작동되지 못했다. 헌법적 근거에 상관없이 단일 행정부 이론은 오래전에 정치적 기반을 상실했다. 헌법 제정자들의 지혜를 되살리는 일이 단일 행정부 이론이 바라는 목표라면, 지금의 대통령 정치와 확대 해석된 권한 부여 조항을 뒤섞는 논리는 적신호로 여겨져야 한다. 단일 행정부를 헌법적으로 지지한다면 대통령은 철저하게 비정치적이며 어떤 격동이 일어나도 자리를 지킬 수 있어야 일관된 논리가 성립한다. 이런 대통령을 뽑는 선거 체계는 모든 당파성을 정제해 국가 전체의 너른 이해관계라는 감각을 이끌어 낼 수 있어야 한다.

같은 논리를 따를 때 대통령을 직접 선출하는 국민 투표식 민주정이 부상한다면 단일 행정부하고는 다른 제도 배치가 필요하다. 상호 신뢰와 제도적 협력을 이끌어 낼 수 있는 새로운 제도 배치가 없으면 단일 행정부는 혼란을 극대화하는 조합을 만든다. 헌법 제정자들이 가장 두려워한 상황이다. 이런 정부는 자의적 결정을 강요하고, 이견을 배제하며, 반대파를 급진화시키는 경향이 있다. 행정 영역이 지닌 영향력이 전국으로 확대되고 정당이 점차 대통령을 중심으로 활동하게 되면서 이런 현상은 더욱 뚜렷하고 중요해진다.[46] 위계적으로 통제되고, 철저히 정치화되고, 행정부에 집중된 권력이란 헌법이 마주할 악몽이자 포위된 공화국에 다가올 씁쓸한 종막이다.

4장

# 공화주의적 해법

200여 년에 걸친 미국 국가의 발전 과정은 전혀 일관되지 않았다. 헌법 설계가 모호한 부분을 임시방편으로 보완했고, 그런 결과로 만들어진 제도 배치에는 두 마리 토끼를 잡겠다는 결정이 유지됐다. 단일 행정부 구상은 대통령의 행정부 통제를 적극적으로 주장하는 조류 속에서 발견할 수 있다.[1] 대통령을 중심에 두는 민주주의가 발전하며 이런 조류에 힘을 실었다. 그러나 이 정도는 이야기의 절반일 뿐이다. 대통령 중심 민주정이 발전하는 내내 단일 행정부 주장을 누그러트리려는 공화주의적 충동도 강력하게 유지됐다.

대통령중심주의와 공화주의 사이의 밀고 당기기는 1970년대에 명백해졌다. 비공식적인 제도와 조직들이 변천하는 방식을 보면 가장 확실히 알 수 있다. 헌법에서 각 부를 분리한 탓에 미국 정부는 헌법 외적인 장치를 고안해 업무 관계를 조정했다. [이런 장치들이 변화하면서] 헌법 조항에 크게 구애받지 않는 각기 다른 정부 '체계들'이 구성됐다. 미국인들은 이전 체계하고 상당히 다른 체계를 합의할 수 있었으며, 각 체계가 연방 정부 운영 전반에 일으킨 변화는 심대했다. 그러나 모든 단계에서 대통령직은 더 강해지는 동시에 제약도 받았다. 새로운 제도 배치는 협력적 의사 결정과 집합적 책임성에 헌신하는 책무를 재확인했다.[2]

공화주의적인 해결책이었다. 대통령들은 이런 해결책을 수용했고, 때로는 적극적으로 추진하기도 했다. 대통령이 지닌 지도자라는 지위를 사실상 강화할 수 있기 때문이었다. 임기응변 조치는 점차 행정권과 대통령 중심 민주정에 유리한 방향으로 진행됐다. 긴 역사 동안 이런 흐름이 지속된 탓에 대통령이 행정권을 제약하는 동반자 협정을 인내할 수 없게 되는 상황은 시간문제일 뿐이었다. 1970년대에 이르러 [다른 정부 부처하고 맺은] 동반자 관계가 수명을 다한 징후가 분명해졌다. 그 뒤 수십 년에 걸쳐 협력을 위한 배치는 헌법적 대립으로 대체됐다. 오늘날 대통령이 행정 영역에 행사하는 강력한 장악력은 공화주의적 심도와 숙의를 대체할 수 있는 실용적이고 명료한 대안으로 등장할 뿐만 아니라 놀랍게도 헌법에 일치하는 유일한 방안으로 간주된다.

## 정당을 통한 해결 — 19세기

대통령중심주의와 공화주의는 국가 조직 모형을 두고 경쟁했다. 19세기 동안 둘 사이의 제도적 타협은 주로 선거 체계의 변화와 정당 정부의 발전을 거쳐 진행됐다. 제퍼슨*은 처음으로 정당 간 권력 이양을 거쳐 취임한 대통령이

---

\*   토머스 제퍼슨(1743~1826)은 3대 미국 대통령(1801~1809)이다.

었으며, 행정부에서 단일성이 지니는 당파적 함의를 처음으로 이해한 인물이기도 했다. 제퍼슨은 재빠르게 움직여 12년에 걸친 연방파 지배기 동안 행정부에 축적된 심도에 다면적 공세를 펼쳤다.

인수한 질서를 타파하고 행정부가 나갈 방향을 다시 설정하려는 제퍼슨이 가장 분명하게 노력한 분야는 법무 행정으로, 오늘날에도 개입하면 논란이 커질 만한 영역이었다.[3] 제퍼슨은 애덤스 행정부에서 넘겨받은 법 집행 기구가 공정하지도 않고 중립적이지도 않은 장애물이라고 확신했다. 자기를 대통령으로 만든 지지자들에게 공정하지 않은 연방 검사와 연방 보안관을 용납할 수 없다고 생각한 제퍼슨은 곧바로 모두 교체해 버렸다.[4]

그렇지만 제퍼슨 재임기는 특별하다. 제퍼슨은 자기만의 행정부를 만들려고 깊이 개입하는 동시에 의회를 상대로 하는 소통을 확장해 권력 분립을 완화했다. 삼부 간 협치를 촉진하려고 각별히 노력했으며, 국정에서 집합적 책임성을 담보하는 새로운 형식을 적극 지원했다. 제퍼슨은 '회합, 상담, 자유 토론'을 활용해 의회를 영향권 안으로 끌어들였으며, 하원에서 지원을 받기 위해 새로운 기구도 설립했다. 하원 지도부는 이 기구에서 최고위직을 맡으면서 자기들이 '행정부 전체를 통제할 수 있는 지위'를 얻은 사실을 알게 됐다.[5]

이 시기에는 더욱 놀라운 일이 벌어졌다. 의회가 선거 체계에서 맡은 기본 임무에서 벗어났다. 선거 체계가 제퍼슨주의적으로 변화한 결과다. 제퍼슨주의자들은 수정 헌법 12조<sup>*</sup>를 제정했다. 대통령 후보하고 부통령 후보를 러닝

---

\* 선거인단이 대통령 후보와 부통령 후보를 구분하지 않고 두 명에게 투표하는 방식 대신에 대통령 후보와 부통령 후보에 각 한 표를 던지게 한 수정 헌법이다.

메이트로 확정할 수 있게 되면서 의회에서 열리는 의원 총회$^{caucus}$가 선거 과정을 주도하는 지위를 공고히 다지게 됐다. 헌법 제정자들은 의회를 대통령 선출에서 배제하는 방안을 고심했다. 입법부가 주도하는 선출 방식을 대체할 방안을 확보해야 헌법적 권력 분립을 확실히 실현할 수 있었다. 그렇지만 권력 분립보다는 협치를 중시한 제퍼슨주의자들은 목표를 달성하려 헌법 제정자들이 설계한 체계를 주저 없이 수정했다. 의원 총회는 대선 후보를 선출할 뿐 아니라 지역 유권자 활동도 조율했다. 의원 총회는 곧 '왕*'이 됐으며, 정당 소속 의원이 대선 후보를 지명하고 지역 유권자에게 지시를 내리면서 설명 책임의 방향을 하향식으로 재구성했다.[6] 대통령 후보 지명을 의회가 통제하게 되자 헌법 체계 전체에 반향이 일어났다. 행정부의 위계가 흔들렸고, 제퍼슨주의 시대** 후반기에 대통령은 의회에서 호의를 얻으려 공개적으로 경쟁하는 관료들을 이끄는 상사가 됐다. 의원 총회 운영 방식에는 '언제나 대통령을 만드는 의회 세력에 행정부가 종속된 현실이 암묵적으로 드러났으며, 명시적으로 드러날 때도 많았다.'[7]

[앤드루 잭슨이 7대 대통령(1829~1837)에 당선하면서] 정당의 정부 통제권이 두 번째로 이양됐다. 단일 행정부를 지지하는 주장이 빠르게 강화되고 대통령이 심도에 느끼는 적대감이 온전히 모습을 드러냈다. 앤드루 잭슨은 행정부에 영향을 주는 모든 정책에 대통령의 권한이 미친다고 주장했다.[8] 잭슨 재임기를 상징하는 백미는 미국 국립은행$^{National\ Bank}$이 국가 전체를 대표하는 예치 기관이라는 의회 선언을 무시하고 재무부 장관에게 연방 준비

---

\* '킹 코커스'라는 표현이 자주 쓰인다.
\*\* 대체로 제퍼슨이 대통령에 당선한 1800년부터 잭슨 민주주의 시대 직전인 1824년까지를 일컫는다.

금federal funds을 출금하라고 명령한 순간이었다. 재무부 장관은 자기는 의회에 책임을 져야 하고 출금 조치를 설명하라는 압박이 어마어마할 듯하다고 설명했다. 잭슨은 주저하는 재무부 장관을 해임한 뒤 연방 준비금을 출금하겠다는 공개 성명을 발표했다. 이 성명에서 잭슨은 지지자들을 앞세우며 선거 위임electoral mandate을 주장했다. 자기가 재선에 성공한 사실 자체 덕분에 정책을 실행할 권위도 강화된다는 논리였다.[9]

법원과 잭슨 반대파(이 세력은 나중에 미국 휘그당을 결성한다)는 정치 권력과 [대통령직에서 유래하는] 제도적 특권을 한꺼번에 노리는 단언에 반발했다.[10] 대통령 지지자가 우위를 차지하고 의회가 실행한 견책을 기록에서 삭제한 바로 그 시기에, 잭슨은 일방주의unilateralism*를 바탕으로 국가를 정치적으로 분열시키는 동시에 제도적 협력과 공동 책임을 보장하는 대안적 수단이 발전하도록 촉진하기도 했다. 잭슨 임기가 끝난 뒤 후보 지명 절차와 선거 체계가 훨씬 정교해졌으며, 이런 과정에서 권력 분립이 완화됐다.[11]

19세기 중반에 이르러 전국적인 지역 정당 조직machine** 네트워크가 모든 공식 정부 기관의 운영 방식을 재조정했다. 정당 조직 네트워크는 제퍼슨 시대에 견줘 정부 기관하고 거리를 뒀으며, 상향식으로 작동하면서 느슨하게 짜인 집합적 통제 체계를 구축했다. 시간이 지나면서 이 네트워크를 이끄는 지도자는 '영수boss'로 알려졌다. 영수는 전당 대회에서 대통령 후보를 지명했고, 후보 지명자는 영수가 지닌 동원 역량에 의존해 치열한 선거에서 승리했다. 19세기를 대표하는 전형적 대통령은 전당 대회에서 타협안으로 선택된

---

\* 의회를 거치지 않고 행정 명령 등 우회 수단을 이용해 정책을 실행하는 방식을 가리키는데, 맥락에 따라 '일방적 조치'라는 표현으로 옮기기도 했다.
\*\* 'machine'이란 19세기 미국에서 형성된 정교한 정당 조직을 일컫는다.

'다크호스' 후보였으며, 배후에 자리한 세력 연합을 대표하는 익명 대표자에 지나지 않을 때도 많았다. 이런 체제에서 대통령은 '그 사람을 백악관에 보낸 정당에 묶여' 있었다.[12]

"나는 **나 자신으로서** 미국의 대통령이 되려 합니다." [11대 대통령(1845~1949)] 제임스 포크가 한 이 유명한 선언은 대담했다. 전당 대회 투표를 아홉 번 거쳐 지명된 그저 그런 후보로 남기를 거부한 때문이었다.[13] 이 사건은 개성을 조직 밑에 잠재우던 시대에 대통령 권력이 지닌 개인적 특성을 일깨웠다. 결과적으로 포크가 한 발언이 당내 모든 파벌에 '동등하고 정확한 정의'를 실현하겠다는 서약하고 조화하기는 힘들었다.[14] 포크 같은 19세기에 재임한 대통령들은 각 주에 기반을 둔 정당들이 구축한 이익 공동체를 만족시켜야 했다. 행정부를 활용해서 자기를 당선자로 만든 조직에 꽤 많은 혜택을 제공해야 했고, 특정 파벌을 소외시키지 않는 데 긴 시간을 소모해야 했다. 19세기 대통령들은 정치적 기반이 조직되면서 확실히 강해졌다. 그러나 대통령을 후원하는 정치 조직은 독립성보다는 상호의존성을 촉진했다. 후보자와 현직자에 대응해 독립적으로 운영되고 모든 정부 속 정치 기관을 식민화한 덕분이었다.[15]

19세기에는 정당 동원과 정부 운영 사이의 연계가 긴밀해지면서 행정 영역이 철저히 정치화됐다. 대통령은 정기적으로 행정 관직을 일소해 새롭게 나타난 자기 당파 구직자들이 일할 자리를 마련했다. 그러나 '엽관제'는 집단성(전국 정당의 단일성)을 강조하면서 개인성(대통령이라는 인물의 단일성)은 억제했다. 엽관제는 국가가 빠르게 확장하면서 폭넓어진 이해관계에 대통령직을 통합하는 기제였지만, 행정부 권력을 집중시키지는 않았다. 엽관제 아래에서 최고 행정관은 다른 곳에 놓인 권력 중심을 지원하는 구실만 맡았다.

대통령이 해야 할 가장 중요한 업무는 충성스러운 관직 중개사 노릇이었다.

## 관리 행정을 활용한 해결 — 20세기 초부터 1970년대까지

20세기로 나아가는 전환기, 진보주의 개혁 세력은 행정부를 장악한 엽관제를 타파하려 했다. 개혁가들은 미국 정부가 지닌 행정 역량을 확대하고 대통령의 정치적 위상을 높이려 했다. 양당 내부에서 활동하는 진보주의 파벌은 이런 활동을 지지했다. 진보주의 대의를 이끈 시어도어 루스벨트<sup>*</sup>는 대통령이 국익을 위해 폭넓은 권한을 행사할 수 있다고 주장하는 관리인 이론을 주장했다. 우드로 윌슨<sup>**</sup>도 이런 지향을 물려받았다. 윌슨은 국가 의제를 설정하고 입법부에 적극적으로 입법 프로그램을 제시하는 확장된 대통령상을 제시했다. 이런 노력의 하나로 의회는 1921년 예산회계법Budget and Accounting Act·BAA을 제정했다. 정부 기관이 요청하는 예산을 대통령이 정한 우선순위에 종속시키는 법이었다. 의회는 이 법을 제정하면서 대통령이 의제 설정과 정책 개발을 주도할 수 있다고 공식적으로 인정했다.[16] 이 시기에는 법원도 대통령 권한을 강화했다. '마이어스 대 연방 정부' 판결(1926)은 대통령이 [상원 동의 없이] 행정부 공무원을 해임할 수 있는 권한을 폭넓게 인정했으며, '커티스-라이트 대 연방 정부' 판결(1936)은 대통령 직위를 미국을 대표해 외교 정책을 펼칠 수 있는 '유일한 기관'으로 격상했다.

---

   \*   원래 공화당 소속인 시어도어 루스벨트는 1912년 선거에 나와 3선에 도전하면서 진보당 후보로 활동했다.
\*\*  28대 미국 대통령(1913~1921) 우드로 윌슨(1856~1924)은 민주당 소속이다.

그러나 진보주의자들이 단일 행정부를 추구하지 않은 점은 확실하다. 진보주의자는 대통령 중심 정부를 강력하게 추진했다. 진보주의자들이 19세기 정당 정치 관행에 맞서며 행정 영역 확대라는 주제가 각광받았다. 이 시기 연방 정치에서 대통령의 위상이 상승한 이유는 행정 영역을 정치화하는 흐름을 되돌리고, 행정 영역을 비당파적으로 운영하며, 행정 영역에 고유한 무결성을 부여하려는 노력 때문이었다. 진보주의자들은 대통령 직무기술서를 수정했다. 순수한 법 집행을 넘어 정치적 리더십과 의제 설정을 강조하는 개혁이었다. 진보주의 세력은 대통령직을 정책의 중심으로 옮겼는데, 여기에서 대통령은 여러 정부 기관이 실행하는 작업을 지휘하고 조율해 국가적 문제를 해결하는 거대한 협주곡으로 통합하는 허브 구실을 맡아야 했다.[17]

다양한 제도에 속한 정치인들이 일단의 정책적 해결책에 합의하게 만드는 일이 진보주의 개혁이 노린 첫째 목표였다면, 둘째 목표는 전문성을 지닌 공무원이 최적의 정책 실현 방안을 결정할 수 있도록 재량권을 부여하는 데 있었다. 진보주의자들이 촉구한 '권력 분립'이란 행정과 정치 사이에 거리를 더 두자는 의미였고, 단일성이란 대통령과 의회가 더 긴밀하고 협력적인 관계를 구축해야 한다는 의미였다. 어느 쪽도 행정부 내부의 단일성을 우선시하지는 않았다.[18]

진보주의자들은 행정 영역을 확대하면서 정치 중립성, 행정 역량, 전문성을 중심으로 한 부처 간 조율에 주안점을 뒀다. 이런 원칙 아래 국가에는 심층이 겹겹이 쌓여 갔으며, 상명하달식 개입은 그만큼 제한됐다. 공무원 지위 보호를 강화하고 독립 규제위원회를 증가시키는 개혁에는 비당파적 관리 행정을 지향하는 진보주의 신념이 반영됐다. 심지어 '마이어스 대 연방 정부' 판결에서 인정한 해임권도 상설 공무원 제도를 존중하도록 미묘하게 손질됐다.

프랭클린 루스벨트는 이 시대에 가장 돋보이는 인물이다. 행정 영역 확대에 크게 기여한 데 더해 20세기 전반을 통틀어 단일 행정부 노선에 따른 정부 재설계를 가장 강력하게 주장한 때문이었다. 대표적인 사례를 보면 루스벨트는 의회가 고정 임기를 보장한 연방거래위원회Federal Trade Commission·FTC 위원을 해임했다.[19] 그 뒤에는 권력과 설명 책임을 대통령에게 집중시키도록 행정부를 재편하는 포괄적 계획을 의회에 제출했다. 이 계획에는 대통령의 인사 통제권을 강화할 수 있게 연방 인사위원회Civil Service Commission를 폐지하는 방안, 독립 규제위원회를 정규 부처로 전환해 위원회의 정책 결정과 관리 기능을 행정부 소속 국 단위가 담당하는 방안, 의회의 독립 감사 기관인 회계감사원Government Accountability Office·GAO이 맡던 책임을 대부분 대통령 직할 권한 아래로 이전하는 방안이 포함됐다.[20]

그렇지만 중요한 점은 루스벨트가 시도한 영역 침범이 저지된 사실이었다. 법원과 의회는 루스벨트가 단일 통제를 추구하며 위협한 모든 형태의 행정적 보호 장치, 곧 인사위원회, 고정 임기 임명, 독립 기관, 독립 감사가 필요하다고 다시 천명했다. 대통령이 제시한 행정부 재편안은 부결됐다. 이어서 제정된 해치법Hatch Act은 정치와 행정의 경계를 강화해 대통령이 새로운 정치 조직을 만들어 직접 운영하지 못하게 막았다. 책임성 공유와 집합적 통제를 강조하는 기조는 여전히 놀라울 정도로 견고했다.

오늘날 단일행정부주의자들은 뉴딜 합의를 거치며 대통령 중심 정부를 향한 중대한 전환이 일어난다고 보는 일반적 묘사에 이의를 제기하면서 오히려 의회가 대통령 영역을 침해한 격이라고 주장한다.[21] 지금까지 살핀 역사를 고려하면 그런 주장도 이해할 만하다. 그러나 좀더 적절히 해석하면 의회는 프랭클린 루스벨트를 독창적 방식으로 수용하고 대통령을 협력과 조율로 초대한 셈이라고 봐야 한다. 루스벨트가 제안한 행정부 재편 법안은 부결되지만 곧 절충안이 통과됐다. 대통령은 제한된 범위 안에서 행정부를 재편할 수 있는 권한을 부여받았고, 급성장한 국가 관료제를 감독할 수 있는 권한도 강화됐다. 루스벨트는 곧 부여받은 권한을 활용해 대통령실을 창설했다. 대통령실은 중앙에서 진행되는 지휘와 조정 과정에서 기술적 전문성과 전문가의 판단을 지주로 삼았다. 대통령실은 대통령직을 인격화하지 않고 '제도화'했다. 결과적으로 예산국Bureau of the Budget, 경제자문위원회Council of Economic Advisers·CEA, 국가안전보장회의가 대통령에게 '중립적'인 역량과 조언을 제공할 수 있었고, 의회도 혜택을 받았다.[22] 의회는 여기에 만족하지 않고 행정 영역을 감독하는 과정에서 입법부와 사법부가 하는 기능을 재확립했다. 1946년 행정절차법Administrative Procedure Act은 정부 기관이 내린 결정을 심사할 때 법원이 참여할 수 있는 권한을 정식으로 인정했고, 1946년 입법부 재조직법Legislative Reorganization Act은 의회가 행정 영역을 '지속적으로 주시'하는 역량을 강화했다.[23]

20세기에 들어선 뒤에도 미국 정부는 여전히 두 마리 토끼를 쫓고 있었다. 대통령은 점차 압도적인 참가자가 됐지만, 의회와 법원은 행정 영역에서 협력적 게임이 진행되도록 노력했다. 입법부와 사법부는 확대된 행정 영역에 참여하면서 대통령 리더십을 협상과 설득의 문제로 전환했고, 이런 전환을 거쳐 공화주의 약속을 지킬 수 있었다.[24] 행정 영역의 무결성은 협업에 필요한 일종의 공공재 지위를 얻었다. 1950년대에 법원은 해리 트루먼* 대통령이 지나친 헌법적 특권을 주장한다고 꾸짖으면서 이 원칙을 재확립했다. 로

---

* 해리 트루먼(1884~1972)은 33대 미국 대통령(1945~1953)으로 민주당 소속이다.

버트 잭슨 대법관은 이렇게 썼다. "[헌법은] 분산된 권력을 잘 작동하는 하나의 정부로 통합하는 관행을 구상했으며, 각 부처에 분립과 상호 의존을, 그리고 자율과 호혜를 동시에 명했다."[25]

## 포위된 공화국의 뿌리 — 1970년대 이후

그러나 1970년대 이후에는 '상호 의존'과 '호혜'보다 '분립'과 '자율'이 꾸준히 부상했다. 국가 행정 역량이 대대적으로 확장된 1960년대와 1970년대로 거슬러 가면 한 가지 이유를 알 수 있다. 실제 통치가 행정부로 꽤 많이 이전되면서 행정적 지시가 지닌 이점이 커졌다. 대통령들은 독립적 통제를 강화하면 의회하고 협력을 진전시켜 새로운 입법을 하는 정도만큼 많은 일을 할 수 있다는 사실을 알게 됐다. 빌 클린턴 행정부에서 일한 어느 참모가 한 말을 빌리자면, 이런 상황에서 '단지 입법을 거쳐 할 수 있는 일이 아니라 직위를 활용해 할 수 있는 모든 일을 생각해 보는 …… 대통령직을 바라보는 더 폭넓은 사고방식'이 부상했다.[26]

물론 심도 일체는 20세기의 입법 지향 리더십에서 오늘날의 관리 행정 지향 리더십으로 전략이 전환하는 데 일차적인 장애물이었다. 행정 영역은 진보주의적 협치가 이어지는 오랜 시간 동안 깊어졌다. 행정 영역을 직접 통제하는 통치가 더욱 매력적인 선택지가 되면서 '명목만으로 행정부의 일부'인 '반영구적 관료와 준독립 기관'은 대통령에게 단순한 골칫거리를 넘어선 존재가 됐다. 의회 심의에 인내심을 잃은 전문가들은 국민의 '위임'을 주장하며 '행정부 안에서 전쟁을 벌일' 의향을 드러내는 대통령을 목격하게 됐다. 이런

대통령은 행정 영역 업무를 개인적으로 통제하면서 국정을 일방적으로 좌우하려 했다.[27]

통치 산술이 이렇게 변화한 과정에 중요한 요인이 있다. [민주당의] 사회 혁명[노선]과 민주화가 행정 영역이 확대되는 현상을 추동한 점이다. 사회 혁명과 민주화로 지역주의, 사회적 위계, 전통적 지배의 잔재가 제거되면서 모든 쟁점은 사실상 국가적 사안이 됐다.*[28] 이런 변화 때문에 중앙 정치에서 삼부가 협력하고 행동을 조율하는 데 필요한 정치적 합의가 더 어려워졌다. 이 문제는 베트남 전쟁을 반대하는 주장이 강하게 제기되면서 더 악화됐고, 외교 정책과 국내 정책에서 모두 합의를 도출하기 어려워졌다. 공화주의적 통치가 상정하는 협력적인 제도 배치도 어려워졌다. 근본적으로 그런 배치는 공직자들이 미국 정부가 해야 할 일을 약간이라도 합의해야 가능한 때문이었다. 공통 기반이 사라지면서 분열된 정부가 새로운 표준이 됐고, 입법을 거쳐 정책을 실현할 가능성이 더 낮아지자 새로운 '정치 논리'가 강화됐다. 이 논리는 변화를 가져왔다. "대통령이 정책 목표를 실현하는 데 가장 쉽게 이용할 수 있는 장인 행정 영역이라는 방향을 선택하게 했다."[29] 이런 모든 변화는 행정 영역의 통제에 관련된 까다로운 헌법적 문제를 더욱 다루기 어렵게 만들었고, 부처 간 불신을 완화하는 일도 더 힘들어지게 했다.

대통령 리더십을 다루는 계산법이 변화한 데는 [행정 영역이 크게 확대되고 정치가 전국화된 데 이은] 셋째 차원도 있다. 정책과 권력이 전국화되면서 선거 체계와 전국 정당 정치의 성격이 깊은 영향을 받았다. 1970년대 개혁가

---

\*   이렇게 정치 영역이 국가 전체로 확대되는 현상을 'nationalization of politics'라고 부른다. 이 책에서는 문맥을 살리기 위해 '정치의 전국화'로 옮긴다.

들은 오래된 '거래 위주의 정파 조직'에 맞서 반란을 일으켰으며, '사안별 정치issue politics에 참여하고 강령이 뚜렷한 정당들'[30]을 선호했다. 개혁 세력은 정당을 느슨한 연합으로 모인 주 기반 조직이 아니라 잘 정의된 정책 우선순위를 가진 '전국적 [이해관계의] 결합체'로 봤다. 따라서 '[이해관계의] 위력을 국가 전체에 관철하려' 했다.[31] 새로운 부류의 정당 지도자들은 '희미한 파스텔색' 대신에 '모든 사안에서 국민이 우리 견해를 명확히 알 수 있는 선명한 색'[32]을 선호했다.

민주당과 공화당 모두 이런 변화에 따라 후보 선출 절차를 변경했다. 1970년대에 개혁이 일어나 정당 기구가 하는 매개 기능을 축소하고 후보를 중심에 둔 지지 조직에 후보 지명권을 넘겼다. 이런 지지 조직이 이제 예비 선거와 의원 총회에서 경쟁했다. 새로운 절차를 바탕으로 대통령은 자기만의 정치 조직을 거느리게 됐으며, 독자적인 정치 기반에 기대어 민주적 정당성을 개인화해야 한다고 주장하기 시작했다.[33] 이렇듯 새로운 형식의 대통령제 민주정이 등장해 대통령의 정치적 자립성이 강화됐지만, 결과적으로 대통령 정치가 협력적 방향으로 나아가지는 않았다. 전국 선거에서 집합적 책임성이라는 조직적 특성이 사라졌고, 새로운 선거 체계가 나타나 더 이데올로기적이고 양극화된 정치를 촉진했다. 후보들은 국가에서 가장 강력한 정책 수요자들하고 직접적인 관계를 맺게 됐으며, 특수 이익이 미치는 영향력은 새로운 대통령 중심 정당에 집중됐다.

이런 과정 자체가 대통령 중심 관리 행정을 부정하는 직접적 근거가 된다. 대통령이 행정부를 위계적으로 통제해도 이익 포획 문제를 해결할 수 없기 때문이다. 물론 강력한 대통령이 특수 이익 네트워크를 **축소시켜** 행정부가 국가 전체의 이익을 대표하는 위치를 회복하게 된다는 주장도 있다.[34] 그러나 현실은 다르게 전개됐다. 대통령은 선거 운동 본부 인사를 백악관으로 등용하고, 이렇게 해서 승리한 당을 지지한 특수 이해관계가 행정부 운영까지 직접적 영향을 미칠 가능성이 더 커졌다.

새로운 헌법 형식주의가 등장하며 다양한 요소를 결합하는 유해한 이론 패키지가 구성됐다. 헌법 제정자들이 지닌 의도를 정확히 실현하고, 지난 오류를 바로잡고, 대통령과 의회의 책임을 명확히 구분하고, '행정권'의 전체 범위를 재발굴하겠다는 내용이었다. 헌법과 대통령중심주의를 곧바로 등치시키는 단일 행정부 이론이었다. 단일 행정부 이론을 따르면 권한 부여 조항을 확대 해석하기만 해도 대통령직을 **통해서**through 협력해 통치하는 체제를 대통령직 **내부에서**within 단독으로 통치하는 체제로 전환할 수 있었다.[35] 이렇게 헌법 2조를 관대하게 해석하는 논리를 따라가면 대통령은 일석이조의 이득을 얻을 수 있었다. 대통령은 한편으로 정당과 행정 영역이 발전하는 데 편승해서 권력을 강화할 수 있지만, 동시에 다른 이들은 정당과 행정 영역의 발전을 활용할 수 없도록 집합적이고 협력적인 법규를 배제할 수 있다. 대통령 중심 정당이 부상하면서 정교해진 단일 행정부 이론하고 짝을 지었다. 행정 영역을 협력해서 운영한다는 역사적 책무는 폐기됐고, 개인을 추종하라는 강요가 그 자리를 차지했다.

각각의 사안은 닉슨 재임기에 이미 예고됐다. 리처드 닉슨은 협력의 이득이 거의 없다고 봤다. 1969년 공화당 소속으로 당선한 닉슨은 민주당이 장악한 의회에 맞섰다. 닉슨은 민주당이 바로 전 정권까지 확대시킨 관료제 꼭대기에 올랐으며, 자기를 둘러싼 정부 기관들이 자기가 생각하는 정책 우선순위에 적대적이라고 느꼈다. 행정 국가는 리더십을 방해하는 무엄한 방해물로 보였다.[36]

닉슨은 안정성과 지속성이라는 세이렌의 노래를 경계했다. 기관을 감독하기 위해 임명한 정무직 관료들은 닉슨이 한 표현을 빌리면 '토착 세력이랑 결혼'[37]하는 경향이 있었다. 닉슨은 국가의 균형추를 제거하기를 바랐다. "나는 공무원 제도가 나라에 좋지 않다고 생각한다."[38] 닉슨은 점차 견고해지는 저항의 저류를 노렸다. 경력직 공무원을 억압하고 행정부를 점점 더 강하게 통제하려 했다. 대통령실을 자기의 선호가 직접 반영될 수 있는 방식으로 재구성하면서 부서 창설 때 의회를 설득하려고 약속한 중립적 역량과 협력적 관리 규범을 뒤집었다. 예산국을 관리예산실Office of Management and Budget·OMB로 개편해 예산 프로그램 감독을 강화했고, 백악관 비서실을 확장해 충성파가 연방 정부 업무를 더 확실하게 장악하게 했다.[39] 관리 행정 구조에 정무직을 더 깊숙이 배치하면서 정부 기관 업무를 재조정하는 '반관료제'를 구축했다. 자기가 생각한 우선순위에 상충하는 정책에는 의회가 승인한 자금을 동결하는 식으로 일방주의를 확대했다.[40]

선거 분야에도 새로운 통치 공식이 예고됐다. 1972년 재선에 도전한 닉슨은 공화당에 거리를 두면서 '대통령재선위원회'를 조직해 개인적인 선거 운동을 진행했다. 닉슨은 민권 운동 등 사회적 사안을 중심으로 벌어진 국가적 분열을 지렛대 삼아 자기 위주로 정당을 재편하고 자기를 따르는 새로운 다수파를 구성하려 했다.[41] 닉슨은 대통령을 바라보는 관점을 확대했다. 한 언론인이 새로운 관점에 관해 질문하자 닉슨은 국민 투표적이고 [선거 결과로] 소급하는 설명 책임을 제시했다. "대통령은 유권자 앞에 나서야 한다."[42]

그렇다면 대통령중심주의에 맞서서 공화주의 전통은 어떻게 대응했을까? 1970년대는 중대한 전환이 일어난 시기이지만 아직 공화주의가 굴복하지는 않은 때다. 강한 국가, 곧 단순하고 위계적으로 조직된 대통령 중심 민주정이 나타날 조짐은 있었지만, 이 무렵만 해도 절충이 가능해 보였다. 예전처럼 체계 내부에 있는 다른 권력들이 대응에 나섰다. 이 권력들은 문제를 공화주의적으로 해결하기 위해 상황에 맞게 제도를 정비하고 창안했다.

그러나 과거는 반복되지 않았다. 이번 라운드에서는 대통령이 감행한 공격과 제도 재조정은 다른 결과로 이어졌다. 협치가 시작될 기미가 잠깐 보이기도 했지만, 개정된 파트너 관계가 나타날 전망은 곧 사라졌다. 정부를 둘러싼 조건들이 완전히 바뀌면서 새로운 타협도 어려워졌다. 1970년대에 부활한 의회는 대통령이 더 협력적인 자세를 취하도록 유도하지 않았다. 오히려 양쪽은 헌법적 특권에 더욱 집중했다. 의회와 대통령 사이의 대립 구도가 출현하며 정부의 공식 설계에서 가장 문제가 되는 부분들이 돌출했다.

## 싸움을 준비하기

의회는 닉슨 행정부에 맹렬히 맞서며 대통령중심주의를 저지하고 정부 내부에서 의회가 맡은 임무를 재확립하겠다는 의지를 드러냈다. 의회는 대통령 예산국이 제공하는 정보를 더는 신뢰하지 않고 자체 예산 부서<sup>*</sup>를 설립했다. 또한 국가적 조치를 단독으로 계획할 수 있도록 자체 예산 절차와 위원회 구조를 마련했다. 1970년대 후반, 의회는 임무를 다시 주장하는 데 그치지 않았다. 의회는 '감독 기능을 충격적 수준으로 확대'하면서 대통령의 행정부 통제권에 직접 도전했다. 1976년에 의회는 보건교육복지부<sup>Department of</sup>

---

\* 지금의 의회예산처(Congressional Budget Office·CBO)를 가리킨다.

Health, Education, and Welfare·HEW*에 감찰관Inspector General·IG을 신설했고, 1978년에는 행정부 부처와 정부 기관 전체에 감찰관을 배치하면서 감찰관에게 수사 권한과 의회에 정기 보고할 책임을 부여했다.<sup>43</sup> 1978년에는 정부윤리법Ethics in Government Act을 제정해 행정권 남용을 저지를 가능성을 견제하는 독립검사 제도가 수립됐다.<sup>44</sup> 의회는 또한 카터 대통령이 제안한 공무원 제도 개혁안에서 내부 고발자 보호 조항에 실효성을 부여했다. 이 조항은 행정 관리자와 의원 사이의 새로운 소통 통로를 마련하는 데 목적이 있었는데, 공무원이 의회에 청원할 권리를 명문화하고 하급자가 의회에 비리를 알릴 때 상급자가 제지하는 행위를 금지했다.<sup>45</sup> 내부 고발자 보호 조치는 1989년 내부고발자 보호법Whistleblower Protection Act으로 확대됐고, 1998년 정보기관 내부고발자 보호법Intelligence Community Whistleblower Protection Act에서는 국가 안보 관련 공무원을 위한 별도 절차가 마련됐다.

의회는 행정 영역에 대안적 소통 경로와 보호 기제를 추가하면서 대통령 중심 위계 구조에 도전했다. 개혁을 거쳐 의회는 어느 때보다 명확하게 '더 깊은 국가deeper state'의 주요 후원자로 자리매김했다. 그러나 협력과 협조가 중심이 되는 새 시대는 여전히 멀었다. 의회예산처 설립에서 엿볼 수 있듯이 의회는 국가 통제권을 놓고 힘난하고 장기적인 싸움을 준비했다. 상원 의원 빌 브록Bill Brock(공화당, 테네시 주)은 더는 의회 업무를 지원하는 대통령에 의존하면 안 된다고 경고했다. 브록은 '대안을 제시할 수 있는 [의회가 관할하는] 대응 조직 없이 [대통령이 관할하는] 유능한 직원들의 재량과 처분을 기다리는 오늘 같은 처지'를 바라지 않는다고 말했다. 상원 의원 휴버트 험프

---

\* 1979년까지 유지된 내각급 부서로, 지금은 보건복지부와 교육부로 분리됐다.

리^Hubert Humphrey^(민주당, 미네소타 주)도 이런 말에 동의했다. 험프리는 의회를 이렇게 설명했다. "독립적으로 행동하고, 독자적으로 결정을 내리며, 자체 자료를 수집해 분석을 수행하고, 고유한 정책 대안을 제안할 수 있는 자리에 있어야 한다."[46]

의회는 감찰관을 신설하는 법안을 내면서 행정부 관리가 의회에 제공할 수 있는 정보 유형을 제한하는 '중앙 허가^central clearance^', 곧 대통령의 정보 통제를 겨냥했다. 1978년 법안이 노린 주목적은 대통령 예산안에 우회로를 마련하는 데 있었지만, 또한 감찰관이 의회에 직접 정보를 제공할 수 있는 정기적인 반기 보고 절차를 확립할 뿐 아니라 긴급한 주의가 필요한 직권 남용 사례를 보고하는 7일 보고 조항도 규정했다. 이 법안은 정부 기관 관리가 감찰관 조사에 간섭하는 행위를 명시적으로 금지하고 감찰관 보고서를 60일 안에 공개하도록 규정했다.[47] 하원에서 이 법안을 발의한 로렌스 파운틴 의원^L. H. Fountain^(민주당, 노스캐롤라이나 주)은 이 법안이 '가장 기념비적인 법률 중 하나가 된다'고 예측했다. 이 법안은 '의회가 완전한 최신 정보를 갖출 수 있게 할 수단'[48]이었다. 민주당 행정부 시기에 민주당 다수파로 활동한 파운틴에게 문제는 대통령 자체였다. "대통령, 이번 대통령뿐만 아니라 모든 대통령은 의회가 법률을 만들어 정보를 구하고 얻는 상황을 원하지 않습니다. 이런 시도가 자기 권리를 얼마간 침해한다고 느끼기 때문입니다."[49]

워터게이트 스캔들이 터진 뒤 이런 개혁들이 등장해 일시적으로 대통령직을 위축시켰다. 그러나 개혁은 장기적으로 볼 때 더 중요하고 모순된 효과를 추가했다. 개혁에 반발이 일면서 단일 행정부 이론이 본격적으로 체계화되기 시작했다. 이론적 반발은 제럴드 포드 행정부 시기를 앞뒤로 시작됐다. 처음으로 대통령 선거에 출마하지 않고 취임한 대통령*은 엄격한 헌법 해석이라는 단 하나의 방어선에 매달려야 했다. 대통령 권력을 강력히 지지한 딕 체니Dick Cheney, 도널드 럼즈펠드Donald Rumsfeld, 안토닌 스칼리아Antonin Scalia는 이 사실을 잘 알았다.[50] 이 사람들은 포드를 사주해서 부활한 의회에 맞서 권력 분립을 더 강력히 주장하는 한편 헌법 2조에 명시된 공식 권한의 내용을 엄격하게 해석해야 한다고 촉구했다.

이런 맥락에서 1973년 전쟁권한법War Powers Resolution은 눈에 띄는 사례다. 이 법에는 부처 간 협의를 규정하는 세부 조항이 포함돼 있었는데, 이 조항은 의회에 새로운 파트너십을 제안한 내용, 곧 의회가 전쟁 권한 행사에 지속적으로 협력하고 숙의해야 한다고 제안한 내용으로 해석될 수 있었다. 그러나 포드 행정부는 첫 적용 사례부터 이 법을 조롱했다. 임무가 종료된 뒤에야 캄보디아에서 군사 행동을 취하겠다고 의회 지도부에 통보했다. 포드 행정부는 군사 행동을 정당화할 속셈으로 '대통령이 지닌 헌법적 행정권과 군 최고 사령관으로서 부여받은 권한'[51]을 내세웠다. 포드 행정부는 보건교육복지부에 감찰관을 신설하는 계획에도 반발했다. 하원 의원 벤저민 로젠탈Benjamin Rosenthal(민주당, 뉴욕 주)이 제안한 원래 법안에는 감찰관을 10년 단임으로 임명하되 오직 탄핵을 통해 해임할 수 있다고 규정했다. 보건교육복지부 차관 마조리 린치Marjorie Lynch는 이렇게 임기를 설정하면 행정부 내부의 위계 구조가 무너진다며 강하게 비판했고, 이런 법안이 통과되면 감찰관이 '장관에게, 사실은 행정부 내부의 아무한테도 직접적 책임을 지지 않게 된다'고 주장했다. 최종적으로 보건교육복지부 법안에는 대통령이 감찰관을 해임할 수 있는 조항이 포함됐다.[52]

---

\* 닉슨이 하야한 뒤 잔여 임기를 채운 38대 미국 대통령(1974~1977) 제럴드 포드(1913~2006)를 가리킨다.

포드 대통령의 후임자인 지미 카터는 단일 행정부 지지자로 여겨지지 않았지만, 행정 영역에 관한 대통령 통제를 주장하고 옹호하면서 민주당 다수 의회에 정면으로 맞섰다. 앞서 본 대로 카터는 공무원 제도 개혁과 규제 심사 제도를 수단으로 통제권을 집중시켰고, 법무부의 독립성을 높이려 노력하는 의회에 저항했다. 의회가 행정부 전반에 감찰관직을 추가하기로 결정하자 카터하고 비슷하게 기관들이 반발했다. 1978년 감찰관법을 둘러싸고 법무부가 제기한 반대는 단호했다. "행정부 산하 기관을 지속적으로 감독하겠다는 이 법안에 담긴 구상은 의회에 고유한 입법 기능이 아니라 헌법 체제를 심각하게 왜곡하는 시도다."[53] 농무부Department of Agriculture도 법무부에 동의하면서 이 법안에 포함된 의회 직접 보고 조항을 '권력 분립 원칙을 명백히 위반'하는 요소라고 반발했다.[54] 의회는 아랑곳하지 않았다. 감찰관 제도가 '행정부와 입법부를 분리하는 기초적인 헌법적 안전장치를 침해한다'는 불만이 연달아 제기되자 하원 의원 파운틴은 퉁명스럽게 대꾸했다. "워터게이트 이후에 그런 주장은 다 사라진 줄 알았다."[55]

1970년대 이후 단일행정부주의자들은 줄곧 의회가 저지르는 월권행위를 비난했다. 행정부 재편 관련 대통령 권한의 제한, 감찰관과 독립 특별검사, 내부 고발자 보호, 끊임없는 수사, '입법적 거부권'(의회 양원이 독자적으로 행정부 조치를 무효로 할 수 있는 법 조항)을 문제 삼는 식이었다. 그러나 대립에서 우위를 차지한 쪽은 의심할 여지 없이 단일행정부주의자들이었다. 1986년, 로널드 레이건 행정부 소속 법무부는 이런 요구를 했다. "갈등 상황에서는 각 부처의 헌법적 권한과 적법한 이익이 더 명확히 기술돼야 한다." 법무부 보고서는 권력 분립을 '명료하게 사고할 수 있는' 포괄적 방안을 제시했다. 흥미롭게도 이 보고서를 낸 작성자들은 '[삼부의 권한 부여를 다룬]

헌법 1조, 2조, 3조의 첫 문장을 구성하는 각기 다른 표현'을 보면서 '오직 2조만이 무제한적 권한을 부여한다'는 점을 발견했다.[56]

의회의 제도적 이해관계를 보호하는 일은 점차 더 어려워졌다. 의회는 오래전 정당이 부상할 때 자기 조직을 지키려는 의지를 한 번 굽혔고, 그 뒤에도 그런 의지는 분명하지 않은 상태로 정치적 상황에 좌우됐다.[57] 여당의 주요 파벌은 정책적 이유 때문에 대통령이 하는 요구를 지지할 수 있고, 야당은 대통령이 누리는 인기 때문에 약해질 수 있다. 의회는 새로운 예산 절차를 정착시킬 기회를 전혀 얻지 못했다. 레이건 대통령은 첫 시험대에서 이 절차를 거부했다. 한편 법원은 의회가 임시방편으로 시행한 제도 정비 중 몇몇이 도를 넘고 있다고 판단했다. '이민귀화국[INS]* 대 차다Chadha'(1983) 판결에서 대법원은 권력 분립을 강화하려는 새로운 관심을 나타냈다. 법원은 이 판결로 의회의 입법적 거부권 사용을 무효화해 삼부 간 협조를 유도할 수 있는 핵심 수단을 제거했다. 독립 특별검사 법률도 대통령의 법 집행 권한을 부당하게 침해한다는 비판을 받았다. 독립 특별검사 법률이 1999년에 만료되면서 단일행정부주의자들은 승리를 추가했다.[58]

1970년대에 의회는 [대통령중심주의에] 반발했지만, 대립 속에서 의회가 지닌 강점은 제대로 발휘되지 않았다. 역사적으로 공화주의적 해결책은 먼저 대통령이 지닌 강력한 지위를 인정한 뒤 협력적 제도 배치에 참여시키는 방식으로 작동했다. 그러나 새로운 제도 정치는 달랐다. 헌법 설계에 내재한 모호성을 잠재우기보다는 강조했다. 협력이 아니라 다툼이 제도 정치의 중심이

---

* 이민귀화국(Immigration and Naturalization Service·INS)은 2002년 국토안보부(Department of Homeland Security·DHS)법이 개정되면서 이민국(USCIS), 이민세관집행국(ICE), 세관국경보호국(CBP)으로 나뉜다.

됐고, 의회는 곤란한 처지에 빠졌다. 닉슨 행정부에 맞선 강경한 대응은 의도하지 않게 엄격한 권력 분립 이론을 육성했으며, 결국 대통령은 상당한 우위를 누리게 됐다. 단일 행정부 지지 세력은 포위된 공화국에서 꾸준히 입지를 넓혔다.[59]

# 2부
# 풀려난 유령들

## 서론

우리는 2부에서 혼란스러운 순간에 개입한다. 트럼프 재임기는 공화주의와 단일 행정부 사이의 중대한 대결이 여전히 진행 중이며 반세기 전에 시작된 대립이 변곡점에 도달한 정황이 분명해진 시기다. 모든 자원이 양 진영에 동원돼 선택지가 분명해졌다. 숙고가 필요한 시점이다.

확실히 말하지만, 법원이 트럼프가 하는 터무니없는 주장에 반발한 전례가 이미 있다.[1] 그렇기 때문에 법원이 이 모든 문제를 정리한다는 유혹에 혹할 수도 있다. 그러나 '트럼프 대통령'이라는 에피소드를 둘러싼 모든 착각 중에서 법원이 문제를 해결할 수 있다는 생각은 아마 가장 환상적인 착오일 듯하다. 국가의 심도가 제기하는 문제를 풀 때 헌법에서 답을 구할 수는 없다. 해답이 헌법에 존재한다면 판사들이 이미 오래전에 문제를 해결하고 요즘 벌어지는 혼란도 피할 수 있었다. 사태가 이 지경까지 오게 된 까닭은 어느 정도 법률주의[legalism]<sup>*</sup>와 형식주의에 의존한 때문이었.

분명히 말하자. 단일 행정부 이론은 법률적 의견서다. 표적은 대통령이 아나라 법원이다. 대통령은 이미 단일 행정부 이론이 내놓는 헌법 해석에 이해관계를 함께한다. 판사를 설득하는 작전에서 법관 임명은 필수 요소다. 대통령은 행정권에 호의적인 대법관 후보를 찾는 경향이 있을 뿐만 아니라, 단일 행정부 구상을 활용해 대통령 권력의 경계를 시험하려 하며, 법원이 얼마나 많은 권한을 허용할지 알아내려 모험을 감행하는 경향이 있다. 법원은 사건별로 문제를 다루기 때문에 대통령이 내린 조치가 이미 작용한 뒤에야 판결하는 사례가 잦다. 실제로 법원은 트럼프 행정부가 단일 행정부를 주장한 모든 사례를 심리했다. 우리는 법원이 환송과 하급심 파기를 할 때마다 제도가 정상적으로 작동하고 헌법 체계가 자기 자신을 지킨다고 단언하게 되지만, 터무니없는 주장이 기각된다고 해서 효과적인 통치가 실행된다고 볼 수는 없다. 지나치게 낮은 기준선이다. 헌법 체계가 지닌 복원력은 실제로 작동하는 제도 배치에 달려 있으며, 법원은 제도 배치를 다시 설계하는 데 적합한 기관이 아니다.

해답이 반드시 헌법에 들어 있다는 믿음은 지금까지 의존한 정치적 해결책이 고갈된 현실을 알려 주는 또 다른 징후다. 지난 교훈을 되짚어 보면, 실용적이고 헌법 외적인 방식이 헌법이 지닌 모호성을 가장 잘 해결할 수 있었다. 전국의 행정 영역을 지역 정당 조직의 직업소개소로 전환한 19세기의 해결책도, 행정을 정치에서 분리한 20세기의 해결책도 헌법에서 묵인하고 넘어갈 정도인 조치일 뿐 헌법에 근거하지는 않았다. 무엇보다 이 국가는 헌법적 난점을 덮어 두고 통치를 지속할 역량을 역사 속에서 증명했다. 이 사실은 통

---

\* 법률과 규칙을 준수하는 행위를 도덕적 행위하고 일치시키는 윤리 사상. 법률 조문과 논리적 추론을 강조하는 법 해석 방식을 함축한다.

**표 2-1** 경쟁하는 두 행정 체계

|  | 단일 행정부 | 공화주의 |
|---|---|---|
| 행정 영역의 설계 | 위계 중심 | 상호 독립, 보호 |
| 행정권 | 개인적 권력 | 협력적 권력 |
| 권한 | 직접 행사 | 매개를 통해 행사 |
| 헌법에 보이는 태도 | 형식주의적 | 실용주의적 |
| 정당성의 원천 | 국민 투표를 통한 정당성 | 자문을 통한 정당성 |
| 심도를 바라보는 관점 | 방해물 | 자산 |
| 주된 골칫거리 | 자의적 명령 강요 | 관료들의 전복 행위 |

치의 본질에 관한 최소한의 합의가 있다는 의미이기도 하다. 헌법을 철저하게 검토하는 일이 그런 합의를 대체할 수는 없다.

저명한 진보주의 경제학자 존 커먼스John R. Commons*는 국가를 '업무를 수행하는 관리들officials-in-action'로 묘사했다.[2] 국가 설계와 헌법 구조는 모호하기 때문에 공직자가 직접 관여하기 전까지는 극도로 추상적인 수준에 머문다. 관리들이 갈등하는 모습에서 비로소 정부 운영을 바라보는 상이한 전제나 제도를 운영하는 성향이 구체화된다. 관리들이 관여할 때 미국 국가 형성의 딜레마도 드러난다. 우리는 바로 이 지점을 집중적으로 숙고한다.

행정 영역이 작동하는 방식에 관련해 두 가지 상충하는 체계를 파악할 수 있다. 각 체계는 자체적으로는 충분한 일관되지만 실제로는 상대방에 맞서 결과가 불확실한 경쟁을 치르는 중이다. 두 체계에서 대립하는 요소를 체

---

\* 존 커먼스(1862~1945)는 제도주의 접근으로 유명한 미국 경제학자다. 법경제학의 시조로 평가되기도 한다.

계적으로 나열할 수 있다. 표 2-1은 각 체계가 지닌 장단점을 보여 주고 상대방에 견줘 강점을 제시한다.

단일 행정부를 주장할 때 긍정적인 논거는 단일 행정부가 행정부 운영에서 대통령의 개인적 책임을 최대화한다는 점이다. 최고 행정관은 공식적으로, 또는 선거를 통해 행정부가 거둔 성과를 단독으로 책임질 수 있다. 위험은 대통령 권한의 경계를 유지하기가 어려워진다는 점이다. 단일 행정부에서는 대통령이 말하는 것은 무엇이라도 좋은 통치로 간주될 수 있다. 행정 영역을 다스리는 권력이 인격화되면 대통령이 자의적인 명령을 강요할 위험이 있으며, 따라서 정규 절차와 적법 절차라는 공익을 따르지 않고 변덕, 본능, 당파적 이익에 따라 중요한 결정이 내려질 수 있다. 결과적으로 대통령 중심 관리 행정은 원래의 열망을 아이러니하게 왜곡할 수 있으며, 안정된 법 집행을 위협할 수 있다.

행정 영역이 깊어지면 이득과 위험이 역전된다. 심도를 옹호할 때 긍정적 논거는 심도가 국가를 안정화하고 협력하는 정부 부처들 사이의 집합적 책임을 극대화한다는 점이다. 여러 주체가 지닌 이해관계에 응답하고 이 주체들을 중개할 때, 행정 관리자는 숙의 과정을 확장하고 공익 보호를 강화한다. 위험은 행정 영역이 중개를 맡으며 통제 계통을 흐리고, 정치인이 내리는 지시를 막아서며, 책임을 모호하게 만들고, 결국에는 전복 행위에 이를 수 있다는 점이다.

트럼프 대통령이 해군 군사 사법 체계에 개입한 사례는 이 유형론이 묘사하는 혼탁한 영역을 압축해 보여 준다. 2016년 대통령 선거 기간 동안 트럼프는 미군이 대테러 전쟁을 수행할 때 받는 제약이 지나치다고 불평했다. 취임 뒤에는 이런 생각을 행동에 옮겼다. 트럼프는 전쟁 범죄로 기소된 군인에게 우호적으로 행동했다. 대표적 사례로 트럼프는 에드워드 갤러거$^{Edward\ Gallagher}$ 선임 하사관이 받은 강등 조치를 뒤집었다. 갤러거는 살인 혐의는 무죄 판결을 받지만 시신 옆에서 기념사진을 찍은 혐의로 해군 법정에서 유죄 판결을 받은 군인이었다.[3]

트럼프 대통령이 갤러거의 운명을 개인적으로 결정할 수 있는 헌법적 권한에는 아무런 의문도 제기되지 않았다. 백악관은 권한의 근거를 명료하게 표현했다. "대통령은 최고 사령관으로서 법을 집행하고 적절할 때 자비를 베푸는 행위를 최종적으로 책임진다."[4] 또한 대통령이 군 복무자에게 관용을 베푸는 장면은 이례적이지 않다. 대통령 사면은 대부분 탈영으로 기소된 군인이나 징병을 회피한 시민을 대상으로 단행됐다. 이를테면 지미 카터는 취임 다음 날 베트남 전쟁 기간 군 복무 회피자를 조건 없이 사면했다.[5] 에이브러햄 링컨$^{Abraham\ Lincoln}$은 남북전쟁 중 지나치게 많은 탈영병을 사면하는 통에 법무부 장관 에드워드 베이츠$^{Edward\ Bates}$가 링컨은 사면권을 떠맡는 데 부적합한 사람이라고 말할 정도였다.[6]

트럼프 대통령이 갤러거 사건에 개입하자 군 안팎에서 상당한 반발이 일어났다. 군사 사법 체계에 깊숙이 개입해 특정 범죄자를 개별적으로 구제하는 행동은 규범에 크게 어긋났으며, 특히 대통령이 내린 조치가 유죄 판결을 받은 군인에게 보인 관용으로 비치기보다는 대안적 군사 활동 수행 기준에 보낸 공개 지지로 해석된 탓이었다. 이 사건에 관여하다 끝내 해임된 리처드 스펜서$^{Richard\ Spencer}$ 해군성 장관은 트럼프가 한 행동을 '하위 심사 절차에 끼어든 충격적이고 전례 없는 개입'이라고 묘사했다. 스펜서는 사면 조치가 '군에 소속된다는 것, 윤리적으로 싸운다는 것, 통일된 규칙과 관행에 따라 규율된다는 것이 무엇을 의미하는지 거의 이해하지 못하는' 대통령이 저지르는 무모하고 변덕스러운 강요라고 생각했다. 강요를 인식하고 저항하는 모습에서 심도를 옹호할 근거를 도출할 수 있다. 이런 모습은 행정부 내부에서 작동하지만 대통령의 직접적 통제에서는 일정한 거리를 두는 체계가 독자성을 유지해야 하는 근거이기도 하다. 스펜서는 말했다. "일반적으로 군사 사법은 고위 지도부가 멀리 떨어져 있을 때 가장 잘 작동한다."[7] 비판자들은 대통령이 군사 사법 체계를 경시하면 군대의 전반적 사기뿐 아니라 절차가 의도하는 집단적 목적에도 위협이 된다고 주장했다. 해군이 갤러거가 받은 트라이던트 배지\*를 박탈하고 네이비실에서 제명하는 문제를 다루는 심사를 강행하자 지난날 갤러거 사건 재판에 배석한 배심원 한 명은 갤러거의 동료들이 대통령보다 더 적절한 판단을 내릴 수 있다고 주장했다. "갤러거가 네이비실로 남을 자격이 있는지는 다른 동료들이 결정하게 하자."[8] 상원 소수당 원내대표 척 슈머Chuck Schumer(민주당, 뉴욕 주)도 맞장구쳤다. "군의 질서, 규율, 사기는 정치 논쟁을 초월해야 한다."[9]

대통령은 지지층에 호소하는 방식으로 비판에 응수했다. 반발이 행정적 형태를 띤 전복 행위라고 낙인찍었다. 트럼프는 재선 유세에서 군중에게 말했다. "바로 지난주, 저는 딥 스테이트에 맞서서 위대한 전사 세 명을 지켰습니다. …… 그런데 많은 사람이 이렇게 말했죠. '각하, 그러시면 안 됩니다.'"[10] 불가피한 결말이 예정됐고, 적절한 이치를 느끼는 감각은 그전에 모두 증발했다. 스펜서는 딥 스테이트 혐의를 확신시키듯 행동했다. 대통령이 쓴 트위터 메시지("해군은 전투원이자 네이비실인 에디 갤러거의 트라이던트 배지를 제거하지 **않을** 것이다")를 거역하고 강등 절차를 강행하기로 결정했다.[11] 스

---

\* 미국 해군 소속 특수 부대인 네이비실 대원에게 주는 배지.

펜스는 이렇게 말했다. "트위터 메시지가 대통령이 지닌 의도를 보여 준다는 점을 인식했지만, 지금까지 사건에 관련해 대통령이 내린 모든 조치가 구두나 서면 명령이기 때문에 공식 명령으로 간주하지 않았다."[12] 행정 관리자가 보여 준 얼버무린 행동은 대통령이 행사한 정치적 강요만큼이나 의도를 투명하게 내비쳤다. 마크 에스퍼 국방부 장관은 스펜서를 해임했다. 겉으로 내세운 사유는 스펜서가 표준적인 해군 절차를 지속할 수 있는 타협안을 마련하려는 시도를 장관에게 보고하지 않은 문제였다.[13]

트럼프 행정부 시기는 이런 논란으로 가득했다. 갤러거 사건은 여러 사례 중 군에 관련된 예시일 뿐이다.[14] 다른 사건들이 폭넓게 퍼져 있다. 우리는 사건을 망라하기보다는 대표 사례를 선정했다. 우리는 대통령이 행정부에 개인적이고 위계적인 통제를 요구할 때 충돌을 일으킨 심도들을 검토한다. 심도들은 각각 다르지만 배타적이지는 않았다.

첫째, 참모의 심도를 살펴본다. 이 주제는 대통령이 행사하는 개인적 지휘를 제도적 대통령직과 폭넓은 행정부 부처에 연결하는 백악관 참모진에 관련된다.

둘째, 제도의 실제 운영을 뒷받침하는 합의로서 규범의 심도를 조사한다. 주요 검토 대상은 연방수사국과 법무부다.

셋째, 지식의 심도를 검토한다. 지식의 심도에는 지식 기반 권위를 지탱하는 규칙 기반 보호 장치가 포함되며 국립기상국National Weather Service·NWS, 환경보호청Environmental Protection Agency·EPA, 농무부, 코로나19 팬데믹 대응 사례를 살펴보겠다.

넷째, 임명의 심도를 살펴본다. 공직자 임명 과정에서 행정부의 단일성을 요구하며 대통령을 향한 충성을 다른 모든 자격보다 우선시하는 상황을 분석한다.

마지막으로 감독의 심도를 살펴본다. 내부 고발자와 감찰관들이 단일 행정부 주장에 맞서 보여 준 저항을 검토하며, 특히 행정 영역의 심도와 의회 권한의 관계가 가장 분명한 트럼프 탄핵 사례를 분석한다.

5장

# 참모의 심층

"대통령에게는 도움이 필요하다." 이 유명한 선언은 프랭클린 루스벨트 대통령 때 만든 대통령행정관리위원회President's Committee on Administrative Management가 낸 1937년 보고서에서 생명을 얻었다. 의회는 이 선언에 화답해 1939년 행정부재편법Reorganization Act을 통과시켰다. 백악관 자체 지원 조직을 승인한 내용이 가장 중요하다. 이런 '행정보좌관executive assistant'은 행정부 내부의 어느 관리보다 대통령의 즉각적인 필요와 이익에 주의를 기울이는 '직접적 보좌' 기능을 수행해야 했다.[1] 행정보좌관은 대통령 뜻에 따라 움직이며, 정부 안에서 대통령의 이익을 증진하는 임무를 맡았다. 그런데도 모든 참모진은 행정부에 심도를 더한다. 아이러니하게도 트럼프 대통령의 단일한 지휘 통제 주장에 가장 노골적으로 저항한 내부 인사 중 몇몇은 이런 고위급 도우미였다.

백악관 참모진은 대통령이 국가적 문제를 판단할 때 정규 절차를 확립해 대통령을 '돕는다.' 참모진은 대통령 집무실인 오벌 오피스로 향하는 접근을 통제하고, 업무 흐름을 관리하며, 책임 있는 의사 결정을 촉진한다. 백악관이

라는 긴밀한 환경 속에서도 참모진이 담당하는 중개는 대통령을 제약한다.²
대통령행정관리위원회는 이 사실을 명확히 인식했다. 위원회는 대통령이 지닌 개인적 권한과 행정부 업무에 정치적 통제를 강화하려면 백악관 참모진이 구성돼야 한다는 의도를 보고서에 담았지만, 참모진이 담당한 업무가 단순히 대통령 명령을 그대로 따르는 수준을 넘어서야 한다는 점도 기술했다.

참모진은 정부 행정 업무에 영향을 미치는 사안이 대통령에게 보고될 때 행정부 부처 전체에서 **모든 관련 정보**를 신속하고 지체 없이 제공받아 대통령이 책임 있는 결정을 내릴 수 있게 **인도**하는 기능을 해야 한다. 또한 결정이 내려진 뒤에는 영향을 받는 모든 행정 부서와 기관이 즉시 그 결정을 전달받도록 지원해야 한다.³

인용문에 드러나듯 백악관 참모진은 대통령행정관리위원회가 제안한 제도화된 대통령직 관점에서 핵심 요소였다. 정보 공유와 책임 있는 행동이 가능해야 확장하는 행정부 기구와 대통령의 개인적 권위를 통합할 수 있는 공동 기반을 형성할 수 있다는 가정 때문이었다. 이 구상에 따르면 참모진의 효율성은 '행정 결정에 필요한 지식을 신속하게 정리정돈할' 수 있는 능력에서 비롯됐다. 측근 보좌관은 대통령이 '폭넓은 행정 업무를 긴밀하고 손쉽게 접촉할 수 있게' 해 주며, 이런 과정을 거쳐 심도와 단일성이라는 두 덕목을 극대화할 수 있었다.⁴ 참모는 정부 부처와 기관에서 대통령으로 전달되는 상향식 소통과 대통령에서 시작되는 하향식 소통을 함께 개선할 수 있었다. 대통령은 의사 결정에서 행정부에 집중된 자원을 활용하는 방식이 자기에게 유리하다는 점을 알게 되며, 참모진은 대통령이 의사 결정을 하는 데 필요한 자원을 모아 주는 효과를 기대할 수 있었다.

물론 이런 기대 때문에 참모진은 미묘한 위치에 놓이게 됐다. 참모진은 명령과 신중함, 사적 요소와 집단적 요소, 개인적 요소와 제도적 요소가 만나는 접면에 자리했다.[5] 참모진은 정보와 전문성을 공정하게 중개해야 했지만, 정치적 중립에 머물 수는 없었다. 참모진은 대통령 측근으로서 현직 대통령이 실수를 피할 수 있게 돕는 동시에 언제나 대통령의 이익과 우선순위를 뒷받침해야 한다는 기대를 받았다.

보통 여당 소속이기 때문에 참모진이라는 지위에는 더 미묘한 뉘앙스가 더해진다. 참모진 구성이 종종 선거 연합에 참여한 다양한 계파를 대표하기 때문이다. 이 점에서 트럼프 행정부를 둘러싼 정치 환경은 행정부 단일성에 심각한 장애를 초래했다. 백악관에서 공화당 '기성 세력'을 대표하는 인물은 공화당 전국위원회 의장을 역임한 백악관 비서실장 라인스 프리버스Reince Priebus였다. 반면 기성 세력하고 충돌하면서 트럼프를 백악관으로 이끈 반란적 포퓰리즘 계파를 대표하는 인물은 스티브 배넌이었다. 배넌은 신설된 수석 전략가 직책을 맡았다. 신임 대통령은 참모진을 구성하면서 프리버스와 배넌에게 동등한 서열을 부여해 어색한 정치적 혼합체를 만들었다. 두 계파가 관리 행정과 정책에 접근하는 방식은 판이했지만, 차이는 대통령 개인이 표방한 단일성 덕분에 은폐됐다.[6]

## 대통령을 관리하기

트럼프 대통령이 맞은 임기 첫해에 백악관 참모진은 조직 내부 영향력을 확대하고 대통령에게서 총애를 얻으려 경쟁했다. 트럼프는 참모진이 정규 절차를 수립하고 정보 흐름을 통제하려 시도하자 발끈했다. 자기가 본능에 따라 행동하고 부하 직원에게 마음대로 지시할 수 있는 권위를 침해한다고 본 탓이었다. 꽤 정확한 판단이었다. 참모진이 고른 관리 방식은 그런 권위를 침해한다. 제도화된 대통령직은 정치적 리더십을 심의와 협상의 영역으로 이끈다. [트럼프가 선호하는] 국민 투표적 대통령직은 리더십을 개인 의지의 영역, 곧 사적 명령을 강요하는 영역으로 이끈다. 무역 문제에서 표출된 긴장은 이런 차이를 짧지만 예리하게 드러낸 사례다.

트럼프는 자유무역협정이 미국에 해롭다고 선언하면서 대통령직에 취임했다. 자유무역협정 반대와 이민 반대는 반란적 포퓰리즘 정치를 대표했다. 대통령이 무역을 바라보는 견해는 (정당을 막론하고) 지난 행정부들이 내세운 정책 방향하고 극명하게 대비됐다. 트럼프는 자기를 승리로 이끈 선거 연합을 아우를 수 있게 백악관 보좌진을 구성했고, 여기에는 무역 문제에 강경한 태도를 지닌 인사들이 포함됐다. 공화당 기성 세력에 연계된 자유 무역 진영은 골드만삭스 전 사장 게리 콘Gary Cohn이 이끌었다. 트럼프 대통령은 콘을 경제정책보좌관으로 임명했다. 반면 대선 공약에 연계된 관세 지지 진영을 대표한 인물은 피터 나바로Peter Navarro 무역 담당 부보좌관이었다. 나바로는 보기 드물게 보호무역주의 견해를 지닌 경제학자로 주목받았다.[7]

예상할 수 있듯 백악관 참모진은 초기에 벌어진 무역 정책 논쟁을 적절한 관리의 문제로 규정하려 했다. 앞으로 여러 사례를 살펴보겠지만, 심층 국가와 단일 행정부 사이의 대결은 절차 문제를 중심으로 전개되는 사례가 많았다. 대통령이 자기가 선호하는 견해를 일방적으로 관철하려 할 때마다 참모진은 정규 절차를 방패로 삼아 저항했다. 그럴수록 대통령은 숙의 과정을 생략하고 직권으로 결정을 내리려는 충동을 강하게 느꼈다. 무역 논쟁에서 양측 모두 중대한 이해관계가 걸린 만큼 심층 국가와 단일 행정부라는 두 권위 체계는 충돌을 피할 수 없었다. 상호 불신은 쌍둥이 유령을 해방시켰고, 참모진은 머지않아 노골적인 사보타주에 의존하기에 이르렀다.

트럼프 행정부 출범 첫 주 동안 보호무역주의자 피터 나바로는 대통령을 위해 일방적인 환태평양경제동반자협정TPP 탈퇴를 발표하는 메모 초안을 작성했다.[8] 같은 기간에 무역에 관련해 '기성 세력'이 공유한 합의 사항에 동조하는 참모들은 대통령이 의사 결정을 하는 정규 절차를 수립하려 했다. 나바로는 관리자들이 대통령이 선호하는 무역 정책 방향에 반대하며 절차를 방패로 사용한다는 사실을 쉽게 알아챘다. 나바로는 트럼프에게 서한을 보냈다. "백악관 내부의 정치 세력이 트럼프식 무역 의제를 심각하게 제약합니다." 나바로는 '월가 세력'이 세운 책략에 불만을 드러내면서 게리 콘처럼 예전 무역 정책을 지지하는 태도를 강력한 금융 세력이 거둘 이익에 결부했다. 또한 정책적 의견 차이를 대통령에게 전달되는 정보 흐름을 통제하려고 참모들이 벌이는 시도에 연관 지었다. 나바로는 콘과 롭 포터Rob Porter 백악관 문서 담당 비서관staff secretary 사이의 관계를 지적했다. "문서 담당 비서관을 거치는 과정에서 모든 무역 관련 행정 조치가 희석되거나 지연되거나 좌절될 가능성이 매우 큽니다."[9]

나바로가 한 주장을 입증하듯 롭 포터 문서 담당 비서관은 이 서한이 대통령에게 전달되지 못하도록 개입해 나바로의 목소리를 차단했다. 포터는 말했다. "이 서한은 제 책상 위에 두고, 제 파일에 보관하겠습니다. 어디에도 가지 않을 겁니다." 백악관 비서실장 라인스 프리버스는 포터에 동조했으며, 대통령이 저지르는 즉흥적 행동을 방지하기 위해 더 폭넓은 작전에 나섰다. 정규 절차가 해결책이었다. 프리버스는 선언했다. "문서 담당 비서관이 대통령 서명이 포함된 행정 각서를 접수하기 전까지 결정은 최종적이지 않으며, 따라서 시행될 수도 없습니다. 즉흥적 결정은 엄격한 의미에서 잠정적 결정으로 간주됩니다."[10] 이 발언에서 행정 영역이 좋은 정부를 사고하는 방식이 나타났다. 곧 절차는 일방적 조치를 방지하며 결정은 신중해야만 한다는 것이다.

정보 흐름과 의사 결정 과정을 통제하려는 시도가 트럼프 대통령의 자유 무역 반대 충동을 억제하지 못하자 참모진은 더욱 공격적으로 나섰다. 행정부 안에서 우군을 확보하려 더 깊이 개입했고, 각료가 지닌 권위를 동원해서 정책적 염려를 대통령에게 전달하려 했다. 마치 대통령에게 '모든 관련 정보를 제공하라'는 대통령행정관리위원회의 권고를 따르듯 게리 콘은 대통령이 행정부 전체의 목소리를 들을 수밖에 없도록 몰아붙이는 계획을 구상했다. 콘은 국방부 장관 제임스 매티스[James Mattis], 국무부 장관 렉스 틸러슨[Rex Tillerson]하고 협력해 대통령이 참석하는 회의를 마련했다. 세계 속 미국의 임무를 개괄하고 무역 전쟁이 동맹 관계와 국제 관계의 안정성에 미칠 수 있는 잠재적 피해를 설명하려는 자리였다. 세 사람은 국제 질서와 정책의 상호의존성을 다루는 강의를 펜타곤 깊숙이 자리한 일명 '탱크'에서 진행했다. 이곳은 합동참모본부가 사용하는 기밀 보안 회의실로, 트럼프 대통령이 깊은 인상을 받은 장소였다.[11]

이 회의는 제도화된 대통령직이 지닌 힘을 시험하는 자리였다. 대통령직을 둘러싼 제도가 맞이한 대통령은 자기가 지닌 권위에 따라 새로운 방향을 설정하려 하는, 곧 본능을 신뢰하며 기성 규칙에 무관심한 대통령이었다. 회의 참가자들은 행정부에 축적된 전문성이 의견을 중개하거나 최소한 논의를 시작하는 구실을 할 수 있다고 기대했다. 그러나 트럼프는 이 회의를 함정으로 여겼다. 경청의 미덕을 실천하지 않았고, 그 자리를 자기가 지닌 권위를 침해하는 주제넘은 도전으로 받아들였다. 트럼프는 '학교 수업 같은 분위기에 약이 올'랐고, '참모들이 말하는 방식에 알레르기 반응을 보'였다.[12] '가르치려는' 모든 시도는 격렬한 반박과 조롱을 불러일으켰다. 대통령의 시야를 넓히려는 참모진이 쏟은 노력은 오히려 대통령의 사고를 더 완고하게 만들었으며, 참모진이 후견인인 양 행세하자 트럼프는 행정 영역이 편향적이라는 뿌리 깊은 의심을 확신하게 됐다. 무역 협정과 무역 적자가 '사실상 우리 경제에 유익하다'고 콘이 설명하자 트럼프는 격분했다. "그런 얘기는 듣고 싶지 않아. …… 전부 개소리야."[13] 회의에 참석한 이들은 완전히 낙담했다. 한 관료는 말했다. "우리는 대통령을 교육하고, 가르치고, 여러 사안에서 이유와 근거를 이해하게 도와야 했으며, 대통령의 사고방식을 바꿔야 했습니다." 그러나 회의는 '의도한 효과를 전혀 내지 못했으며, 트럼프는 더욱 고집을 부려 참모진을 낙담과 충격'에 빠뜨리는 결과를 낳았다.[14]

그렇지만 백악관 참모진은 포기하지 않았다. 트럼프 대통령이 취임 100일을 맞아 북미자유무역협정(NAFTA) 탈퇴를 발표하겠다고 결심하자 참모진은 다시 심층에서 행동했다. 문서 담당 비서관 롭 포터는 대통령에게 현행 정책에 얽힌 정치적이고 행정적으로 상이한 이해관계를 경고하려 나섰다. 포터는 소니 퍼듀(Sonny Perdue) 농무부 장관에게 도움을 요청해서 나프타가 농산물 수출에 얼마나 중요한지 대통령에게 상기시키려 했다. 많은 농민이 트럼프 지지층이기 때문이었다. 이 시점에서 참모진은 대통령이 의도한 행동이 가져올 결과를 충분히 인지시켜 정책 수행에 필수적인 '도움'을 제공하는 참모 본연의 임무를 완수한 상태라고 생각할 수도 있었다. 그렇지만 트럼프가 이런 조언을 들은 뒤에도 탈퇴 서한 작성을 지시하자 참모진은 노골적인 반란을 일으켰다. 게리 콘은 트럼프 책상에서 서한을 치웠다. "대통령이 서명하려면 다른 서류가 필요할 겁니다." 포터도 동의했다. "그 서류도 지연시킬 겁니다."[15]

반란은 끝나지 않았다. 2017년 8월, 트럼프 대통령은 나프타뿐 아니라 한미자유무역협정과 세계무역기구[WTO]에서도 탈퇴하기로 결심했다. 트럼프는 불평했다. "우리는 이 문제를 질릴 정도로 논의했어. 그냥 실행해." 곧 한미자유무역협정 종료 서한 초안이 대통령 책상 위에 놓였다. 그러나 이번 저항은 나프타 때처럼 특정 사안에 국한되지 않았다. 저항은 대통령이 큰 그림을 고려하지 않는다는 염려로 확대됐고, 특히 갑작스러운 협정 탈퇴가 주한 미군과 미사일 탐지 시스템[고고도 미사일 방어 체계(사드)]에 미칠 영향을 생각하지 않는다는 염려가 컸다. 게리 콘은 다시 서한을 치웠다. "대통령이 이 문서를 보게 될 일은 없을 겁니다. 나라를 지켜야 하니까요." 콘은 나중에 말했다. "우리가 나라를 위해 무엇을 한 사실이 아니라 대통령이 나라에 무슨 일을 하지 못하게 막은 사실이 중요했습니다."[16]

**대통령의 직관을 확인해 주기**

딥 스테이트 음모론에서는 상임 관료제에 속한 독단적인 행정 관리자의 이미지가 연상된다. 이런 관리자는 대통령의 정책 의제를 탈선시키는 암초처럼 보인다. 그러나 트럼프 행정부 안에서 노골적 저항과 행정적 사보타주가 가장 명확히 드러난 장소는 백악관이었다. 언론인 밥 우드워드는 이런 사건들을 '행정적 쿠데타나 다름없으며, 미국 대통령의 의지와 헌법적 권한을 약화시키는 행위'로 묘사했다.[17] 우드워드는 스티브 배넌의 견해를 인용했다. "문제는 딥 스테이트가 아니었다. …… 문제는 바로 '바로 눈앞에 있는 국가'였다."[18] 백악관에서 벌어진 저항은 다른 관료 조직이 하는 저항보다 더 놀라운 일이었다. 직업 관료하고 다르게 고위 참모진은 실권이 없기 때문이었다. 참모진은 말 그대로 대통령의 부하일 뿐이었다. 심층 국가와 단일 행정부 사이의 권력 격차는 뚜렷했다. 공식적 차원에서 참모진에 속한 심도의 수호자들은 완전히 무방비 상태였다. 백척간두의 순간에 참모진이 의지할 수 있는 유일한 논거는 신중함뿐이었고, 몇 달 지나지 않아 그런 논거는 배척당했다.[19]

참모진이 감행한 저항은 오래가지 못했지만, 정책 면에서 볼 때 완전한 실패는 아니었다. 즉흥적이고 전술적이었으며, 실패했지만, 주요 무역 협정에서 성급하게 탈퇴하지 못하게 막는 데는 성공했다. 그러나 저항이 무너진 뒤에는 관세 인상과 대중국 무역 전쟁이 뒤따랐다.[20] 나바로는 기성 공화당원들 때문에 한동안 주변으로 밀려났지만, 대통령하고 개인적 관계를 긴밀하게 맺으면서 더 많은 접근 권한을 얻었다. 나바로는 대통령 보좌관으로 승진했다.[21] 나바로는 자기가 트럼프 대통령이 염두에 둔 무역 의제를 이행하는 임무를 맡은 사람이라고 말했다. "이런 의제는 대통령이 제시한 전망입니다. …… 경제학자로서 제 소임은 대통령의 직관을 뒷받침하는 분석을 제공하는 일입니다. 그리고 이런 문제에서 대통령이 지닌 직관은 항상 옳습니다."[22] 사임 뒤에도 후회하지 않은 게리 콘은 이런 감상적인 평가에 동의하지 않았다. "관세는 미국에 해만 끼쳤고, 그 밖의 다른 결과는 없다고 생각합니다."[23] 트럼프가 일으킨 무역 전쟁이 가져온 정책 효과를 둘러싼 논란은 여전히 진행 중이지만, 농민과 제조업 모두 심각한 타격을 입은 점은 분명하다.[24]

이 에피소드는 표면적으로 정책 논쟁이지만, 두 시스템 사이의 충돌, 그러니까 제도적 접근과 개인적 접근, 심도와 단일성 사이의 충돌이기도 했다.

둘 다 특별히 좋은 성과를 거둔 시도라고 볼 수는 없다. 관련 문제를 8장에서 다시 다룰 예정이지만, 이 짧은 에피소드 자체에서도 몇 가지 중요한 논점을 확인할 수 있다. 첫째, 참모진이 감행한 사보타주는 대통령이 무모하다는 인식에 관련됐다. 대통령이 관련된 정보를 무시하고 제도적 행동 규범에 적대적 태도를 보일 때 쌍둥이 유령이 출현했다. 참모진이 벌인 대담한 행동은 부분적으로 대통령을 향한 불신에서 기인한 듯하다. 참모진은 비록 대통령에게서 비롯된 사안이더라도 충동적이고 책임감 없어 보이는 권위는 인정하지 않으려는 태도를 보였다. 둘째, 단일 행정부와 대통령 중심 정당 강화 사이의 밀접한 관계다. 이 에피소드는 폭넓은 정당 연합이 단일 행정부하고 잘 조화하지 않는다는 점을 보여 준다. 무역을 둘러싼 갈등은 공화당이 '트럼프당'으로 변모하는 과정의 일부였다. 이 시기에 공화당은 대통령의 도구가 됐고, 대통령은 정당을 수단 삼아 통치할 수 있었다.[25] 마지막으로, 국민 투표 자체의 힘에 주목해야 한다. 특히 단일 행정부는 선거 위임을 바탕으로 기성 통치 질서를 뒤흔들고 새로운 방향을 설정할 잠재력을 지닌다. 이 사건은 트럼프가 무역 정책에 개인적으로 접근한 사례로, 단일 행정부를 향한 경각심을 불러일으킬 수 있는 동시에 이 이론의 주요 소구점을 보여 주기도 했다. 트럼프 대통령은 모든 조언을 거부하고 대선 운동 시기에 제시한 견해를 고수했다. 당내 기성 세력뿐 아니라 월가와 농업 부문 같은 강력한 이해관계자들에게도 맞섰다. 얽히고설킨 이익과 권력의 네트워크를 과감히 끊어 냈고, 가장 열성적인 지지 세력 중 일부가 반대하는 위험까지 감수했다.

그렇지만 이 이야기의 결말은 절정만큼 선명하지 않았다. 궁극적으로 트럼프 대통령이 무역 정책으로 얻은 주요 성과는 충동적인 결정이 아니라 자기가 자주 무시한 좋은 정부라는 가치에 더 많이 빚졌다. 참모진을 교체한 결정에서 주요 수혜자 중 한 명은 미국 무역대표부[USTR] 대표 로버트 라이트하이저[Robert Lighthizer]였다. 이 자리는 대통령실 소속 직책으로 상원에서 인준을 받아야 하며 백악관 참모진하고는 일정한 거리를 둔다. 라이트하이저는 워싱턴 정가에서 잔뼈가 굵은 베테랑으로, 의회와 관료와 이익 집단이 형성하는 '철의 삼각형'을 상징하는 인물로 종종 묘사됐다.[26] 이 직책을 맡은 여러 인사하고 다르게 '유서 깊은 보호무역주의 전통'을 신봉하는 사람이었다. 그렇지만 라이트하이저는 정책 경험과 의제를 책임성 있는 인맥에 결합시킬 수 있다는 점에서 똑같은 견해를 앞세운 배넌이나 나바로하고는 달랐다.[27] 백악관 내부에서 대립한 양 진영이 모두 라이트하이저의 경륜을 존중했다. 나바로는 라이트하이저를 '역사상 가장 훌륭한 미국 무역대표부 대표'라고 칭송했다.[28] 더욱 주목해야 할 점은 백악관에서 벌어진 사보타주의 주역 중 한 명인 롭 포터도 라이트하이저의 권위를 인정한 사실이다. "내용에서 밥[로버트 라이트하이저의 애칭]의 접근 방식에 동의하지 않는 사람들도 그 사람의 깊은 법률 지식과 확고한 전문성을 존중합니다."[29] 나프타를 대체하기 위한 협상 과정에서 라이트하이저는 정치적 분파들을 연결하고 제도 간 협력을 촉진했다. 역설적이게도 트럼프 대통령이 거둔 가장 중요한 업적 중 하나인 '미국-멕시코-캐나다협정[USMCA]'은 라이트하이저가 지닌 열린 태도 덕분에 가능했다. 라이트하이저는 트럼프하고 타협할 준비가 돼 있었고, 동시에 의회를 구성하는 민주당 의원, 민주당의 우군인 조직된 노동계의 지지를 얻겠다는 결심도 단단했다.[30] 이런 신중하고 끈질긴 접근은 중국을 상대로 예비 무역협정을 맺는 데도 도움을 줬다.[31]

이 사례를 참조하면 참모진이 감행한 절박한 저항을 새롭게 해석할 수 있다. 라이트하이저가 거둔 성공에서 확인할 수 있듯이 저항은 트럼프가 내세운 궁극적 목표를 반대하기보다는 안정적 통치, 곧 절차를 존중하고, 협상에 헌신하며, 정보에 기반을 둔 의사 결정을 우선시하는 통치 방식을 보장하려는 시도였다. 무역 정책을 추진하는 과정에서 참모진이 제공하는 심도를 활용하는 접근이 심도에 맞서는 접근보다 훨씬 더 효과적이라는 사실이 드러났다.

정부를 관리하는 과정에서 트럼프 대통령은 바로 이 교훈을 놓쳤다. 대통령은 이 교훈을 깨닫지 못한 채 참모진하고 계속 갈등했다. 참모진에게는 정확히 자기가 원한 결과를 얻지 못한 듯했다. 지속적으로 사위인 재러드 쿠슈너Jared Kushner를 비롯해 가족 구성원에게 의존하는데, 이런 모습은 트럼프가 대통령직과 그 직책에 바탕한 권한을 매우 사적인 차원으로 인식하고 있다는 사실을 보여 준다. 루스벨트 때 만든 대통령행정관리위원회가 백악관 참모진이 보유해야 한다고 기대한 제도적 임무와 기량을 배제하는 행보였다. 쿠슈너의 영향력은 트럼프 백악관을 거쳐 간 여러 비서실장이 지닌 영향력보다 훨씬 더 탄탄했다("백악관에서 재러드보다 영향력이 더 큰 사람은 없다").[32] 라인스 프리버스의 후임은 전역한 장군 존 켈리John Kelly로, 당내 파벌 경쟁에서 무관한 인물이었다. 켈리는 백악관에 군대식 절차를 적용하려 노력했고, 이런 시도는 절차 자체의 본질적 가치를 중시하는 믿음직한 모습으로 보였다. 그러나 대통령에게 정보에 입각한 의사 결정을 보장하려는 두 번째 시도도 프리버스 때보다 약간 나은 결과를 거두는 데 그쳤다. 트럼프가 자기를 옥죄는 제약에 지치자 켈리는 물러났다. 그 뒤 대통령은 믹 멀베이니Mick Mulvaney를 '비서실장 대행'으로 임명했다. 멀베이니는 두 전임자가 남긴 발자취를 따를 계획이 전혀 없다고 밝혔다. 멀베이니는 자기가 할 일이 '참모진 관리이지 대통령 관리는 아니'라고 선언했다.[33] 언론은 이 접근 방식을 '트럼프를 트럼프답게 두라Let Trump be Trump'로 표현했다.³⁴ 멀베이니가 경질된 다음에는 마크 메도스Mark Meadows 차례였다. 메도스는 검증된 의회 내 우군이자 하원 프리덤코커스House Freedom Caucus 창립 멤버였다. 메도스는 '대통령의 충동을 조정하거나 대통령의 방식을 바꾸기'를 원하지 않았다. '대통령이 무엇을 원하는지 이해하고, 그 바람을 어떤 수단을 동원하더라도 성취하게 돕는 보좌진'이었다.³⁵ 단일 행정부에서는 궁극적으로 이런 형태의 '도움'만이 허용될 수 있을지도 모른다.

6장

# 규범의 심층

미국 국가를 구성하는 심도의 기저에는 적절한 정치적 행동 양식과 제도적 행동 양식을 규정하는 공동의 이해 방식이 자리하고 있다. 행정 관리자의 업무를 보호하는 규범에는 행정부 운영이 사익이나 일시적인 정치적 계산에 좌우되지 않아야 한다는 지속적이고 집합적인 관심이 반영돼 있다. 그러나 규범은 모든 당사자가 준수할 때만 실효적이다.[1] 단일 행정부는 정치적 통제를 제한하고 집합적 이익을 보호하는 규범에 인내심을 보일 가능성이 작다. 반면 규범에 따라 단절된 업무를 보장받는 행정 관리자는 결점 없이 모범적으로 규범을 준수하는 편이 좋다.

행정부 내부에서 규범이 가장 중요한 영역은 법 집행 분야다. 평범한 국민은 규범을 기준으로 법 집행 과정에서 제기되는 정당성을 판단한다. 법무부와 연방수사국이 신뢰를 유지하고 효과적으로 기능하려면 공정하다는 평판이 중요하다. 전문가의 자기 규율과 법치에 보이는 헌신은 법 집행을 보호하는 장치로 중요하다. 규범은 정치적인 기소 조작을 막고 수사 독립성을 뒷받침한다. 그러나 규범이 깊게 정착한 상황에서도 규범을 지탱하는 관계들은 제도화되지 않고 헌법적 구조 위에 미묘하게 얹혀 있을 뿐이다. 이런 까닭에 모든 당사자의 동의가 결정적이다.

법무부는 1870년 상원과 하원에서 구두 표결을 거쳐 설립됐다. 법무부를 설립한 직접적인 동기는 남북전쟁에서 패배한 남부에서 집행해야 할 재건 프로그램이었다. 그러나 이 법안은 정치와 행정의 관계를 다시 구상하려는 일반적 기조가 처음 등장한 신호였으며, 특히 행정 영역이 여전히 정치적 결정에 잘 응답하면서 내부는 청렴하게 만들 방법을 모색한 결과였다. 법무부 설립 법안은 하원 의원 토머스 젠크스Thomas Jenckes(공화당, 로드아일랜드 주)가 작성했다. 젠크스는 남북전쟁 뒤에 실시한 긴축 정책과 상설 공무원 제도 창설 캠페인을 이끈 인물이었다.[2] 젠크스와 동료 개혁가들은 각 부처에 법률 담당자를 분산 배치하는 관행 때문에 독립성이 훼손된다고 봤다. 법률 담당자는 '부서장이 사주한 듯 보이는 조언'을 하는 처지에 놓여 있었다.[3] 헌신적인 전문가로 구성된 부서를 만들어 부서 안에서 법률가들이 서로 책임질 수 있는 새로운 제도 배치가 설계됐다.[4]

이런 열망은 곧바로 실현되지 못했다. 법무부는 1935년에 자체 청사를 확보하기 전까지 직원들을 온전히 통합할 수 없었다.[5] 더 중요한 사실은 법률 담당자를 법무부에 통합하면서 대통령 권력과 법치를 둘러싼 문제가 첨예해진 점이었다. 법무부는 법률 전문가들 사이에 강한 유대감을 형성해야 할 뿐만 아니라 법 집행에서 전문성과 행정적 청렴성을 확보하기 위해 대통령의 지지를 얻어야 했다. 법무부는 눈 가린 정의를 강하게 연상시키지만 결코 독립된 기관이 아니었다. 헌법은 대통령에게 '법을 집행할' 권한을 부여한다. 따라서 법무부는 정규적인 행정부 조직의 일부로서 대통령의 지휘를 받는다. 대통령 지휘에 관련된 질문을 받자 젠크스는 동료들에게 신설 법무부는 법률 전문가 자원을 확충해서 법치를 보호할 수 있으며 사실상 법치가 대통령 개인의 법으로 전락하지 못하게 막는 부서라고 대답했다.[6]

그렇지만 법무부 내부에서 헌법적 권위와 전문적 권위를 통합하려는 시도는 처음부터 결과가 명확하지 못했다. 구상은 '각 부처 법률 담당자들이 정치적 설명 책임을 소속 장관에서 법무부 장관과 대통령으로 이전해 법적 전문성과 정치적 설명 책임을 결합한다'는 내용이었다.[7] 그러나 결과적으로 사실상 모든 사안이 규범에 맡겨졌다. 공동의 이해 방식이 규범의 모호성을 보완할 수는 있어도 명확성은 결코 혼합물이 지닌 강점이 아니었으며, 두 권위 사이에 내재한 긴장은 완전히 감춰지지 않았다. 많은 경우 대통령은 법무부 장관직에 정치적 충성파를 임명했다.[8] 존 피츠제럴드 케네디 대통령은 동생을 법무부 장관으로 임명했다. 로널드 레이건 대통령은 2기 행정부 초반에 백악관 측근이자 단일 행정부 논의를 주도한 에드윈 미즈<sup>Edwin Meese</sup>를 법무부 장관으로 임명했다.

심지어 워터게이트 스캔들로 리처드 닉슨 대통령이 퇴진을 강요받고 법 집행에 대통령이 관여하는 데 불신이 생겨난 뒤에도, 백악관이 행사하는 정치적 압력에서 법무부와 연방수사국을 보호하려는 노력은 신념과 선의에 의존했다. 카터 행정부도 비슷한 경향을 보였다. 카터 행정부는 의회가 법무부를 독립 기관으로 만들려고 움직이는 데 반대했지만, 규범을 강화해 독립성을 보장하자는 주장은 지지했다. 워터게이트 사건 뒤 관심이 높아진 주장이었다.[9] 카터 행정부 법무부 장관인 그리핀 벨<sup>Griffin Bell</sup>은 조언했다. "법이 충실히 집행된다는 신뢰감을 불어넣는 …… 가장 적합한 방안은 …… 대통령이 법무부 장관에게 부당한 영향력에서 벗어날 자유를 **허락하는** 겁니다." '[법무부 장관과 법무부 관료가] 전문가로서 자유롭게 판단'한다는 신뢰를 강화하려면 이런 접근이 필요하다는 제안이었다. 이 해법을 실현할 수 있게 하려고 벨은 백악관과 법무부 간 소통을 규정한 지침을 발표했다. 벨은 대통령이 법무부에 관여하는 관행을 자제하고 법무부와 백악관 관료 사이의 의사소통을 제한하면 '가장 좋은 봉사를 받게 된다'고 주장했다. 그러나 벨은 모순된 주장을 동시에 내놓았다. "헌법적 관점에서 법무부 장관은 대통령에게 책임이 있고, 대통령은 국민에게 책임이 있다. 따라서 진정한 제도적 독립은 불가능하다." 벨은 대통령과 법무부 장관 사이에는 '항상 자유롭고 원활하지만 은밀한 소통이 있어야 한다'고 생각했다.[10] 그 뒤 모든 행정부는 벨 장관이 발표한 지침하고 비슷한 메모를 발행해서 백악관 관계자와 법무부 사이의 접촉을 제한했다. 그렇지만 어느 지침도 대통령을 명시적으로 구속하지는 않았다.[11] 독립성 규범은 행정부 구조 위에서 모호하게 떠돌았고, 좋은 정부를 보는 두 관점은 불편하게 뒤섞였다.

1970년대 의회 개혁가들은 그리핀 벨이 발표한 견해를 따라 법무부의 독립성을 옹호하는 한편으로 이 규범을 뒷받침한다며 연방수사국 국장에게 10년 임기를 부여했다. 입법부는 이 조치를 통해 수사 독립성을 강화하겠다는 강한 의지를 보였다. 그러나 의회는 에드거 후버 시절에 드러난 권력 남용 사례에서 교훈을 얻었고, 통제를 벗어난 연방수사국 국장이 지닌 위험성을 인식했다. 따라서 이 개혁에서도 독립성은 규범으로 강조될 뿐 제도로 보장되지는 않았다. 의회는 두 마리 토끼를 모두 잡고 싶어했다. 이 법안에 따르면 임기를 10년으로 하려는 '목적'은 두 가지였다. "상보적인 두 목표를 달성하려 한다. 첫째, 연방수사국 국장이 행정부 상급자에게 부당한 압력을 받지 않도록 보호한다. 둘째, 연방수사국 국장이 지나치게 독립적이거나 비협조적으로 변하는 상황을 방지한다."[12] 두 목표가 상호 보완적이든 아니든, 둘째 목표는 국장이 임기에 상관없이 언제든 해임될 수 있다는 의미였다.

그 뒤 미국이 백척간두에 선 트럼프 행정부 시대가 도래한 상황에서 법무부가 정치적 강요에 저항하는 데는 다른 요소가 아니라 사람들이 법적 윤리와 전문적 청렴성에 보이는 존중이 매우 중요해졌다.[13] 이런 존중을 공유하는 일은 사소하지 않다. 법조계 전체가 규범 위반을 감지하고 의회와 일반 국민에게 알릴 수 있는 바탕이기 때문이다. 법무부와 연방수사국이 누리는 보호 장치는 백악관 참모진이 누리는 보호 장치보다 훨씬 견고하다. 그러나 법무부는 정치에서 단절되고 행정 영역으로서 재량을 보유하기 때문에 전장이 된다. 법무부는 단일 행정부 주장에 저항하는 주요 현장인 동시에 대통령이 자기 이익을 추구하는 딥 스테이트라고 의심하는 주요 현장이다. 양쪽이 의심을 행동으로 옮기려고 상당한 자원을 동원할 때 쌍둥이 유령이 날아오른다.

## 수사 독립성

충돌은 트럼프 대통령 취임 전에 이미 시작됐다. 법무부와 연방수사국은 독립성 규범을 지키려 했고, 대통령은 개인적 복종과 정치적 통제를 요구했다. 2016년, 정보기관은 러시아가 대통령 선거에 개입해 불화를 조장하고 있으며 힐러리 클린턴보다 트럼프가 당선하는 결과를 선호한다는 결론을 내렸다. 이 결론은 그 뒤 몇 년 동안 트럼프 행정부 소속 고위 정보 당국자들, 특별검사팀 수사, 공화당이 우위를 차지한 상원 정보위원회가 제출한 만장일치 보고서에서 반복해 확인됐다. 연방수사국은 기초 수사를 마치고 코드명

'크로스파이어 허리케인Crossfire Hurricane' 수사를 개시했다. 러시아와 트럼프 캠프 구성원이 어떤 방식이든 공조한 적이 있는지 밝히려는 목적이었다. 트럼프는 러시아가 자기를 도우려 시도한 사실이 있다는 폭로를 정치적 정당성을 겨냥한 도전으로 받아들였다. 트럼프는 이 수사에 의심의 눈초리를 던졌다. 충돌의 단초는 취임 전에 이미 마련됐다.

제임스 코미 연방수사국 국장이 오바마 행정부에서 임명된 인물이기 때문에 갈등은 더욱 고조됐다. 2013년, 10년 임기로 임명된 코미는 단일성과 심도 사이의 긴장을 사람의 모습으로 구현한 인물이었다. 코미는 충실한 연방수사국 직원이었으며, 법치에 위협이 된다고 판단한 대통령 지시를 거부한 이력도 있었다. 과거 조지 워커 부시 대통령이 '스텔라 윈드Stellar Wind' 감시 프로그램을 재승인해 달라고 요청하지만 잠시 법무부 장관 대행을 맡고 있던 코미는 거부했다. 코미는 그 감시 프로그램이 불법이라고 판단했고, 그때 연방수사국 국장 로버트 뮬러한테서 지원을 받아 대통령이 추진하려는 정책을 저지하려 했다. 부시 대통령이 코미에게 말했다. "행정부에서는 내 말이 법입니다." 코미는 단서를 달았다. "그렇습니다, 각하. 그러나 법무부가 [그 말을] 합법이라고 **인증**할 수 있는지 여부는 저만 판단할 수 있습니다. 그리고 이 사안에서는 인증할 수 없습니다." 코미는 한발 더 나아가 규범을 시험대에 올렸다. 코미가 감시 프로그램 문제로 사임을 결심한 뒤, 뮬러도 대통령에 복종하기보다는 사임할 계획이라고 부시에게 알렸다. 대통령은 한발 물러섰다. 부시는 다음 회의에서 뮬러에게 말했다. "짐[코미의 애칭]에게 법무부가 수용할 수 있는 방향으로 조치를 취하라고 전해 주시오."[14]

코미의 이력은 규범의 힘을 보여 주는 사례로 평가할 수 있다. 오바마 대통령이 뮬러에 이어 연방수사국 국장으로 코미를 임명한 이유는 부분적으로 부시 행정부가 내세운 단일 행정부 주장에 거리를 두려는 의도였다. 오바마는 임명 사실을 발표하면서 정보기관의 독립성을 강조한 코미의 발언을 인용했다. "'짐이 말한 대로 '법치는 이 나라를 특별하게 만들고, 나라의 기초가 됩니다.'"[15] 그러나 2016년 대선이라는 압력 속에서 관련자들이 지켜야 할 행동 수칙은 엉망진창이 됐다. 헌법 구조 위에 걸쳐져 있을 뿐인 규범은 적절한 행동 수칙을 제공하는 데 불충분했다. 결국 사건 종결 전에는 어떤 사람의 동기도 의심에서 벗어나지 못했다.

역설적으로 가장 파급력이 큰 정치적 개입은 코미 자신한테서 시작됐다. 코미는 민주당 후보인 힐러리 클린턴이 사설 이메일 서버를 사용한 사건을 연방수사국이 수사한 결과를 공표하기로 결정했고, 이 발표는 선거를 뒤흔들었다. 한쪽에서는 이 사건이 선거 결과에 결정적인 영향을 미친 요소라고 본다.[16] 코미의 행동은 '선거 연도의 민감성'을 고려해야 한다는 규범을 거슬렀다. 법무부는 '부서의 공정성, 중립성, 비당파적 평판을 보호'하려고 이 규범을 오랫동안 지켰다.[17] 그러나 코미는 연방수사국이 정치에 초연하며 현 행정부하고 결탁하지 않는다는 인식을 지키려면 개입이 필요하다고 봤다. 그때 코미는 오바마 대통령이 클린턴이 사설 이메일을 사용한 행위가 국가 안보를 위협한 적은 없다고 단언한 사실과 로레타 린치<sup>Loretta Lynch</sup> 법무부 장관이 코미에게 발표에서 '수사<sup>investigation</sup>'라는 표현을 피하고 단순히 '사안<sup>matter</sup>'으로 지칭하라고 요청한 사실 등을 염려했다.[18] 또한 연방수사국은 오바마 행정부 소속 고위 관료들이 정치적 이익을 얻으려 트럼프 캠프와 러시아 간 접촉 관련 수사 내용을 누설할 가능성도 경계했다. 이럴 때도 코미는 정치적 편향성을 보인다는 비난을 피하려고 노력했다. 그러나 규범을 지키고 러시아 선거 개입 수사를 대중의 시야 **밖에** 두려는 활동은 코미가 정치 논리에 노출

되지 못하게 막는 데 거의 도움이 되지 못했다.[19]

2016년 선거 기간 코미가 보여 준 정치적 묘기에서 압박에 몰린 규범의 불안정성이 드러났다. 트럼프 당선 뒤 분쟁의 경계는 더욱 선명해졌다. 코미는 행정 영역의 청렴성을 지키는 수호자를 자처했고, 신임 대통령은 단일 행정부 반군에 속한 일원이었다. 코미와 트럼프가 좋은 정부를 바라보는 관점은 완전히 달랐다. 두 사람은 각자 믿는 가정에 따라 행동하면서 국가 설계에서 기본적이지만 오랫동안 능숙하게 처리된 사안들을 끄집어냈다. 결국 두 사람이 충돌하면서 정부는 기초가 흔들렸다. 처음부터 코미는 연방수사국 국장이 맡은 임무, 그리고 행정 영역의 권위와 정치적 권위가 맺어야 하는 관계를 두고 트럼프하고 갈등했다. 트럼프는 임기 초에 사적인 만찬 자리를 마련해 코미를 만나면서 자기가 품은 기대를 분명히 밝혔다. "나는 충성을 요구합니다. 나는 충성을 기대합니다." 코미는 오해 소지가 전혀 없는 말로 이의를 제기했다. "항상 정직만을 드리겠습니다." 이 발언은 논의의 지반을 행정 영역의 복종에서 행정 영역의 매개로 옮겨 놓았다. 연방수사국이 여전히 2016년 선거에 러시아가 개입한 사건을 조사하는 중이어서 둘은 매우 민감했다. 코미는 대통령이 수사 독립성에 무관심하다는 인상을 받았다. 트럼프가 충성을 요구한 행위는 수사 방해 의혹을 키웠다. 코미는 나중에 문제가 생길 때를 대비해 대통령과 자기 사이에 오간 모든 내용을 메모로 기록했다. 자기 평판과 연방수사국의 자율성을 보호할 수 있는 예방 조치였다.[20]

트럼프는 충성을 요구한 지 얼마 지나지 않아 더 직접적으로 러시아 논란을 구성하는 세부 사항에 개입했다. 트럼프는 코미에게 최근 해임된 국가안보보좌관 마이클 플린을 관대하게 처리하라고 요청했다. "이 일을 넘어갈 방법을 찾기를 바랍니다. 플린을 놔두세요."[21] 그러나 대통령 취임 전 러시아 대사를 접촉한 플린은 주요 수사 대상이었다. 이 요청 때문에 상황은 더욱 나빠졌다. 연방수사국 부국장 앤드루 맥케이브Andrew McCabe는 이 요청을 '정부 기능을 주로 [자기] 이익을 위해 조작하려는' 부적절한 시도로 봤다. 물론 대통령은 사안을 아주 다르게 인식했다. 관리 행정 영역이 대통령 관할 아래 있고 자체 완결성을 지닐 수 없다는 단일 행정부 관점에 따라 트럼프는 코미가 '마치 정부 부서가 자기 것인 양 군다'며 분노했다. 코미는 대통령이 연방수사국 수사 대상이 아니라는 사실을 발표하기를 거부하면서 갈등을 폭발시킨 마지막 지푸라기를 올렸다. 이 시점에 트럼프는 실제로 수사 대상이 아니었다.[22]

코미는 자기를 둘러싼 평판, 법무부와 연방수사국의 독립적 지위, 상층의 정치적 이해관계에 종속되지 않도록 심도가 제공해 주는 저항 수단에 자신감을 드러냈다. 그러나 대통령 수사에 두 기관이 연루될 가능성이 커지면서 그런 자신감은 심각한 시험에 빠졌다. 오랜 헌법적 난제를 다루는 시험이었다.[23] 행정부는 자기들을 이끄는 수반을 수사할 수 있는가? 트럼프는 연방수사국 국장을 해임한다는 해답을 내놓았다. 여론이 거세게 반발하자 트럼프는 10년 임기의 중요성을 일축했다. "나는 대통령이다. ······ 나는 원하면 누구든 해고할 수 있다."[24] 트럼프는 여기에서 멈추지 않았다. 마치 자기가 행동한 동기를 오해한 사람이 있어서 바로잡아 준다는 듯한 행보였다. 트럼프는 연방수사국 국장 해임을 러시아 선거 개입 수사에 연결했고, 자기가 취한 조치가 대선 불복에 맞선 대응이라고 말하면서 사안을 정치화했다. "내가 [해임을] 결정하면서 사실 저는 이렇게 생각했습니다. 트럼프와 러시아를 엮는 이야기는 창작물일 뿐이며, 이긴다고 생각한 선거에서 패배한 민주당이 하는 변명이라고 말입니다."[25] 대선 불복이라는 표현이 전선을 분명히 그려 줬다. 트럼프는 행정부의 단일성에서 벗어나는 어떤 행동도 자기 자신의 정치적 정당성을 겨냥한 직접적 위협이라고 간주했으며, 연방수사국은 트럼프가 행사하는 압력을 자기 기관이 맡은 공식 임무를 겨냥한 직접적 위협으로 여겼다. 스티브 배넌은 트럼프에게 딥 스테이트를 도발할 때 일어날 수 있는 결과를 경고했다. "당신은 코미를 해고할 수 있습니다. 그러나 연방수사국을 해고할 수는 없습니다. 당신이 코미를 해고하는 순간, 연방수사국이라는 기관은 당신을 파괴해야만 하고, 파괴할 겁니다."[26]

비록 [딥 스테이트와 단일 행정부라는] 두 권위 체계 사이의 우열을 오판하기는 했지만, 배넌이 한 구조적 분석은 적중했다. 연방수사국은 모든 수단을 동원했다. 코미가 해임된 날 밤, 클린턴 이메일 수사와 러시아 선거 개입 수사에서 핵심 업무를 맡은 연방수사국 요원 피터 스트로크Peter Strzok가 조치를 촉구했다. "앤디[맥케이브의 애칭]가 국장 대행으로 있는 동안 수사를 개시해야 합니다." 수사 대상은 대통령 본인이었으며, 목적은 러시아하고 공모한 정황을 밝히고 선거 개입 수사를 방해한 증거를 찾는 일이었다. 코미 해임을 촉발한 행동(대통령이 수사 대상이 아니라고 공표하기를 거부한 일)은 연방수사국이 실제로 수사 개시를 저울질하는 시점에 발생했다. 대통령이 강경한 전술로 저울을 기울인 셈이다. 해임이나 전보를 예상한 맥케이브는 스트로크에 동의했다. 맥케이브는 수사를 개시했다. '러시아 사건을 삭제할 수 없도록 절대적으로 확고한 지반 위에 올려 둬서 내가 빠르게 전보되거나, 사임하거나, 해고되더라도 사건이 종결되거나 밤새 흔적도 없이 사라지지 않게' 하려는 목적이었다.[27]

트럼프에 맞선 반발은 연방수사국에 국한되지 않았다. 이미 수사 개시 전에 제프 세션스 법무부 장관이 러시아를 접촉한 적이 있다는 폭로가 있었고, 세션스는 수사 독립성을 훼손할 가능성 때문에 감독 자리에서 물러났다. 감독 책임은 법무부 부장관 로드 로젠스타인Rod Rosenstein에게 넘어갔다. 코미 해임에 관해 로젠스타인은 지원을 요청하는 백악관과 맹렬히 반발하는 동료나 언론 양쪽에 낀 처지였다. 한 법무부 관료는 비판했다. "[로젠스타인은] 이 수사에서 대통령을 회피시키려 의도적으로 연방수사국 국장을 해임하는 과정을 도왔다. 그렇지 않다면 로드는 자기도 모르게 대통령에게 이용당한 도구일 뿐이었다." 로젠스타인은 더는 평판이 훼손되지 않기를 바라면서 수사 독립성이라는 깃발을 치켜들었다. 그러고는 러시아 사건 독립 특별검사로 전 연방수사국 국장 로버트 뮬러를 임명했다.[28]

코미도 결정 과정에서 한 축을 맡았다. 코미는 대통령 관련 사건을 처리하게 될 방식을 염려하면서 로젠스타인을 압박하려 했다. 해임된 국장은 단순히 대통령과 자기가 소통한 기록을 법무부에 제출하는 데 그치지 않고 동료를 거쳐 메모가 존재한다는 사실을 언론에 흘렸다. 로젠스타인에게 외압 없이 수사를 진행한다는 선택지만을 남기려는 의도였다.[29] 그 뒤 코미는 의회에서 자기가 해임당한 문제를 증언할 기회를 얻었고, 이 자리를 이용해 자기 자신을 공직 청렴성을 보여 주는 모범으로 국민 앞에 내세웠다. 코미는 대통령이 법치 수호라는 규범에 무관심한 사람이라고 암시하면서 '정의의 여신상'이 눈을 가린 이유를 설명했다. "당신은 후원자를 만족시키려고 몰래 안대 밖을 엿보면 안 됩니다."[30]


## '마녀사냥'

트럼프가 연방수사국과 법무부를 장악하려는 시도는 몇 달도 지나지 않아 실패한 듯 보였다. 뮬러가 특별검사로 임명됐고, 이 위협을 알게 된 트럼프는 외쳤다. "세상에. 끔찍해. 내 임기는 끝장이야."[31]

그러나 딥 스테이트와 단일 행정부는 이제 막 상대를 불러내기 시작했다. 연방수사국과 법무부 공무원들은 대통령이 행사하는 통제에 저항하고 총구를 돌려 대통령에게 수사권을 들이미는 과정에서 자기들이 지닌 권한의 한계를 시험했다. 행정 영역이 더욱 급진적으로 자기 권위를 주장한 사건이었다. 백악관은 곧 대응 방향을 정했다. 행정 관리자들이 지난날 저지른 실수가 자기들을 사냥하려고 돌아왔다. 트럼프는 특별검사 수사가 기대고 있는 기본 전제를 거부했으며, 수사를 정치적 '마녀사냥'이라고 비난했다. 수사 초기에는 백악관 변호인단이 조금 협조하기도 했지만, 대통령은 수사 자체의 정당성을 계속 문제 삼았고, 수사 과정을 보호하려는 법무부 공무원을 해임하겠다며 여러 차례 위협했다.[32] 뮬러 특검이 진행되면서 백악관은 행정부 단일성의 논거를 상세히 설명하는 데 필요한 정치적 대조 효과를 얻을 수 있었다.

수사가 진척되면서 대통령 변호인단은 단일 행정부 이론을 정교하게 다듬었고, 그런 결과 대통령이 지닌 개인적 본능에 따른 통치에 헌법적 인가를 부여할 수 있었다. 뮬러가 요청한 대통령 대면 조사를 거부하는 서한에서 트럼프 변호인 존 다우드와 제이 세큘로우<sup>Jay Sekulow</sup>는 주장했다. "최고 법 집행관이라는 지위로 말미암아 …… [대통령의 행동은] 헌법적인 측면이나 법률적인 측면에서 법 집행을 방해한 행위가 될 수 없다. 곧 대통령이 자기 자신을 방해하는 상황하고 똑같기 때문이다." 게다가 트럼프 대통령은 조사를 제한하는 추가 조치를 취할 수 있으며, '원한다면 조사를 종료하거나 사면 권한을 행사할 수도 있다'는 주장이 이어졌다. 변호인들이 볼 때 대통령이 지닌 의도는 중요하지 않다. 트럼프가 행사한 권한은 헌법에 따라 본질적으로 대통령에게 속하기 때문이다. 다시 말하면 이렇다. "대통령이 취한 모든 조치는 미국 헌법 2조에 부합하는 완전한 헌법적 권한에 따라 행사됐다. 따라서 이 행동들은 개별적으로 보든 전체적으로 보든 간에 법 집행 방해 행위가 될 수 없다."[33] 변호인들이 단일 행정부를 강력하게 옹호하자 대통령은 기뻐했다. 트럼프는 다우드에게 말했다. "그 편지가 정말 마음에 든다."[34] 다우드는 뮬러 앞에서 직접 단일 행정부를 옹호하는 일도 마다하지 않았다. 회의에서 뮬러가 대통령이 '부패한 의도'를 품고 코미를 해임한 사실이 있는지 확인해야 한다고 말하자 다우드는 대꾸했다. "헌법에 따르면 당신이 그 사안을 문제 삼을 수 있을지 확신할 수 없습니다."[35] 이런 주장은 최고 행정관의 '진정한 동기를 파악하려는 모든 시도는 대통령의 헌법적 특권을 심각하게 침해한다'는 단일 행정부 명제하고도 상통했다.[36]

트럼프 대통령은 수사를 여러 차례 위협했지만, 뮬러 특검을 실제로 중단시키지는 않았다. 이런 상황도 규범이 지속적으로 작용한 제약 덕분이라고 해야 하겠다. 그렇지만 행정이 정치하고 단절해야만 하던 더 폭넓은 사례에서 규범은 그리 성공적이지 못했다. 대통령은 상당한 정치적 비용을 감수하면서도 규범을 향한 공격을 멈추지 않았다. 결국 공무원이 법치를 영웅적으로 수호하는 존재인지, 아니면 헌법적 권위에 불법적으로 저항하는 자기 이익 중심형 관료인지 구분하는 경계가 무너졌다. 대통령 변호인단은 단일 행정부를 방어하려는 목적 아래 형식주의 논증을 넘어 트럼프를 괴롭히는 이들을 공격했다. 트럼프 비판자들이 지니고 있던 '공정성과 진실에만 헌신하는 정직한 사람'이라는 위상을 맹렬히 비난했다. 코미가 의회에서 증언하자 트럼프 변호인 마크 카소위츠가 보인 반응에서 이런 점을 확인할 수 있다. "물론 대통령실은 행정부를 위해 일하는 사람들에게서 충성을 기대할 권리를 부여받았다. …… [그러나] 명백하게, 정부 내부에서 기밀 정보와 비공개 소통 내용을 선택적이고 불법적으로 유출해 이 행정부를 적극적으로 약화시키려는 사람들이 있었고, 지금도 여전히 있다."[37] 다우드와 세큘로우도 똑같은 공격을 이어 갔으며, '연방수사국과 법무부 내부의 부패가 최근 제기된 러시아 공모 혐의 수사와 특별검사실 설립을 가져온 직접적 원인으로 보인다는 놀라운 폭로'가 있다고 주장했다.[38] 다우드는 이 주장을 뮬러에게 직접 들이댔다. "수사 전체는 민주당 전국위원회[DNC], [민간 조사 기업인] 퓨전 지피에스 Fusion GPS, 연방수사국 고위 정보 관료들이 트럼프의 대통령직을 약화시키려 공모한 결과로 보입니다."[39]

'마녀사냥'은 처음에는 딥 스테이트 음모론이나 다를 바 없는 과장된 표현에 지나지 않는 비난으로 비쳤지만, 수사가 진행될수록 모든 관련자에게 부담을 더했다. 연방수사국 행정 관리자는 여러 위험에 노출됐다. 만약 이 사람들이 이중 잣대를 적용하는 위선자이며 좋은 정부 가치관을 전파한다고 주장하는 선동가라거나 트럼프 행정부에 맞선 정치적 반대자들에게 협력하는 편향된 관료라는 사실을 암시하는 증거가 조금이라도 드러난다면, 대통령이 탄압이라고 주장하는 논거가 확증될 수 있었다. 뮬러를 임명한 사실 자체가 이런 비난을 차단하는 방화벽이 될 수 있다는 계산에서 도출된 방안이었다. 양당 정치인들은 독립성에 관련해 뮬러가 지닌 확고한 명성을 증언했다. 그러나 뮬러가 지닌 자격하고는 별개로 트럼프 지지자들은 관료를 둘러싼 평판을 손상할 소재를 찾아내는 데 큰 어려움을 겪지 않았다. 코미는 자기가 메모를 유출한 인물 중 하나이며 특별검사 임명을 촉진하려 한 행동이라고 인정하면서 규범 수호자로 다져 온 입지를 스스로 약화시켰다. 법무부 감찰관 마이클 호로위츠 Michael Horowitz는 코미를 혹독하게 비판했다. 호로위츠는 코미가 쓴 메모는 정부 문서라고 지적하면서 이렇게 말했다. "코미가 필요한 일이 무엇인지 판단하면서 적용한 개인적 관점은 연방수사국 기록 사용을 규정하는 정책과 협정을 무시할 수 있는 적절한 근거가 아니었다."[40] (이 판단은 호로위츠가 그전에 한 조사 결과에도 부합한다. 호로위츠는 클린턴 이메일 문제를 수사하는 과정에서 코미가 한 공개 발언을 조사한 뒤 '[코미는] 오랜 부서 정책이나 관행을 거부하는 한이 있더라도 개인적 견해에 따라 즉석에서 의사 결정을 내렸다'고 비판했다.)[41]

트럼프의 딥 스테이트 음모론은 피터 스트로크와 리사 페이지Lisa Page 사이에 오간 문자 메시지가 공개되면서 더욱 강화됐다. 페이지는 러시아 선거 개입에 관련된 연방수사국 조사와 뮬러 수사팀에 관여한 또 다른 연방수사국 공무원이었다. 스트로크와 페이지는 연인 관계를 맺으면서 부서 규범을 위반했으며, 둘 사이에 오간 대화도 연방수사국에 심각한 타격을 입히는 내용이었다. 이 사건으로 연방수사국이 에드거 후버 이후 어렵게 쌓아 올린 신뢰와 자신감이 크게 훼손됐다. 2016년 여름, 러시아가 트럼프 캠프를 지원한 가능성이 처음 폭로된 뒤 페이지는 스트로크에게 문자 메시지를 보냈다. "[트럼프는] 절대 대통령이 되지 않을 거야, 맞지? 맞지?!" 스트로크는 답했다. "응. 응, 안 될 거야. 우리가 막을 거야." 트럼프가 당선한 뒤, 페이지는 다시 스트로크에게 문자 메시지를 보냈다. "《모두 대통령의 사람들All the President's Men》\*을 샀어. 워터게이트 사건을 복습해야겠어."[42]

이 대화, 특히 연방수사국 공무원이 트럼프에게 사적인 정치적 적대감을 드러낸 내용은 딥 스테이트를 비난하는 핵심 계율, 곧 외부에서 단절된 관료

---

\* 밥 우드워드와 칼 번스타인이 워터게이트 사건을 취재해 쓴 책이다.

집단이 행정부 자원을 이용해 대통령을 방해하고 약화시킨다는 명제를 입증한 증거나 다름없었다. 행정 관리자가 누리는 평판은 수사 독립성을 정치적으로 방어할 수 있는 자산이었지만, 심각하게 훼손되고 말았다. 뮬러는 스트로크와 페이지가 나눈 문자 대화가 수사 신뢰성에 직접적인 위협이 된다고 판단했고, 스트로크를 곧장 특별검사실에서 제외했다.[43] 그러나 이런 조치도 오점을 지울 수는 없었다. 2016년 선거에 관련해 연방수사국이 벌인 활동을 다룬 여러 보고서에서 법무부 감찰관 마이클 호로위츠는 스트로크와 페이지를 거세게 비판했다. 호로위츠는 '우리가 막을 거야'라는 메시지가 '편향된 심리'를 나타낼 뿐만 아니라 그런 마음을 품고 '공식적 행동을 취할 의지가 있다는 사실'을 암시한 점에서 더욱 심각하다고 평했다. 또한 공무원도 자기만의 '정치적 견해를 가질 권리'가 있다는 점은 인정했지만, 연방수사국 통신 기기를 이용해 그런 견해를 공유하는 행위는 규칙을 위반한 소지가 있다고 지적했다. 호로위츠가 내린 결론은 심도 옹호자들에게 보내는 날카로운 힐책이었다. 호로위츠는 문자 메시지가 '연방수사국과 법무부의 핵심 가치에 반하는 감정'을 표현했으며, 연방수사국 기기를 사용해 그런 메시지를 보낸 행동은 '매우 부적절한 판단과 심각한 비전문성을 보여 주는 행위'라고 강하게 비판했다.[44]

감찰관 호로위츠는 후속 보고서에서 이런 문제가 러시아 관련 조사의 근간을 뒤집는 요소는 아니라고 분명히 선을 그었다. 발견된 모든 문제에도 러시아 선거 개입 수사를 시작할 만한 타당한 근거가 여전히 있다고 결론지었다. 호로위츠는 주요 공직자 사이에서 정치적 편향이 수사를 개시한 동기라는 결정적 증거는 없다고 판단했다. 스트로크와 페이지가 주고받은 문자 메시지에 문제가 있다는 사실을 다시 인정했지만, 두 사람은 수사 개시 결정을 내린 많은 공무원 중 일부일 뿐이라고 기록했다. 이 감찰관은 명시했다. "[연방수사국은] 국가 안보 위협이나 연방 범죄를 방지하거나 관련된 정보를 얻는다는 정당한 목적으로 크로스파이어 허리케인 수사를 시작했다." 그러면서도 호로위츠는 연방수사국을 향한 고발을 이어 갔다. 연방수사국이 이 수사를 추진하면서 절차적 부주의를 저지른 사실을 발견했고, 이런 이유를 들어 음모론 주장을 부정한다던 그전 결론을 거의 무효화하고 말았다. 호로위츠는 2016년 대선 시기 연방수사국이 트럼프 캠프에서 고문으로 활동한 카터 페이지Carter Page를 감시하려는 목적으로 제출한 '외국첩보감시법Foreign Intelligence Surveillance Act·FISA' 집행 신청서에 '중대한 부정확성과 누락'이 있다고 비판했다. 또한 연방수사국에서 일한 모든 공무원에게 이 오류를 저지른 책임을 물었으며, 크로스파이어 허리케인은 지휘 계통에 속한 '연방수사국 고위 관계자를 포함한 실무자와 감독자들'이 임무를 수행하는 데 '실패'한 작전이라고 평가했다.[45] 이어진 조사에서는 무작위로 선정한 외국첩보감시법 요청서 29건을 살펴보니 모든 요청서에 절차상 문제가 있다고 보고했다.[46] 심도의 수호자들에게는 거의 완벽한 낭패였다.

## 위태로운 토대

이 에피소드에 관련된 모든 측면이 현대 미국 국가 구조에 달리는 냉철한 주석이다. 첫째 교훈은 규범에 의존하는 제도 운영이 취약하다는 사실이다. 가장 분명한 교훈이기도 하다. 법무 행정을 정치에서 분리해야 한다는 신념이 생겨나는 원인은 이미 단절이 일어난 때문이다. 그러나 이런 규범적 단절은 거기에 직접 의존하는 사람들이 하는 처신에 좌우될 수 있기 때문에 위태롭다. 연방수사국과 법무부 인사들은 중립성과 역량을 지킬 수 있다고 진심으로 자신할지 모르지만, 이번 사례처럼 유대감이 자만이 되고 자만이 일종의 면허처럼 여겨질 때, 결과는 자기 파괴적이다. 중립성과 독립성은 그것 자체로 단일 행정부를 향한 공격이며, 그런 이유만으로 딥 스테이트라는 비난에 취약하다. 이런 규범을 보호하는 다른 좋은 방책이 있을 수도 있지만, 적대적인 대통령을 마주할 때는 실수나 부주의, 편향성의 기미조차 보여 주면 안 된다. 전 법무부 관료이자 법학자인 잭 골드스미스는 지적했다. "대통령과 법무부가 충돌할 때, 법무부가 법치주의에 근거해 행동하고 있는지, 아니면 자기 보호라는 관료제적 당위에 따라 행동하고 있는지가 항상 분명하지는 않다."[47] 전문적 권위를 판돈으로 내건 행정 관리자들은 사적인 동기와 독립성 주장 사이의 모호성 때문에 자가당착에 빠지기 쉽다. 자기를 공정한 존재로 자처하는 이들이 제 발에 걸려 넘어지면 중립적 역량을 옹호하는 논거가 손상되고, 손실은 행정 분야 전반으로 파급된다.

둘째 교훈은 심도를 제거하는 데 단일 행정부가 아주 효율적일 수 있다는 점이다. 트럼프는 연방수사국 내부에서 '마녀사냥' 서사를 뒷받침하는 증거를 찾아내는 데 만족하지 않았다. 트럼프는 법무부 수뇌부 인사를 고쳐 자기가 하는 주장에 전폭적으로 동조할 수 있는 인물들로 채워 넣었다. 뮬러 보고서가 공개될 즈음 트럼프는 철저한 단일행정부주의자인 윌리엄 바를 법무부 장관으로 임명했다. 아버지 부시* 행정부에서 법무부 장관을 지낸 바는

---

\* 조지 허버트 워커 부시(1924~2018)는 41대 미국 대통령(1989~1993)으로, 공화당 소속이다. 43대 대통령 조지 워커 부시의 아버지다.

이란-콘트라 사건 수사에 회의적인 태도를 취했고, 이번에도 비슷하게 행동했다. 바는 임명되기 전에 법무부에 서한을 보내 뮬러가 하는 수사가 '치명적 착각을 저지르고 있다'고 주장했다.[48] 다시 법무부 장관이 된 바는 트럼프가 '딥 스테이트 법무부'라 부른 부서의 통제권을 되찾을 수 있는 방법을 알았다.[49] 바는 뮬러 보고서가 공식 배포되기 전에 요약본을 공표해 수사 결론을 헝클어트렸다. 이 요약본에서 바는 보고서에 담긴 신중한 표현을 마치 대통령이 모든 혐의에서 무죄라는 사실을 보여 준다는 듯 해석했다. 뮬러는 바가 제시한 해석을 정정하려 했으며, 바가 보고서를 공식 배포하기 전에 '국민적 혼란'을 초래하고 자기가 한 작업을 왜곡하고 있다며 불만을 드러냈다.[50] 그러나 신임 장관은 멈추지 않았다. 바는 기자 회견을 열어 트럼프가 한 행동이 딥 스테이트 음모를 의심한 데서 비롯된 정당한 대응이라고 주장했다. "특별 검사 보고서도 인정하듯이 대통령은 이 수사가 대통령직을 약화시키는 시도이고, 정치적 반대자들이 추진한 기획이며, 불법적 정보 유출이 부추긴 결과라고 진심으로 믿었으며, 게다가 이런 이유 때문에 당황하고 분노한 상태였는데, 그런 사실을 보여 주는 증거는 상당히 많습니다."[51]

두 권짜리 뮬러 보고서에는 바가 한 요약하고는 판이한 내용이 담겼다. 뮬러 특검은 러시아가 2016년 선거에 개입한 사실을 확인했고, 그 과정에 관여한 여러 인물을 기소했으며, 선거 기간에 트럼프 캠프와 러시아가 여러 차례 접촉한 사실을 상세히 기록해 처음에 수사를 개시한 근거를 강화했다. 실제로 보고서에서 단일 행정부 가정에 따라 권력을 행사하는 대통령이 법치에 미칠 수 있는 위협에 상당한 염려가 제기됐으며, 다음처럼 심도를 기반에 둔 저항을 암묵적으로 지지하는 표현도 포함됐다. "대통령이 수사에 영향을 미치려 한 시도는 대부분 성공하지 못했다. 그러나 이런 결과는 대통령 주변 사람들이 명령을 실행하거나 요청에 따르기를 거부한 때문이었다."[52]

그렇지만 뮬러는 특검을 둘러싼 구조적 모호성을 해결하지는 못했다. 이 모호성 때문에 수사 범위에 제약이 생겼으며, 따라서 결론도 큰 영향을 받았다. 수사 초기부터 뮬러는 조사를 길게 끌지 말라는 충고를 들었다. 첫 회의에서 로드 로젠스타인 [부장관]은 뮬러에게 '저인망식 조사'는 절대 하지 말라고 경고했다. "이 사안은 [정치 사건이 아니라] 형사 사건 수사입니다. 당신이 할 일을 하고, 그 뒤에는 끝내세요." 특검이 기반하는 법적 토대를 염려한 뮬러는 대통령을 대상으로 개별 대면 조사 관련 소환장을 발부하지 않기로 결정해서 잠정적인 헌법적 대립을 피하려 했다. 게다가 로젠스타인이 사건에서 방첩에 관련된 부분을 조사할 수 없게 임무를 제한했고, 스트로크가 조사에서 제외되면서 방첩 분야를 더 건드려 볼 희망도 사라졌다.[53] 보고서에서 뮬러가 놓인 모호한 처지를 가장 잘 드러낸 부분은 결론이었다. 법무부 법률자문실은 1973년과 2000년 하원 탄핵 조사에 반발하면서 법과 정책상 현직 대통령은 기소될 수 없다는 견해를 밝혔다. 형식상 법무부 소속인 특별검사는 분명히 이 견해를 따라야 한다는 압박을 느꼈다. 뮬러 쪽에서 일한 어느 팀원은 바 쪽에 이렇게 말했다. "우리는 법률자문실 의견을 따를 생각이고, 우리가 범죄 여부를 최종적으로 결정하는 방식은 적절하지 않다는 결론을 내릴 겁니다."[54]

이제 특별검사는 진퇴양난에 빠졌다. 뮬러는 독립성을 보장하려는 목적에서 임명됐지만, 이미 기울어진 운동장 안에서 경기를 진행해야 했다. "이 나라에서는 누구도 법 위에 있지 않다." 뮬러가 내놓은 이 울림 있는 선언 뒤로는 고통스러운 결론이 따라왔다. 특검은 대통령이 저지른 공무 집행 방해죄를 두고 명확한 결론을 내리지 않았다. "이 보고서는 대통령을 범죄자로 결론짓지 않지만 면죄하지도 않는다."[55] 이 분명하지 못한 결론은 행정부 수반을 상대로 한 수사에서 뮬러가 동원할 수 있는 최선의 표현이었다.

트럼프는 수사를 끝맺게 두라는 조언에 동의했고, 따라서 바가 내놓은 해석을 지지하는 데 그칠 수도 있었다. 트럼프는 심지어 자기가 받은 '면죄'가 독립적 절차가 지닌 가치를 증명한다고 선언할 수도 있었다. 그러나 일단 보고서가 초래할 수 있는 위험이 사라지자 트럼프는 저항의 원천을 뿌리 뽑으려는 노력을 더욱 강화했다. 사안이 진행되면서 발견된 편향성과 부주의한 의사 결정 사례들은 모두 위계질서와 복종이 필요하다는 주장에 신빙성을 더했다. 트럼프는 이런 주장을 펼쳤다. "이번 수사는 실패로 끝난 불법적 전복 시도였다"[56] 수사 관련자들은 이미 심각한 대가를 치렀다. 맥케이브는 예정된 퇴임을 겨우 몇 시간 앞두고 해임됐고, 스트로크도 같은 처지가 됐다. 스트로크와 페이지는 이제 사람들에게 딥 스테이트를 상징하는 얼굴로 인식됐다.[57] 바는 이어서 심도의 흔적조차 용납하지 않는 캠페인을 고조시켰다. 바는 경고했다. "공화국은 근위대$^{\text{Praetorian Guard}}$* 같은 사고방식 때문에 무너졌다." 바는 국민 의지에 호소하는 트럼프를 본받아 수사 책임자들을 민주주의를 위협하는 요소로 묘사했다. "그런 사람들은 자기가 더 잘 안다고 여기고 국민의 수호자로 그 자리에 있다고 생각하는 경향이 있다. 이런 경향은 쉽게 다수의 의지를 넘어서서 정부 관료로서 제 뜻을 관철하려는 행위로 변질될 수 있다."[58]

바 법무부 장관은 다음 수순으로 새로운 조사를 시작했다. 조사 취지는

---

\* 로마 제국 황제를 보호한 호위 부대로, 공화정 법무관 호위 부대에서 유래한다. 제정이 성립하는 과정에서 정치 세력으로 성장한다.

감찰관이 한 조사가 충분하지 못한데다가 직접 수사를 받아야 할 대상은 대통령이 아니라 법무부 전체라는 내용으로 요약할 수 있었다. 바는 2016년에 러시아가 트럼프 후보를 지원하려 개입한 사실이 있다는 널리 받아들여진 결론에 반박할 뿐 아니라 궁극적으로는 전체 사안에서 오바마 행정부가 품은 의도를 의문시하려 했다. 바는 존경받는 법률가 존 더럼John Durham 연방 검사에게 연방수사국 관리들이 대선 관련 수사를 시작한 동기를 조사하고 핵심 사안인 러시아 선거 개입에 관련해 정보기관들 사이에서 의견이 불일치한 신호가 나타난 적 있는지 조사하게 지시했다. 이어 더럼이 진행하는 조사를 보완해야 한다며 연방 검사 존 배시John Bash에게 '언마스킹unmasking' 요청에 초점을 맞춰 오바마 행정부 시기를 조사하게 했다.[59] 언마스킹이란 정부 고위 관료가 정부 감시망에 포착된 미국 거주자의 신원을 확인해 달라고 요청하는 정보 수집 관행이었다.

더럼이 진행한 조사는 숨어 있는 정치적 적을 식별하려는 시도였고, 조사가 진행되면서 행정 관리자의 동기와 사적인 정치적 견해를 구분하는 경계선이 사실상 지워졌다. 더럼은 조사 과정에서 증인들에게 트럼프 대통령이 빈번히 공격한 전 연방수사국 관계자들의 '반트럼프 편향'과 '러시아 선거 개입 수사 초기 단계'에 관해 날카로운 질문을 던졌다.[60] 또한 언론에 정보를 유출해 러시아 관련 수사를 시작하라는 대중적 압력을 강화한 관계자들을 찾아내려 했다. 여기에는 플린 국가안보좌관 해임을 가져온 폭로 사례도 포함됐다.[61] 조사 범위가 겹친 호로위츠 감찰관은 연방수사국이 수사를 개시한 근거를 지지했지만, 바와 더럼은 호로위츠에게 공개적으로 이의를 제기했다. 더럼이 제기한 반론은 매우 이례적이었다. "우리는 감찰관에게 연방수사국 수사가 개시된 근거와 방식을 설명한 보고서 결론 부분에서 일부 내용에 동의하지 않는다고 알렸습니다."[62] 호로위츠는 단호히 반박했다. "우리는 결론을 고수합니다. 진행 중인 조사는 …… 외부 영향에서 보호받아야 합니다."[63]

대통령의 사람이 법무부의 정점에 앉아 조직 내부를 뒤집어 놓았다. 그러나 신뢰할 수 있는 독립적 권위가 부족한 상황에서 단일 행정부조차 한계에 도달한 듯 보였다. 법무부 장관과 대통령도 신뢰성과 독립성을 충분히 갖추고, 권위 있는 발언을 할 수 있으며, 사태를 바로잡을 능력을 갖춘 사람을 절실히 찾고 있었다. 바가 더럼을 임명한 이유는 흠잡을 데 없는 자격에 더해 연방수사국과 중앙정보국을 대상으로 직권 남용을 조사한 경력 때문이었다. 그렇지만 더럼이 호로위츠를 논박하고, 호로위츠가 견해를 고수하고, 바가 대통령의 정치적 견해를 명백히 지지하는 상황에서는 어떤 주장도 믿음직스럽지 않았다. 더럼이 한 작업은 딥 스테이트 음모론에 맞선 대통령의 정당성을 최종적으로 입증했을까? 아니면 더럼은 단지 '트럼프 대통령의 정치적 보복을 위한 도구'에 지나지 않았을까?[64] 바는 설득력 있는 답변이 거의 불가능하게끔 처신했다. 바는 뮬러 보고서 때처럼 더럼이 내린 결론을 선점하려 했다. 바는 연방수사국이 '대통령직을 사보타주하려 했다'는 의도를 입증할 확실한 증거를 곧 볼 수 있다고 사람들 앞에서 확언했다.[65]

규범은 전면적으로 붕괴했고, 상충하는 서사 속에서 해체됐다. 2020년 8월, 상원 정보위원회는 러시아 대선 개입 문제를 다루는 마지막 5차 보고서를 발표했다. 이 보고서에서는 러시아가 가하는 심각한 위협에 관한 강력한 초당적 합의가 드러났다. 정보위원회는 뮬러가 진행한 수사에서 발견된 사항 말고도 트럼프 캠프가 러시아가 시도한 개입을 능동적으로 확대한 가능성과 트럼프 행정부 내부 인사들이 의회에서 러시아 접촉 관련 사항을 위증한 가능성을 시사했다.[66] 반대편에서는 연방수사국 고위층을 향해 편향 혐의를 제기하면서 정부 기관의 명성을 지속적으로 훼손하고 트럼프에게 피해자 이미지를 부여했다. 상원 사법위원회는 정보위원회가 내린 결론을 반박하면서 연방수사국이 드러낸 편향을 문제 삼았다. 사법위원회는 연방수사국이 **트럼프 캠프 관계자만** 표적으로 삼고 클린턴 캠프는 일부러 제외한 가능성을 시사하는 문건을 제출했다. 대통령은 더럼 조사 결과를 기다리고 있었다. 트럼프는 더럼 보고서를 최후 무기로 기대했다. 8월 중순에 한 사건이 일어났고, 바 법무부 장관은 이 사건을 큰 기회로 여겼다. 감찰관 호로위츠가 외국첩보감시법 영장 신청 과정에서 나타난 부실한 절차를 밝힌 뒤 러시아 관련 수사에 배정된 연방수사국 변호사 케빈 클라인스미스Kevin Clinesmith가 유죄를 인정한 사건이었다. 클라인스미스도 대통령에게 개인적 적대감을 드러내는 메시지를 남긴 적이 있다. "저항 만세viva le resistance."[67]

## 소 잃고 외양간 고치기

이 에피소드에서 끌어낼 수 있는 가장 중요한 교훈은 중립성과 독립성을 희망하는 기대가 느슨해지면 아무도 승리할 수 없다는 사실이다. 사건 각 단계를 보면 규범이 처음 정착된 원인과 집단 전체가 규범을 수용하는 합의가 중요한 까닭을 생생하게 떠올릴 수 있다. 그렇지만 궁극적으로 이 에피소드는 정부를 작동하게 만드는 데 규범이 하는 결정적 기능을 보여 주는 이야기가 아니다. 오히려 규범을 존중하는 척조차 한 적 없고 규범을 회복할 의도도 없는 한 대통령에 관한 이야기다. 트럼프는 바와 더럼이 수행한 연방수사국 조사 활동을 두고 이렇게 말했다. "나는 그 사람들이 정치적으로 올바르지 않기를 바란다."[68]

앞서 제프 세션스 법무부 장관은 독립적 수사가 필요하다는 점을 공개적으로 방어할 필요를 느꼈다. 러시아 대선 개입 수사에서 배제된 트럼프가 세션스를 거듭해 가차 없이 비난한 때문이었다. 세션스는 말했다. "제가 장관으로 재임하는 동안 법무부가 하는 활동은 정치적 고려에 부당한 영향을 받지 않을 겁니다."[69] 트럼프는 반대로 생각했다. "당신이 맡은 임무는 나를 보호하는 일이었죠."[70] 세션스는 끝내 트럼프가 퍼붓는 공격에서 벗어나지 못했고, 결국 해임됐다.

심지어 후임인 바도 법무부 장관실과 대통령 사이에 거리를 두려 했다. 바는 진행 중인 사건을 대통령이 공개적으로 언급하면 '내 업무를 불가능하게 만든다'고 인정했다.[71] 다른 단일 행정부 옹호자들도 선을 유지하는 일이 중요하다는 말을 입에 올리기 시작했다. 그중 한 명인 존 유는 법무부가 놓인 난국을 설명하면서 카터 행정부 시절 법무부 장관 그리핀 벨이 밝힌 의견을 반복했다. "헌법적으로는 대통령이 책임을 맡지만, 좋은 정책이라는 차원에서 대통령들은 법 집행에서 일정한 거리를 유지해 왔다. 법 집행에서 중립성은 정부가 판사와 배심원들을 납득시킬 만한 신뢰성과 청렴성을 지닐 수 있게 하는 데 중요한 구실을 한다."[72]

그러나 선은 이미 절망적으로 훼손됐다. 거리 두기가 필요하다고 인정할 때, 바 법무부 장관은 트럼프 대통령이 직접 연루된 형사 사건들, 곧 뮬러 특검 수사에서 파생된 마이클 플린과 대통령 측근 로저 스톤 사건을 관장하고 있었다. 대통령이 트위터로 법무부 검사들이 스톤 사건에 한 구형이 지나치게 무겁다고 불만을 나타내자 법무부 고위층이 나서서 구형을 기각했다. 법무부가 대통령이 직접 개입한 데 응답한 모양새가 되자 법무부 직원들이 독립성을 주장하며 반발했다. 그렇지만 구형 수정에 관련해 트럼프하고 직접 소통한 적은 없다는 공식 발표가 나온 된 뒤 대통령이 다시 개입했다. "완전히 통제 불능 상태에 있던 사건을 책임지고 처리한 법무부 장관 빌[윌리엄의 애칭] 바에게 축하를 보낸다." 결국 규범을 지키는 최후 방어선은 검사 네 명에게 맡겨졌다. 구형이 기각되자 세 명은 사건에서 사퇴하고 한 명은 법무부를 완전히 떠났다.[73] 곧 법조계가 검사들을 지지하고 나섰다. 2000명이 넘는 전직 법무부 공무원이 공개서한을 써서 '형사 기소에 정치적으로 개입하는 행위는 법무부의 핵심 사명과 법 앞에서 평등한 정의를 보장하는 신성한 의무에 반한다'는 '기본 원칙'을 무시한 트럼프와 바를 비난했다.[74] 사건에서 물러난 검사 중 한 명은 그 뒤 의회에 출석해 모두 의심하던 사실을 증언했다. 로저 스톤이 '정치적 이유로 특별 대우를 받은' 사실 말이다.[75]

플린 사건에서도 똑같은 과정이 반복됐다. 바는 대통령한테서 공개적인 지지와 격려를 받으며 정무직 공무원을 동원해 절차상 문제를 제기했다. 바는 이 문제 제기가 이미 두 번이나 유죄를 인정한 피고를 대상으로 한 기소를 취하하는 데 충분한 근거가 된다고 판단했다. 사건을 맡은 경력직 검사는 사임했다. 실제로 경력직 검사 중 아무도 기소 취하를 요청하는 서면에 서명하지 않았고, 그런 선례를 남기려는 사람도 없었다. 법무부 직원들은 다시 항의했다. 그중 한 명은 탄식했다. "정치 논리가 법무부를 감염시키는 현실을 보면 매우 낙심하게 된다."[76] 기소 취하를 위한 서면에 25회 이상 인용된 전 법무부 차관보 메리 맥코드Mary McCord도 비판에 동참했다. "이 부서가 [해당 조치를 정당화하려고] 내 말을 왜곡한 행위는 진실하지 못하다."[77] 그리고 다시 2000명이 넘는 전직 법무부 공무원이 장관을 규탄했다. "우리의 민주주의는 대통령이 활용하는 정치적 도구가 아니라 평등한 정의를 위해 독립적 중재자로 행동하는 법무부에 달려 있다."[78]

항의와 사임은 규범을 지키는 최후 수단이다. 트럼프는 뒤늦은 시점이라도 선을 그으려는 바를 가볍게 무시하면서 대통령이 법무부 수사에 '전면적으로 관여'할 수 있다고 주장했다. 다음으로 트럼프는 보통은 법무부 장관에게 적용되는 직함을 자기한테 적용하면서 자기 자신이 헌법상 '국가의 최고법 집행 책임자'로서 권한을 지니고 있다고 주장했다.[79] 이어 트럼프는 반대하는 바를 무시하고 로저 스톤에게 내려진 형량을 감경하며 법 집행 책임자라는 지위를 확인했다.[80] 트럼프가 이런 움직임을 보이면서 뮬러도 다시 논란에 휘말렸다. 전임 특별검사 뮬러는 자기가 '법치 원칙에 따라' 조사를 진행하고 특검팀이 '최고의 정직성을 바탕으로 행동'한 사실은 틀림없다고 주장했다.[81] 그러나 트럼프는 아랑곳하지 않고 선언했다. "뮬러가 저지른 마녀사냥을 이겨 냈다."[82]

트럼프가 법무부 독립성에 맞서며 겪은 분쟁의 뿌리에는 오랫동안 국가를 괴롭힌 구조적 문제가 자리하고 있다. 단일 행정부 이론이 부각시킨 문제이고 규범의 심도만으로 분명 해결할 수 없는 사안이다. 네오미 라오는 단일 행정부 이론이 법무부에 신뢰할 만한 독립적 권위가 부족하다는 염려를 불식시킬 수 있다는 점을 보여 줬다. 현재 워싱턴 소재 연방 항소법원 판사로 재직 중인 라오는 트럼프 행정부를 강경하게 지지하는 사람이다. 라오는 판사 세 명으로 구성된 합의부를 대표해 '행정부의 배타적 기소권'을 옹호했다. 이 자리에서 라오는 플린을 대상으로 한 기소를 철회하겠다는 법무부 약식 결정이 기소권 남용이라며 하급 법원이 제출한 최종적이고 간절한 문제 제기도 기각했다. 라오는 법무부가 내린 결정에 숨은 의도를 사법부가 조사한다면 기소 재량권 행사를 결정한 내부 심의 과정을 공개하라고 행정부에 요구하는 셈이 돼 헌법 2조에 규정된 기소권을 침해할 가능성이 있다고 추론했다. 다시 말해, 사법부 조사는 '권한 탈취'에 해당하며 권력 분립 원칙에 따라 금지된다는 논리였다. "지방법원이 법무부의 추론과 동기를 면밀히 조사하려는 의도는 항소로 치유가 불가능한 돌이킬 수 없는 피해를 초래한다."[83]

연방 항소법원은 전원 합의체에서 사안을 다시 검토한 뒤 라오가 쏟아낸 열변을 배제했으며, 압도적 찬성으로 사건을 하급 법원으로 환송해 법무부가 실행한 이례적 조치를 판단하도록 결정했다. 우리는 이런 법원 내부 논쟁에서 수사 독립성이라는 관행이 약화할 때 헌법 체계 전반에 미치는 위험을 분명히 알 수 있다. 법원은 법무부가 신뢰할 만하다고 전제하고 사법적 권한을 행사한다. 법무부의 신뢰성이 의심받으면 법원 절차의 정당성도 위험에 빠진다. 법원은 행정부가 내린 정치적 판단을 존중해 '합법성 개념 자체에 위험을 초래하는 법률 형식주의'의 위험을 떠안을 수 있다. 그렇지 않으면 법원은 행정부의 동기를 파악하려 노력할 수 있지만, 이때 법원은 정부 내부에 속한 다른 부문의 규범을 유지하려 자기들의 신뢰성을 소모해야 하는 어색한 상황에 놓인다.[84] 어느 쪽이든 헌법 체계는 균형을 잃는다.

# 7장

# 지식의 심층

현대 미국 국가는 지식 기반 권위를 공통 기반으로 삼아 건설됐다. 과학과 전문성은 공공재로 이용됐으며, 권력 분립을 완화하고 전국적 행정 역량을 확장하는 데 필요한 제도 간 협력을 촉진했다. 협력 관계를 향한 열망은 프랭클린 루스벨트 대통령이 의뢰해 1945년에 발표된 보고서 《과학 — 끝없는 미개척지Science: The Endless Frontier》에 반영됐다. 보고서를 쓴 저자는 정부와 과학이 협력해야 한다고 주장했다. 과학이 '팀의 일원일 때만 국민 복지에 효과적이기' 때문이었다.[1]

팀워크는 다양한 원천이 모이는 깊은 우물이나 마찬가지다. 협력을 바탕으로 한 단일성을 추구한다. 스포츠 코치의 클리셰를 떠올려도 될까? '팀'에는 '나'가 없다.*

행정부 업무가 이용할 수 있는 최선의 지식에 기반해야 한다는 기대는 단

---

\* 'team'이라는 단어에 'i'가 들어가지 않은 점을 이용한 말장난이다.

지 규범에 그치지 않는다. 법률과 규칙으로 확실히 자리 잡은 표준 원칙이며, 공무원의 임명, 재직, 해임, 행동 양식을 규제하는 법령에 명시된다. 공무원 규정에 따르면 관리자는 직무에 관련된 자격과 성과를 바탕으로 채용돼야 하며, 정부에 소속된 기술 인력은 정치적 개입이나 일상적 해고 위험에서 보호받아야 한다. 1946년 행정절차법은 정부 기관이 내리는 의사 결정에 청렴성을 부여하는 판례들을 쌓았다. 이 법에 따라 '자의적'이거나 '변덕'스럽거나 '충분한 증거로 뒷받침되지' 않거나 '사실에 따라 보증되지 않은' 규제는 금지된다.[2] 여러 법령과 규칙에 따라 기관은 외부 전문가로 구성된 과학 관련 자문위원회를 의무로 설치해 연구 내용과 방법을 검토할 책임을 부여받는다.[3] 2012년까지 공화당 우위 하원과 민주당 우위 상원은 관리자가 과학적 진실성에 연관된 관심사를 보고할 수 있게 돕는 방패막이 됐다. 이때 통과된 내부고발자 보호증진법Whistleblower Protection Enhancement Act에는 '의회와 공공은 연방 소속 연구원과 분석가에게서 입법과 기타 공공 정책 결정에 필요한 정확한 데이터와 연구 결과를 반드시 제공받아야 한다'는 선언이 담겼다.[4]

20세기 중반 수십 년 동안, 대통령과 의회는 지식의 심도를 활용해 상호 이익을 도모하면서도 정치적이고 제도적인 이익을 희생하지 않는 방법을 찾아냈다. 이를테면 대통령은 중앙 예산 부서를 거쳐 기관장이 제출한 예산 공표 내역과 예산 요청을 관리함으로써 정부 기관 활동에서 우선순위를 조정했고, 의회는 '입법 예고와 의견 수렴' 요건을 활용해 기관이 입법 전에 정책을 미리 공표하고 피드백에 응답하게 해 유권자가 행정 조치를 평가할 수 있는 장치를 마련했다. 그러나 1970년대를 거치며 경쟁하는 가치관들 사이에서 행복한 균형을 찾을 수 있다는 믿음은 점점 더 심한 압력을 받게 됐다. 지식 기반 권위는 이제 단일성과 심도가 대립하는 또 다른 전쟁터가 됐다.

'절차적 정치 공작', 곧 기관 관리자가 자기 이익을 위해 규칙을 왜곡하는 행위는 딥 스테이트 논란에 풍부한 먹잇감을 제공했다. 적나라한 사례 중 하나로 오바마 행정부 시절 환경보호청 공무원들이 수질오염방지법Clean Water Act 에 따라 환경보호청 관할 수역을 확대하는 규칙을 제안하면서 입법 예고와 의견 수렴 절차를 조작한 사건이 있다. 공화당과 산업계가 반대하리라고 예상한 환경보호청은 제안을 지지하는 여론을 조작하려 했다. 공무원들은 시에라 클럽 등 동맹 단체들하고 협력해서 소셜 미디어를 활용해 긍정적 의견을 대거 생성했다.[5] 또 다른 계략은 의회에 트럼프 행정부 정책하고 상충하는 증언을 제공하려는 목적이었는데, 얼마 전 국립공원관리청National Park Service·NPS 소속 한 기후 과학자가 캘리포니아 대학교 겸임 교수 직함을 이용해 의회 증인 승인 절차를 우회한 사건에서 발견됐다.[6]

지식 기반 권위를 이용해 풍부한 자원을 끌어낼 수 있고, 이 자원을 활용해 정치적 압력에 저항할 수 있고, 이런 권위가 종종 정치적 무기가 된다는 사실은 부인하기 어렵다. 그러나 참모의 심도와 규범의 심도에서도 드러나듯, 지식의 심도에 관련해 가장 두드러진 특징은 심도를 남용하는 사람들이 아주 쉽게 제압된다는 점이다. 환경보호청과 국립공원관리청에 출현한 '딥 스테이트' 유령은 빠르게 퇴마됐다. 회계감사원은 환경보호청이 연방 자금을 풀뿌리 로비에 사용한 행위가 위법이라고 판결했다.[7] 더 나아가 트럼프 대통령은 관련 수질 규칙을 폐지했다.[8] 백악관은 국립공원관리청 소속 과학자에게 증언 중단 명령을 내려 학계 직함을 방패로 삼으려는 시도도 무력화했다.[9]

오늘날에는 반대 방향으로 진행되는 정치 공작, 그러니까 지식 기반 권위에 **맞서고** 행정 조치에 정치적 통제를 목적으로 더 엄격한 위계를 부여하려는 시도를 규제하기가 훨씬 더 어렵다. 조지 워커 부시 행정부가 환경보호청 업무에 정치적 억압을 행사한 뒤 벌어진 복잡한 과정을 살펴보자. 정치적 조작에 맞선 대응은 환경보호청이 입법 예고와 의견 수렴 절차를 조작한 때만큼 신속했다. 활동가 단체인 '염려하는 과학자 모임Union of Concerned Scientists'은 부시 행정부가 과학 기반 정책을 의도적으로 억압한다고 비판했다. 법원도 마찬가지로 반발했다.[10] '매사추세츠 주 대 환경보호청'(2007) 판결에서 법원은 환경보호청 소속 정무직 감독관을 훈계하고 전문가들에게 더 강한 의지를 보여 달라고 촉구했다.[11] 그다음 행정부 때는 더 인상 깊은 일이 벌어졌다. 오바마 행정부는 정책 방향을 전환하면서 '과학을 정당한 자리로 되돌리겠다'고 약속했다.[12]

잠깐 행복한 균형이 재확립되는 듯했다. 단일 행정부식 일방적 강요는 뒷전으로 밀려나고 정책 결정 과정에서 전문성을 지닌 행정 영역하고 협력하겠다는 대통령의 약속이 전면에 나선 듯 보였다. 오바마 대통령이 작성한 〈과학적 진실성에 관한 행정 각서Memorandum on Scientific Integrity〉는 이미 있는 보호 장치를 심화하는 데 초점을 맞췄다. 신임 오바마 대통령은 존중을 약속했다. "과학적 과정이 이번 행정부가 내릴 결정에 정보를 제공하고 방향을 안내해야 한다." 이런 목적을 위해 각서에는 행정부에 속한 정부 기관이 '과학적 과정의 진실성을 보장하는 적절한 규칙과 절차를 마련해야 한다'는 규칙이 포함됐다.[13] 대부분의 행정부 기관들은 이 지침에 따라 새로운 규칙('과학적 진실성' 정책이라 불렸다)을 공포하고 《연방 관보Federal Register》에 등재했다.[14]

오바마는 명백히 지식 기반 정책 형성을 지원하려 계획은 했다. 그렇지만 기관이 보유한 선택권을 부정하지는 않았다. '기관 내' 활동에 적용되는 규칙이 기관 책임자를 제약할 수 있는지는 불분명했다. 얼마 전 한 평가에 따르면 과학적 진실성에 관련된 규칙은 '법적으로 강제할 수 있는 제약을 부과하지 않는다.'[15] 오바마가 임명한 정무직 공무원은 지침이 행정부의 정치적 이해관계에 충돌할 때는 규칙을 허술하게 다뤘다. 정무직 감독관은 수압 파쇄 기법 때문에 지하수가 오염될 가능성을 지적하며 환경보호청이 염려하지만 방관했다.[16] 또한 식품의약국Food and Drug Administration·FDA 과학자들이 발표한 연구 결과를 미성년자가 일반의약품으로 규정된 피임약에 접근하지 못하게 할 의도로 외면했다.[17] 해양대기청National Oceanic and Atmospheric Administration·NOAA 소속 정무직 공무원들은 석유 시추선 딥워터 호라이즌Deepwater Horizon호 원유 유출 사고가 심각하다고 보고하면서 소속 과학자들이 제시한 추정치를 고의로 축소해 발표했다.[18] 기후 변화 대응을 다루는 파리 협정을 논의할 시기에는 에너지부 고위직들이 행정부 정책상 미국이 탄소 감축 목표를 달성할 수 있을지 의문을 제기한 보고서가 곧바로 출판되지 못하게 지연시켰다.[19]

이렇듯 포위된 공화국의 대통령들은 지식의 심도를 촉진하는 데 변덕스럽다. 규칙이 규범보다 더 확고한 기반을 제공할 수는 있지만, 행정부 수반이 정치적 통제를 작정하면 규칙마저 압박받는다. 이른바 과학 전쟁war on science이 트럼프 행정부에서 다시 속도가 붙었고, 단일 행정부 아래에서 규칙으로 정부의 연구와 전문성을 보호할 수 있는지, 그럴 수 있다면 어느 정도까지 보호할 수 있는지 묻는 질문이 전면에 부각됐다.[20] 이 장에서는 지식 기반 권위를 위협하는 네 가지 사례를 살펴본다.

## 진실과 권력 ─ 기상 예보 논란

국립기상국 업무에 개입한 트럼프 대통령은 곧바로 정치적 간섭을 막는 장벽에 가로막혔고, 적어도 단기적으로는 이 장벽이 유지됐다. 아마 대통령이 감행한 공격이 풍자조차 어려울 만큼 터무니없는 탓인 듯하다. 우리가 이 사건에 주목하는 이유는 허리케인 예보를 둘러싸고 벌어진 논쟁이 정책 갈등이나 민간 이해관계 규제하고는 거리가 멀어 보이기 때문이다. 이 논쟁은 지식 기반 권위와 대통령의 개인적 통제 요구가 충돌하는 온전한 사례로, 확립된 제도 배치가 위계적 강요에 맞서서 본질적인 저항성을 지닌다는 사실을 완벽히 보여 준다. 여기에서 문제는 정부의 신뢰성이 중요하다는 점이다. 곧 이 사안은 정부가 국민에게 제공하는 정보가 신뢰할 만하다는 기대에 관련된다.

2019년 늦여름, 허리케인 도리안이 미국 남동부에 접근하자 기상국은 이 폭풍이 플로리다 주에서 노스캐롤라이나 주에 이르는 동해안에 큰 영향을 미친다고 예보했다. 그러나 트럼프 대통령은 트위터로 다른 내용을 주장했다. "플로리다 말고도—사우스캐롤라이나, 노스캐롤라이나, 조지아, 앨라배마가 예상보다 (훨씬) 더 강한 타격을 받을 가능성이 높다."[21]

허리케인이 동쪽으로 너무 멀리 떨어져 있어서 트럼프가 [상대적으로 서쪽에 자리한] 앨라배마 주를 폭풍 경로에 넣은 메시지는 오류였다. 처음에 기상국은 트럼프가 트위터에 쓴 메시지를 인지하지 못하다가 갑작스럽게 문의 전화가 폭주하면서 관련 사안을 파악했다. 기상국 버밍햄 지부는 몇 분 만에 트위터 메시지로 대응했다. "앨라배마는 #도리안에 어떤 영향도 받지 **않을** 것입니다."[22]

간단히 실수를 인정할 수도 있었다. 트럼프는 그렇게 하지 않고 기상국을 공격했다. 트럼프는 자기가 책임자라는 사실을 확인받으려 했고, 자기에게 경의를 표하라고 요구했다. 트럼프는 자기 예보가 옳았다고 강변할 뿐만 아니라 기상예보관에게 자기가 한 주장을 강요했다. 트럼프는 백악관 집무실에서 수정된 일기 예보 지도를 공개했다. 허리케인 영향 지역을 확대해 앨라배마 주 일부를 포함하도록 검은 마커를 덧칠한 지도였다.[23] 또한 트럼프는 믹 멀베이니 비서실장 대행에게 사태를 자기에게 유리한 방향으로 해결하라고 지시했다. 멀베이니는 기상 서비스를 관할하는 윌버 로스[Wilbur Ross] 상무부 장관에게 연락했다. "기상국이 고의로 대통령을 거역한 듯합니다. 그 이유를 알아야 합니다. [트럼프는] 정정, 해명, 아니면 둘 다를 원합니다." 로스는 멀베이니에 호응해 기상국을 관할하는 해양대기청 정무직 공무원에게 기상예보관이 보낸 정정 문자에 반박하라고 요구했다. 그때 해양대기청 청장 대행 닐 제이콥스[Neil Jacobs]는 자기를 비롯한 정무직 공무원들이 위험에 빠진 상태라고 생각했다. "들은 대로 실행하지 않으면 우리는 분명 직장을 잃을 상황이었다."[24] 곧 해양대기청은 제이콥스와 장관 비서실장을 포함한 상무부 고위 관료들이 주도한 익명 성명을 발표했다. 버밍햄 기상국을 직접 비판하면서 부정확한 메시지라는 점을 인정하는 내용이었다. "버밍햄 기상국이 일요일 아침에 발신한 트위터 메시지는 절대적인 표현을 사용하고 있으며, 이런 표현은 이용 가능한 최상의 예보 자료가 제시하는 확률에 일치하지 않는다."[25] 익명의 행정부 고위 관료는 딥 스테이트 유령을 소환했다. "버밍햄 기상예보관이 쓴 [원래] 트위터 메시지는 앨라배마 주 주민들의 안전을 걱정하기보다는 대통령을 난처하게 만들려는 의도가 더 크게 작용한 듯하다."[26]

대통령이 기상국을 탄압하자 거센 반발이 일었다. 정부 발표가 과학적 진실성을 위협한다는 비판이 제기됐다. 상무부 감찰관은 정치권 개입 의혹을 둘러싼 조사를 개시했다. 감찰관은 이 사건에 관해 경고했다. "기상국의 절차, 과학적 독립성, 그리고 국가 비상사태 때 정확하고 신속한 기상 경고와 데이터를 전달할 능력이 의문에 빠질 수 있다."[27] 다른 과학자들도 경고음을 울렸다. 해양대기청 수석 과학자 대행 크레이그 맥클린Craig McLean은 동료 직원들에게 이메일을 보냈다. "내가 볼 때 기상예보관에게 반박하려는 이번 개입은 과학이 아니라 명성이나 체면 같은 외부 요인, 간단히 말해 정치적 요인에 근거한 행위로 보인다." 루이스 우첼리니Louis Uccellini 기상국장은 기상학자 모임에서 예보 절차의 신뢰성을 유지한 버밍햄 지부가 뜬소문에 대응해 어느 지부든 '마땅히 해야 할 일'을 한 곳이라고 칭찬했다.[28] 곤경에 놓인 제이콥스 해양대기청 청장 대행도 같은 모임에 참석해 연설했다. 제이콥스는 완전히 사후 수습 모드로 동료들에게 맹세했다. "미래에 있을 위험을 소통하거나 예보하는 방식을 바꾸라는 압력은 없다. …… 이 행정부는 기상 예보라는 중요한 임무에 헌신하고 있다." 호언장담하기는 했지만, 제이콥스가 한 발언은 양립할 수 없는 두 견해를 화해시키려는 시도일 뿐이었다.[29] 이메일에는 솔직한 이야기가 담겼다. 해양대기청 소속 생물학자가 호소했다. "정치적 편의주의 때문에 미국 국민을 위해 우리가 펼치는 과학 활동과 지원 업무가 쓰레기 더미에 버려지지 않게 해 주십시오." 제이콥스는 이렇게 답장했다. "정치를 과학에서 분리하는 싸움이 얼마나 힘든지 당신은 모를 겁니다."[30]

기상국은 명확히 규칙에 기반한 권위에 따라 대응했다. 해양대기청이 마련한 과학적 진실성 정책에는 '어떤 상황에서도 해양대기청 소속 공무원은 연방 과학자나 그 밖의 기관 직원에게 과학적 결과를 숨기거나 수정하도록 요청하거나 지시할 수 없다'고 명시돼 있었다.[31] 이 정책을 근거로 하원 의원 폴 톤코Paul Tonko(민주당, 뉴욕 주)와 해양대기청 직원 두 명은 의회 인가에 따라 설립된 비영리 학술 단체 미국 국립행정학술원National Academy of Public Administration·NAPA에 이 사건을 다루는 독립적 조사를 해 달라고 요청했다. 최종 보고서는 2020년 6월에 발표됐다. 결론에는 기관 소속 과학자에게 익명으로 제기된 질책이 실제로 해양대기청이 마련한 진실성 정책을 위반한 내용에 더해 규칙을 강화하자는 제안이 포함됐다. 익명 성명 관련자를 처벌하라고 권고하는 내용은 없었지만, 보고서에 청장 대행 닐 제이콥스가 거론되면서 제이콥스를 정식 청장으로 임명하는 상원 인준 절차는 난국에 빠졌다.[32] 뒤이어 발표된 감찰관 보고서에는 상무부 정무직 공무원들이 저지른 과실이 포함됐다. "상무부와 해양대기청은 비정치적 성격을 띤 기상국 임무에 반하는 행동을 했다."[33]

이 사건은 해결된 문제보다 더 많은 의문을 남겼다. 해양대기청 업무는 과연 과학적 진실성 정책에 따라 실질적으로 보호받았는가? 이 정책을 위반한 인사는 아무도 해고되지 않았고, 진실성 정책보다 기관을 보호하는 데 더 결정적인 구실을 한 다른 요인이 있는 듯하다. 무엇보다 공무원 규정이 기상학자를 보호했다. 트럼프 행정부는 이 규정을 암묵적으로 인식하고 해양대기청 소속 **정무직** 공무원에게 시정을 요구했다. 사실 기상 서비스는 1883년 펜들턴법Pendleton Act에 따른 공무원 보호 정책을 가장 먼저 적용받은 분야 중 하나였다.[34] 공공 안전에 필수적인 서비스이고 오랫동안 중립성, 역량, 전문성이 핵심 요소로 자리 잡은 때문이었다. 그리고 상무부 관할인 이유는 사업적 이해관계에 중요하기 때문이었다.

이런 사정을 감안하더라도 단일 행정부는 관리자를 임명하고 해임할 때 지켜야 하는 제약을 불편하게 여긴다. 앞으로 살펴보겠지만 트럼프 행정부는 임기 내내 경력직 공무원 보호 장치를 제거하려는 노력에 적극적이었다. 처음에 행정부는 의회를 동원해 이 프로젝트를 진행하려 했지만, 예상할 수 있듯 입법자들은 심도를 보호하는 쪽에 섰다.[35] 해양대기청 사례에서도 의회가 한 지원이 결정적이었다. 허리케인 예보 논란이 일어난 때 트럼프가 해양대기청 청장으로 지명한 배리 마이어스Barry Myers는 오랫동안 상원에서 인준이 유보되고 있었다. 기상 정보 기업 애큐웨더AccuWeather 최고 경영자 출신인 마이어스는 기상국에 적대적 태도를 보인 전력이 있었다. 지난날 마이어스는 기상 예보 민영화를 지지했으며, 이런 행보 탓에 인준 청문회에서 기상 서비스조차 특수 이익을 추구하는 수단이 될 수 있다는 염려가 제기됐다. 만약 마이어스가 인준된 상태라면 진실성을 향한 공격은 실제 벌어진 정도보다 훨씬 더 심각할 수 있었다. 그러나 이해 충돌 문제 때문에 인준은 계속 늦춰졌다. 지명은 2년간 방치됐고, 상원 본회의 표결조차 실시되지 않았다. 허리케인 예보 논란이 벌어진 지 두 달 뒤, 마이어스는 건강상 이유를 들어 후보자 자리에서 사퇴했다.[36]

이 사건 전체가 단지 정치적 계산 때문에 일어난 문제였을까? 기상 예보에 반박한 사건이 트럼프에게 유리하게 해결되지는 않았지만, 행정부는 정부 기관에 경의를 요구한 행위가 부적절하다는 점을 인정하지 않았다. 실제로 국립행정학술원 조사관들이 기상예보관을 질책한 익명 성명에 관련해 면담하는 자리에서 상무부 소속 정무직 공무원들은 자기가 해양대기청이 마련한 과학적 진실성 정책에 구속되지 않는다고 주장했다.[37] 아마도 대통령은 기상국이 잘못된 표적이라는 점을 인식하고 난 뒤 총구 방향을 돌린 듯했다. 과학적 진실성 정책이 엄연히 있지만 법적으로는 상무부 장관이 '기상 예보'를 책임졌다. 트럼프는 곧 로스 장관에게 더 큰 압박을 가했다. 장관은 2020년 여름에 다시 해양대기청을 복종시키려 시도했다. 새로운 지침을 내려 경력직 공무원들 입을 막았고, 충격적 인사를 단행했으며, 기후 변화 관련 보고를 제한했다.[38]

## 정치적인 과학 — 환경보호청과 투명성 규칙

환경보호청이 맡은 업무는 정책 갈등과 이해관계 갈등으로 점철돼 있다. 따라서 자기만의 행정부를 창조하겠다고 결심한 대통령은 규제를 이리저리 건드렸으며, 그렇게 여러 대통령을 거친 결과 환경보호청은 규제 혼란을 보여주는 주요 사례로 자리매김했다. 환경보호청에서는 대통령이 선호하는 정책과 과학자들이 하는 권고가 정면충돌하는 일이 잦고, 그때마다 정책 형성 과정에서 전문성을 보호하는 규칙 기반 보호 장치가 받는 압력은 빠르게 치솟는다. 환경보호청은 쌍둥이 유령이 출몰하는 데 완벽한 무대다.

트럼프는 협력이나 팀워크는 고려하는 시늉도 하지 않은 채 스콧 프루이트Scott Pruitt를 환경보호청 청장으로 지명했다. 오클라호마 주 법무부 장관을 지낸 프루이트는 화석 연료 산업하고 긴밀한 관계를 맺고 있었고, 환경보호청을 상대로 자주 소송을 제기했다. 프루이트는 주 정부에 제출한 공식 약력에서 '환경보호청이 중시한 운동가식 의제에 반대하는 진영의 주요 옹호자'로 자기를 묘사했다.[39] 최고위직이 적대적 태도를 보이자 조직은 강한 압박을 받았다. 정보 공개는 체계적으로 억압됐으며, 특히 기후 과학 분야에서 두드러졌다. 직업 과학자들은 자기 검열이라는 새로운 문화가 자리 잡고 있다고 보고했다.[40]

강경하게 저항하는 이들에게 유일하게 남은 희망은 전투를 오래 끌면서 동맹 세력이 필연적 규제 완화에 맞서 법정에서 싸울 수 있도록 자원을 제공하는 방법이었다. 환경보호청 과학자들은 데이터, 통계, 추정치를 제안된 규칙 변경을 다루는 기초 분석에 포함하고 기초 분석을 바탕으로 임박한 규제 변경에 따르는 예상 비용을 명확히 하면서 앞으로 다가올 법적 도전에 대비했다. 이를테면 산업 매연 배출 규제를 검토하기 위한 기초 분석에서 과학자들은 오염 물질 기준을 25퍼센트 강화하면 연간 최대 1만 2150명에 이르는 생명을 구할 수 있다는 분석을 제시했다.[41] 또 다른 사례로, 기후 변화에 관련해 과학자들은 오바마 행정부가 세운 '청정 전력 계획Clean Power Plan' 규칙을 트럼프 행정부가 마련한 '적정 청정 에너지Affordable Clean Energy' 규칙으로 대체하는 데 따르는 비용을 분석했다. 오바마 행정부가 세운 규칙으로 연간 1500건에서 3600건에 이르는 조기 사망을 **예방할** 수 있다고 추정됐지만, 트럼프 행정부가 새롭게 제시한 규칙을 시행하면 2030년까지 조기 사망이 연간 1400건 **증가할** 수 있다고 예상됐다.[42]

이런 활동의 하나로 과학자들은 환경 전문 변호사와 이익 집단처럼 지식 기반 권위를 지지하는 외부 지지자들에게 도움을 요청했다. 규제 변경에 반대해 법정에 호소할 가능성이 있는 집단이었다.[43] 변경된 미세 먼지 정책을 검토하는 사전 평가서 초안에는 '검토에 관심 있는 모든 당사자에게 유용한 참고 자료를 의도했다'는 문구와 '폭넓은 대중이 이해할 수 있게 작성했다'는 문구가 명시됐다.[44] 석탄 규칙이 미치는 규제 영향 분석에 관한 초안도 정무직 직속 상사보다는 외부 독자를 염두에 두고 작성됐다. "이전 [청정 전력 계획] 규칙에 비교해 분석하면 독자는 새 규칙에서 폐지된 부분과 대체된 부분이 미치는 영향을 종합해 이해할 수 있다."[45] 이렇듯 더 많은 사람에게 봉사하겠다는 반항 정신이 기관에 깊이 침투했지만, 사실은 주로 절박감에서 비롯된 활동이었다. 정책을 개발하느라 열심히 노력한 과학자들은 단일 행정부 기조가 증거 기반 의사 결정을 직접 위협한다고 비난했다. "이 사람들은 데이터와 사실에 의존하지 않은 채 [규칙과 규제를] 폐지하고 대체하는 일을 했다." 청정 대기 정책을 담당한 전 직원은 이렇게 표현했다. "오랫동안, 몇 년 동안, 세상에 좋은 일이라고 생각한 정책을 위해 열심히 일했는데, 그 정책이 파기되고 너도 그 일을 파괴하는 데 동참하라는 지시를 받고서 이제 무엇을 해야 할지 고민해야 하는 상황이다."[46]

물론 트럼프 행정부 정책을 지지하는 사람들이 볼 때 과학자들이 한 행동은 딥 스테이트가 벌인 반란이었다. 트럼프 인수위원회 환경보호청 담당팀에서 활동한 스티븐 밀로이Steven Milloy는 이렇게 불평했다. "트럼프 행정부 초기부터 경력직 직원들이 규칙 작성을 사보타주하고 환경 운동가들이 고소할 만한 숫자를 고의로 심어 놓는다는 사실은 명백했다." 밀로이는 저항하는 직원을 곧바로 해고할 수 없다는 점을 안타깝게 생각했다. "트럼프가 이 사람들을 해고할 수 있기를 바랐지만, 법적으로 불가능했다. …… 징계조차 할 수 없었다." 의회가 경력직 공무원을 지원하는 공무원 보호 장치를 마련해 둔 때문이었다. 그럴지만 행정부는 과학자를 무시할 수는 있었다. 미세 먼지를 다루는 최종 보고서 초안에서는 사망 예방 관련 언급이 삭제됐고, 더 엄격한 미세 먼지 기준이 '보건 위험'을 줄일 수 있다는 내용만 포함됐다. 트럼프 행정부가 두 번째로 임명한 환경보호청 청장 앤드루 휠러Andrew Wheeler는 과학자들이 수행한 작업을 인정하지만 정량적 추정을 별로 중시하지 않는다고 말했다. 석탄 관련 규칙을 다루는 최종 제안서에서도 연간 조기 사망자 수는 삭제됐다.[47]

적어도 단기적으로는 단일 행정부가 우세했다. 2020년 여름까지 68개 개별 환경 규칙을 약화하는 작업이 끝났고, 추가로 규제 철회 작업이 32건 진행 중이었다.[48] 행정부는 장기 전략도 고려했다. 지식의 심도에 맞서는 더 큰 전략은 과학적 발견을 직접 공격하지 않으면서도 체계적 변화를 추구하는 방향이었다. 그런 전략 중 하나는 과학적 진실성이라는 모티프를 자기 목적에 맞게 재전유하려는 시도였다.

구체적으로 행정부는 데이터 수집과 사용을 더 어렵게 만드는 규칙 변경을 요구했다. 기관이 행정 조치를 정당화할 때 활용할 수 있는 증거 유형을 더 제약해서 결과적으로 대통령이 제시한 중점 정책에 관련된 사법적 조사를 제한할 수 있었다. 이 사례에서 심도는 더 나은 과학이라는 명목 아래 간접적으로 제거됐다. 환경보호청 과학자들에게 연구 결과를 더 투명하게 공개하라는 요구였다.

살충제 클로르피리포스 사용 금지를 권고한 연구를 계기로 규칙 변경 제안이 시작됐다. 오바마 행정부 시기, 환경보호청은 특정 인구 집단에서 질병에 영향을 미치는 요인을 시계열에 따라 추적하는 역학 연구를 공중 보건에 관련된 환경 정책 결정, 특히 클로르피리포스 같은 살충제를 규제하는 근거로 사용하기 시작했다. 캘리포니아 대학교 연구진은 환경보호청에서 자금을 일부 지원받아 장기 연구 프로젝트 '카마코스Chamacos'를 진행했다. 이 연구에서 농장 노동자 자녀들이 건강에 부정적 영향을 받고 있다는 사실이 확인됐고, 연구진은 이런 결과를 임산부가 살충제에 노출된 현실에 연결했다. 환경보호청은 2016년 말 클로르피리포스를 사용하지 못하게 하자고 제안했다.[49]

몬산토와 다우케미칼 같은 기업들은 이 규제에 반대했다. 트럼프 대통령이 취임하기 한 달 전인 2016년 12월, 농화학 기업을 대변하는 단체인 미국작물보호협회CropLife America는 환경보호청에 역학 연구를 기반으로 살충제를 규제하기로 한 결정을 중단해 달라고 청원했다. 이 단체는 그런 연구가 잘 정의된 '데이터 품질 기준'을 충족하지 않는다면서 일반 국민은 환경보호청이 데이터 품질을 판단하는 과정을 알 방법이 없다고 불만을 제기했다.[50] 마찬가지로 2017년 9월에 작물 재배자를 대표하는 캘리포니아 특수작물협회

California Specialty Crops Council가 환경보호청이 역학 연구를 '부적절하게 사용'한다며 항의했다.[51]

프루이트는 환경보호청 과학자들이 한 권고를 무시하고 클로르피리포스 사용 금지 제안을 반려했다.[52] 행정 기관의 사실 확인 절차를 노린 더 차원 깊은 공격도 이미 시작됐다. 트럼프 행정부는 오랜 사업적 이해관계와 지난날 공화당이 낸 법안에서 아이디어를 얻었다. 연구 투명성과 재현 가능성이라는 기준을 집요하게 들이대면서 사실상 환경보호청 과학자들을 '과학 바깥으로' 밀어냈다.[53] 트럼프 대통령은 전반적인 탈규제 의제 중 하나로 2017년 2월 행정 명령을 발표했다. 이 명령은 공무원들에게 '전적으로나 부분적으로, 공개적으로 이용할 수 없거나 재현 가능성 기준을 충족하는 과정에서 투명성이 부족한 데이터, 정보, 방법에 의존하는 규제'를 파악하라고 요구했다.[54] 수혜자는 분명했다. 트럼프가 행정 명령에 서명할 때 백악관 집무실에 모인 사업가들이었다. 그중 핵심 인물은 다우케미칼의 최고 경영자이자 트럼프 행정부에서 단명한 미국제조업위원회 American Manufacturing Council 수장 앤드루 리버리스였다.[55]

다우케미칼 최고 경영자가 행정 명령 서명식에 참석한 장면은 일종의 신호탄이었다. 2018년 4월, 프루이트는 정책 전반에 적용되는 투명성 규칙을 제안했다. 규제가 결정되기 전에 기반이 된 공중 보건 연구에 쓰인 기초 자료를 공개해야 한다는 규칙이었다. 명분은 투명성이었다. "환경보호청에서 비밀 과학의 시대가 끝나고 있습니다. …… 과학적 발견을 검증, 인증, 재현할 수 있는 능력은 규칙 제정 과정에 진실성을 보장하기 위해 필수적입니다. 환경보호청이 내리는 결정은 삶에 영향을 끼치고 미국인은 그런 결정이 나온 과학적 근거를 평가할 자격이 있습니다." 보도 자료는 또 다른 주장도 추가했다. "제안된 규칙은 과학적 공동체가 '재현 위기', 곧 발표된 연구 중 꽤 많은 부분이 재현되지 않을 수 있다는 인식이 증가하는 현실에 대응하려 데이터 공유를 늘리는 경향에 부합합니다."[56]

정보를 보호하면 공중 보건 데이터를 더 손쉽게 수집할 수 있다. 프루이트는 정보 보호 조치를 없애서 정부 활동을 방해하고 관리 행정을 여당이 활용할 도구로 전락시키는 정치적 전술을 구사한 셈이다. 공중 보건 관련 연구는 개인정보보호법으로 보호받는 환자 데이터를 바탕으로 진행된다. 그래서 투명성 규칙은 규제를 결정하는 근거가 돼야 할 많은 연구를 억누를 수 있었다. 실제로 그 뒤 환경보호청은 살충제 연구를 진행한 카마코스 프로젝트 책임자 브랜다 에스케나지Brenda Eskenazi에게 이메일을 보내 '원자료'를 요청했다. 환경보호청은 살충제가 '신경 발달에 미치는 영향은 확실하지 않다'고 주장하면서 자료를 제공하지 않으면 이 연구가 규제를 결정하는 근거로 사용될 수 없다는 식으로 안내했다.[57] 환경 단체들이 클로르피리포스를 사용 금지해 달라는 청원을 계속하고 법원도 어서 대응하라며 압박했지만, 프루이트에 이어 청장이 된 앤드루 휠러는 반려 상태를 유지했다.[58]

투명성 규칙을 이용해 정부 연구를 보호하는 수단을 제거하면 잠재적으로 폭넓은 영향을 미칠 수 있다. 석탄 산업 로비스트 출신인 휠러는 프루이트가 한 활동을 기반으로 한층 더 포괄적인 요건을 제안했다.[59] 휠러는 투명성 규칙을 적용하는 범위를 크게 확대하자고 제안했다. 특정 유형만이 아니라 의료 데이터를 비롯해 규제 결정에 사용된 모든 연구 데이터를 공개해야 한다는 새로운 규칙을 만들자는 말이었다. 휠러가 한 제안에 따르면 규칙을 소급 적용할 수 있게 돼서 공중 보건 연구를 기반으로 한 현행 규제까지 위험에 빠질지도 몰랐다. 이를테면 새 규칙은 1993년에 하버드 대학교 연구진이 수행한 연구에 근거한 환경보호청 규제를 무효로 하는 데 활용될 수 있었다. 대기 오염이 조기 사망에 영향을 미친다는 증거를 찾으려고 2만 2000명이 넘는 사람을 몇 년에 걸쳐 추적한 이 연구도 건강 데이터 사용 관련 비밀 유지 조항을 전제로 진행됐다.[60]

휠러는 이 규칙 덕분에 기관이 어떤 결정을 내릴 때 사용한 과학적 근거를 투명하고 이용 가능하게 만들어서 일반 국민과 이해관계자들이 평가할 수 있게 보장할 수 있다고 주장했지만, 행정부 안팎의 과학자들은 다르게 생각했다. 이 제안을 적용하면 정무직인 기관 책임자가 어떤 연구를 수용하거나 거부할지 결정하는 과정에서 폭넓은 재량권을 행사하게 된다는 염려가 제기됐다. 염려하는 과학자 모임을 대변한 마이클 할펀Michael Halpern은 말했다. "상황을 더 악화시킬 수는 없다고 생각했지만, 그 사람들은 해냈다. …… [과학 연구] 과정이 전면적으로 정치화됐다."[61] 심지어 트럼프 행정부가 임명한 과학자로 구성된 환경보호청 과학자문위원회(규제의 과학적 진실성을 감독하고 평가한다)도 새 규칙을 비판했다. 과학자문위원회 내부 보고서에는 '개인 정보와 기밀성을 반드시 고려해야 한다'는 주장이 등장하는가 하면 이런 경고도 포함됐다. "제안된 규칙은 과학적 평가를 정치화해도 된다는 면허로 간주될 수 있다. 과학적 평가도 실행 가능한 항목을 행정적으로 결정하는 기준에 따라 만들어진 규칙 아래에서 진행되기 때문이다."[62]

비판은 부분적으로 유효했다. 백악관이 내놓은 새 규칙 최종본에는 데이터를 공개하지 않은 연구를 사용할 수 없다는 엄격한 제한이 완화됐고, 새로운 규칙을 소급 적용한다는 내용도 모두 삭제됐다. 그렇지만 기밀 데이터를 활용하는 규제는 자주 갱신된다. 하버드 대학교 연구진이 수행한 대기 오염 연구 같은 중요한 사안이 새 규칙 체계 속에서 결국 배제될 가능성은 여전히 남아 있다. 규칙은 핵심을 유지했다. 규제 결정 과정에서 어떤 연구를 허용할지 결정할 권한은 정무직인 환경보호청 청장에게 부여됐다. 염려하는 과학자 모임은 청장이 지닌 이런 재량권이 외부 이해관계에 우호적일 가능성이 크다고 비판했다. "대부분의 사례에서 산업계가 '불확실성이 너무 크다. 이 일을 진행해서는 안 된다'고 주장하기가 쉬워졌다."[63]

투명성 규칙은 과학적 기준을 단일성에 유리하게 동원해 심도에 맞선다. 체계적인 권위 이전을 추구하며 게임 내용을 바꾸려는 시도다. 트럼프 행정부는 투명성 규칙을 전면적으로 제기하면서 이 정책을 얼마나 우선시하는지 보여 줬다. 행정부 관료들은 이 규칙을 폭넓게 적용하고 '우리의 주요 [환경] 법령 각각'을 조사하기를 기대했다.[64]

현행 절차에 따르면 변경 사항은 성급하게 적용되지 않는다. 규칙 변경에는 시간이 걸리기 마련이다. 투명성 규칙을 제정하려는 시도도 몇 년에 걸쳐 진행되고, 중요한 기한 문제에 부딪힌다. 의회심사법$^{Congressional\ Review\ Act}$에 따르면 규칙이 최종 채택된 뒤 60일 이내에 의회가 무효화할 수 있다. 2020년 선거 결과가 불확실한 상황에서 시간 싸움이 전개됐다. 백악관은 기한 안에 투명성 규칙을 확정한 뒤 장기적으로 유지하려 활동했다. 행정부는 시간이 촉박한 와중에도 논란이 된 살충제 관련 소송에서 투명성 논증을 활용했다. 휠러가 클로르피리포스를 허용한 판단을 다루는 재판에 출석한 환경보호청 변호사는 환경보호청이 내리는 결정은 접근할 수 없는 데이터에 의존하면 안 된다는 견해를 제시했다.[65]

## 그 사람들을 보내자 — 농무부 산하 기관 이전

트럼프 행정부는 정부 관련 의사 결정에서 과학 활용을 대놓고 부정하는 일은 피했다. 이 점은 주목할 만하다. 트럼프 행정부는 '투명성'을 과학적 진실성에 관련된 원칙으로 옹호했다. 다만 정치적 목적을 달성하려는 의도 아래 최선의 관행을 다르게 해석하는 규칙을 제안할 뿐이었다. 환경보호청을 비롯한 여러 기관에서는 오바마 행정부 시절 제정된 과학적 진실성 규칙이 그대로 유지됐다.[66] 염려하는 과학자 모임을 대표한 대변인은 진실성 규칙을 철회하면 '우리는 과학을 정치적으로 조작하는 행위를 좋은 행동으로 생각한다'고 발표하는 격이나 다름없다고 비유했다.[67]

과학을 솔직하게 부정하는 일은 여전히 도를 넘는 행동이었다. 행정부 안에서는 [대통령이 아닌] 다른 권위도 작동한다. 이런 권위는 암묵적으로 인정받을 뿐이었지만, 그래도 심도가 공격받을 때 한계를 그어 준다. 행정부는 은밀하게 의지를 관철해야 했다. 여러 권위가 맞붙는 전장에서 대통령의 통제를 확장하려면 다른 요소를 밀어내야 했다.

농무부 사례에서 행정부는 기상 예보 사례처럼 발견 근거를 직접 문제 삼거나 환경보호청 사례처럼 과학적 진실성 규칙을 변경하는 방식하고는 다른 방식으로 지식의 심도를 겨냥했다.[68] 전략이 달라져도 지식 기반 권위를 배제하는 효과는 똑같았다. 트럼프 행정부 시절 농무부는 여러 과학 관련 기관을 단지 지리적으로 재배치했다. 다만 그렇게 재배치한 위치가 자기들이 혜택을 주려는 이해관계자들에 가까울 뿐이었다.

규정상 공무원은 정치적 통제에서 단절되지만 괴롭힘이나 재배치를 이용해 암암리에 특정 공무원을 소외시킬 수 있다는 사실은 오래전부터 널리 알려졌다. 1974년 《내셔널 리뷰National Review》에 글을 실은 한 기고자는 강력한 관료하고 정책적으로 충돌하는 대통령은 그 사람을 단순히 '알래스카 주에 있는 놈 같은 곳'으로 발령하면 된다고 권고했다.[69] 행정부 재편 권한을 이용해 기관 전체를 주변화하는 방식은 더 노골적이었다.

역사적으로 보면 1939년 의회가 대통령에게 부여한 폭넓은 행정부 재편 권한은 1970년대에 축소됐다. 그 뒤 1983년 '이민귀화국 대 차다' 판결에서 대법원이 의회의 입법 거부권을 무효화하면서 대통령의 재편 권한도 완전히 효력을 잃었다.[70] 그런데도 재편 권한 중 일부는 행정부 곳곳에 남아 있었고, 그동안 제정된 다양한 법 조항에도 담겼다. '이민귀화국 대 차다' 판결로 **이전에 실행한** 조직 재편이 유효한지 의문이 제기됐고, 의회는 혼란을 걱정하면서 적극적으로 대응했다. 1984년 의회는 '모든 [이전] 재편 계획을 법률로 비준한다'는 법령을 통과시켰다.[71] 이렇게 해서 1953년 아이젠하워 대통령이 제시한 '제2번 재편 계획Reorganization Plan No. 2'에 따라 농무부 장관에게 부여된 '부서 조직을 조정할 권한'은 트럼프 행정부가 활용할 수 있게 유지됐다.[72]

소니 퍼듀 농무부 장관은 이 권한을 적극 휘둘렀다. 2019년 6월, 퍼듀는 농무부 산하 국립식량농업연구소NIFA와 경제연구소ERS를 워싱턴에서 캔자스시티로 이전하겠다고 발표했다. 직원들은 몇 달 안에 삶의 터전을 바꾸거나 사직해야 했다. 퍼듀가 두 기관을 선택한 이유는 명백했다. 정치적 이해관계와 정책 문제를 둘러싸고 충돌한 전력 때문이었다.[73] 경제연구소에서 발표한 여러 농업 관련 연구 결과가 트럼프 행정부에서 내세우는 주장에 반대됐고, 그중에는 관세 부과와 세제 개혁이 농민에게 피해를 초래한다는 내용까지 포함됐다. 지난날 농무부 장관실은 경제연구소가 발표한 연구 상단에 '이 연구 결과는 예비적이며, 어떤 기관의 결정이나 정책으로 간주되면 안 된다'는

면책 조항을 포함하라고 지시하는 내부 메모를 발행하기도 했다.[74]

퍼듀 장관은 기관에서 일하는 전문가를 해고할 수 없었고, 그렇다고 전문가 활동을 방해하는 데 만족할 수도 없었다. 대신 전문가를 내륙으로 옮겨 버리자고 결정했다. 정부 연구자를 이해관계자에 가까운 지역으로 이동시키는 조치는 심도를 제거하기보다는 오히려 강화하는 조치로 비칠 수 있다. 사실 농무부가 이런 명분을 공식적으로 내세우기도 했다. 농무부는 캔자스시티로 기관을 이전하면 '효율성과 실효성을 높이고 중요한 자원과 인력을 고객에게 더 가까운 곳에서 제공'할 수 있다고 홍보했다.[75] 그러나 실제로는 심도가 제거됐다. 정책 네트워크는 붕괴했다. 염려하는 과학자 모임은 이 조치가 '농무부 과학자들의 관점과 전문성이 의회 정책 결정에 직접적으로 접촉할 수 없게 단절'시키려는 계획이라고 해석했다.[76] 경제연구소 직원들이 낸 의견이 보고서에 요약됐다. "전근을 요청받은 직원들이 일하는 전문 분야는 대통령 정책하고 충돌하는 경제성 평가를 내놓는 영역에 밀접하다." 한 직원은 말했다. "비당파적 연구와 분석을 진행할 수 있어서 우리가 사랑한 연구소가 명백히 정치화됐다."[77]

두 기관은 파괴됐다. 이동 대상 직원 중 3분의 2는 이사 대신 퇴직을 선택했다. 퇴직자가 맡은 연구 프로젝트에 배정된 예산이 수억 달러나 보류됐다. 정부 기관이 진행하는 과학 활동이 별 지장 없이 계속될 수 있다는 주장은 멀베이니 비서실장 대행이 공화당 행사에서 한 발언으로 무색해졌다. 멀베이니는 자랑스럽게 말했다. "연방 직원을 해고하는 일은 거의 불가능합니다. 이런 조치는 정부를 간소화하고 오랫동안 하지 못한 일을 하는 멋진 방안입니다."[78] 피해 상황을 검토한 하원 세출위원회는 결론지었다. "경제연구소와 국립식량농업연구소는 예전에 견주면 껍데기만 남아 있으며, 각 기관이 겪은 축적된 지식 손실을 극복하는 데는 몇 년은 걸릴 수 있다."[79] 행정부는 비슷한 전술을 사용해 내무부 산하 토지관리국Bureau of Land Management·BLM 본부를 콜로라도 주로 이전했다.[80]

## 팀을 동원하기 — 코로나 팬데믹 대응

미국 헌법에는 국가적인 정치 리더십관이 견고하지 않다. 헌법에서 유래하는 단일 행정부 이론도 리더십의 자리를 채우기에는 미흡하다. 단일 행정부 이론은 형식적 권한에 의존해 타인의 존중을 요구하고 대통령의 명령을 따르게 한다. 그러나 정치적 리더십은 '팀플레이'다. 정치적 리더십이란 호혜적 관계를 지향하고, 다양한 자산을 동원하며, 타인의 대체 불가능성을 인정한다.[81] 훌륭한 정치 지도자는 협력하자는 신호를 보내고 신뢰를 구축해서 통제력을 얻는다. 특히 대통령이 모든 가용 자원을 활용해 효과적으로 대응해야 하는 위기 상황에서는 신뢰와 협력이 가장 중요해진다.[82]

따라서 2020년, 코로나19 팬데믹 시기에 트럼프 대통령이 국민의 위임을 주장하고 단일한 권위와 개인적 통제를 선호하면서 오히려 무기력해진 결말은 그리 놀랍지 않다. 얼핏 볼 때는 팬데믹 사태가 단일 행정부를 돋보일 수 있는 맞춤형 상황처럼 여겨질 수 있어 더욱 주목할 만하다. 팬데믹은 강력한 지도자가 지닌 가치를 입증할 수 있는 순간이어야 했다. 대통령중심주의자들이 국민은 '행정부에 통제권을 맡기고 최선을 기대하는 일밖에는 선택할 여지가 없다'고 주장할 때 상상하는 바로 그런 상황이었다.[83] 평소 대통령에게 보내는 회의적 시선을 거두고 위기 관리에 필요한 예외적 요구를 수용할 때 대중은 대통령에게 대통령중심주의자들 못지않게 큰 기대를 건다. 이런 상황은 국가 비상사태 동안 규칙과 규제를 유예할 수 있도록 [입법으로] 대비해 둔 의회의 예상하고도 일치한다.[84]

그러나 대통령이 무대를 지배하고 책임을 맡아 자기 권위를 정당화하리라고 모두 기대하는 바로 그 순간, 대통령은 타인에게 더욱 의존하게 된다. 위기 관리는 일방적 강요로 가능하지도 않고 정치적 이해관계를 충족시키는 문제도 아니다.[85] 집단 활동을 관리하는 과제는 완전히 다른 영역이다. 위기 관리 전문가들은 '위기 대처 집단의 핵심 행위자들 사이에 사전에 형성된 개인과 조직 간 관계가 존재'해야 하며, 이런 '관계들에 어느 정도 상호 신뢰가 형성'돼 있어야 '팀 대응'의 수준을 향상시킬 수 있다고 지적한다.[86]

트럼프 대통령은 행정부 내부의 대안적 권위나 잠재적으로 경쟁 상대가 될 수 있는 권위를 의심했다. 의심은 팬데믹을 다루는 과정에서 가장 필수적인 인물들하고 신뢰를 구축하는 데 거의 도움이 되지 않았다. 트럼프가 공중보건 전문가의 독립적 목소리를 향해 드러낸 적대감은 행정부 통제를 상명하달식으로 보는 관점에 깊이 침투해 있었다. 그런 관점에서 '사전에 형성된 개인과 조직 간 관계'는 유독 물질이었다.

심도 제거는 트럼프 행정부가 해결하려는 우선 과제였다. 행정부는 국립보건원[NIH]과 국립과학재단[NSF]의 예산을 삭감하려 시도하지만 실패했다.[87] 2018년에는 오바마 행정부가 비상사태에 대비해 조직한 국가안전보장회의 팬데믹 대응팀을 해체했으며,[88] 팬데믹 대응팀이 제시한 단계별 대응 지침서도 무시했다.[89] 대통령은 2019년 1월 '미국과 세계는 다음번 독감 유행이나 대규모 전염병 발생에 여전히 취약'할 수밖에 없다는 국가정보장[Director of National Intelligence·DNI]의 경고를 외면했다.[90] 같은 해 보건복지부가 인플루엔자 팬데믹 시뮬레이션을 실시해 자금, 물자, 준비 태세, 부처 간 조정에서 심각한 문제를 발견한 때도 행정부가 보인 반응은 유사했다.[91] 코로나바이러스 발병 직전 몇 달 동안 행정부는 발병지인 중국에서 일하는 미국 질병통제예방센터CDC 현지 직원 수를 3분의 2로 줄였다.[92] 또한 중국 공중 보건 기관에 미국 역학자를 배치해 질병 발생을 조기 경고하는 제도를 폐지했다.[93] 가장 심각한 조치로 행정부는 중국 우한에서 운영되던 조기 경고 프로그램 프레딕트 PREDICT 계획*의 시한을 종료했다.[94]

팬데믹이 발생한 초기에도 지식 기반 권위는 계속 주변으로 밀려났다. 보좌관들이 위험의 범위와 중요성을 경고하지만 대통령은 전염병이 가져올 위협을 폄하했다. 보건복지부 장관 알렉스 아자르Alex Azar가 경고할 때는 '기우'일 뿐이라고 일축했다.[95] 트럼프는 중국발 여행을 제한하는 조치를 취할 뿐 점차 가능성이 커지는 최악의 시나리오를 상정한 대응 계획을 수립하지 않으려 했고, 나쁜 소식은 회피했다.[96] 코로나바이러스가 확산된다는 경고가 대통령 일일 브리핑에서 단골 주제가 됐지만, 트럼프는 여전히 직감을 신뢰했다.[97] 복잡한 공중 보건 문제를 다루는 자기의 '타고난 능력'에 자신감을 보였다.[98]

대통령이 위기를 의식하는 정도는 대중의 인식을 통제하고 정치적 여파를 최소화하는 수준에 머물렀다. 경고가 비상사태로 변하고 한참이 지난 뒤에도 트럼프는 팬데믹 위협을 정치적 반대파가 꾸며 낸 또 다른 속임수로 치부하는 듯했다.[99] 한 사례에서는 감염된 크루즈 선 승객이 하선할 수 있게 허용하는 문제를 실행할 계획보다 이 일이 감염자 수에 미칠 영향을 더 걱정하

---

\* 일명 '팬데믹 조기 경보 시스템'으로, 미국 국제개발처가 지원해 2009년에 시작된 뒤 2020년에 종료됐다.

며 이렇게 말했다. "우리 잘못도 아닌 배 한 척 때문에 [감염자] 숫자가 두 배로 늘어나는 상황을 원하지 않는다."[100] 전직 트럼프 행정부 관료들이 언론 기고를 하면서 대통령에게 '지금 행동하라'[101]고 촉구하는데도 트럼프는 카리스마적인 문구에 의존했다. "어느 날, 마치 기적처럼 사라질 것이다." 트럼프는 반복해 코로나바이러스가 '우리나라에서 매우 잘 통제되고 있다'고 장담하더니 2월 말에는 '15[건의 사례]가 며칠 안에 거의 영에 가까워지게 된다'고 예측했다.[102] 코로나 확산 규모가 점차 드러나면서 트럼프는 당황하는 모습을 보였다. 애틀랜타에 있는 질병통제예방센터를 방문한 자리에서는 이런 말을 했다. "우리가 이런 주제를 논의하게 될 줄 누가 알았겠는가?"[103]

정부 기관 전문가들이 알아서 잘 대응하는 상황도 아니었다. 보건복지부 안에서는 내부 갈등이 발생했다. 국가 수준에서 바이러스 검사 역량을 확충하는 데 심각한 지연이 발생했으며, 감염이 확산되는 결정적 시점에 감염자 수도 고위험 지역(일명 '핫 스폿') 위치도 파악할 수 없었다. 검사가 지연된 직접적인 원인은 질병통제예방센터가 개발한 초기 검사 방식에 결함이 있기 때문이었다. 관료적 경직성과 '제도적 오만'이 문제 해결을 방해했다. 질병통제예방센터는 다른 검사 방식이 효과가 입증된 상황에서도 자체 개발한 검사 방식을 고집했고, 검사 대상 선정 기준도 지나치게 제한적이었다. 그러는 동안 민간 제조업체, 대학 연구자, 병원, 그 밖의 보건 단체들이 개발한 새로운 검사 방식은 식품의약국에 접수돼 느린 승인 절차에 발목이 잡혀 있었다. 최고위층이 혼란을 드러내고 하위 기관들이 갈팡질팡 헤매는 사이에 정부는 질병 확산세를 이해하는 데 사활이 걸린 한 달을 허비했다.[104] 의회에 증인으로 출석한 국립알레르기·전염병연구소[NIAID] 소장 앤서니 파우치[Anthony Fauci]는 질병통제예방센터 국장 로버트 레드필드[Robert Redfield]하고 함께 검사 과정이 지닌 문제를 직설적으로 인정했다. "[검사는] 실패했습니다. 인정합시다."[105]

이 모든 상황에서 단일 행정부의 실질적 가치에 의문이 제기된다. 팀을 동원하고 다른 사람이 한 기여를 인정하는 태도, 국가적 계획을 공포하고 집단적 대응을 조율하는 능력, 대중을 상대로 유용한 정보를 소통하고 국가적 결의를 다지는 역량 같은 정치적 리더십이 부족한 대통령이 위기 상황에서 무엇을 제공할 수 있는지는 명확하지 않다. 대응 과정에서 트럼프가 개인적 통제를 국가 자원의 효과적 동원하고 동일시하는 잘못된 등식을 고집한다는 사실만 노출됐다. 코로나 대응에 문제가 있다는 비난을 다른 사람에게 떠넘기려는 태도는 단일 행정부 이론에는 신랄한 고발장이나 다름없었다. 검사가 실패하는 과정에서 한 일이 무엇이냐는 질문에 대통령은 답했다. "나는 책임이 전혀 없다." 설명 책임을 명분으로 권력을 집중시키는 [단일 행정부] 이론의 밑바닥이 내려앉았다.[106]

정부 기관과 백악관 사이에 불통이 계속될 수는 없었다. 그렇지만 위기관리 집단이 결성되자 지도력 문제는 더욱 두드러졌다. 타인의 권위를 존중해야 하는 상황에서도 대통령은 권력을 분담하는 배치에 적응하기 힘들어했다. 2월 말, 보건복지부 장관이 주재한 회의에서 과학자들과 정무직 공무원들은 과감한 조치가 필요하다는 사실을 깨달았다. 폭넓은 봉쇄, 사회적 거리 두기, 경제 활동 중단 등이 논의됐으며, 아무나 나서서 이런 조치가 필요한 이유를 대중에게 설명해야 했다.[107] 관계자들이 대통령 보고를 준비하는 동안 질병통제예방센터 소속 낸시 메소니에Nancy Messonnier가 이 사안을 공개적으로 알렸다. "이 문제[봉쇄 정책]는 가정적이지 않다. 언제, 그리고 얼마나 많은 사람이 이 나라에서 심각한 질병을 겪게 될지에 관련된 현실적 문제다."[108] 이 경고 때문에 경기가 빠르게 위축되자 대통령은 분노했다. 그러나 염려하는 여론이 커지면서 트럼프는 보건복지부가 소집한 대응 집단의 위상을 격상하고 부통령 마이크 펜스를 대응 활동 책임자로 임명했다.[109]

펜스를 임명하면서 팬데믹이 국가적 중대 사안이라는 점이 드러났지만, 동시에 대응을 방해할 수 있는 문제도 싹을 틔웠다. 전담팀을 이끌 능력을 갖춘 의료 전문가를 우회하고 펜스를 임명한 백악관은 전문가 권위를 의심하는 태도를 지속했으며, 대응 활동을 철저히 통제하려는 의지도 유지했다. 백악관이 선택한 새로운 접근법은 개방이 아니라 단속이었다. 실제로 백악관이 공적 소통을 장악하자 질병통제예방센터가 오랫동안 의존한 전염병 정보 서비스Epidemic Intelligence Service 소통 프로토콜은 폐기됐고, 직원들은 침묵을 요구받았다. "그 사람들은 언론에 말할 수 없다. 평생 동안 전염병 관련 훈련을 받은 역사상 가장 뛰어난 공중 보건 군대가 입 닫으라는 지시를 받았다!"[110]

대통령은 당분간 배경에 머무는 데 만족했고, 부통령 펜스는 행정부가 지식 기반 권위를 존중한다는 사실을 공들여 보여 줬다. "대통령의 의사는 매우 명확합니다. 우리는 사실을 따르고 매 단계에서 전문가들의 말을 들을 겁니다."[111] 펜스는 전담팀 활동을 알리는 텔레비전 브리핑마다 전문가들을 전면에 내세웠다. 펜스는 반복적으로 마이크를 전문가에게 넘기면서 전문가가 언급한 '모형'과 '데이터'를 경청하고 '지침'을 지지했다. 대통령이 채택한 '범정부적 접근'을 향한 칭송은 과학자들이 국가를 구해 낸 장본인이라는 확언하고 자유롭게 혼합됐다.[112] 알레르기·전염병연구소 소장 파우치는 '지금 워싱턴에서 모든 이가 신뢰하는 유일한 인물'로 널리 인식됐으며, 공화당 상원의원들은 대통령에게 파우치를 정부 대응을 상징하는 '얼굴'로 만들라고 촉구했다.[113] 2014년 오바마 대통령이 전지구적 에이즈 유행병에 대응하는 정부 조정관으로 지명한 데보라 벅스Deborah Birx가 백악관 코로나바이러스 대응

조정관으로 임명됐으며, 펜스는 벅스를 '내 오른팔'이라고 불렀다.[114]

권위의 역전은 놀라웠다. 그렇지만 불안정했고, 오래가지 못했다. 무엇보다 전담팀은 중앙 조정 메커니즘 기능을 수행하는 데 실패했다. 백악관 내부에 있는 다른 권력 중심들하고 경쟁해야 했다. 물자 조달 작업을 담당한 재러드 쿠슈너는 대통령 비서실장 마크 메도스가 주도하는 다른 그룹에도 속해 있었다. 메도스 그룹은 대통령에게 이익이 되는 빠른 해결책에 맞게 데이터를 취사선택하려 했다.[115] 전담팀 성원들은 자기가 결코 완벽히 통제할 수 없는 활동에 단일성이라는 가면을 씌울 뿐이었다.[116] 두 그룹은 각기 다른 권위 체계가 작동하는 방식을 교과서적으로 보여 줬다.

대통령도 내적 갈등을 겪는 듯했다. 공중 보건 전문가들에게 권위를 양보하려다가 철회하고 다시 양보하기를 반복했다. 권한 공유 때문에 불편해진 트럼프는 곧 부통령을 밀어내고 직접 전담팀이 하는 일일 브리핑을 주관하기 시작했다. 팀은 점점 불협화음을 내기 시작했다. 전문가들과 대통령 사이의 의견 교환은 소통의 악몽이 됐다. 트럼프는 3월 중순 공중 보건 전문가들이 건넨 권고를 따라 국가가 '[감염병 발생률] 곡선 평탄화'를 위한 외출 금지 지침을 발표했다.[117] 그러나 기록적인 실업 수당이 청구되자 트럼프는 팀을 제쳐 놓고 나서서 외출 금지 지침을 부활절 즈음에 종료할 수도 있다고 발표했다. "**치료가 문제 자체보다 더 상황을 악화시켜서는 안 된다.**"[118] 전문가들은 반발했다. 파우치는 말했다. "우리가 만약 하던 일을 멈추면, 그리고 [권고 사항을] 확대하지 않으면 피할 수 있는 고통과 죽음이 더 많이 발생할 수도 있다는 사실을 [대통령에게] 매우 명확히 전달했다." 트럼프는 한발 물러섰다. "그래야 할 것 같네요." 대통령은 사태를 긍정적으로 포장하려 애썼다. "나는 전문가들 말을 들었다. …… 앞으로도 전문가들에게 의존하겠다."[119]

전담팀 브리핑은 대통령의 리더십을 선전하고 통일된 대응을 보여 주려는 의도로 열렸지만, 역효과만 반복해서 노출했다. 매일 열리는 기자 회견은 대통령이 팬데믹 대응에 개인적 색채를 더하고 집단적 노력을 정치적으로 왜곡하는 장이 됐다. 트럼프는 이런 행사를 사실상 선거 유세로 바꿨다. 자기 '지지율'이 높다며 허풍을 떨었고, 자기 '**결단**'을 칭송하는 동영상을 재생하기도 했다.[120] 트럼프는 의료 전문가들하고 발표 단상을 공유하면서도 전문가가 전달하려는 메시지를 반복해서 방해했다. 질병통제예방센터가 집 밖에서 마스크를 착용하라고 권고할 때 트럼프는 그런 조언이 낼 수 있는 효과를 꺾어 버렸다. "해도 됩니다. 안 해도 됩니다. 저는 안 하기로 했습니다."[121] 대통령이 '[바이러스가] 전혀 돌아오지 않을 가능성도 있다'고 웅얼거리자 파우치는 '코로나바이러스는 가을에도 남아 있을 겁니다'고 반박했다.[122] 파우치가 인터뷰에서 '국가적으로 활동을 재개하려면 검사를 대폭 확대할 필요가 있다'고 강조한 뒤 트럼프가 직접 반박한 적도 있었다. "저는 동의하지 않습니다. 저는 우리가 검사 관련 사안에 훌륭하게 대처하고 있다고 생각합니다."[123] 국가적인 활동 재개 문제에 관해서도 트럼프는 통제권을 주장했다. 트럼프는 '누군가 미국 대통령이라면 권한은 총체적'이라고 선언했다. 그러나 다음 날에 주장을 번복하며 책임을 전가했다. "[활동 재개는] 주지사 책임입니다. 주지사들이 관할해야 합니다."[124] 여러 주가 경제 활동을 재개하기 시작하자 행정부는 전담팀을 종료할 준비가 돼 있다고 발표했다. 그러나 다음 날 대통령은 전담팀이 무기한 운영될 예정이라고 말했다.[125] 대통령은 파우치가 상원 증언자로 나와 가을 개학에 신중해야 한다며 경고하자 맞받아쳤다. "받아들일 수 없는 답입니다. 특히 학교 문제에 관련해서는요."[126]

우왕좌왕하고 서로 부정하는 행태는 대가를 치렀다. 공식 메시지는 혼란스러웠고, 대통령이 [과학에] 회의를 내비치자 전문가가 하는 조언이 정치화 됐다. 파우치는 곤경을 인정했다. "제가 곧바로 마이크 앞에 뛰어들어 대통령을 밀쳐 낼 수는 없습니다. 맞습니다. 대통령이 그렇게 말했습니다. 다음번에는 그 말을 바로잡으려 노력해야 합니다."[127] 한편 대통령은 가장 신뢰한 과학 자문가에게 점점 불편한 감정을 드러냈다. 사적인 자리에서는 이런 말도 했다. "내가 파우치를 스타로 만들었어. 최소한 나한테 조금은 공을 돌릴 수도 있잖아."[128]

이런 불만은 단순한 관심 가로채기로 끝나지 않았다. 대통령은 때때로 자기만의 처방을 내놓았다. 검증되지 않은 치료법을 경고하는 자문가들을 무시하고 즉흥적으로 기적의 치료법을 투척하는 행태였다. 트럼프는 하이드록시클로로퀸과 아지스로마이신을 조합한 약물이 가망 있는 치료제라고 칭송하면서 '의학 역사상 가장 큰 게임 체인저 중 하나가 될 진짜 가능성'이 있다고 주장했다. 트럼프는 이 조합을 권장하면서 물었다. "당신이 뭘 잃겠습니까?"[129] 식품의약국 국장 스티븐 한Stephen Han은 대통령이 관심을 쏟고 있다고 인정했다. "대통령이 더 면밀히 살펴보라고 지시한 약물이 맞다." 며칠 뒤 식품의약국은 이 약물을 코로나바이러스로 입원한 환자에게 사용할 수 있다며 긴급 승인 조치를 발표했다.[130] 대통령이 열광적으로 지지하자 전국적인 사재기 현상이 벌어졌다.[131] 그러나 몇 주 뒤 파우치가 이끄는 알레르기·전염병연구소 소속 전문가 위원은 환자 치료에 이 약물 조합을 사용하지 말라고 권고했고, 식품의약국은 위험성과 효과 부족을 이유로 긴급 승인을 철회했다.[132] 경박한 치료 아이디어 논의는 누가 봐도 위험한 치료법을 트럼프가 공개적으로 제안하면서 가장 우스꽝스러운 국면에 이르렀다. 트럼프는 유독성 소독제를 언급했다. "소독제를 보면, [바이러스를] 1분 만에 제거합니다. 1분

만에요. 그렇다면 이런 방식으로 우리가 주사로 몸 안에 주입한다든지 [폐를] 청소한다든지 하는 방법 같은 건 없을까요?" 반응은 격렬했다. 소독제 제조 회사들은 제품을 섭취하지 말라는 경고를 발표했다.[133]

이 황당한 장면은 불편한 진실을 드러냈다. 대통령은 마침내 규칙과 규제를 대거 중단할 기회를 얻었지만, 이때 형식적 절차를 간단히 한 이유는 대통령에게 더 많은 권한을 허락하는 데 있지는 않았다. 목적은 전문가들에게 더 큰 자유를 부여하는 데 있었다. 팬데믹은 대통령의 신뢰도를 높이기보다는 대통령 주변의 신뢰성을 강화했다. 권위는 자연스럽게 다른 사람들로 흘러갔고, 대통령중심주의는 입지를 잃었다. 트럼프는 위기 덕분에 이득을 얻기는커녕 이런저런 행동으로 혼란과 역효과만 낳을 뿐이었다. 하원 의원 그렉 월든Greg Walden(공화당, 오리건 주)은 이 상황을 완곡하게 표현했다. "우리 중 아무라도 [실수가 일어날 만큼] 무대에 너무 오래 머무를 수 있다."[134] 상원 다수당 대표 미치 매코널Mitch McConnell(공화당, 켄터키 주)은 더욱 직접적으로 말했다. "미국 국민은 분명 보건 전문가들이 건네는 조언에 가장 관심을 둔다. …… 백악관이 이런 목표를 반영하려고 브리핑 방식을 재구성하기로 결정한다면, 아마 좋은 생각일 듯하다."[135] 잘 조율된데다 역량 있는 협력 활동을 바라는 열망은 단일 행정부 명제에 정면으로 부딪쳤다. 오바마 행정부 시기에 에볼라 바이러스 대응을 조율한 론 클레인Ron Klain은 그런 점을 강조했다. "당신은 '딥 스테이트'하고 함께 [코로나를] 이겨 내야 한다."[136] 정치 전문지 《폴리티코》도 "딥 스테이트'에 의지해야 한다'고 조언했다.[137] 2020년 대선에서 트럼프를 상대한 조 바이든도 이런 흐름에 동참하면서 대통령에게 '과학을 기반으로 지도하'고 '전문가들 말을 들으라'고 훈계했다.[138]

대통령으로서 신뢰가 무너지고 선거철이 다가오면서 트럼프는 점점 더

필사적으로 코로나 문제에서 벗어나려 했다. 팬데믹 사망자 수가 10만 명을 넘어서자 트럼프는 경제 재개로 관심을 옮겼다. 한 보좌관은 트럼프가 '오랫동안 코로나바이러스를 잊고 지낸' 사실을 인정했다.[139] 대통령을 반복적으로 반박하는 파우치와 옹호자들에 지친 백악관은 파우치를 배제하고 그 사람이 누리는 신뢰를 헐뜯었다.[140] 전담팀 조정관 데보라 벅스가 '이례적으로 폭넓은' 질병 확산세를 경고해도 트럼프는 '한심하다'는 말로 일축했다.[141] 질병통제예방센터에 행사하는 압력도 강화됐다. 행정부는 등교 재개를 허가하는 질병통제예방센터 지침이 지나치게 엄격하다고 결론짓고 지침을 완화하라는 지시를 내렸다. 한 공무원은 이런 발언도 했다. "질병통제예방센터가 행정부를 방해하려는 '딥 스테이트' 민주당원들로 구성된 상태라는 견해가 있다."[142] 백악관 대변인 케일리 매커내니$^{\text{Kayleigh McEnany}}$는 이런 견해를 분명하게 표현했다. "과학이 길을 막아서는 안 된다."[143]

전담팀이 봄철에 약속한 팀워크와 협력은 지속될 수 없었다. 약속은 여름도 지나기 전에 무너졌다. 대통령은 일상 활동을 빠르게 재개하는 지침을 충동적으로 추진했고, 그 지침을 따른 여러 주에서 확진자가 급증하면서 위기는 통제 불능 상태에 빠졌다. 트럼프 행정부가 팬데믹에 대응한 방식은 국가적 치욕이자 국제적 망신이 됐다. 사망자가 증가하는 압박 속에 정기 브리핑을 재개할 때 트럼프는 혼자 단상에 섰다. 무대 뒤에는 새로운 자문역이 자리했다. 공중 보건 분야에 경험이 없고 신경 방사선학을 전공한 스콧 아틀라스$^{\text{Scott Atlas}}$ 박사가 팀에 합류해 파우치와 벅스가 제안한 포괄적 완화 전략\*을

---

\* 포괄적 코로나19 위험 완화 전략. 감염 곡선을 평탄화하려는 종합 전략으로, 사회적 거리 두기, 마스크 착용, 모임 제한 등 다양한 공중 보건 조치를 포괄하는 개념이다.

반박했다. 아틀라스는 포괄적 완화 전략이 불필요하고 잘못된 선택이라는 관점을 전파했다. 동시에 질병통제예방센터와 식품의약국 소속 공중 보건 전문가들의 신뢰성이 다시 한 번 공격당했다. 지침을 완화하고 치료제를 빠르게 승인한 두 기관을 겨냥한 비난이었다. 공무원들은 정치적 압력에 굴복한 장본인이라는 비난을 부정하려 애썼지만, 공격당한 기관들은 이미 심각하게 권위가 훼손됐다.[144]

트럼프가 질병통제예방센터와 식품의약국에 행사한 정치적 압력은 대통령의 신뢰성을 높이는 데 거의 도움이 되지 않았다. 사실 트럼프가 쓴 강압 전술은 바이러스에 대응해 백신 개발에 속도를 내려는 결의하고 불편하게 뒤섞였다. 트럼프는 백신이 궁극적 해결책이 될 수 있다고 생각했지만, 트럼프가 한 행동은 백신의 안전성과 효능을 바라보는 대중적 회의론을 오히려 심화시켰다. 이런 자기 파괴적 움직임에서 트럼프가 지식 기반 권위를 종속시키려 시도할 때 감수한 위험이 드러난다. 대통령은 방해되는 전문가를 배제하겠다고 결심했지만, 지식 기반 권위가 부여하는 허가증을 완전히 잃어버릴까 봐 곤란해했다.

파우치 박사의 목소리를 아틀라스 박사의 목소리로 대체하려는 시도도 마찬가지였다.* 트럼프는 정부 전문가를 반박하고 자기가 선호하는 견해를 홍보하려고 명망 있는 병원에서 일하는 의사를 찾았다. 그러나 공중 보건 분야 현장에서 일하고 있는 진정한 자격을 갖춘 직업적 전문가들은 결코 완벽히 침묵하지 않았다. 전문가들은 행정부에서 배제된 뒤에도 여전히 대통령을

---

\* 1943년 12월 프랭클린 루스벨트가 발언한 내용을 패러디한 표현이다. 기자 회견에서 루스벨트는 '뉴딜 박사' 대신 '전쟁 승리 박사'가 필요하다고 밝혔다.

괴롭혔다. 언론, 대중, 심지어 많은 공화당 관계자도 전문가가 발신하는 메시지를 간절히 기다렸다.

대통령이 놓인 곤경은 단일 행정부 주장이 갇힌 강경한 문화적 한계를 보여 준다. 겉보기이더라도 공평무사한 목소리에 담긴 매력은 퇴색하지 않았으며, 우리 정치체는 남들이 모르는 지식을 아는 이들에게 정치적 경의를 표한다. 팬데믹 대응은 재앙이었지만, 지식의 심도가 필수 자원, 곧 국가가 조작하거나 낭비할 여유가 없는 자원이라는 점을 확인시켰다. 그러나 불행하게도 단일 행정부가 쓰는 연장통에서 타인의 권위에 보여야 하는 존중은 필수품이 아니다. 대통령은 '행정권 전체'를 쥔 상태라고 자만하면서 전문가 권위에 무관심하거나 심지어 적대적 태도를 보일 수 있다. 능률적인 정치 지도자는 단일 행정부 이론이 필요하지 않을 테고, 단일 행정부 이론은 리더십만이 제공할 수 있는 요소를 보충할 수 없다.

8장

# 임명의 심층

단일성과 심도가 일으키는 긴장 상태의 중심에는 임명권이 있다. 두 가치관은 임명권이 구상될 때부터 서로 얽매었고, 지금까지 계속 경쟁 중이다. 헌법 제정자들은 의회보다는 더 책임 있는 손에 임명권을 건네려 했다. 그러나 임명권을 대통령이 마음대로 통제하지 못하게 확실히 제약했다. 대통령은 고위 관료를 지명할 수 있지만, 임명은 상원에서 조언과 동의를 받아야만 절차가 끝난다. 또한 하위 공무원은 의회가 임명 여부를 정할 수도 있었다. 이런 절차에서 모호성이 발생했으며, 거의 곧바로 임명권과 해임권 사이의 관계가 의문에 빠졌다. 해임권 문제에서 생긴 우선순위 혼란이 얼마나 심각했는지, 행정부 단일성을 옹호하는 대표적 인물인 알렉산더 해밀턴이 공동 활동과 책임 공유에 바탕한 일관성을 주장하게 되고 견제와 균형을 옹호하는 대표적 인물인 제임스 매디슨이 위계 구조와 단일성에 바탕한 일관성을 강조하게 될 정도였다.[1]

때때로 1820년 4년법<sup>Four Year's Law</sup>*과 1926년 '마이어스 대 연방 정부' 판

결처럼 의회와 법원은 대통령이 행정부 인사를 구성하는 데 더 강한 힘을 가진 사실을 인정했다. 다른 때는 1867년 공직임기법Tenure of Office Act[**]과 1935년 '험프리 유언 집행자 대 연방 정부' 판결[***]처럼 이 권한을 제한했다. 헌법 설계상 이런 사안은 완전히 해결될 수 없다. 단지 조건부로 합의될 수 있을 뿐이다. 그러나 행정부가 거대해지고 강력해지면서 적절한 균형을 맞추는 일이 점점 더 어려워졌고, 현직 대통령이 정치에서 점차 독자적으로 활동하면서 대통령에게 통제되는 행정 영역에 통치를 수탁하는 데 따르는 위험은 증가했다. 이런 새로운 현실은 트럼프 재임기에 극명해졌다.

트럼프 행정부는 고위급 관리직이 재임 기간이 짧은데다 연이어 교체되면서 악명을 떨쳤다.[2] 그러나 관리의 불안정성은 심도를 제거할 때 나타나는 아주 명백한 결과이기는 하지만 가장 중대한 결과는 아니다. 단일 행정부는 공직에 자격이 필요하다는 사실을 의심한다. 자격 자체를 의심하며, 그 말로 표현될 수 있는 모든 자질을 믿지 않는다. 트럼프 행정부는 바로 자격을 둘러싼 의심을 전면에 내세웠다. 초기 헌법 규정을 다시 생각해 보자. 상원 인준 절차는 공직 적합성을 확인하는 데 목적이 있었다. 대통령이 임명권을 행사할 '자격을 얻으려면' 상원 인준 절차에서 지명된 관리가 직무를 수행할 '자격을 갖추고 있는지' 확인해야 했다. 두 조건을 모두 갖추게 되면서 행정 인사 선발에 집합적 관심이 반영된다. 심지어 대통령 단독으로 임명할 수 있는 직위여도 마찬가지다. 자격을 둘러싼 집합적 관심은 신념의 문제다. 역량,

---

[*] 특정 공무원에게 4년 임기 제한을 부과하고 대통령이 재임명권을 행사하게 한 법으로, 결과적으로 엽관제가 작동하는 데 기여했다. 1883년 펜들턴법을 제정하면서 폐지됐다.
[**] 대통령이 상원에서 인준받은 공무원을 해임할 때도 상원에서 동의를 받게 제한한 법으로, '마이어스 대 연방 정부' 판결로 무효화됐다.
[***] 준입법적이거나 준사법적 기관에 재직하는 공무원을 대통령이 임의로 해고할 수 없다는 판결이다.

건전한 판단력, 맡은 임무에 헌신하는 자세. 이런 요소들은 대통령 통제에 부과되는 전제 조건이며, 정치적 종속을 암묵적으로 제한하면서 사적 의사 결정을 막는 제동 장치로 기능할 수 있다. 이 덕목들이 심도의 핵심이다.

이런 통념은 닉슨 시대에서 비롯됐다. 닉슨 행정부에서 국내 정책 고문으로 일한 존 에를리크만 John Ehrlichman 은 한때 좋은 정부 운영이란 '좋든 싫든 장관들을 움직여 대통령이 필요로 하고 원하는 바를 하게 만드는 일'이라고 썼다.³ 닉슨은 대통령이 행정 인사 통제권을 확보하지 않는 한 행정 계획 통제권도 행사할 수 없다고 통찰했다.⁴ 정치학은 이런 통찰을 바탕으로 계속 발전했으며, 대통령의 이해관계가 반영된 행정 역량에 주목해 '[대통령에게] 응답하는 역량'이라는 더 구체적인 관심사를 찾아냈다.⁵

그러나 트럼프 행정부에서는 다른 뭔가가 작동했다. 트럼프 행정부는 역량의 가치 자체를 의심했다. 이런 행태를 단일 행정부 이론을 확장한 '트럼프 추론'이라 할 수 있다.* 대통령의 관심이 절대적으로 응답성에 쏠리면 다른 모든 자격의 가치는 하락한다는 명제다. 단일성이 우선시되면 충성이 궁극적인 자격 증명 수단이 된다.

충성을 우선시하는 태도는 트럼프가 연방수사국 국장 제임스 코미를 처음 만날 때 툭 튀어나왔다. 그 뒤 이런 태도는 거의 희극 수준으로 강화됐다. 트럼프가 자기 밑에서 보디가드로 일한 조니 맥엔티 Johnny McEntee 를 대통령 인사국 Office of Presidential Personnel 책임자로 임명하자 어느 백악관 관계자는 이렇게 비꼬았다. "[맥엔티는] 이 직무를 수행할 수 있는 적합한 경력이 없다. 만약

---

* 트럼프 행정부가 하는 행동을 시어도어 루스벨트가 '먼로 독트린'을 발전시켜 제시한 '루스벨트 추론'에 비유하고 있다.

트럼프 반대파를 제거하고 충성파를 보상하는 직무라면 모를까."[6] 트럼프가 염두에 둔 직무 내용을 정확히 설명하는 말이었다. 곧 맥엔티는 대통령을 지키는 '충성 경찰'이라는 평판을 얻었다.[7]

이 장에서는 행정 영역에 필요한 자격 요건을 대통령을 향한 충성으로 대체하려는 시도를 몇 가지 사례를 들어 보여 준다. 대통령의 지휘 통제에서 멀어질수록 충성도가 중요하다. 따라서 우리는 대통령에게서 떨어진 거리가 각각 다른 네 사례를 살펴본다.

## 전체론에서 이기주의로 — 국가안전보장회의

국가안전보장회의는 대통령에게 국가 안보 정책을 바라보는 전체론적 관점을 제시하려는 목적 아래 냉전 여명기에 창설됐다. 1947년 '국가안전보장법 NSA'과 1949년 개정안을 바탕으로 한 국가안전보장회의는 뉴딜 이후 대통령 권한을 둘러싼 합의에서 나타나는 전형적 특징을 모두 보여 준다. 의회는 최고 행정관이 주도해 대응해야 하는 도전의 규모가 변화하고 성격이 중대해진 점을 인정하면서 행정권 행사 방식을 제도화하기 시작했다.

의회는 숙의, 통합, 조정, 정보 제공을 책임질 관료 집단을 구상했다. 외교 정책 기관이 종합한 집단적 지혜를 대통령이 활용할 수 있게 쥐여 주는 일이 국가안전보장회의에 맡겨진 소임이었다. 1949년 개정안에 따라 대통령을 비롯해 부통령, 국무부 장관, 국방부 장관, 그리고 곧 폐지될 국가안보자원위원회 의장이 국가안전보장회의를 구성하는 성원이 됐다. 다른 참여자도 곧 추가됐다. 새로 창설된 합동참모본부 의장과 새롭게 설립된 중앙정보국 국장이 법령상 군사 자문과 정보 자문 자격으로 회의에 참석했다.[8] 회의 구성원은 상원 인준을 통과한 관료들로, '국가 안보에 관련된 국내, 외교, 군사 정책을 통합적으로 대통령에게 조언'하게 돼 있었다.[9]

트루먼 대통령은 집단적 접근 방식을 경계했으며, 자기가 군사와 외교 권한이라는 가장 강력한 권력을 행사할 자격이 있는지 의심받는 데 민감했다. 처음에는 회의에 거의 참여하지 않았다.[10] 의회는 대통령에게 새로운 과제를 해결하기 위한 권한을 부여할 의향이 있었지만, 대통령이 [다른 정부 부처에서] 분리된 채 단독으로 권한을 부여받는 상황은 원하지 않았다. 입법자들은 의회가 제도로서 지니는 이익을 고려했다. 대통령은 의회가 신뢰하는 자문관을 선택해야 했고, 헌법적 권한 행사에도 집단적 판단을 반영해야 했다. 의원들이 볼 때 행정부 수반이 맡은 업무는 정말 시급하고 중요해졌다. 선거를 통한 교체에만 의존하면 개인적 독단과 결점을 치유할 수 없었다. 대통령이 지닌 권력을 효과적이면서도 안전하게 만들자는 의도 아래 의회는 대통령 권력을 정부를 구성하는 나머지 부분에 완전히 통합하려 했다. 곧 의회는 정보 공유와 다양한 연락 수단을 거쳐 대통령의 선호를 매개하고 확장하려 했다.

단일성과 심도를 융합하려는 의회 활동은 국가안전보장회의 직원 구성을 다루는 법률 조항으로 구체화됐다. 국가안전보장회의 직원은 상임직 공무원과 임명직 공무원으로 구성됐으며, 그중 다수는 각 부처에서 파견된 인원이었다. 의회가 내리는 명령을 받는다는 점에서 국가안전보장회의 직원은 백악관 참모하고는 약간 달랐으며, 오히려 동떨어진 존재라고 할 수 있었다. 그러나 이 사람들은 시간이 지나면서 국가안전보장회의 자체보다는 오히려 대통령에게 더 중요한 자원이 됐다.[11] 트루먼은 회고록에서 이 기관을 묘사하며 표준적인 진보주의 문투를 사용했다. "객관적이며 정치적 연고가 없는 점을 기준으로 선발된, 소규모이지만 매우 유능한 상임 직원."[12] 의회는 이 직원들을 전문성과 제도적 기억을 확보할 원천으로 봐서 직원 관리를 보조하는 '사무국장'을 대통령이 임명하게 했다. 트루먼이 임명한 사무국장은 자기 자신을 '회의를 돕는 익명 하인'이라고 묘사하면서 '책임 있는 공무원으로 구성된 팀들 사이에서 오직 제안을 교환하는 중개자로서 활동한다'고 설명했다.[13]

이런 제도 배치를 바탕으로 정보 제공과 협력을 중시하는 운영 방식에 의회의 이해관계가 스며들었지만, 설립 뒤 입법자들이 국가안전보장회의를 통제할 수 있는 정도는 제한적이었다. 의회는 심도를 제공할 수는 있어도 심도의 활용을 강제할 수는 없었다. 게다가 의회는 대통령이 지닌 헌법적 지위에 직접 도전하는 일은 피해야 했다.[14] 기관 설립에 관련된 법안에는 '외교 문제에서 대통령의 특권을 인정하고 재확인'한다는 문구가 들어갔다.[15] 바람직한 질서를 바라보는 두 가지 관점을 화해시키는 일은 또다시 방치됐으며, 그 뒤 어떤 식이든 인식을 공유할 수 있으리라는 막연한 기대만이 남았다.

1949년이 되면 트루먼은 국가안전보장회의 구상에 충분히 익숙해져서 조직과 직원을 대통령실 산하로 이전시켰다.[16] 원칙들 사이의 균형이라는 관점에서 더욱 중요한 사실은 아이젠하워가 국가안보특별보좌관(지금 대통령 국가안보보좌관)을 임명한 결정이었다. 국가안보보좌관은 빠르게 사무국장을 대체하며 국가안전보장회의 직원을 통제할 권한을 얻고 국가안전보장회의 정기 회의를 담당했다. 국가안보보좌관은 법령에 명시되지 않고 상원 인준도 받지 않는다는 점에서 대통령이 임명한 개인적 측근하고 비슷하다. 이제 제도적 혼종이 형성됐다. 전체 제도 배치를 임시변통 형태로 구상한 탓에 심도를 추구하는 의회의 이해관계와 지휘권을 바라는 대통령의 이해관계 사이의 생산적 균형이 시험대에 올랐다. 처음에는 의회가 대통령의 시야를 넓히려 국가안전보장회의와 직원들을 구성했지만, 이 회의를 운영하는 관료는 의회에는 연관이 없고 대통령에게만 책임을 진다.[17] 아이젠하워가 처음으로 임명한 국가안보보좌관 로버트 커틀러Robert Cutler는 상황을 이렇게 설명했다. "의회는 수단을 제공하지만, 어떻게 활용할지는 대통령 재량에 달려 있다."[18]

아이젠하워가 임명한 대리인 커틀러는 의회와 행정부 다른 부처를 연결하는 제도적 가교를 계속 강조했다. 커틀러는 국가안전보장회의가 국가 안보 정책의 모든 측면을 '통합'해야 하며 '빈틈없이 비정치적인' 국가안전보장회의 직원이 '연속성의 중추이자 과거 지식의 저장소'가 돼야 한다고 주장했다.[19] 그러나 기조는 분명 응답성 쪽으로 기울어졌고, 1970년대에 이르러 팀 개념은 명백한 압박을 받기 시작했다. 전통적으로 미국 외교 정책을 대표하는 목소리는 국무부 장관이었지만, 닉슨 행정부와 카터 행정부 동안에는 국무부 장관이 영향력과 대통령 신임을 놓고 국가안보좌관을 상대로 경쟁해야 했다. 결국 승리하지 못했다. 원래 구상 중 역량을 우선한다는 원칙만 살아남았다. 레이건 시대는 주목할 만한 예외였지만, 일반적으로 대통령은 국가안보좌관 직책을 평판이 뛰어난 스타에게 맡겼다. 사람들에게 좋은 인상을 주고, 외교 정책 분야에서 지적인 화력에 도움을 받고, 함께 대전략grand strategy을 장악해 폭넓은 신뢰를 얻으려는 의도였다.

트럼프 대통령은 외교 정책 초심자이고 군사력 신봉자였다. [명성을 강조한] 예전 처방은 역량과 응답성을 모두 약속했으며, 트럼프는 이 처방을 시도할 의향이 있었다. 초대 국가안보좌관으로 선거 운동 본부에서 일한 마이클 플린을 선택했다. 플린은 충성파이지만 경륜도 갖춘 인물이었다. 그러나 플린은 취임 전 주미 러시아 대사를 접촉한 일에 관련해 거짓말한 사실이 밝혀져 몇 주 만에 사임해야 했다.[20]

아직 적응 기간이던 대통령은 예전 처방을 고수했다. 플린 사건으로 '악평'에 시달린다는 점을 인식한 트럼프는 다음 선택지로 현역 군인이자 현장에서 명망 높은 허버트 레이먼드 맥매스터 H. R. McMaster 중장을 지명했다. 트럼프의 사위 재러드 쿠슈너는 '언론은 맥매스터를 좋아한다'고 적었다.[21] 트럼프도 인선을 발표하면서 맥매스터가 지닌 역량에 찬사를 보냈다. "엄청난 재능과 경험을 가진 사람입니다. …… 군에서 다들 높이 평가합니다."[22]

그러나 대통령은 맥매스터가 지닌 역량에 담긴 함의를 이해하지 못했다. 《의무의 유기 Dereliction of Duty》라는 제목으로 출간된 역사학 박사 학위 논문에서 맥매스터는 심도를 옹호하는 주장을 펼쳤다. 핵심 논지에 따르면 베트남 전쟁에서 합동참모본부가 린든 존슨 대통령에게 더욱 단호히 맞서야 했다. 맥매스터는 이런 역사 인식을 지닌 사람이기 때문에 대통령에 흔들리지 않고 전문성을 강조하려 했다. 트럼프는 맥매스터가 하는 브리핑에 점점 피로감을 느꼈다. 경제 정책 참모들하고 무역 문제를 둘러싼 논의를 진행하던 중 긴장이 불거졌듯이, 트럼프는 설명 듣는 일에 불만이 많았다. 트럼프는 맥매스터가 항상 자기에게 '뭔가를 가르치려' 한다고 불평했다.[23] 대통령은 이란 핵 합의와 아프가니스탄 전쟁 문제를 놓고 국가안보보좌관하고 충돌했다. "17년 동안 이 말도 안 되는 아프가니스탄 이야기를 들어 왔지만, 성과는 없었어. …… 우리가 대체 뭘 하고 있는지 모르겠어."[24] 트럼프는 국가안보보좌관을 주기적으로 깎아내렸다. 맥매스터가 2016년 대선에서 러시아가 개입한 사실을 보여 주는 '반박할 수 없는' 증거를 인정한 때, 트럼프는 트위터에 이렇게 썼다. "맥매스터 장군은 2016년 선거 결과가 러시아에서 영향을 받거나 변경되지 않았고, 유일한 공모는 러시아와 사기꾼 에이치ʰ[힐러리], 민주당 전국위원회, 그리고 민주당 당원들 사이에서 일어난 사실을 말하는 걸 잊

었군." 2018년 3월 트럼프와 푸틴이 통화하기 전, 맥매스터는 미국 관료들은 러시아 대선을 합법적으로 진행된 선거로 보지 않는다고 대통령에게 경고했다. 그런데도 트럼프는 푸틴에게 당선을 축하했다.[25]

양쪽 모두 문제를 안고 있었다. 트럼프는 경력 있는 관료와 전문적 조언을 다루는 방법을 모르는 면모를 드러냈고, 맥매스터는 트럼프 행정부의 사고방식을 부정하는 모습을 보였다. 국가안전보장회의 직원들을 처음 만난 회의에서 맥매스터 장군은 대통령이 자주 사용하는 '급진 이슬람 테러리즘'이라는 표현을 싫어한다고 밝혔다. 그리고 러시아가 퍼붓는 공세에 미국이 더 강경하게 대응해야 한다고 말했다. 깜짝 놀란 한 직원은 나중에 이렇게 말했다. "우리는 사무실로 돌아가서 수군거렸다. '그 사람은 자기가 어디에서 일하는지 알고나 있는 거야?'" 실제로 맥매스터식 직설적 접근은 자리에 맞지 않아 보였으며, 보좌관이라는 지위 자체가 조언을 경계하는 대통령의 태도하고도 어긋났다. 맥매스터는 자기가 맡은 임무를 지렛대로 삼아 정책에 개입하려 하기도 했다. 보좌관은 '우리'는 대통령에게 '선택지'를 제공해야 한다고 말했지만, 정책의 '장점과 단점'을 제시할 때는 종종 잘 알려진 대통령의 우선순위를 막아섰다. 맥매스터가 트럼프를 설득해 아프가니스탄 추가 파병을 결정하자 행정부 안팎 여러 인사들은 맥매스터가 자기 세계관에만 집중한다고 믿게 됐다. 2017년 12월 맥매스터가 발표한 행정부 공식 〈국가 안보 전략〉 문건은 트럼프의 외교 정책 기조에 맞춰 강대국 간 경쟁을 강조했지만, 동시에 북대서양조약기구NATO를 지지하고 러시아 정부를 비판했다.[26]

맥매스터는 절차의 무결성을 철저히 강조했다. 이런 견해 때문에 맥매스터 시절 국가안전보장회의는 '스티븐 해들리, 콘돌리자 라이스, 또는 수전 라이스가 인정할 만한 외견'을 보여 줬다.* 그러나 국가안전보장회의는 작동하지 않았다. 한 내부자는 말했다. "두 평행선이 있다. 하나는 부처 간 조정 과정이고 다른 하나는 트럼프가 하는 의사 결정이다. 그런데 트럼프가 조정 과정을 **참조해** 의사 결정을 내린다는 증거는 거의 없다. 마치 두 배가 밤중에 서로 스쳐 지나가는 듯하다."[27]

트럼프는 맥매스터하고 결별하면서 재도전 기회를 얻었다. 그러나 후임 국가안보보좌관은 직책과 대통령의 선호 사이에서 불거지는 불일치를 더욱 심화시켰다. 존 볼턴은 놀라운 인사였다. 아마도 트럼프는 공화당원에게 신뢰와 안정감을 다시 심어 주려던 의도인지도 모르겠다. 그러나 트럼프가 이 인사를 통해 단일성을 촉진할 수 있다고 생각한 이유는 이해하기 어렵다. 볼턴은 트럼프가 대선 과정에서 전면적으로 비판한 조지 워커 부시 스타일 외교 정책을 대표했다. 게다가 맥매스터보다 훨씬 더한 전국적 유명인이었다. 신보수주의의 총아인 볼턴이 지닌 지적 태도와 매파적 정견은 트럼프가 구사한 수사하고 상충할 뿐만 아니라 이미 널리 알려져 있었다. 견해를 달리하는 사람들도 볼턴이 지닌 세계관이 정체성과 사명감에 밀접하게 얽혀 있다는 점을 알았다. 그런데도 볼턴은 기회를 기꺼이 받아들였다. 자기가 해 낼 수 있다고 믿었고, '트럼프를 절대적으로 따르겠다'고 약속했다.[28] 대통령은 볼턴이 누리는 명성을 자산으로 봤다. "나는 중량감 있는 사람을 원한다. 무명은 싫다."[29] 이렇게 말한 대통령은 다양한 관점을 수용하는 모습을 보여 줄 기회를 즐기는 듯했다. "볼턴이 어떤 사안에 강한 의견을 가진 점은 괜찮다. 실제로 나는 존[볼턴]을 누그러트린다. …… 나는 다양한 사람들하고 함께한

---

\* 스티븐 헤들리(Stephen Hadley)는 조지 워커 부시 행정부에서 국가안보부보좌관을 지냈고, 콘돌리자 라이스(Condi Rice)는 조지 워커 부시 행정부에서 국무부 장관을 지냈고, 수전 라이스(Susan Elizabeth Rice)는 버락 오바마 행정부에서 국가안보좌관을 지냈다.

다. 존 볼턴도 있고, 존보다 약간 더 비둘기파인 사람들도 있다."[30]

그러나 이런 구도는 빠르게 틀어졌다. 국가 안보를 바라보는 볼턴의 견해는 러시아(선거 개입 문제 포함), 우크라이나(러시아 침공에 대항할 수 있는 지원을 제공하는 문제), 베네수엘라(정권 교체를 추진할 개입 수위), 이란(미국 정찰 드론을 격추한 행위에 대응해 볼턴이 세운 보복 계획을 트럼프가 거부한 일), 북한(트럼프가 김정은을 상대로 벌인 협상을 볼턴이 회의적으로 바라본 일), 아프가니스탄(탈레반을 만나려 계획한 트럼프와 반대하는 볼턴 사이에 드러난 의견 차이)에서 트럼프하고 충돌했다.[31] 결정적 계기는 트럼프가 탈레반을 캠프 데이비드에 초청해 미군 철수 계획을 마무리하려 한 일이었다. 볼턴은 분노를 억누를 수 없었다.[32] 마지막 시점에 오간 경멸은 상호적이었다. 트럼프는 비꼬았다. "존에게 맡겼으면, 지금쯤 우리는 전쟁을 네 개나 하고 있겠지."[33]

이제 트럼프는 임명 기준 관례를 존중할 생각이 전혀 없었다. 네 번째 선택은 명백히 상궤에 어긋나는 인물이었다. 로버트 오브라이언Robert O'Brien은 공화당에 긴밀히 연관된 로스앤젤레스 출신 변호사였다. 오브라이언은 국무부에서 1년 정도 인질 문제 협상가로 근무하면서 잠깐 외교 정책 관련 경험을 쌓았지만, 대체로 알려지지 않은 인물이었다. 어느 부시 행정부 출신 고위 관료는 이렇게 염려할 정도였다. "그 사람은 국가안보보좌관으로서 자격이 없다. …… 러시아, 군비 통제, 첩보, 비밀 작전, 라틴아메리카 관련 경험이 없다. 당장 전세계를 다뤄야 하는데 말이다."[34] 그러나 트럼프는 결점을 매력으로 봤다. '무명'은 이제 자산이었다. 한 관료는 암묵적으로 맥매스터와 볼턴에 비교하면서 오브라이언이 '외부에 내세우는 의제'가 없다고 말했다.[35] 이제 독자적인 견해는 부담이 될 뿐이었고, 자격 증명은 중요하지 않았으며, 역량은 희생할 수 있었다. 트럼프는 오브라이언을 임명하겠다고 발표하기 직전에 이런 말을 했다. "나랑 일하기는 정말 쉽습니다. 왜 그런지 압니까? 제가 모든 결정을 내리기 때문입니다. 딱히 일할 필요가 없습니다."[36]

오브라이언은 이런 데 민감했다. 자기가 '[트럼프가 내는] 아이디어에 도전하지 않으면서 실현할 수 있게 돕는 충신'일 뿐이라는 비판을 미리 차단하려 했다.[37] 《워싱턴 포스트》에 실은 기고에서 오브라이언은 전통적인 '정직한 중재자' 모델로 복귀하겠다는 의지를 내비쳤다. 그러고는 이 직책을 묘사하는 교과서식 설명을 인용했다. "국가안보보좌관으로서 나는 다양한 부처와 기관에서 나온 견해와 선택지를 정리해 대통령에게 제시하는 임무를 수행해야 한다. 그런 다음 국가안전보장회의는 해당 기관이 대통령이 내린 결정을 실제로 시행하도록 보장한다."[38]

그러나 오브라이언은 '익명성을 열정적으로 추구'하는 존경할 만한 실무자가 되지 않았다.[39] 대신 국가안보보좌관을 대통령을 위한 정치적 대변인 자리까지 접근시켰다. 오브라이언이 치명적으로 중요한 문제들에 내놓은 변명과 모호한 태도는 신뢰성을 높이는 데 거의 기여하지 못했다. 이란이 미국 대사관을 곧 공격한다는 첩보(미국이 이란 고위급 지도자를 사살한 공습을 정당화하려 내세운 근거)에 관련된 질문이 나오자 오브라이언은 정치적으로 대답했다. "음, 저는 미국 국민이 대통령을 등 뒤에서 응원한다고 생각합니다."[40] 몇 주 뒤 오브라이언은 러시아가 2020년 대선에 개입해 트럼프를 지지할 수 있다고 추정하는 미국 정보기관에 의문을 제기했다. 오브라이언이 내세운 회의주의는 수사적이었다. "미국 군대를 재건하고, 우크라이나에 치명적인 무기와 재블린 대전차 미사일을 제공하며, 역사상 어느 대통령보다도 러시아를 강하게 제재한 대통령이 다시 당선하기를 러시아가 원하는 이유가 무엇입니까? 상식적으로 말이 안 됩니다."[41]

트럼프가 충성파를 찾는 데 성공하면서 국가안전보장회의의 운영 과정 자체도 변화했다. 회의 주재 방식부터 명백히 변화했다. 맥매스터는 '트위터 걱정은 내 일이 아니다'라고 말했지만, 후임자는 정반대였다. 오브라이언은 '때로 트럼프 대통령의 최신 메시지가 담긴 출력물을 배포하며 회의를 시작' 했다.[42] 원래 국가안전보장회의를 창설할 때 구상은 행정부 내부에서 취합한 최선의 정보를 바탕으로 대통령에게 정책 선택지를 제공하는 팀플레이의 장이었다. 그러나 오브라이언은 회의를 완전히 변형해 대통령의 자아를 직접 반영하는 도구로 만들었다. 회의는 대통령이 구상한 내용을 전달하고 실행에 옮기는 계획을 수립하는 방식으로 운영됐다. 트럼프 행정부에서 일한 어느 전직 관료는 볼턴과 오브라이언의 차이를 이렇게 설명했다. "볼턴은 매우 독립적이고 자기만의 의제를 지닌 인물로 보였는데, 그런 의제가 꼭 포터스*하고 일치하지는 않았다. …… 오브라이언은 정반대로 하라는 말을 들었다. 대통령의 지침을 이행하고, 부처 간 조정을 담당하며, 별도의 정책 결정 조직으로 행동하지 말아야 했다."[43] 놀랍게도 임기 초반에 오브라이언은 대통령이 내린 결정을 그대로 좇아 시리아에서 미군 병력을 돌연 철수한다는 발표를 허용했다. 이 과정에서 국가안전보장회의 검토는 전혀 진행하지 않고 예상되는 결과를 상세히 평가하지도 않았다.[44] 이 조치 때문에 시리아, 튀르키예, 러시아, 쿠르드족, 이슬람국가[IS]가 복잡하게 얽힌 지역 정세가 동요했다. 한 행정부 고위 공무원은 이 상황을 '총체적 혼돈'이라고 불렀다.[45] 비슷한 사례로 오브라이언은 러시아가 아프가니스탄에서 미군을 살해한 탈레반 전투

---

\* 'President of the United States'의 약어로, 미합중국 대통령을 뜻한다.

원에게 현상금을 제공한다는 정보 보고서를 축소했다. 러시아 문제에 민감한 트럼프의 심기를 건드리지 않으려는 목적이었다.[46]

국가안전보장회의 직원을 대하는 방식도 같은 방향으로 변화했다. 대통령은 전통적으로 이 직원들을 귀중한 자원으로 여겼다. 그렇지만 트럼프 행정부 때 국가안전보장회의에서 근무한 한 정무직 공무원은 이렇게 인정했다. "대통령은 국가안전보장회의가 국가 안보 정책을 수행하기보다는 대통령을 방해하려는 딥 스테이트 경호원으로 가득 차 있다는 강한 피해망상에 사로잡힌 상황이었다."[47] 오브라이언은 트럼프에게 한 약속을 지켜 국가안전보장회의 직원 수를 3분의 1로 줄였다. 물론 그전에 트루먼도 직원이 '적은' 상태를 선호했으며, 한쪽에서는 국가안전보장회의의 직원이 지나치게 늘어난 점을 근거로 인원 감축에 동의하기도 했다. 그러나 트루먼은 국가안전보장회의 직원들이 공유하는 전문가주의와 정치적 중립성을 칭송했다. 반대로 오브라이언은 인력을 감축하면서 정무직을 강화했다. 중앙정보국, 국방부, 국무부 등 다른 부처와 기관에서 파견 나온 경력직 공무원을 본래 소속으로 복귀시켰다. 그 결과 국가안전보장회의는 '껍데기만 남게' 됐다.[48] 트럼프는 심도를 충성으로 대체해서 귀찮은 내부 반발을 제거하고 본능에 따라 행동할 수 있는 더 큰 자유를 얻었다.

**"나는 대행이 마음에 든다" — 국가정보장실, 국토안보부, 소비자금융보호국**

트럼프 행정부를 관찰한 많은 이들에게 수수께끼가 하나 있다면 기록적인 공석 숫자와 엄청나게 많은 '대행' 정무직 관료였다.[49] 심지어 의회 내부 동맹들도 당혹감을 표현했다. 상원 의원 제임스 랭크포드 James Lankford (공화당, 오클라호마 주)는 말했다. "[직무대행이] 많다. 정말 지나치게 많다. 정식으로 인준받은 인사가 필요하다. 그래야 훨씬 많은 권한으로 결정을 내리고 정책을 시행할 수 있다."[50]

랭크포드 상원 의원이 한 발언은 적절했다. 이 발언에는 행정 관리자가 수행하는 임명과 단일 행정부의 관계를 단적으로 보여 주는 중요한 논점이 여럿 담겼다. 차례로 살펴보자. 첫째, 랭크포드는 인준받은 관료에게 '훨씬 많은 권한'이 있다고 말했다. 그러나 단일 행정부 관점에서 보면, [대통령을 뺀] 다른 행정부 관료가 지닌 권한은 문제적이다. 관료의 경험, 역량, 전문성이 다른 사람들[상원 의원]에게 인준받는다면 특히 문제다. 둘째, 랭크포드는 인준받은 관료들이 '결정'을 내린다고 말했다. 이 점도 잠재적인 문제인데, 심지어 정무직 공무원조차 대통령의 선호나 요청을 처리하는 과정에서 자기가 지닌 권한과 평판에 기반해 어느 정도 재량을 행사할 수 있다고 인식할지도 모르기 때문이다. 마지막으로 랭크포드는 인준받은 관료들이 정책을 더 잘 '시행할 수 있다'고 말한다. 그러나 몇몇 정책 분야에서는 행정부 수반이 담당 관료의 책임 의식을 공유하지 않을 수 있다.

물론 트럼프가 처음으로 대행 관료에 의존하거나 공석을 남발한 대통령은 아니며, 공석과 임시 임명은 다른 이유가 아니라 우연과 편의 때문에 생길 가능성이 더 크다.[51] 이를테면 짧은 기간에 많은 직책을 채워야 해서 신임 대통령이 자격 있는 관료들로 완전한 진용을 갖추고 임기를 시작하기란 거의 불가능하다.[52] 트럼프는 이 문제가 특히 심각했다. 아무도 당선을 예상하지 않은데다 권력 이양을 할 준비가 유난히 미흡한 상태였다.[53] 게다가 대통령마다 운영 관리상 우선순위나 느슨한 부분을 참아 주는 인내심이 다를 수 있다. 트럼프는 아마도 공석을 크게 신경 쓰지 않은 듯하다.[54] 또한 트럼프가 자격 갖춘 인물을 모집하는 데 다른 대통령들보다 더 큰 어려움을 겪은 가능성도 있으며, 딥 스테이트에 속한 인물들이 이해관계에 적대적인 행정부에서 근무하기를 경계한 탓일 수도 있다.[55] 그러나 공석과 임시 임명은 전략과 선택의 문제일 수도 있다. 정치학자 크리스티나 키네인 Christina Kinane이 한 연구에 따르면 특정 정책 영역을 축소하려는 대통령은 종종 고의로 해당 직책을 공석으로 방치하며, 반대로 자기가 야심 차게 추진하는 정책 분야에서는 임시 임명을 선호하는 경향이 있다.[56] 공석과 임시 임명은 대통령이 쓰는 통제 도구로 활용될 수 있다는 말이다.

대행 임명에 관련된 규칙은 1998년 제정된 연방 공석개혁법 Federal Vacancies Reform Act에서 규정됐다. 공석이 생기면 '그 직위에서 가장 가까운 제1 조수'(법령으로 정의되지 않은 모호한 표현이다)가 대행으로 임명된다. 그러나 대통령도 재량권이 있다. 대통령은 공석 발생 기관의 고위 공무원이나 이전에 상원에서 인준받은 다른 고위 관료를 대행으로 지명할 수 있다. 더 중요한 점은 대행이 부처와 기관에 실질적 영향을 미칠 만큼 충분히 오래 재임할 수 있다는 사실이다. '대행' 상태로 재직할 수 있는 기간은 해당 직책이 공석이 된 날짜부터 세어서 최대 210일이다. 대통령이 해당 직책에 임명할 후보를 상원에 제출해 놓은 상태이면 대행 재직 기간은 더 연장될 수 있으며, 공직 후보가 상원에서 인준받지 못하면 대행이 추가로 210일을 더 근무할 수 있다. 게다가 대행 관료는 2차 지명이 상원에 계류 중인 동안에도 직책을 유지할 수 있으며, 2차 지명도 거부되면 최종적으로 210일 동안 추가로 근무할 수 있다. 결과적으로 상원 인준을 거쳐 정식으로 직책이 채워지거나 공석으로 비게 되기 전까지 대행 관료는 몇 개월, 심지어 몇 년 동안 자리를 유지할 수 있다.[57]

의회는 이런 관리 방식이 서로 이익이 되는 해결책이라고 생각한 듯하다. 정부 운영은 지속할 수 있는 한편으로 임명이 필요한 부서에 적합한 인물을 찾을 시간을 벌 수 있기 때문이다. 그러나 임명에서 상원을 우회할 수 있으면 행정부의 심도가 감소하며 대통령이 자격 요건을 정치적 이해관계에 종속시킬 수 있다. 트럼프 행정부에서는 이런 점이 전혀 미묘한 문제가 아니었다. 대통령은 임시 임명을 선호한다고 솔직히 밝혔다. "나는 '대행'이 마음에 들어요. 나한테 더 많은 유연성이 허용됩니다. 이해하시겠습니까? 나는 '대행'을 좋아합니다." 행정부 내부 비판자인 '익명'은 대행 관료를 활용하면 '안정적 국가가 숙청당한다'며 개탄했다. 임시 임명자가 '질문을 덜 하고 지시받은 대로 행동할 가능성이 더 높기' 때문이었다.[58] 여기에서는 국가정보장실, 국토안보부, 소비자금융보호국을 사례로 들어 트럼프가 이 도구를 활용한 세 가지 방법을 각각 살펴보자.

국가정보장 직책은 9·11 테러가 발생하고 몇 년 뒤에 설립됐다.* 여러 정보기관을 아우르며 국가 안보 정책을 조율하려는 목적이었다. 국가안보좌관이 그렇듯 국가정보장은 행정부 내부 자원을 한데 모아 대통령에게 정보를 제공하는 기능을 했다. 그러나 국가안보좌관하고 다르게 국가정보장은 상원 인준이 필요했다. 또한 국가안보좌관은 관례에 따라 해당 분야에서 독자적 입지를 갖춘 인물이 맡았지만, 국가정보장은 법적 요건으로 자격을 규정했다. 실제로 의회는 [법 조항을 만들어] 대통령에게 역량 조건을 지시했다. "국가정보장에 임명하려고 **지명된** 사람은 폭넓은 국가 안보 분야 전문성을 갖춰야 한다."[59]

---

* 2004년 말에 법안이 통과돼 2005년 초대 국가정보장이 임명됐다.

처음에 트럼프는 이 규정을 따랐다. 트럼프가 임명한 첫 국가정보장 댄 코츠$^{Dan\ Coats}$는 장기간 상원 의원을 지낸 인물로, 상원 정보위원회에서 경륜을 쌓았다. 코츠는 압도적 찬성으로 인준됐다.[60] 그렇지만 뒤집어서 생각하면 코츠처럼 경력, 명성, 공화당 기성 세력에 이어진 연결 고리를 갖춘 인물은 트럼프가 쉽게 다루기 어려웠다. 코츠는 대통령이 하는 발언과 내세운 이론에 어긋나는 정보기관 평가 보고서를 여러 차례 발표하고 옹호했다. 이를테면 2018년 7월에 트럼프가 정보기관이 이견 없이 동의한 평가에 반박하면서 긴장이 고조된 일이 있다. 트럼프는 푸틴하고 나란히 서서 공동 기자 회견을 진행하는 중이었다. "나는 내 정보 요원들을 매우 신뢰하지만, 오늘 푸틴 대통령이 한 [선개 개입] 부정은 매우 강력하고 설득력이 있었습니다." 같은 날 코츠는 트럼프에 정면으로 반박하는 성명을 발표했다. "우리는 러시아가 2016년 선거에 개입하고 우리 민주주의를 약화시키려는 지속적이고 폭넓은 활동을 벌이는 문제를 명확하게 평가해 왔습니다. 우리는 계속해서 국가 안보를 지원할 수 있게 가감 없고 객관적인 정보를 제공할 예정입니다."[61] 국가정보장과 대통령 사이의 갈등이 커지면서 코츠와 트럼프는 2019년 9월 말 사임 일정에 합의했다. 그러나 그사이 코츠는 러시아가 2020년 대선에서도 트럼프에게 유리한 영향을 미치려 한다는 '국가 정보 평가$^{National\ Intelligence\ Estimate \cdot NIE}$'의 판단을 수정하려는 시도에 반대했다. 그러자마자 트럼프는 기습적으로 코츠가 8월 중순에 국가정보장을 퇴임한다고 공표했다.[62]

방향 전환을 모색하던 트럼프는 하원 의원 존 래트클리프$^{John\ Ratcliffe}$(공화당, 텍사스 주)를 국가정보장으로 지명했다. 러시아 수사 관련 의회 청문회에서 로버트 뮬러 특별검사에게 비판적인 질문을 던져 깊은 인상을 준 인물이었다.[63] 그러나 상원 공화당조차 래트클리프를 지명하는 데 '뚜렷한 열의 부족'을 드러냈고, 이런 반대에 더해 래트클리프가 이력을 부풀린 의혹까지 불거지면서 트럼프는 지명을 철회해야 했다.[64] 그 뒤 트럼프는 검증된 인물로 돌아가 미국대테러센터 국장이자 퇴역 해군 제독인 조지프 맥과이어[Joseph Maguire]를 지명했다. 그렇지만 트럼프는 맥과이어를 대행으로 임명하면서 자신감 부족을 드러냈으며, 흥미롭게도 의회가 선호한 국가정보장실 수석부장인 수전 고든[Susan M. Gordon]은 우회했다. 고든은 중앙정보국 출신 경력직 공무원이었다.[65]

코츠가 조기 퇴임한 뒤 '국가 정보 평가'의 논조가 완화됐다. 2020년 선거 때 러시아가 쓴 노림수를 다룬 대목에서 러시아가 트럼프에게 유리하게 행동한다는 명시적 언급이 삭제됐다. 한 고위 정보 관료에 따르면 이런 행동이 '맥과이어가 해고되지 않을 방법'이었다.[66] 그렇지만 허사였다. 맥과이어가 지명되고 정식 직책을 맡을 전망이 아예 사라지게 된 사건이 일어났다. 2020년 초 국가정보장실 소속 선거 보안 문제 최고 자문관 셸비 피어슨[Shelby Pierson]은 하원 정보위원회에 출석해 '국가 정보 평가'에 담긴 원래 문안을 다시 읽으면서 러시아가 다시금 트럼프를 '선호'하게 된 결과 재선 지원에 개입할 계획을 세운 사실을 설명했다. 이 일을 선거 정당성을 공격하는 끊임없는 중상으로 받아들인 트럼프는 격분했으며, 대통령 집무실에서 맥과이어를 '호되게 질책'했다. 트럼프는 국가정보장실 직원들이 충성심이 없으며 속임수에 '놀아나고 있다'고 비난했다. 국가정보장 대행은 '낙담'했다.[67] 결국 맥과이어는 직무를 시작한 지 6개월 만에 자리를 떠나야 했다.

트럼프는 맥과어어를 잇는 후임에도 대행 관료를 선택했는데, 이번에는 상원이 인준할 가능성이 아예 없는 인물이었다. 리처드 그레넬[Richard Grenell] 주독 미국 대사는 법률에 지정된 지명 기준을 모독하다시피 하는 인선이었다.

'정보 분야나 대규모 관료 조직 운영에 거의 경험이 없는' 인물이기 때문이었다. 그러나 그레넬은 충성파였다.[68] 트럼프는 그레넬을 오랫동안 그 자리에 두려는 계획이 없었다(그레넬은 대사직과 국가정보장을 겸임했다). 임시 임명이 트럼프가 원하는 일을 수행하는 데 알맞았다. 그레넬은 경험 많은 부국장 앤드루 홀먼Andrew Hallman을 축출했다. 홀먼은 리처드 버Richard Burr(공화당, 노스캐롤라이나 주) 상원 정보위원회 의장이 '정보 사안에 관련된 폭넓은 지식'을 지닌 관료라고 칭찬한 인물이었다. 그레넬은 그 자리에 카샤프 파텔Kashyap Patel을 고용해 '집 안 청소'를 돕게 했다. 파텔은 러시아 수사에 관련해 오바마 행정부가 저지른 범죄가 있다고 주장하는 선봉장이었다. 또한 그레넬은 대통령을 공격한 피어슨 브리핑의 기반이 된 첩보 내용을 제출하라고 요구했다.[69] 그레넬은 트럼프 재선 캠페인에 맞춰 러시아 개입 서사를 뒤집으려 그 자리에 앉은 듯했다.

그러나 그런 이유가 전부는 아니었다. 그레넬이 국가정보장실을 혼란에 빠트리는 와중에 트럼프는 원래 염두에 둔 충성파 하원 의원 래트클리프를 다시 국가정보장으로 지명해 상원 인준을 받으려 했다.[70] '그레넬이 지나치게 도발적인 인물로 여겨진' 탓에 백악관은 '이제 상원 의원들이 그 직책에 래트클리프를 더 유연하게 수용할 수 있다'고 판단했다.[71] 상원 의원들은 트럼프가 자기들을 궁지에 몰아넣은 사실을 깨달았다. 트럼프가 맥과이어를 해임하면서 앞으로 어떤 국가정보장이 임명되든 의회에서 솔직한 발언을 꺼릴 수 있다는 염려도 싹텄다. 게다가 공화당 의원들은 그레넬을 너무 걱정한 나머지 어떤 대체자라도 수용하려는 분위기였다. 상원 의원 앵거스 킹Angus King(무소속, 메인 주)은 이 딜레마를 포착했다. "우리가 [래트클리프를] 부결시키면 여전히 그 자리에는 당파적 인물이 남게 됩니다. 사실상 우리는 그레넬과 래트클리프 중에서 선택하고 있습니다."[72] 래트클리프 인준 청문회에서 정보위원회 민주당 간사 마크 워너Mark Warner(버지니아 주) 상원 의원은 이 점을 직설적으로 지적했다. "어떤 사람들은 당신이 이 직책에 인준받을 자격이 주로 '그레넬 대사가 아니라는 점'에서 나온다고 말했습니다. 그렇지만 솔직히, 그 점만으로 충분하지는 않습니다."[73]

그러나 곧 그 점**만으로** 충분하다는 사실이 드러났고, 대통령이 상원을 이긴 결과가 분명해졌다. 공화당은 이제 당론을 따라 래트클리프를 인준하려 했지만, 민주당 상원 의원들도 그레넬을 국가정보장실에서 내보내고 싶은 열망에 인준 절차를 빨리하는 데 동의할 정도로 태도가 분명했다.[74] 이유는 어렵지 않았다. 트럼프는 러시아 선거 개입 수사를 뒤집어 신뢰를 떨어트린 공을 높이 평가하면서 그레넬이 퇴임하는 자리에서 이렇게 말했다. "당신은 역대 최고의 대행으로 기억될 겁니다."[75] 선거 연도가 다가오고 새로운 러시아 관련 논란이 불거지는 시점에서 트럼프는 자격 요건을 염려하는 의회를 무시하고 자기가 진정으로 원하는 국가정보장을 확보하는 데 성공했다.

이 사례에서 트럼프는 자기 선호에 충돌하는 전문가 판단을 무력하게 하려는 목적으로 충성스런 대행을 임명했다. 국토안보부에서는 똑같은 대행 임명 기법을 쓰되 국가정보장하고는 형식이 다른 충성을 강요하려 했다.

트럼프 대통령은 대행 관료가 국토안보부에서 더 적극적으로 자기가 선호하는 정책적 이익을 확보하고 대중적 메시지를 전달하는 데 힘쓰기를 기대했다. 국토안보부와 산하 기관들은 트럼프식 이민 정책을 시행하는 데 핵심이었지만, 대통령은 이 기관들이 거두는 성과에 언제나 불만인 듯했다. 국토안보부에는 백악관이 제시하는 정책 방향에 반대하는 관료들도 있었지만, 더 확실한 저항은 실무 차원에서 나타났다. 트럼프가 제시한 우선순위에 동의한 공무원조차 실행 가능성, 법적 책임, 합법성을 이유로 대통령에게 경고했다.[76] 키어스튼 닐슨Kirstjen Nielsen 국토안보부 장관 등이 이런 염려를 반복했으며, 국경에서 체포된 이민자를 '피난처 도시'sanctuary city*에 풀어놓겠다는 백악관 제안을 거부하고 열 개 도시에서 서류 미비자를 대대적으로 체포하겠다는 '성급하게 수립'된 '졸속'적인 '기습 작전'을 저지했다. 결국 트럼프 대통령과 강경한 태도를 앞세운 이민 정책 고문 스티븐 밀러Stephen Miller는 이런 반대와 지연에 피로를 느꼈다. 트럼프는 '더 거친 방향'으로 나아가겠다고 선언하며 닐슨 장관과 국토안보부 산하 주요 기관장을 교체했다. 잘 알려져 있다시피 트럼프는 모든 자리를 임시 임명으로 채웠다.[77]

상원 인준을 거친 이민국U.S. Citizenship and Immigration Service·USCIS 국장 리 프랜시스 시스나L. Francis Cissna를 해임하고 켄 쿠치넬리Ken Cuccinelli를 임명한 일이 이 인사 교체가 지닌 특징을 가장 잘 보여 준다. 시스나가 트럼프에게 저항한 이유는 정책하고는 무관했다. 시스나는 트럼프가 추진하는 이민 제한 정책에 전혀 반대하지 않았다. 오히려 무명일지언정 이상적인 관리자이고 헌신적인 하급자였다. 시스나는 트럼프 행정부에서 논란을 일으킨 '무관용 정책', 곧 이민자 자녀를 가족에게서 분리하는 조치에서 중책을 맡았다. 무관용 정책을 추진하는 과정에서 '불법 입국이 줄어들거나 끝나기를 원한다면 걸맞은 결과로 보여 줘야 한다'고 발언해 화제가 되기도 했다. 시스나는 이민 사기를 폭넓게 조사하려는 '귀화 취소 전담팀'을 창설했으며, '연쇄 이민' 정책을 폐지해야 한다고 주장했다. 또한 미국 내 난민 정착 제한을 강화하려 했고, [생활 보조금이나 장기 시설 요양 같은 공적 부조 등] 복지 혜택을 받을 가능

---

* 연방 이민법이 집행되지 못하게 제한하는 지역을 말한다. 주로 서류 미비 이민자를 보호하려는 목적을 띤다.

성이 높은 이민자들이 영주권을 취득하지 못하게 제한하는 '공적 부조Public Charge' 규칙을 제안했다.[78] 심지어 이민국 사명 선언문을 수정해 '이민국은 이민자들의 국가인 미국의 약속을 지킨다'는 문구를 삭제하기도 했다.[79]

백악관이 이민국 국장에게 무엇을 더 원할 수 있을지 상상하기 어려울 정도다. 문제는 시스나가 자기 기관에 애정을 품고 있다는 점이었다. 이민 관련 법령과 규제 관련 전문 지식, 부하 직원을 향한 존중 때문에 트럼프가 제시한 우선순위 정책을 효과적으로 시행할 수 있었지만, 같은 이유로 시스나는 실패할 수밖에 없었다. 시스나는 경험을 바탕 삼아 자기가 실행할 수 있는 일, 기관에 피해를 주지 않고 독단적으로 진행할 수 있는 일이 무엇인지 계산할 수 있는 세심한 판단력을 얻었다. 이 판단력 때문에 시스나는 백악관 스티븐 밀러 고문에게 불편한 사람이 됐다. 밀러가 망명 신청자 폭증에 대응해 이민국 직원을 대거 국경으로 보내야 한다고 주장한 사건은 중요한 시험대였다. 밀러는 망명 신청 처리를 더 빠르게 진행하는 일 말고도 이민국 직원을 국경에 재배치해 영주권 신청과 귀화 처리가 지연되기를 바랐으며, 또한 간접적으로 합법 이민을 더 포괄적으로 지원하는 방향을 지지하고 있는 민주당 의원들이 '고통을 느끼기를' 기대했다. 그러나 시스나는 재배치에 관련해 실무적 측면이나 법적 측면에서 할 수 있는 일이 한정된다고 생각했다. 당혹한 밀러는 이민국에 '문화 변화'를 요구했다. 망명 심사관들이 '신뢰할 만한 공포credible fear'를 사유로 한 망명 신청을 지나치게 관대하게 승인한다고 믿기 때문이었다. 시스나는 이민국 직원들이 법적 기준을 충실히 적용한다고 옹호하면서 이번 요청에도 저항했다. 이렇게 해서 시스나는 운명이 결정됐다. 시스나는 국토안보부 숙청 대상에 포함됐고, 이민국 국장 자리는 쿠치넬리가 대행 자격으로 채우게 됐다.[80]

백악관은 쿠치넬리를 임시로 임명할 때 아무 잡음 없이 트럼프 의향만 전달하는 연결관 노릇을 하리라고 기대했다. 트럼프는 할 수만 있다면 쿠치넬리를 국토안보부 장관에 임명하려 했다. 그렇지만 현실적으로는 이민국 국장 대행으로 임명하는 일조차 불확실했다. 이미 느슨한 공석개혁법의 규정을 노골적으로 우회하려는 시도이기 때문이었다. 쿠치넬리는 경력직 공무원도 아니었고, 상원 인준을 받은 적도 없었다. 게다가 쿠치넬리는 공화당 우위 상원에서 인준받을 가능성도 전혀 없었다. 지난날 현직 공화당 상원 의원을 겨눈 경선 도전자를 지지한 전력 때문에 공화당 상원 원내대표 미치 맥코넬(켄터키 주)의 분노를 산 탓이었다.[81] 행정부는 쿠치넬리를 임명하려고 이민국 '수석 부국장'이라는 직책을 만들었다. 이 직책은 쿠치넬리를 공석개혁법이 규정한 '제1 조수'처럼, 곧 국장 대행 자격이 있는 인물처럼 보이게 만들었다.[82]

　얼마 지나지 않아 쿠치넬리는 국토부에 연관된 모든 장소와 미디어에 등장하기 시작했다. 쿠치넬리는 자기가 단순한 관료가 아니며, 국장 대행이 지닌 권력이 대통령의 직접적 대리인, 곧 사실상 트럼프의 이민 정책을 알리는 대변인 노릇에서 비롯된다는 사실을 알고 있었다. "저는 대통령의 이민 정책을 공격적으로 전달합니다. 대통령이 내게 이 자리를 맡아 달라고 요청한 이유 중 하나가 바로 그것입니다."

　또한 쿠치넬리는 대통령하고 직접 소통할 수 있었다. "저는 대통령에게 이야기합니다. 말하자면 정기적으로 통화를 하죠." 시스나하고 다르게 쿠치넬리는 트럼프가 제시한 목표를 달성하려 선을 넘는 일도 무릅썼다. 시스나가 백악관이 행사한 압력에 맞서 부하 직원을 보호하려 한 반면 쿠치넬리는 이민국 망명 심사관들에게 이민자가 하는 '시시한' 주장을 더 회의적으로 검토하라고 지시했다. 또한 망명 요청을 더 빨리 처리할 수 있게 새로운 규칙을 연달아 발표했다.[83] 더 강한 이민 제한 정책을 옹호하는 외부 이익 단체 인사는 이렇게 평가했다. "쿠치넬리는 이민국 업무를 세세하게 알지 못한다. 그러나 접근 방식을 보면 [그런 지식이 필요 없는] 일종의 정치 선전bully pulpit이다. 그런 요소가 관료 체제를 움직이는 데 [시스나보다] 더 효과적인지는 모르겠지만, 작동하고 있는 듯 보이기는 한다."[84]

쿠치넬리가 국토안보부 안에서 차지하는 지위가 점점 더 불분명해지는 와중에도 그런 방식은 계속 작동했다. 워싱턴 연방 법원 랜돌프 모스Randolph Moss 판사는 행정부가 '이름뿐인 이인자 직책을 만들었다'고 비판하면서 쿠치넬리를 이민국 국장 대행으로 임명한 조치가 불법이라고 판결했다.[85] 회계감사원도 같은 근거로 쿠치넬리 임명이 공석개혁법을 위반했다고 밝혔다.[86] 그러나 이 사건은 단일 행정부가 대행 임명을 선호하는 이유를 명확히 보여 줬다. 쿠치넬리는 대통령이 제시한 우선순위를 달성하려고 '도구 상자에 있는 모든 도구'를 사용했다.[87] 적법성에 의문이 제기되는 동안에도 쿠치넬리는 대통령이 제시한 주요 의제 중 많은 부분을 성취했다.

트럼프가 채택한 세 번째 전략은 대행 임명의 무기화다. 이 전략은 소비자금융보호국 사례에서 드러났다. 국가정보장 사례처럼 대통령이 정부 기관을 더 유순하게 만드는 시도도 아니었고, 국토안보부 사례처럼 우선순위 프로그램 작업에 속도를 더하는 시도도 아니었다. 소비자금융보호국 사례에서 트럼프는 기관 장악이 아니라 기관 자체를 파괴하는 데 목표를 뒀다.

2010년 도드-프랭크 금융개혁과 소비자보호법Dodd-Frank Wall Street Reform and Consumer Protection Act에 따라 설치된 소비자금융보호국은 (훗날 매사추세츠 주 민주당 상원 의원이 되는) 하버드 대학교 법학전문대학원 교수 엘리자베스 워런이 낸 아이디어에서 비롯됐다. 소비자금융보호국은 정권 교체를 겪은 적은 없지만 트럼프 행정부가 출범할 때부터 앞으로 다가올 일을 알고 있었다. 소비자금융보호국은 진보적 개혁을 대표하는 핵심 상징이자 공화당이 정한 우선 공격 대상 중 하나였다. 트럼프는 소비자금융보호국 때문에 금융 기관들이 당한 '심각한 타격'을 지적하면서 '총체적 재앙'이라고 비난했다.[88]

그러나 이런 충돌은 소비자금융보호국 구상 단계에서 이미 예상됐다. 기본 임무는 판매 기업이 금융 상품을 남발하는 행위에 대응해 소비자를 보호하는 일이었지만, 입안자들이 세운 첫째 조건은 소비자금융보호국이 자기 기관을 보호할 수 있게 강화하는 데 있었다. 이런 목적에 따라 민주당 의원들은 제도적 혼합물을 만들었다. 강력한 지휘권을 포기하지 않으면서도 심도를 강조하는 구상이었다. 우선 소비자금융보호국은 국장 한 명이 독립적으로 기관을 운영할 수 있게 규정됐다. 위원회와 이사회에 통상적으로 적용되는 장치를 채택해 국장은 5년 고정 임기를 보장받았으며, 임기 중에는 정당한 사유가 인정돼야만 해임될 수 있었다. 정치적 노출을 제한하는 또 다른 장치로 예산은 연준에서 직접 받았으며, 그런 덕분에 의회에서 해마다 예산 지출을 승인받는 과정을 우회할 수 있었다. 다른 모든 요소만큼 중요한 사실은 국장만 정무직이라는 점이었다. 나머지 모든 직책은 경력직 공무원이 차지했다.[89] 사실상 거의 모든 면에서 행정부 단일성을 위협하는 기관이었다. 단절은 이 배치 전체가 치켜든 표어였다.

트럼프가 취임한 때 오바마가 임명한 리처드 코드레이Richard Cordray 소비자금융보호국 국장은 5년 임기 중 1년 이상을 남기고 있었다. 코드레이는 논란에 익숙한 인물이었다. 처음에는 오바마가 상원이 휴회하는 시기에 임명한 인사 중 한 명이었으며, 인준 과정을 우회하는 대통령의 휴회 임명권을 제한하려는 법적 도전에 연루됐다.[90] 코드레이는 대통령 임명안을 둘러싼 필리버스터를 중단하는 타협 과정의 하나로 가까스로 인준받았다.[91] 트럼프 행정부는 소비자금융보호국이 단일 국장 체제인데다 이 국장이 대통령조차 해임할 수 없게 보호된다는 점을 문제 삼는 법정 투쟁을 계획했다.[92] 그러나 뜻밖의 사건이 벌어지면서 더 직접적이고 즉각적인 개입이 시작됐다.

2017년 11월, 코드레이는 오하이오 주 주지사 선거에 출마하려고 사임을 결정했다. 그러고는 선거 준비팀하고 함께 자기가 퇴임한 뒤 대통령이 대행을 임명하려는 시도를 한발 앞서 차단할 계획을 세웠다. 상황은 불 보듯 뻔했지만, 소비자금융보호국을 무력하게 내버려 두지 않을 작정이었다.[93] 코드레이는 '[부국장은] 국장이 부재하거나 직무를 수행할 수 없는 경우 국장 임무를 수행해야 한다'는 조항에 착안했다. 비서실장 리앤드라 잉글리시Leandra English를 부국장으로 승진시킨 코드레이는 사임하면서 잉글리시가 국장 대행이라고 선언했다.[94]

코드레이가 무례한 행동을 하자 강경한 대응이 뒤따랐다. 코드레이가 잉글리시를 승진시킨다고 발표한 날 밤, 트럼프는 이미 상원 인준을 받아 관리예산실 실장으로 재직 중인 믹 멀베이니를 소비자금융보호국 국장 대행으로 임명하겠다고 발표했다.[95] 정치와 조직이라는 두 차원에서 전선이 명확해졌다. 하원 금융서비스위원회를 거친 멀베이니는 이전부터 소비자금융보호국을 향한 태도를 분명히 밝혔다. 소비자금융보호국을 '없애고 싶다'고 공식적으로 발언했으며, 관련 법안을 공동 발의하기도 했다.[96] 트럼프는 멀베이니를 임명하면서 그런 구상을 행정적으로 실행할 수 있는 인가장을 준 셈이다. 법적 장애물을 모두 치워 버릴 목적에서 대통령은 법무부 법률자문실이 낸 의견까지 동원해 임명 조치를 뒷받침했다. 법률자문실은 대통령의 임명권이 소비자금융보호국 법률에 명시된 절차보다 우선한다는 의견서를 발표했다.

"법률에 따라 부국장이 국장 대행으로 봉직할 수 있다는 사실이 …… 공석개혁법 아래의 대통령 권한을 대체할 수는 없다."[97] 잉글리시도 물러서지 않았다. 멀베이니가 임명되지 못하게 하려고 임시 가처분 명령을 요구하는 소송을 제기했다. "독립 기관을 이끄는 수장 대행을 대체하려고 그 자리에 현직 백악관 인사를 임명하려는 시도는 소비자금융보호국을 지탱하는 법적 설계 전체와 독립성에 반한다."[98]

소비자금융보호국에 이 갈등은 사명을 지키는 싸움으로 받아들여졌다. 많은 직원에게 충성 대상은 소비자금융보호국 강령 자체였다. 직원들의 의지를 시험하는 일은 필연적으로 딥 스테이트 음모와 단일 행정부 사이의 정면 대결로 이어졌다. 잉글리시와 멀베이니는 쌍둥이 유령을 구현한 인물들이었다. 코드레이가 사임한 다음 날 두 사람은 국장 업무를 인수하려고 출근했다. 멀베이니가 통제권을 장악하려 시도하리라 예상한 잉글리시는 관리자급 이상 직원들에게 이메일을 보내 현재 권한을 유지하라고 지시하면서 태도를 확고히 했다. "저는 국장 대행 자격으로 소비자금융보호국 고위 지도부에게 현상태의 권한 위임을 모두 승인합니다."[99] 멀베이니가 곧장 반격했다. 모든 직원에게 이렇게 지시했다. "잉글리시 씨가 국장 대행 자격으로 보낸 지시를 무시하시오." 잉글리시는 자기가 취약하다는 현실을 감지하고 나머지 하루 동안 의회 내 동맹 관계를 강화하는 데 집중했다. 그러나 엘리자베스 워런을 비롯한 민주당 지도자들하고 전략을 논의해도 소비자금융보호국을 바라보는 인식에서 드러난 간극은 거의 메울 수 없었다.[100]

잉글리시가 소비자금융보호국에 제공할 수 있던 모든 방어 수단은 빠르게 무력화됐다. 메리 맥클라우드(Mary McLeod) 소비자금융보호국 법률 고문은 멀베이니를 임명한 조치가 적법하다는 법률자문실 의견에 동의했다. 맥클라우드는 자기가 이미 고위 지도부에 '구두로 제공한 조언'을 상기시키면서 '모든 직원이 멀베이니를 소비자금융보호국 국장 대행으로 이해하고 행동하기를 권고한다'고 발표했다.[101] 그 뒤 잉글리시가 제기한 임시 가처분 소송은 워싱턴 연방 지방법원에서 기각됐다.[102] 이제 멀베이니는 기관 내부에서 끓어오르는 저항을 억누를 완전한 자유를 얻게 됐다.

코드레이는 퇴임 즈음 읊조렸다. "우리 기관 역사에서 지금 시기는 험난하던 초창기만큼이나 중요합니다. 우리는 행정부가 교체되더라도 살아남을 수 있어야 합니다." 그렇지만 행정부 간 연속성은 공동의 기반과 협력이 진행될 여지가 어느 정도 있다는 전제 아래에서만 유지될 뿐이며, 이 사례에서는 그런 요소를 전혀 기대할 수 없었다. 멀베이니가 소비자 보호라는 임무를 기업 친화적 방향으로 재구성하려 하자 직원들은 충격에 빠졌다. 멀베이니는 주장했다. "소비자금융보호국은 모든 사람을 위한 기관, 신용카드를 사용하는 사람뿐만 아니라 신용카드를 제공하는 사람, 대출을 받는 사람뿐만 아니라 대출을 해 주는 사람, 자동차를 사는 사람뿐만 아니라 자동차를 파는 사람을 위한 기관이 돼야 한다." 내부 반응은 분노로 가득했다. "정말 어이없는 문건이다. ······ '기업도 사람이다'는 논리를 한계까지 밀어붙이는 문건이다."[103] 몇몇 직원은 모임을 만들었다. 비밀스러운 목적을 의식하면서 '덤블도어의 군대'라는 이름을 골랐다. 《해리포터와 불사조 기사단》에 나오는 호그와트 학생 저항 조직에서 따온 이름이었다. 덤블도어의 군대는 암호화된 메신저로 소통하면서 내부 갈등을 언론에 유출했다.[104] 멀베이니는 이런 상황을 용인하지 않았다. 전체 직원에게 이메일을 보내 '리더십을 약화시키려는' 직원이 있다고 지적하면서 감찰관에게 요청해 언론 유출 문제를 조사하겠다고 위협했다.[105] 멀베이니는 소비자금융보호국을 개편할 권한을 지닌 근거로 대통령 선거 결과를 내세웠다. "트럼프 행정부의 소비자금융보호국이 오바마 행정부의 소비자금융보호국하고 똑같다고 생각하는 사람은 순진하기 짝이 없다. 선거는 모든 정부 기관에 영향을 미친다."[106]

더 중요한 직책인 관리예산실 실장을 겸임한 멀베이니는 소비자금융보호국 국장 대행직에 길게 머무를 계획이 없었다. 멀베이니는 이 기관을 새 행정부가 제시한 우선순위에 맞게 조정하는 대신에 기능을 마비시키고 무의미한 곳으로 만들려 했다. 그리고 실망시키지 않았다. 2018년 1분기 소비자금융보호국 예산으로 연준에 '0달러'를 요청했으며, 미국은행협회에는 소비자금융보호국의 자금 구조를 변경하는 데 필요한 의회 로비를 하라고 권유했다.[107] 기관의 사명 선언문을 수정해 '지나친 규제'를 제거하겠다는 문구를 추가했다.[108] 또한 소비자자문위원회 위원 25명을 모두 해고했다. 법에 의무로 규정된 회의를 취소한 멀베이니에게 몇몇 위원이 이의를 제기한 때문이었다.[109] 심지어 멀베이니는 소비자금융보호국의 기관 정체성을 제거하려고 약어를 고칠 '명칭 수정 그룹'을 임명하기도 했다.[110]

다른 조치들은 훨씬 더 중요한 결과를 낳았다. 멀베이니는 학자금 대출과 급여일 대출 규제를 강화하려던 시도를 중단시키는 등 진행 중인 규칙 제정 활동을 축소했다.[111] 또한 차별 관행을 조사하던 공정대출·평등기회실에서 집행 권한을 박탈했다.[112] 금융 차별을 보여 주는 사례도 더는 공개하지 않았다.[113] 조사를 진행하던 사례들도 경력직 직원들이 '멀베이니 할인Mulvaney Discount'이라 부를 정도로 빠르게 처리했다.[114]

멀베이니가 실행한 소비자금융보호국 파괴 전략에서 핵심은 새로운 정무직 배치였다. 경력직 공무원들은 입법 의도가 훼손된 현실에 분통을 터뜨렸지만, 멀베이니는 개의치 않았다. 경력직 공무원들이 자기만큼이나 정치적이라고 믿고 있었다. "아마도 그 사람들은 여기에 정치적 인물[정무직]이 필요 없다고 생각했겠죠. 왜냐하면 여기 있는 많은 사람이 어차피 정치적이었으니까요."[115] 멀베이니는 각 부서에 배치된 경력직 공무원인 '차장'에 새로운 정무직인 '정책 차장'을 짝지어 배치해서 딥 스테이트를 통제하려 했다. 새로운 정책 차장에는 소비자금융보호국 비판자이자 하원 금융서비스위원회 의장인 하원 의원 제브 헨살링Jeb Hensarling(공화당, 텍사스 주)하고 함께 일한 사람이 여럿 포함됐다. 그 뒤 집행 업무를 감독하는 정무직 에릭 블랭켄스타인Eric Blankenstein에게 지시해 진행 중인 모든 집행 활동 각각에 해당 조치가 유지돼야 하는 근거를 포함한 장문 메모를 요구했다. 각 사안은 메모를 보내고 응답이 올 때까지 지체됐다.[116] 동시에 대출 기관에 정보를 요청할 수 있는 '민간 조사 요구civil investigative demand·CID'에 필요한 요건으로 블랭켄스타인의 승인을 추가해 조사 속도를 더욱 늦췄다.[117] 한 소비자금융보호국 변호사는 불평했다. "모든 일이 멈췄다. '신속 집합, 일단 대기Hurry up and Wait' 같은 상황이다. 그리고 매우 계획적이다. 그 사람들은 우리 모두 떠나기를 원한다."[118]

멀베이니가 국장 대행으로 보낸 1년 동안 소비자금융보호국은 거의 완벽히 파괴됐다. 소비자 불만 건수가 증가하는 동시에 집행 조치는 75퍼센트 감소했다. 주요한 소비자 불만인 채무 추심 업체 관련 사건 접수는 단 한 건이었다. 사기는 떨어졌고, 임시 채용 동결 조치가 무기한 연장되면서 인력 규모도 빠르게 줄었다.[119] 멀베이니는 이런 성과에 힘입어 2018년 말 대통령 비서실장 대행으로 승진했다. 2020년 6월, 대통령이 소비자금융보호국 국장을 해임할 수 없다는 조항을 다룬 사법 심사 결과가 나오지만 이미 모든 일은 끝나 있었다. 잉글리시가 한 말이 그대로 실현됐다. "소비자금융보호국의 핵심 임무 중 많은 부분이 좌초됐고, 소비자를 위한 보호 조치가 해체됐다."[120]

'세일라 법무법인 대 소비자금융보호국' 판결로 단일 행정부 이론을 지지하는 근거가 추가되기도 했다. 대법원장 존 로버츠가 작성하고 5 대 4로 인정된 판결은 소비자금융보호국의 법적 지배 구조가 '권력 분립을 위반했다'고 판단했다. 다른 보수 성향 대법관 네 명을 대표해 로버츠는 단순히 '전체 행정권이 대통령에게만 속한다'는 주장뿐만 아니라 '헌법 제정자들이 대통령을 정부에서 가장 민주적이며 정치적으로 설명 책임을 지는 공직자로 만들었다'는 주장까지 전적으로 수용했다.[121]

## 능력 기준 위반 — 행정법 판사

정무직 공무원은 원칙적으로 행정부 단일성을 촉진한다. 그렇지만 이런 사정을 감안하더라도 트럼프가 채택한 임명 방식은 충격적이었다. 임명 대상에 관련된 모든 자격 요건을 제거했으며, 대통령이 매개 없이 지휘할 때 어떤 일이 벌어지는지 똑똑히 보여 준 때문이었다. 그러나 정무직만으로 심도를 감축하는 데에는 한계가 있다. 정무직 아래에는 행정부 운영에서 균형추로 작용하는 한편 능력을 기준으로 선발된 임명직이 자리한다. 임명과 해임을 규정하는 공무원 자격 요건은 단일 통제를 저해하는 강력한 법적 장벽이다. 닉슨은 장벽에 불만을 토로했으며, 카터 행정부는 장벽을 조금 낮추는 개혁을 시행했다. 트럼프 행정부는 단일 행정부 이론을 활용해 장벽을 돌파하려 했다.

    2017년, 트럼프 행정부의 제임스 셔크 James Sherk 국내정책 위원회 Domestic Policy Council 고문은 인사 정책 개혁 관련 메모를 작성하면서 '헌법적 선택지 Constitutional Option'를 검토하자고 제안했다. 셔크는 단일 행정부 이론을 좇아 헌법 제2조에 따른 행정권이 대통령에게 모든 연방 공무원을 해임할 수 있는 특권을 부여한다고 주장했다. 대통령 권한을 제한하는 공무원법과 노동조합 협약이 헌법을 위배한다는 뜻이었다.[122] 2018년 봄, 트럼프 대통령은 셔크가 한 제안을 반영하는 행정 명령을 잇달아 발표했다. 연방 공무원이 노조를 통해 받는 보호 범위를 축소하고 정무직이 노조에서 견제받지 않고 더 자유롭게 징계와 해임 절차를 수행할 수 있게 하는 조치였다.[123] 공공행정학자 폴 라이트Paul Light에 따르면, 이런 변화는 '1883년 펜들턴법이 엽관제를 종식시킨 이래 국가 공무원 체계에 가해진 가장 강력한 공격'을 의미했다.[124] 한동안은 법원이 행정 명령에 제동을 걸었지만, 공무원 체계에 가해진 공격은 전면적인데다 더 폭넓은 조치도 예고됐다. 좀더 구체적이고 즉각적인 행정 조치도 있었다. 이를테면 트럼프 행정부는 연방 보안관 임명을 공무원 시험 경쟁 체계에서 제외했으며, 정무직 공무원에게 이민 판사가 내린 결정을 뒤집을 수 있는 권한을 부여했다. 전국이민판사협회 회장 애슐리 타바도르Ashley Tabaddor는 이민 판사 관련 조치를 두고 '한 개인에게 정책 형성과 판결 기능을 합쳐 버린 꼴'이라고 비판했다.[125]

이제 또 다른 표적인 행정법 판사administrative law judge 임명 방식이 바뀌는 과정에 주목하자. 이 장에서 다룬 다른 사례에 견줄 때 행정법 판사 임명에 관련된 변화는 상대적으로 기술적 성격을 띠며 더욱 미묘한 질문을 제기한다. 이 사례에서 관찰자들은 기성 정치 구도를 따라 반응하지 않았으며, 행정부가 후속 조치를 취할 때도 대중 앞에서 펼쳐진 임명 논쟁에서 나타난 과장된 언사와 허세는 드러내지 않았다. 그러나 다른 사례에 결합해서 검토하면 변화의 요점이 명확해지고 함의는 심오하다. 이런 변화는 오랜 진보주의 이상을 뒤엎었고, 수십 년간 보수주의 법률 운동이 다듬어 온 행정부 단일성 관

점을 크게 발전시켰다.[126]

행정법 판사는 '숨은 사법부'이자 '행정 국가의 일꾼'으로 묘사되며, 헌법 3조에 규정된 사법 체계 바깥 정부 기관에서 근무한다. 행정법 판사는 '장애인 복지 혜택, 국제 무역, 과세, 환경법, 직업 안전, 통신법 등 여러 분야에서 매년 수천 건에 이르는 청문회를 주재'한다.[127] 이 직책은 현대 행정 체계의 초석으로 여겨지는 1946년 행정절차법에 따라 도입됐으며, 법에 명시된 명칭은 '청문 심사관'이었다. 심사관이 지닌 심판 기능과 기관 내부 정책 결정 기구 사이에 일정한 거리가 유지돼야 한다는 법 취지에 따라 신설된 직책이었다. 관리 행정 내부에서도 되도록 권력 분립을 구현하고 '심사관이 정부 기관의 압력에서 자유로울 수 있게' 보장하려는 목적이었다.[128] 이런 이유로 심사관은 임명과 해임 조건을 규정한 공무원 보호 제도에 따라 보호받았다. 연방 기관은 공무원위원회에서 자격을 검증받은 지원자 명단 중에서 심사관을 선발해야 했으며, 정당한 사유 없이 해임할 수 없었다.[129]

행정절차법은 행정 영역의 심도와 미국 헌법을 조화시키는 과제에 관련된 진보주의적 합의였다. 행정절차법은 정책 측면에서는 입법 예고와 의견 수렴 규칙을 수립해서 공공의 참여를 보장했고, 법 집행 측면에서는 독립적 절차와 법치 준수를 위한 보호 장치를 마련했다. 행정절차법은 관리 행정 분야를 우아하게 결속했으며, 행정부 권한이 형식적인 헌법적 통제에 단지 느슨하게 묶여 있는 형태를 전면적으로 지지하는 흐름을 내포했다. 그러나 행정부 조직에서 심도가 표출되는 모든 사안이 점점 더 논쟁 대상이 됐고, 행정절차법을 이끈 원칙 또한 똑같은 처지가 됐다. 한때 원만하게 해소된 듯하던 문제들이 이제는 걱정거리가 됐다. 단일 행정부 이론을 옹호하는 사람들은 이런 취약성을 감지하고 행정법 판사를 표적으로 삼았다. 《블룸버그 비즈니스위크Bloomberg Businessweek》는 이 사건을 "딥 스테이트 판사'에 맞선 트럼프의 전쟁'이라고 적절히 묘사했다.[130] 이 사례에서 행정부는 단일 행정부 원칙에 동조하는 '헌법 3조 판사들'*을 임명하며 조성해 둔 기회를 이용했다. 사안을 대법원으로 가져갔다.

트럼프 행정부는 증권거래위원회SEC의 행정법 판사 선발 방식에 관련된 소송에서 항소에 참여했다. 구체적으로는 전직 라디오 진행자인 레이먼드 루시아가 연관된 사건이었다. 2013년, 증권거래위원회 소속 행정법 판사인 캐머런 엘리엇Cameron Eliot은 루시아가 투자자들에게 심각한 오해를 불러일으킨 혐의가 있다고 판단했다. 루시아는 벌금 30만 달러를 부과받고 공인 재무 컨설턴트 활동도 금지됐다. 트럼프 행정부는 2017년 11월 루시아가 항소하는 과정에 동참하면서 대법원에 행정법 판사가 단순한 연방 정부 직원인지 '미국의 하위 공무원'인지 판단하라고 촉구했다.[131]

이런 구분에서 행정법 판사를 하위 공무원으로 규정하는 문제는 기업계가 주목하는 관심사였다. 미국 상공회의소는 증권거래위원회의 행정법 판사 임명 방식이 기업의 권리와 이익에 '실질적이고 부정적인 영향'을 미친다고 주장했다. 그렇지만 이 사건은 단순한 기업의 이해관계를 넘어 행정부 운영에서 심판 기능과 정치의 분리라는 더 큰 문제로 확장됐다. 증권거래위원회는 행정법 판사를 정부 직원으로 간주했으며, 행정법 판사를 선발할 때 경력직 직원이 인증된 적격자 명단에 실린 자격자 중에서 선택하게 허용했다. 그러나 트럼프 행정부가 주장하는 대로 행정법 판사가 '하위 공무원'이라면 헌법에 따라 대통령, 법원, 부서장만이 임명할 수 있다. 트럼프 행정부가 루시아

---

\* 연방 법원 소속 판사로, 연방 대법관을 포함한다.

사건 항소 절차를 지원하기로 결정하자 증권거래위원회 위원들(부서장에 해당)은 곧바로 반응해 절차를 변경해서 행정법 판사를 직접 임명하기 시작했다. 또한 이 사안 때문에 폭넓은 행정 사건들이 문제시되고 항소에서 판결이 뒤집힐 가능성을 감지한 위원들은 그동안 직원이 실행한 모든 행정법 판사 임명 과정을 공식적으로 비준했다.[132]

행정부가 대법원에 제출한 의견서에는 단일 행정부를 향한 열망이 이글거렸다. 노엘 프란시스코 법무부 송무차관은 헌법 2조 권한 부여 조항과 임명 조항 사이의 연관성을 설명했다. 프란시스코는 헌법이 미국의 '행정권을 대통령에게 부여한다'고 전제한 뒤 '대통령은 하위 공무원의 지원에 의존해야 한다'고 덧붙였다. 따라서 헌법은 추가적인 '미합중국 공무원Officers of the United States' 집단을 허용한다고 결론지었다. 대통령이 고위 공무원을 임명할 때는 상원에서 동의를 받아야 하지만 헌법 2조에 따라 '하위 공무원'은 '대통령 단독으로, 법원이나 부서장이' 임명할 수 있는 대상으로 법률에 규정될 수 있다. 이어 프란시스코는 행정법 판사가 단순한 '일반 직원'이 아니라 '하위 공무원'으로 분류돼야 한다고 주장했다. 행정법 판사는 행정법 청문회를 주재하며, 증권거래위원회를 대신해 '정부 권한'을 행사하고, 위원회나 법원에 항소할 가능성은 있지만 실질적으로 '초기 결정'이 종종 최종 결정으로 간주되는 직책이다. 프란시스코는 이렇게 중요할 뿐 아니라 종종 최종 권한을 행사하는 직책은 '하위 공무원'으로 간주돼야 한다고 주장했다. 더 나아가 프란시스코는 트럼프 행정부가 지닌 진정한 의도를 드러냈다. 행정법 판사가 '하위 공무원'이라면 행정법 판사 해임에 관련된 모든 제약도 철폐해야 한다고 주장했다. "증권거래위원회의 행정법 판사가 대통령의 감독에서 부적절하게 단절돼 있느냐는 질문에 해당하는 답은 중대한 권한을 행사하는 행정법 판사가 헌법이 규정한 공무원이라는 결론에서 알 수 있습니다."[133]

2018년 6월, 대법원은 증권거래위원회 소속 행정법 판사가 '미합중국 공무원'으로서 '단순한 직원하고 구별되는 정부 공무원의 한 계층'에 속한다고 판결했으며, 따라서 행정법 판사를 처우하는 문제는 헌법 2조의 임명 조항을 따라야 한다고 결정했다.[134] 다수 의견은 엘레나 케이건 대법관이 작성했다. '대통령 중심 관리 행정'을 지지하는 인물이며 오바마가 임명한 대법관인 케이건은 보수 성향 대법관 전체(존 로버츠, 앤서니 케네디, 클래런스 토머스, 새뮤얼 알리토, 닐 고서치)하고 의견을 같이했다. 케이건은 행정법 판사가 하위 공무원이라는 의견을 내면서 보수 성향 대법관들한테 폭넓은 지지를 받았지만, 판결 범위는 좁게 설정하려 했다.[135] 케이건은 루시아가 증권거래위원회 위원들이 직접 임명한 행정법 판사가 진행하는 새로운 청문회를 거칠 자격이 있다고 판결했다. 그러나 [행정법 판사] 자격 요건을 둘러싼 더 넓은 문제는 언급하지 않았으며, 해임권에 관련해 행정부가 하는 주장도 받아들이지 않았다.[136] 케이건은 이 문제는 단순한 기술적인 정정이 필요하다고 판단했다.

다른 대법관들은 더 넓은 관점을 채택했다. 찬성 의견을 낸 토머스와 고서치는 이번 판결을 계기로 더 폭넓은 변화를 이끌 기초를 마련하려 했다. 그러고는 제임스 셔크가 2017년 인사 정책 메모에서 제시한 더 강한 단일 행정부 지지 원칙을 향해 살금살금 다가갔다. 찬성 의견은 행정법 판사들을 직접 통제할 권한이 있다고 주장하는 대통령 쪽 요구를 강조하지는 않으면서도 헌법 제정자들이 행정부 내부의 **모든** 관료를 임명 조항이 적용되는 대상으로 간주한 듯하다는 견해를 포함했다. "건국자들은 '미합중국 공무원'이라는 용어를, 임무의 중요성이나 중대성하고는 관계없이 지속적이고 법적으로 정해진 임무를 수행하는 모든 연방 공무원을 포함하는 단어로 이해한 가능성이 커 보인다." 나아가 찬성한 대법관들은 임명 조항의 이점을 단일 행정부 이론 지지자들에게 익숙한 언어로 풀어냈다. "임명 조항은 설명 책임의 명확한 명령 계통을 유지하며, 좋은 임명을 장려하고 나쁜 임명에는 국민이 책임을 물을 수 있게 한다."[137] 이 판결은 공무원 보호 제도를 철회하려는 거대한 야망을 품은 행정부에 선명한 청신호로 보였다.

다른 의견에서도 이 사건이 지닌 중요성을 인정하고 사건의 함의를 걱정하는 목소리가 드러났다. 오랫동안 진보주의 관리 행정을 옹호한 스티븐 브라이어 대법관은 별도 의견을 내어 헌법을 근거로 [행정법 판사] 임명을 불법으로 판결하지 못하게 하려 했다. 브라이어는 이번 정정이 법리에 더 안정적으로 기반할 수도 있다고 생각했으며, 대법원에 필요 '이상의 결정을 내리지 말라'고 간청했다. 브라이어는 행정법 판사가 '하위 공무원'으로 분류되면 자의적인 해임 대상이 될 위험이 있다고 봤다. "행정법 판사들이 '미합중국의 공무원'이라는 판결은, **아마도** 해임 제한이 위헌이라는 결론으로 이어질 듯하다. 이런 결론은 독립적 심판관으로 기능한 행정법 판사를 위원회의 만족을 위해 봉사하는 **종속적** 의사 결정자로 전환할 위험이 있다." 더 나아가 브라이어는 이런 방식으로 이 판결이 지닌 잠재적 가능성이 실현될 경우도 예측했다. "고위 공무원에게 적용될 경우, 체스터 앨런 아서* 대통령 시절부터 자리 잡은 능력 기반 공무원 제도가 본질적으로 바뀔 위험이 있다."[138] 대법원의 단일행정부주의자들이 암시한 대로 모든 행정부 직원이 어떤 형태든 공무원으로 간주되면 행정절차법과 공무원 규정이 정치화된 관리 행정에 부과

---

\* 체스터 앨런 아서(1829~1886)는 21대(1881~1885) 미국 대통령이다.

한 강력한 자격 요건이 완전히 위험에 노출될 수 있다는 추론이었다.

반대 의견을 낸 소니아 소토마요르 대법관과 루스 베이더 긴즈버그 대법관도 토머스가 낸 동의 의견에 내포된 함의를 염려하면서 대안을 제시하려 노력했다. 소토마요르는 증권거래위원회 위원들이 행정법 판사가 내린 결정에 항소할 수 있는지를 묻는 문제가 논점을 흐려서 행정법 판사가 실제로 최종 권한을 갖는지를 가리는 문제가 가려진다고 지적했다. 소토마요르는 대법원이 '중요한 권한'으로 간주할 수 있는 권한 유형을 아직 명확히 설명하지 않은 상태라고 주장했다. 소토마요르는 [공무원 임명의] 법적 토대가 흔들리고 붕괴할 가능성을 감지했으며, 대법원에 권한을 더욱 명료하게 정의하고 경계를 재정립하라고 요청했다. "최종 결정 권한이 공무원 지위의 전제 조건이라는 점을 확인하면 누가 관료이고 누가 단순한 직원인지를 구분하는 문제에서 의회와 행정부에 큰 도움이 될 수 있다."[139]

트럼프 행정부는 문제가 명료해지기를 기다리지 않았으며, 케이건 대법관이 제시한 협소한 법리 해석에 만족하지도 않았다. 행정부는 토머스가 낸 동의 의견을 활용해 '루시아 대 증권거래위원회' 판결의 범위를 확대하려 했다. 대법원 판결이 나온 지 한 달 만에 트럼프는 행정 명령을 발표했으며, 여기에서 '루시아 대 증권거래위원회' 판결은 '적어도 일부, 그리고 아마도 모든 행정법 판사가 미합중국 공무원이며, 따라서 헌법에 규정된 임명 조항에 따라야 한다'는 의미로 해석됐다. 그다음으로는 행정절차법에서 규정한 능력 기반 임명 절차를 겨냥했다. 트럼프는 행정법 판사를 선발하는 과정에서 공무원위원회 후신인 인사관리처 주관 시험을 면제했다. 정무직은 행정법 판사 임명에 더 큰 통제권과 재량을 행사하게 됐다. '경쟁 선발 시험과 경쟁 서비스 선발 절차가 부과하는 제한 없이 기관장이 예비 후보자를 평가할 수 있는

추가적인 유연성을 제공'하겠다는 명목이었다.[140]

이 행정 명령에 맞춰 프란시스코 법무부 송무차관은 행정법 판사 관련 판례가 증권거래위원회에 국한되지 않고 널리 적용돼야 한다고 결론짓는 행정 메모를 발간했다. "법무부는 대법원 논증을 다음 같이 이해한다. 전통적 정부 기관과 독립 정부 기관에서 대립적 행정 절차\*를 주재하고 심판 권한을 지닌 모든 행정법 판사를 포함한다. 심판 권한은 '루시아 대 증권거래위원회' 판결 다수 의견에서 강조된 바 있다." 어떤 기관의 행정법 판사더라도 '하위 공무원이 아니라 직원'이라는 견해를 더는 옹호하지 않겠다는 선언이었다. 나아가 메모에는 대법원이 논의를 거부한 해임권 문제에 관련된 의견도 제시됐다. 프란시스코는 행정법 판사가 대통령 해임권에서 어느 정도 벗어나 있으며 행정법 판사의 지위를 법무부가 방어해 줄 수도 있다고 제안했다. 그러나 여기에는 조건이 붙었다. 프란시스코는 공무원실적제보호위원회Merit Systems Protection Board에서 나온 평가 내용이 부서장이 결정한 해임 사유를 '적절히 존중하는' 경우에만 법무부가 행정법 판사를 보호할 수 있다고 설명했다. 이런 존중을 보여야만 대통령에게 '헌법적으로 적절한 정도의 행정법 판사 통제권'을 부여할 수 있기 때문이었다.[141]

대법원 판결과 행정 명령을 바라보는 시선은 혼란스러웠다.[142] 행정법 판사를 선발하는 과정은 이미 오래전부터 비판받았으며, '수십 년간 인사관리처가 주관하는 채용 절차에 제약을 느낀 많은 기관이 행정 명령으로 시행된 개혁을 환영'했다.[143] 몇몇 학자는 이전에도 행정법 판사를 '하위 공무원'으로 지정할 가능성을 제기한 적 있다.[144] 그렇지만 이런 주장이 단일행정부주의자

---

\* 법정에서 피고와 원고가 다투듯 정부 기관과 민원인이 대립하는 구조를 띤 행정 절차다.

들하고 똑같은 결론으로 이어지지는 않았다. 행정법 판사를 임명하는 절차를 행정부에서 분리해 워싱턴 연방 항소법원에 임명권을 부여하자는 제안도 있었다. 헌법에 규정된 임명 조항은 법원이 임명하는 방식을 허용하며, 이 방식은 능력 기반 임명이 사라지면 행정법 판사 직책이 분명 정치화된다는 염려를 누그러뜨릴 수 있다.[145]

단일 행정부 이론을 지탱하는 지적 기반인 연방주의자협회는 절제된 반응을 보였다. 한 변호사는 협회 웹사이트에 이렇게 썼다. "트럼프 대통령이 내린 행정법 판사 행정 명령은 행정 국가를 해체하는 조치가 아니다. 그런 기준에서 보면 단순한 생채기일 뿐이다." 그러나 이런 조치가 더 큰 야망을 구성하는 일부라는 점은 부정할 수 없었다. "행정법 판사 선발 방식에서 일어난 이 소소한 조정은 행정 국가를 다시 헌법에 맞춘다는 더 야심 찬 목표를 정확히 바라보는 한 걸음이다."[146] 다른 반응은 덜 낙관적이었다. 행정법판사협회는 인정사정 볼 것 없이 반발하며 경고했다. "정실주의를 초래하고, 독립적이고 공정한 심판관을 정무직이 내리는 지시에 따르는 사람으로 대체하게 된다."[147] 의회도 염려를 나타냈다. 수전 콜린스 상원 의원(공화당, 메인 주)은 행정법 판사를 경쟁 선발 채용 체계로 복귀시키는 법안을 발의했다.[148]

행정법 판사 임명 방식을 둘러싼 논쟁이 어떻게 진행되건, 이 사례는 행정부 운영에서 심도를 제거하려는 양상에 부합한다. 행정법 판사에게 쏟아진 공격은 트럼프가 임명에서 문제를 겪을 때 일반적으로 나타난 불꽃놀이처럼 진행되지는 않았지만, 단일 행정부를 형성하려는 관심사는 뚜렷하게 보여 줬다. 행정법 판사를 향한 공격은 전통적인 제도적 단절과 중립성을 보호하려는 관심을 극복하고 정치적 응답성과 위계적 통제를 강화하려는 단일 행정부 운동을 구성하는 일부였다. 누군가에게는 그저 생채기일 뿐이지만, 이 공격은 행정 영역의 권위에서 약한 고리를 공략하려는 장기 전략의 하나로 주목할 만하다. 옹호자들은 정책 결정 관련 직책에 적용되는 공무원 보호 제도를 더욱 대담하고 전면적으로 공격할 준비를 갖췄다. 그리고 이제 공세를 뒷받침할 정교한 헌법 이론과 동조적인 신임 연방 정부 판사들도 확보했다.

### 최후의 변경 — 연준

의회가 고안한 행정 영역 즉흥 장치 중에서 독립 이사회와 독립 위원회는 단일 행정부 이론에 가장 모욕적인 존재다. 이런 기관은 막대한 권한을 '정규' 행정부 외부에 자리 잡게 만든다. 독립 기관의 장은 오직 정당한 사유에 따를 때만 해임될 수 있으며, 따라서 독립 기관은 대통령 직접 통제를 벗어나 운영될 수 있다. 트럼프가 두 번째로 임명한 대법관 브렛 캐버노는 말했다. "[독립 기관이] 국민에 관한 설명 책임을 더 많이 지게 하려면 국민이 선출하고 국민에게 설명 책임을 지는 대통령한테 (기관장을 정당한 사유 없이 임의로 해임할 수 있게 하는) 더 큰 통제권을 부여하면 된다."[149]

독립 기관을 운영하는 방식을 둘러싼 불화는 뉴딜 시대부터 점화됐다. 그 시대 대법원은 의회에 고정 임기를 보장받는 관료를 임명할 권한이 있다고 인정했으며, 프랭클린 루스벨트가 만든 대통령행정관리위원회는 여기에 대응해 독립 기관을 개편하고 정책 결정 권한을 정규 행정부 구조 안으로 이전하려 하지만 실패했다.[150] 독립 기관은 단일 행정부를 향한 야망에서 여전히 최후의 변경 지대로 남아 있다. 트럼프 행정부는 대통령이 독립 기관에 미치는 영향력을 증대시키는 데 큰 진척을 보였다. 독립 기관이 제안한 규칙을 관리예산실 산하 정보규제국이 담당하는 검토 대상에 포함시켰다.[151] 그러나 해임권 문제는 여전히 해결되지 않았다. 독립 기관의 임기 구조는 고정적이며, 대통령 임기하고는 시차를 둔다. 따라서 순차적 임명을 거쳐 결국 대통령의 사람이 통제권을 확보하더라도 영향력은 제한적일 뿐이다.

이 점이 바로 대통령들이 가장 강력한 독립 기관, 곧 연준 이사회를 상대로 하는 상호 작용에서 반복적으로 배워야 할 교훈이었다. 연준 이사회는 통화 공급과 금리를 통제해 대통령 임기의 성패를 좌우할 수 있다. 지금까지 의회는 연준을 대통령이 직접 통제하려는 압력에 저항했다. 1935년 은행법을 둘러싸고 루스벨트하고 갈등이 벌어질 때 의회는 연준에 새롭고 폭넓은 권한을 부여했지만, 이사회 의장과 부의장을 대통령 입맛대로 교체할 수 있게 하자며 행정부가 한 제안에는 분명히 선을 그었다.[152] 1970년대 스태그플레이션 시대에는 대통령과 연준 의장 사이에 마찰이 더욱 격화됐다.[153] 1976년 대통령 후보 시절 지미 카터는 연준 의장이 지닌 경제 관점은 대통령의 관점하고 화합할 수 있어야 한다는 믿음 아래 새로운 합의를 제안했다. 카터는 연준 의장 임기를 조종해서 대통령 임기에 일치시키자고 제안했다. 카터는 이 제안을 설득하려고 연준 의장 상원 인준 요건에 동의했다.[154] 그런데도 이 제안은 대통령 권한을 확대하려는 도를 넘은 시도로 간주됐다. 또다시 상원이 계획을 좌절시켰다. 상원은 임기를 일치시키자는 구상은 거부하고 상원 인준 요건은 추가했다.[155]

트럼프 대통령과 연준 의장 사이의 긴장은 전례 없는 수준이었다. 행정부 단일성과 민주적 설명 책임을 주장하는 진영과 행정 영역의 단절과 정치적 독립성을 옹호하는 진영이 이토록 적나라하게 대립한 사례는 드물었다. 트럼프는 연준 의장 임명을 자기 의도를 보여 주는 기회로 삼았다. 트럼프는 전임자 세 명이 모두 존중한 관례를 깨고 현직 의장을 재임명하지 않았다. 오바마가 임명한 재닛 옐런 의장 대신 제롬 파월 연준 이사를 의장에 임명했다. 파월은 경제학 학위가 없는 첫 연준 의장이었다. 그런데도 이 인사는 안전하고 만족스러운 선택으로 여겨졌다. 골드만삭스 최고 정보 책임자(CIO)를 거친 스티븐 므누신 재무부 장관이 파월을 지명하는 데 보증을 섰고, 연준의 핵심 고객층인 월가도 만족했다.[156]

그러나 트럼프는 전임자들이 배운 교훈을 빠르게 습득했다. 연준 의장은 고유한 견해를 지니며 연준 의장이 보장받는 독립성은 대통령이 선호하는 정책에 저항할 권위를 제공한다는 교훈이었다. 트럼프는 연준이 2008년 이전 수준으로 금리를 점진적으로 인상하는 결정을 내리자 화를 냈으며, 연준 의장에게 자기 뜻을 강요하는 공개적인 운동을 시작했다. 트럼프는 '이론' 상 연준이 지닌 독립성을 인정했지만, 실제로는 파월이 기대를 저버린 데 불만을 넌지시 내비쳤다. "[파월이] 저금리를 선호하는 친구일 줄 알았죠. 알고 보니 그렇지 않았습니다."[157] 게다가 대통령은 금리 판단을 둘러싸고 자기 나름의 경제적 본능을 연준 관료의 능력에 명시적으로 비교했다. "그 사람들은 실수하고 있습니다. 왜냐하면 나에게는 직감이 있고, 때로는 내 직감이 어떤 사람의 두뇌보다도 많은 사실을 말해 주기 때문입니다."[158] 트럼프는 파월이 자기를 '[대공황을 맞닥뜨린] 후버로 만들까 봐' 두려워하며 연준 의장을 해임하거나 교체할 방법을 찾아 고민하기 시작했다.[159]

트럼프의 적인 파월이 단일 행정부를 지향하는 트럼프의 언사에 대항해 독립성을 강하게 주장한 일은 놀랍지 않다. 파월은 2018년 말 금리를 인상하면서 단언했다. "무엇도 옳은 일을 방해할 수는 없습니다. 논의와 결정에 정치적 고려를 전혀 하지 않았습니다."[160] 대통령이 자기를 교체하려 한다는 보도가 나오자 파월은 연준 의장의 독립성을 보장하는 법적 보호 장치를 언급했다. 대통령이 자기를 해고할 수 있느냐는 질문에는 이렇게 답했다. "글쎄요, 법에 따르면 제 임기는 4년이고, 저는 그 임기를 모두 소화할 생각입니다." 파월은 명료한 표현으로 법적 보호 장치와 연준의 막대한 권한을 연결했다. "금리 결정은 다른 어떤 정부 부문도 뒤집을 수 없습니다."[161]

파월 의장은 대통령이 격노해도 어쩔 수 없을 법적 보호를 강화하려 의회와 외부 이해관계자들에게 지원을 받았다. 수백 번에 걸쳐 의원들을 만나 회의를 진행하면서 관련 일정을 의도적으로 드러냈다.[162] 그때 하원 금융서비스위원회 위원장을 지낸 제브 헨살링Jeb Hensarling(공화당, 텍사스 주)은 파월을 두둔했다. "파월 의장의 리더십에 깊은 인상을 받는다."[163] 상원은 자격 미달로 간주된 여러 후보자를 거부해서 연준 이사회의 지향을 바꾸려는 대통령을 좌절시켰다.[164] 전임자 재닛 옐런도 파월을 칭찬했다. "파월은 매우 잘하고 있다."[165] 월스트리트는 파월이 지닌 자질과 판단을 대통령의 직감보다 훨씬 신뢰했다. 이를테면 판테온 거시경제연구소Pantheon Macroeconomics 소속 수석 경제학자는 고객들에게 이렇게 썼다. "우리는 제이 파월이 경제 문맹 대통령에게 휘둘린 연준 의장으로 역사에 남고 싶어하지 않으리라고 확신한다."[166] 코로나19 팬데믹으로 경기 위축이 시작될 때 어느 정책경제학자는 이렇게 강조했다. "시장은 제롬 파월이 통화 정책을 잘 시행할 수 있다고 신뢰합니다. 제롬 파월은 정책을 장악하고 있습니다."[167]

연준 의장의 독립성을 보장하는 또 다른 원천은 연준 내부 구조에 있었다. 연준은 대통령이 이사회 구성원을 해임하지 못하게 방지하는 법적 보호 말고도 자체적으로 보호 제도를 배치했다. 트럼프가 파월 의장을 곧바로 해임하는 대신 이사로 강등할 수 있다고 말할 때, 강등 권한을 둘러싼 모호성은 분명히 법정까지 갈 수도 있는 문제였다. 그러나 어느 연준 관료가 연준 의장이 연방공개시장위원회Federal Open Market Committee ·FOMC 위원장으로 선출돼야 한다고 법으로 정해지지 않은 점을 지적했다(연준 의장은 이 장치를 활용해 통화 정책에 영향을 미친다). 관행일 뿐이었다. 따라서 대통령이 이사로 강등하더라도 파월은 여전히 연방공개시장위원회 의장으로 선출될 수 있으며, 이때 새로운 연준 이사회 의장은 실질적 권한을 행사하지 못한다고 그 관료는 해석했다. 게다가 연준 이사회하고 다르게 연방공개시장위원회의 몇몇 성원은 대통령이 임명하지 않는다. 뉴욕 연준 총재와 4개 지역 은행 총재(11개 지역 은행 중에서 순환 배치한다)가 연방공개시장위원회에서 5표를 차지하며, 이 사람들은 각 은행의 민간 이사회가 선출한다(최종적으로는 연준 이사회에서 승인받는다).[168]

이런 연준은 행정부 단일성이 닿지 못하는 최후의 변경 지대이며, 현재로서는 여전히 단일성의 범위 바깥에 놓여 있다. 연준의 단절성은 특히 깊다. 한 번은 트럼프가 파월하고 통화하면서 그런 사실을 인정했다. "당신을 계속 데리고 있어야 하겠어요."[169] 대통령은 연준에 책임을 떠넘기고 자기가 세운 공로를 주장하는 일을 할 수 있을 뿐이었다. 자기가 좋아하지 않는 조치를 파월이 취할 때 트럼프는 연준을 설명 책임이 없는, '국가 경제에 가장 큰 위험'이 되는 기관으로 묘사했다.[170] 그러나 코로나19가 미칠 경제적 충격에 대응해 연준이 '100년 이상의 역사에서 가장 빠르고 규모가 큰 위기 대응'에 나서자 트럼프는 그런 성과를 자기 업적으로 돌리려 했다. "내 생각에는 파월이 상황을 만회했습니다. 지난주 내내 분발했더라고요. 오늘 전화해서 말했습니다. '제롬, 잘했어.'"[171]

# 9장

## 감독의 심층

단일 행정부 이론은 대통령직이 지닌 전략적 이점을 정부를 통제하는 수단으로 활용한다. 오직 한 사람이라는 특징과 가시성, 권한 범위와 자원, 효율성과 위계와 비밀성 등을 지닌 대통령을 상대로 의회가 정면으로 경쟁하기는 항상 어려웠다. 대통령이 지닌 이런 자산은 규모가 커지는 행정부를 관리할 때 협력보다 배타성을 우위에 두자는 헌법적 주장에 힘입어 극대화된다. 그러나 의회가 비협조적인 대통령에 맞서 권위를 유지하는 일이 어렵다고 해도, 국가의 '제1 부'인 의회는 쉽게 밀려나지 않는다.[1] 의회는 대통령 권력을 확대하려는 공세적 시도에 맞섰고, 감독 권한을 정교하게 구성하며 행정부를 감시하는 '변견 #犬' 기능을 크게 강화했다. 새로운 행정부 감시 방법은 두 가지 이유에서 주목할 만하다. 첫째, 의회가 명백히 단일성에 맞서 심도의 편에 선 현실을 보여 준다. 둘째, 의회가 하는 행동을 통해 헌법 설계의 기저에 깔린 문제가 가장 명확해진다.

입법자들은 정책을 입법한 뒤 계획 집행자들의 정황을 파악하고 행정부가 저지르는 부정행위 증거를 밝혀내는 데 지대한 관심을 쏟는다. 이런 관심은 정책 중심 정부가 확대되고 행정부 운영이 고도로 정치화되면서 더욱 강화된다. 그렇지만 입법자들이 경찰 노릇을 하는 방식은 효과적이지 않다. 책임질 다른 일이 너무 많기 때문이다. 행정 영역을 선제적이고 체계적으로 감시하는 '경찰 순찰대' 방식을 쓰면 의회는 시간과 자원에서 막대한 부담을 지게 된다. 학자들은 의회가 선호하는 방식을 '화재 경보'라고 부른다. 어떤 사람이 문제를 발견할 때 입법자에게 쉽게 알릴 수 있는 메커니즘 말이다.[2] 의회는 이런 알림 방식을 채택했다. 행정 관료를 공식적인 의회의 눈과 귀, 곧 대리 감시자로 활용하고 감시자를 정치적 상관이 가하는 보복에서 보호할 수 있는 제도를 발전시켰다. 행정부 활동을 조사하는 새로운 직책과 내부 고발 처리 절차를 명시하는 법령이 제정됐다. 이 법은 부서 하급자가 업무 중 정규 절차와 법치를 위협할 수 있는 사안을 발견하면 신고하게 권장할 뿐 아니라 의회가 신고 내용을 계속 확인할 수 있게 했다. 기관장까지 확장된 보호 조치는 이제 행정부 계층 구조 곳곳에 가득하다. 이 조치들은 관리 행정의 권위를 더욱 심도 있게 만들면서 대통령 단일 통제 주장을 훼손한다.

의회가 새로운 감독 역량을 육성하려고 역량을 투자하는 계기는 행정부 역사를 뒤흔든 사건들, 바로 리처드 닉슨과 도널드 트럼프 탄핵 절차에서 비롯했다.[3] 닉슨 탄핵 청문회는 '딥스로트'로 불린 행정부 내부 정보 제공자가 건넨 비밀 정보를 계기로 촉발됐다.[4] 덕분에 정치적 의혹과 기관 간 대립을 특징으로 하는 새로운 시대가 시작했으며, 의회는 새로운 감독 방식을 명문화하게 됐다. 트럼프 탄핵 절차를 계기로 닉슨 사건 때 형성된 새로운 감시 메커니즘이 전면에 드러났다. 궁극적으로 두 사건은 행정부를 분열시켰다. 관리자들이 의회의 영향권 안으로 끌려왔고, 관리자와 대통령 사이의 싸움은 어느 때보다 명백했다. 행정부 관료들이 탄핵 기소의 중심에 서면서 대립은 제도적 권력과 정치적 우위를 둘러싼 적나라한 시험대로 전락했다. 쌍둥이 유령이 날아올랐다.

워터게이트 스캔들 때처럼 트럼프에 관련된 우크라이나 스캔들도 딥 스테이트 혐의를 독특한 방식으로 변주했다. 두 사건 모두 대통령이 음모를 꾸민 주체로 보였다. 트럼프는 사적인 정치적 이득을 얻으려 그림자 외교를 수행한 사람이라는 권한 남용 혐의를 받았다. 의회는 공표된 정부 정책에 따라 군사 침략을 감행한 러시아에 대항할 수 있게 우크라이나에 3억 9100만 달러를 지원하는 계획을 승인했다. 그러나 트럼프는 지원금 투입을 보류했다. 자금을 볼모 삼아 우크라이나 정부에 폭넓고 다각적인 압력을 가했다. 2016년 대선에서 민주당이 선거 방해 행위를 저지른 적이 있다는 근거 없는 루머[*]와 조 바이든 전 부통령과 아들 헌터 바이든 부자가 저지른 부패 혐의[**]를 수사하라는 압력이었다. 그때 바이든은 유력한 민주당 대선 후보였으며, 트럼프가 재선하지 못하게 막아설 막강한 도전자로 여겨졌다. 2019년 7월 25일, 트럼프는 우크라이나 대통령 볼로디미르 젤렌스키[Volodymyr Zelensky]하고 통화하면서 대놓고 군사 원조와 표적 수사를 교환하는 협상을 시도했다. "그렇지만 부탁을 하나 들어주시면 좋겠습니다."[5] 후속 작업으로 유럽연합[EU] 대사이자 트럼프 후원자인 고든 손들랜드[Gordon Sondland]와 국무부 특사 커트 볼커[Kurt Volker]는 우크라이나 대통령이 발표할 공개 성명을 초안했다. 이 성명에는 수

---

[*] 2016년 대선 때 민주당이 우크라이나하고 공모해 트럼프 쪽 폴 매너포트 전 선거대책위원장 관련 정보를 유출한 혐의가 있다는 음모론을 말한다.
[**] 우크라이나 에너지 기업 부리스마 홀딩스하고 유착 관계를 맺은 의혹을 말한다. 이 음모론은 조 바이든이 대통령 재임 시절 우크라이나에 압력을 가해 수사를 막은 혐의가 있다는 음모론으로 확대되기도 했다.

사를 개시하겠다는 우크라이나 쪽 약속이 담겨 있었고, 지원금은 젤렌스키가 성명을 발표하면 투입될 예정이었다.[6] 내부 고발 직전에 젤렌스키는 《시엔엔(CNN)》에서 수사 개시를 발표할 준비를 시작하는 중이었다.[7]

이 사건에서 몇 가지 중요한 쟁점이 관찰된다. 국내 정치에 영향을 미칠 목적으로 동맹국을 강압한 점, 선거법 위반, 대통령의 자금 보류 권한(의회가 명확한 목적을 위해 승인한 예산을 통지 없이 보류할 권한), 이런 활동이 탄핵 사유 수준에 이른 정도인지가 모두 문제였다. 그러나 우리는 다른 측면에 주목한다. 사실 이 쟁점들은 갑작스러운 국면 전환 때문에 동력을 대부분 상실했다. 트럼프는 자기가 원한 결과를 얻기 겨우 이틀 전에 지원금을 투입하기 시작했고, 우크라이나 대통령은 수사 개시 발표를 취소했다. 의회는 지원금이 보류된 이유를 알지 못한 채 의문을 제기하기 시작했지만, 문제가 해결되면서 불만은 점차 사그라들고 있었다. 또한 [젤렌스키가 수사 개시를] 발표한 뒤에 지원금이 투입되더라도 예산 집행 기간을 넘기지 않을 가능성이 컸다.[8] 대통령이 태도를 바꾼 직접적인 이유는 의회가 아니라 국가의 심층에 있다. 트럼프는 우크라이나 관련 활동을 고발하는 치명적인 내부자 보고서가 있다는 사실을 알게 됐다.[9]

## 대통령, 내부 고발자, 편견

1978년, 의회는 행정부 내부의 비상 신호를 감지할 수 있는 기반을 마련했다. 그해에 공무원제도개혁법의 내부 고발자 보호 조항과 감찰관법이 제정돼 의회가 행정부 내부 활동에 더 쉽게 접근할 수 있게 됐다. 두 법은 행정 영역의 폐쇄적인 위계 구조가 형성되는 데 대응하고 [행정부의] 정보 통제에서 오는 헌법적 불균형을 시정하려는 목적으로 제정됐다. 동시에 통과된 두 법은 상호 보완적으로 작동한다고 이해됐다. 감찰관법 청문회에서 시민 단체 '의회감시단Congress Watch'을 대표해 증언한 앤드루 파인스타인Andrew Feinstein은 이 점을 강조했다. "우리는 감찰관 법안에 내부 고발자 보호 조치하고 매우 잘 호응할 만한 잠재성이 있다고 봅니다." 상원 청문회에서 토머스 이글턴Thomas Eagleton 상원 의원(민주당, 미주리 주)은 이 두 법률의 '연관성'을 증인들에게 질문했으며, 증인들도 상호 보완성을 강조했다. 하원 정부운영소위원회 고문인 제임스 노턴James Naughton은 내부 고발자가 '기밀을 유지하면서 감찰관에게 필요한 조치에 관련된 정보를 제공할 수 있다'고 설명했다.[10] 감찰관은 이 사안을 상관에게 보고하고 긴급한 염려가 될 만한 사항을 의회에 경고할 수 있었다. 그 뒤 의회는 내부 고발자 보호 조치를 추가했고, 국가 안보 정책을 다루는 1998년 정보기관 내부고발자 보호법도 제정됐다.

우크라이나 사건의 중심에는 내부 고발자와 감찰관에게 행정 영역을 감독하는 의회의 이익을 진전시킬 권한을 부여한 사실이 자리하고 있다. 의회가 한 감독은 우크라이나 사건이 직접적으로 발화한 지점이었으며, 이 문제를 두고 심도와 집합적 통제를 옹호하는 쪽과 단일성과 위계적 통제를 주장하는 쪽이 맞섰다. 내부 고발은 트럼프 대통령이 7월에 우크라이나 대통령하고 나눈 전화 통화에서 시작됐다. 우크라이나 정치에 정통한 중앙정보국 직원이 정보기관 감찰관에게 편지를 작성하며 1998년 정보기관 내부고발자 보호법에 담긴 문구를 직접 인용했다. "50 U.S.C. § 3033(k)(5)(A)에 명시된 절차에 따라 '긴급한 염려'를 보고합니다." 고발에는 매우 심각한 내용이 담겨 있었다. "공식 임무 수행 중, 나는 여러 미국 정부 관료에게서 대통령이 2020

년 미국 선거에 외국 개입을 요청할 목적으로 직권을 남용하고 있다는 정보를 받았습니다." 고발인은 대통령이 하는 통화를 들은 백악관 공무원들에게서 전달받은 간접적 정보라고 설명했다. 고발인은 그 관료들이 '통화 내용을 듣고 충격을 받은' 사실과 '대통령이 개인적 이득을 위해 직위를 남용하는 모습을 목격'한 사실을 말하더라고 전했다.[11]

내부 고발자는 백악관이 고급 기밀로 분류된 컴퓨터 시스템에 통화 기록을 저장해 접근을 제한하려 한 점에도 경종을 울렸다. 고발인은 주장했다. "여러 미국 정부 관계자에게서 백악관 고위 관료들이 모든 통화 기록을, 특히 백악관 상황실이 관행적으로 작성된 단어 단위 공식 녹취록을 '봉쇄'하는 데 개입한 사실을 알게 됐습니다." 이런 비정상적 절차는 정보 은폐를 암시했다. "이런 일련의 조치 때문에 백악관 관료들도 통화 내용이 심각하다는 점을 이해하고 있다는 사실을 알았습니다."[12] 고발자는 감찰관에게 보고서를 제출해 백악관이 통화 기록을 은폐하려는 시도를 무력화하려 했다. 그러나 이 보고서만을 근거로 의회가 신중히 설계한 정보 전달 경로를 작동시킬 수는 없었다. 실제로 백악관은 보고서를 의회에 전달하지 못하게 개입했다.

내부 고발자 보고서는 권력 분립을 둘러싼 분쟁에서 주안점이 됐다. 대통령은 행정 관리자의 불만을 행정부 내부로 억누를 권한을 주장했으며, 의회는 특정 사안에 접근할 법적 권리를 주장했다. [신고가 접수된 뒤] 내부고발자 보호법에 따라 감찰관은 다음 절차로 신고 내용이 신뢰할 만하고 긴급한 사안인지 판단해야 했다. 트럼프 대통령이 임명한 정보기관 감찰관 마이클 앳킨슨Michael Atkinson은 고발에 잠재한 두 가지 약점을 인정했다. 고발의 신뢰성을 다툴 때 정치적 먹잇감이 될 수 있는 부분이었다. 첫째, 내부 고발자는 통화를 직접 듣지 못했다(단순한 '카더라'라고 공격받을 수 있었다). 둘째,

'내부 고발자가 경쟁 후보를 선호하는 정치적 편향을 지닌 인물로 보이는 정황'이 있다는 점이었다(고발을 또 다른 '마녀사냥'으로 몰아갈 수 있었다). 그런데도 앳킨슨 감찰관은 예비 조사 결과가 '내부 고발자가 하는 주장을 뒷받침한다'고 보고했다. 결론도 비슷했다. "긴급한 염려를 알린 신고가 '신뢰할 만한 듯하다'고 믿을 만한 합리적 근거가 있다."[13] 앳킨슨은 보고서를 국가정보장에게 전달했다. 이렇게 되면 국가정보장은 보고서를 의회에 전달한 뒤 그 사실을 정보기관 감찰관에게 통보해야 했다.

이 시점에서 트럼프 행정부는 법무부 법률자문실 의견서를 동원해 내부 고발자 보고서를 진압하려 했다. 법률자문실은 행정부가 하는 활동의 합헌성을 판단하는 해석을 제공하는 곳이지만 법원은 아니다. 한쪽에서는 법률자문실이 '대통령 전용 로펌'처럼 운영된다고 생각하기도 한다.[14] 팻 시폴론 백악관 고문과 존 아이젠버그 부고문은 대통령에게 법률자문실에 의견을 요청해야 한다고 조언했다. 두 사람은 어떤 답변이 올지 예상하고서 법률자문실에 법적 판단을 요구한 셈이었다.[15] 실제로 이 요청은 '[백악관] 고문실이 법률자문실에 대통령 특권을 옹호하는 헌법적 변호론을 만들어 달라고 압박한' 교과서적 사례였다.[16] 법률자문실이 한 조언에 따라 조지프 맥과이어 국가정보장 대행은 내부 고발 보고서와 정보기관 감찰관 관련 신뢰성 판단을 의회 정보위원회에 제출하지 않기로 결정했다. 명백히 관련 법규를 위반한 행위로 보였다. 그러나 법률자문실은 행정부 위계의 정점이라는 대통령의 독특한 지위를 근거로 대안적 해석을 제시했다.

법률자문실은 행정부 공무원이 대통령을 조사할 수 없다는 예전 주장하고 똑같은 결론, 사실상 행정부에 소속된 사람은 대통령을 상대로 내부 고발을 하지 못한다는 해석을 내놓았다. 법률자문실은 '주장된 부정행위는 정보

기관 구성원하고는 관련이 없다'고 봤다. 또한 대통령이 한 행위를 법적 의미에서 '긴급한 염려'로 간주할 수 없다고 주장했다. 근거는 트럼프의 행위가 국가정보장의 권한 아래에 있는 '정보 활동의 자금 조달, 관리 또는 운영'에 관련되지 않은 점이었다. 더 나아가 대통령은 '정보기관 구성원이 아니기' 때문에 국가정보장이 내부 고발자가 낸 '전언 보고서'를 의회에 제출할 필요가 없다고 주장했다. 의견서는 결론에서 이런 내용을 강조했다. "정보기관 감찰관의 보고 책임은 …… 정보기관 외부에 있는 관료, 특히 대통령하고는 무관하다." 법률자문실은 그런 대신에 '긴급한 염려'에 해당하지 않는 모든 고발은 행정부 내부에서 해결돼야 하며 의회 정보위원회가 아닌 법무부에 보고돼야 한다고 명시했다.[17]

그렇지만 의회가 소식에 깜깜하지는 않았다. 나중에 밝혀졌지만, 내부 고발자는 이미 하원 정보위원회 직원들에게 접촉해 고발 사항을 보고하려면 따라야 하는 절차를 알려 달라고 요청한 상태였다. 따라서 애덤 시프Adam Schiff(민주당, 캘리포니아 주) 정보위원회 위원장은 처음부터 통화 기록 전체에 접근을 요구해야 한다는 점을 알았다.[18] 더욱이 조지프 맥과이어 국가정보장 대행이 긴급한 염려를 보고해야 하는 법정 기한 7일을 넘긴 뒤, 앳킨슨 감찰관은 직접 하원과 상원 정보위원회에 신고가 전달되지 않은 상황을 경고하는 한편 보고서가 있다는 사실도 알렸다. 앳킨슨은 이렇게 진술했다. "국가정보장 대행에 관련돼 해결되지 않은 의견 차이가 정보기관 감찰관의 두 가지 가장 중요한 임무와 책임에 영향을 미치고 있습니다." 두 가지 임무와 책임이란 내부 고발자가 고발한 사항을 공개하고 정보위원회에 완전한 정보를 제공하는 일이었다. 그러나 앳킨슨은 구체적인 고발 내용을 밝히지는 않았다. 고발 사항이 해당 법규에 무관하다는 법률자문실 의견에는 동의하

지 않았지만, 법률자문실 의견에 구속된다고 생각한 때문이었다.[19]

사건은 빠르게 전개됐다. 의회는 격하게 반응했다. 민주당이 다수를 차지한 하원은 곧바로 법률적 권한을 방어하려 나섰다. 애덤 시프 위원장은 맥과이어 국가정보장 대행이 내부 고발자 보고서를 제출하게 강제할 목적으로 소환장을 발부했다. "당신에게는 정보기관이 의회를 위해 입수한 내부 고발자 폭로를 위원회에 전달하지 못하게 유보할 권한이 없다." 나아가 시프는 국가정보장 대행을 비난했다. "[당신은] 내부 고발 사안을 두고 법무부하고 협의했다. 그러나 해당 법은 당신에게 정보기관 감찰관의 독립적인 판단을 검토하거나, 항소하거나, 번복하거나, 어떤 방식으로든 무효화할 재량을 부여하지 않으며, 내부 고발을 처리하는 데 행정부 내부의 다른 부서를 관여시킬 수 있는 권한도 제공하지 않는다."[20] 동시에 공화당이 다수인 상원도 해당 보고서를 제출하라고 트럼프 행정부에 요구하는 결의안을 표결했다. 구속력은 없는 결의안이었지만, 구두 표결에서 만장일치로 통과되면서 적어도 공화당은 백악관이 저지른 은폐 시도를 공개 지지할 의사가 없다는 사실을 보여 줬다.[21] (초당적으로 연대한 의회를 보여 주려는 듯 이 결의안은 보고서가 제출된 뒤이지만 하원에서 비슷한 방식으로 통과됐다.[22]) 하원 민주당 내부에서 만연하던 탄핵 논의가 얻은 추진력은 이제 막을 수 없을 정도였고, 결국 망설이던 낸시 펠로시Nancy Pelosi(민주당, 캘리포니아 주) 하원 의장이 탄핵 조사를 개시한다고 발표했다. 우크라이나 지원금이 이미 투입된 만큼 행정부는 더 큰 피해를 막으려고 조사에 협조하기로 결정했다. 행정부는 의회에 7월 25일 전화 통화 관련 요약본과 내부 고발자 보고서를 제출했다. 그런데 보고서 제출은 불에 기름을 부은 꼴이 됐다. 고발 문건은 실제로 불법적인 대가성 거래를 시도한 혐의를 뒷받침하는 증거처럼 보였으며, 대통령이 제출에

협조한 이유도 단지 들킨 데 있다는 인식을 강화했다.[23]

감시 관련 법 조항이 제구실을 하고 의회가 마련한 감독 방안이 정보를 은폐하려는 의도를 결정적으로 물리친 상황처럼 보일 수도 있다. 내부 고발자와 정보기관 감찰관은 규범이 아니라 법률을 근거로 행동했으며, 의회는 전달받은 내용을 기반으로 강하게 대응했다. 그러나 법 자체가 아니라 행정 관리자가 취한 임기응변이 결정적이라는 사실에 주목해야 한다. 법률자문실 의견서가 의회와 행정 영역 사이의 협력을 차단하려 시도하면서 단일 행정부 주장에 윤기를 더했듯이, 의회의 집합적 통제 체제에 참여한 관료들은 법 조항에 새겨진 글귀보다 그 안에 담긴 정신에 더 충실했다. 엄밀하게 보면 내부 고발자 보호법에 규정된 절차를 벗어난 몇몇 조치가 트럼프가 짠 계략을 꺾는 데 핵심적인 도구가 됐다. 내부 고발자는 고발하기 전에 하원 정보위원회에 연락했고, 정보기관 감찰관은 법률자문실이 대통령에게 유리한 판정을 내리고 국가정보장이 보고서를 의회에 제출하지 않겠다고 한 뒤에도 보고서가 있다는 사실을 의회에 알렸다. 의회는 이런 단서를 활용해 폭풍 같은 여론을 불러일으키며 대통령을 압박했는데, 이 과정은 너무 혼탁해서 쌍둥이 유령을 불러내기 충분했다.

하찮아 보이는 절차상의 이탈은 백악관이 공개적인 방어 수단을 구축하는 도구로 사용됐다. [보고서 제출을 거부할 수 있다는] 단일 행정부 주장이 좌초된 뒤, 트럼프 행정부는 딥 스테이트 음모론에 기대어 내부 고발자 보고서에 불신을 덧칠했다. 전화 통화 요약본을 공개하는 이메일에서 백악관은 주요 논점을 하원 민주당 의원들에게 전달하는 실수를 저질렀다. "이 사건은 딥 스테이트, 언론, 의회 내 민주당이 기밀 정보를 유출하며 우리의 국가 안보를 손상시키는 또 다른 사례다."[24] 스티븐 밀러 백악관 고문은 이렇게 선언하고 비난을 퍼부었다. "나는 내부 고발자와 딥 스테이트 공작원의 차이를 안다. …… 그자는 민주적으로 선출된 정부를 약화시키려는 파괴 공작원이다!"[25]

더 나아가 트럼프는 내부 고발자에게서 익명성이라는 방패를 벗겨 내려 했다. 내부 고발자가 누구인지 정체를 밝혀야 한다는 신호를 지지자들에게 보내기도 했다. "나는 내 고발자를 만날 자격이 있다." 또한 트럼프는 내부 고발자에게 정보를 제공한 백악관 내부자를 반역죄로 몰아세웠다. "아시죠? 예전에 우리는 스파이와 반역죄에 똑똑하게 대처했습니다. 그렇지 않나요?"[26] 트럼프는 제보자 보호라는 구상 자체에 발끈했다. 자기가 볼 때 의회 감독 체제가 제공하는 심도는 정부에 반하는 불순한 음모를 감추는 방책이었다. "우리는 이 내부 고발자의 신원을 밝혀서 이런 일이 미국에서 발생한 **이유**를 알아내야 한다."[27] 실제로 내부 고발자는 익명성을 요청할 자격이 있으며 정보기관 감찰관은 익명 처리를 지원할 수 있지만, 트럼프는 감독 조항에 잠재한 치명적 모호성을 발견했다. "정보기관 내부고발자 보호법 중 어디에도 고발자의 익명성을 명시적으로 보호하거나 신원을 공개한 사람을 제재하는 조항은 없습니다."[28] 또한 시프 하원 정보위원장이 고발이 제출되기 전에 내부 고발자의 존재를 안 사실은 익명성을 더욱 의심스럽게 만들었다. 트럼프는 이런 교류에 관해 말했다. "큰 건입니다. 큰 화제죠. [시프는] 오래전부터 알고 있었고, [보고서] 작성도 도왔다고요. 이 건은 사기입니다."[29] 트럼프는 내부 고발자 보고서를 제출한 '충실하지 못한' 정보기관 감찰관을 해임하는 방안을 고려하기 시작했다.[30]

대통령이 격노한다고 해서 단일 행정부 주장에 맞서는 감독 체제가 진전되는 흐름을 막을 수는 없었지만, 법적으로 보장된 심도를 옹호하는 이들에게는 걱정되는 선례가 남았다. 내부 고발이 대통령에게 적용될 수 없다는 법률자문실 의견은 철회되지 않았다. 법무부 감찰관 마이클 호로위츠와 국가과학재단 감찰관 앨리슨 러너Allison Lerner가 주도해 60명이 넘는 행정부 감찰관이 법률자문실 결정에 내포된 폭넓은 함의에 항의했다. 법률자문실의 객관성에 문제가 있다고 암시한 감찰관들은 이렇게 말하며 법률자문실을 비판했다. "판결을 바꿔 치고, 독립성, 객관성, 전문성을 갖춘 정보기관 감찰관에게 공신력을 갖춰 정보를 평가할 수 있는 특정한 권한을 수탁한 법적 결정을 역전시켰다." 이런 지적에서는 법률자문실 의견서가 오랫동안 이어져 온 내부 고발자와 감찰관 사이의 관계를 위협하는 걱정스러운 선례라고 경고한 점이 더 중요하다. 항의한 감찰관들에 따르면 이유는 두 가지다. 첫째, 법률자문실 의견서는 '연방 정부 전반에 걸쳐 낭비, 사기, 직권 남용, 비위 행위를 보고하는 데 중요한 내부 고발자의 구실을 심각하게 약화'시킬 수 있다. 둘째, 법률자문실 의견서 내용은 '연방 정부 전반에 걸쳐 감찰관의 독립성을 훼손할 가능성'이 있다.[31] 감찰관들이 볼 때 대통령 법률팀이 시도한 이른바 '행정부 헌정주의executive constitutionalism'는 의회가 제공하는 행정 영역의 심도하고 충돌할 수밖에 없었다.[32]

## 심층이 주도한 탄핵

탄핵은 정치 과정이다. 정치 과정에는 인신공격 요소가 내재돼 있으며, 이때 당파들은 가장 예리한 단검을 휘두를 가능성이 크다. 빌 클린턴과 도널드 트럼프 탄핵 절차는 지금 시대의 당파적 적대감이 얼마나 빠르게 대통령 행동을 [탄핵 요건으로] 규정하는 최종 판단으로 이어질 수 있는지 보여 준다. 그러나 트럼프 건은 당파성과 인물을 다루는 사안에 흥미로운 변주를 덧붙였다. 행정부 하위 공무원들이 사건을 촉발하고 진행했다. 물론 하원 민주당이 기다린 듯 나섰지만, 이런 행동을 촉발한 쪽은 행정 관리자들이었다. 더 나아가 하원 민주당은 자기들이 한 문제 제기가 대통령을 겨눈 당파적 인신공격으로 치부될 수 있다는 점을 인식했다. 논거를 보강하려면 행정부 내부 심층에서 매우 색다른 유형에 속하는 인물을 불러내어 여론 앞에 내놓아야 했다. 민주당은 행정 영역에 내재한 관습과 공직 규범을 뚜렷하게 대표할 수 있는 인물들을 내세워 행정부의 심도를 대통령에 대항하는 논거의 핵심으로 삼았다. 탄핵 절차에 이런 인물들이 등장하며 행정부 운영 관리를 바라보는 서로 다른 두 관점이 드러났고, 행정 관리자는 국가 이익을 더 잘 대표하는 인물로 떠올랐다.

하원은 탄핵 조사를 공지하면서 트럼프 대통령이 지지한 단일 행정부 주장이 합헌성을 지닌다는 견해를 단호히 일축했다. 1998년 국가 안보 관련 내부고발자 보호법[정보기관 내부고발자 보호법] 초안을 작성하는 데 기여한 낸시 펠로시 하원 의장은 조사를 개시하면서 헌법 2조를 폭넓게 해석하는 트럼프식 관점을 강하게 비판했다. "대통령이 지금까지 취한 조치는 헌법을 심각하게 위반했습니다. 특히 대통령이 '헌법 2조는 내가 무엇이든 할 수 있다고 말한다'고 주장할 때 더욱 그렇습니다." 펠로시는 단일 행정부 주장이 [헌법의] 기본 원칙을 위협한다고 간주했으며, 그 뒤 검찰 쪽이 반복해서 인용하게 될 구호를 덧붙였다. "대통령에게는 설명해야만 하는 책임이 있습니다. 누구도 법 위에 있지 않습니다."[33] 반면 대통령이 내세운 구호는 간단했다. 우크라이나 대통령과 트럼프가 한 통화는 '완벽'하다는 말이었다.[34] 믹 멀베이니 대통령 비서실장 대행도 직설적이고 냉소적인 태도를 보였다. 마치 완전히 다른 체계가 작동한다는 듯 사실상 대가성 거래를 인정했다. "대통령이 민주당 전국위원회 서버에 관련된 부패*를 지나가는 말로 나에게 언급했느냐고요? …… 물론입니다. 의심의 여지가 없습니다. 그래서 우리가 돈[우크라이나 지원금]을 보류한 겁니다." 멀베이니는 변명할 이유가 없다고 봤다. 트럼프는 대통령이었다. 트럼프가 하는 행동은 선거 결과가 보증했다. "모든 이에게 새로운 뉴스를 전합니다. 받아들이세요. 이제 외교 정책에는 정치적 영향력이 미칠 겁니다. 선거에는 결과가 따릅니다."[35]

트럼프 탄핵 절차에서는 특별한 점이 있었다. 대통령은 자기가 한 행동의 적절성에 제기된 의문을 아무것도 인정하지 않았고, 규범 관련 논란도 인정하지 않았고, 두말할 나위 없이 법 위반을 시인할 가능성도 전혀 없었다. 탄핵 때문에 좋은 정부라는 기준 자체가 시험대에 올랐다. 여기에서 하원은 행정 관리자들하고 상호 의존 관계로 묶이게 됐다. 관리자들은 모습을 드러내기를 바랐고, 증언과 증거를 제시해 대통령이 대는 핑계에 반박하고 싶어했다. 탄핵 조사에서 행정부 하위 관료들은 사실 증인fact witness**이 됐다. 탄핵 절차는 관료들에게 대통령이 내린 전면적인 출석 금지 지시를 거부할 강력한 근거를 제공했으며, 공식 직무와 정규 절차를 통해 국가 업무를 수행해야 하는 소임을 자세히 설명할 수 있는 넓은 무대를 열어 줬다.

단일 행정부에 맞선 관료적 저항이 궁극적으로 의회에 의지해 정당성을 확보했다면, 반대도 똑같이 성립했다. 적대적인 대통령을 맞닥트린 의회도

---

* 우크라이나가 민주당 전국위원회 서버를 해킹한 사실이 있다는 음모론. 트럼프 지지자들이 주로 믿는다.
** 의견을 제시하는 전문가 증인(expert witness)이 아니라 사실을 전하는 일반 증인을 뜻한다.

하위 공무원에 의존했다. 의회는 하위 공무원에 의존해 감독 권한에 관련한 제도적 요구를 강화하고 대통령중심주의에 대립할 수 있었다. 의회는 이 관료들이 알고 있는 정보를 원했으며, 관료들 스스로 비당파적이고 국가에 봉사할 자격을 갖춘 사실을 보여 주기를 바랐다.

의회가 행정 영역의 청렴성을 보여 주는 생생한 개인적 사례에 의존한 반면에 대통령은 의회와 관료들이 맺은 수평적 연계를 탄핵 절차 전체가 부패한 사실을 입증하는 일차적 정황으로 간주했다. 탄핵 청문회에는 행정 관료들이 망령처럼 출몰해서 트럼프가 행정부를 운영한 방식을 증언했다. 마치 트럼프가 오랫동안 발전시킨 딥 스테이트 서사를 확인해 주는 듯했다.[36] 트럼프는 도발적인 트위터 메시지를 올렸다. "나는 지금 진행 중인 일이 탄핵이 아니라 **쿠데타**라는 결론에 이르고 있다."[37] 믹 멀베이니 비서실장 대행이 볼 때 이런 저항군은 '그거 알아? 나는 대통령 트럼프의 정치적 견해를 좋아하지 않아. 그래서 이 마녀사냥에 참여하겠어'라고 말하는 직업 관료들일 뿐이었다.[38] 멀베이니의 머릿속에서 '직업 관료'라는 표현은 제도적 오만과 정치적 허영을 나타내는 일종의 욕설이었다.

두 프레임이 대중의 지지를 두고 경쟁하는 와중에 백악관은 헌법적 주장을 강화했다. 백악관은 탄핵 조사를 전면 거부하면서 대통령이 한 행위를 단일 행정부 논리에 따라 정당화했다. 대통령 고문 팻 시폴론이 하원 민주당 지도부에게 보낸 서한에서 그런 주장을 구성하는 개요가 드러났다. 서한에 담긴 주장 중 일부는 국민 투표라는 주제에 할애됐다. 대통령은 행정부 권한 행사에 관련해 의회가 아니라 유권자들에게 설명 책임을 져야 한다는 주장이었다. 시폴론은 하원 민주당이 '민주적 절차를 전복하려는 위헌적 시도'를 한다고 비난했다. 위계적 통제를 주장하는 대목도 매우 직설적이었다. 시폴론은 행정부 관료가 하원에서 증언하지 못하게 막을 수 있는 행정부의 특권을 강하게 역설했다. "현재와 과거의 국무부 관료는 기밀 유지라는 행정부의 이해관계를 보호할 의무가 있다." 많은 하위 공무원이 저항했지만, 함구령이 전혀 효과를 발휘하지 못한 상태라고 할 수는 없었다. 함구령 때문에 명령 체계 상위에 있는 대통령 임명 공무원은 침묵했고, 하원이 내세운 탄핵 근거는 예상보다 꽤 약해졌다. 시폴론은 서한에서 그 밖의 주요한 단일 행정부 관련 주제도 언급했다. 시폴론은 이 조사가 행정부 제도에 '장기적 피해'를 입히고 권력 분립에 '지속적 손상'을 주게 된다고 선언했다. 또한 트럼프가 보여 주는 비협조적 태도는 '앞으로 그 직위를 점유할 사람들이 행사할 권리를 보호해야 할 의무'의 일부라고 주장했다.[39]

트럼프 행정부는 단지 미래 대통령의 권리를 보호하려는 주장을 밀어붙이는 데 그치지 않고 이 주장을 과거로 소급해서 특히 극단적인 역사관을 보여 줬다. 트럼프 행정부는 워터게이트 수사와 뒤이은 닉슨 대통령 사임을 가져온 법적 기반 자체를 부정했다. 우크라이나 스캔들을 계기로 하원 민주당은 러시아 선거 개입 수사에 다시 관심을 기울이게 됐고, 뮬러 보고서의 기반이 된 검열 문건과 기초 증거에 접근하려 했다. 탄핵 조사가 진행 중인 상황이기 때문에 하원이 한 요청은 강력한 법적 근거를 지녔다. 그러나 법무부는 증거 공개를 막으려 했다. 지난날 워터게이트 탄핵 조사에서 의회가 대배심 자료에 접근할 수 있게 허용한 '홀더먼 대 시리카' 판결(1974)이 잘못된 결정이라고 주장했다. 만약 그때 법무부가 낸 이런 견해가 수용됐다면, 의회는 결정적 증거에 접근하지 못하고 닉슨은 탄핵의 손길에서 벗어날 수 있었다. 나중에 법무부 주장에 반대되는 판결을 내린 워싱턴 연방 지방법원 수석판사 베릴 하월Beryl Howell은 법무부가 하는 주장을 접하고 놀라움을 숨기지 못했다.

"와, 알겠습니다. …… 말한 대로 법무부는 이 사건에서 매우 이례적인 태도를 취하고 있습니다."[40] 이 사태는 단일 행정부 이론을 가장 극단적으로 확장한 사례였으며, 논란의 기원인 워터게이트 사건 자체를 지워 버리려는 시도였다. 트럼프 행정부가 제시한 논리에 따르면 대통령을 위협한 워터게이트 스캔들 자체는 원천 봉쇄가 돼야 했다. 그때나 지금이나 조사가 허용되지 않아야 옳다는 주장이었다.

대통령이 거부하는 바람에 고위 관료 대부분이 하원이 실시하는 조사 범위에서 벗어났지만, 하위 공무원들은 탄핵 절차에 자유롭게 참여하는 듯 보였다. 행정부 하위 공무원들은 함구령을 무시하며 하나둘씩 나서서 숨겨진 사실을 폭로했다. 하위 공무원들이 하는 증언을 통해 트럼프 대통령이 우크라이나 지원금을 국내 정치적 이득에 연루시킨 정황이 상세히 밝혀졌으며, 규범 위반 사항을 정교하게 재구성할 수 있었다. 국가안전보장회의 소속이자 우크라이나 문제 최고 전문가인 알렉산더 빈드먼Alexander Vindman 육군 중령은 군복을 입고 증언에 나섰다. 빈드먼은 이민자 가정에서 자란 경험을 바탕으로 미국의 제도가 진실을 말하는 이들을 보호한다는 신념을 밝혔다. "저는 진실을 말하니 무사할 겁니다." 빈드먼 중령은 관에 못을 박는 증인이었으며, 대통령이 한 행위를 솔직하게 판단한 몇 안 되는 관료 중 한 명이었다. "미국 대통령이 외국 정부에 미국 시민이자 정치적 경쟁자인 사람을 조사하라고 요구하는 행위는 부적절합니다."[41]

대통령이 행정부 직원들에게 협조 금지를 지시한 행위는 국무부에서 치명적인 역풍을 맞았다. 국무부는 자연스럽게 저항 중심지로 떠올랐다. 외교관은 우크라이나 관련 외교 정보에 접근할 수 있었으며, 국무부 자체가 처음부터 행정부하고 잘 맞지 않았다. 국무부 관료들하고 왕래하던 전직 미국 대사는 오랜 갈등이 탄핵 청문회에서 증언하려는 충동을 일으킨 원천이라고 말했다. "사람들은 지쳤습니다. …… 깊은 불만의 샘이 이제 지표면까지 솟아올랐습니다."[42] 트럼프 대통령은 공무원을 배제하고 직책을 공석으로 남겨 뒀으며, 대규모 예산 삭감을 요구하면서 국무부 직원들하고 대립하는 중이었다. 2017년 1월, 행정부가 이슬람권 여러 국가를 대상으로 여행 금지령을 발효하자 외교관과 국무부 직원 1000명 정도가 여기에 항의하는 '반대 전문 dissent cable'에 서명했다. 반대 전문은 1971년 윌리엄 로저스 국무부 장관이 베트남 전쟁에 관련된 염려를 표명할 수 있게 만든 공식 통로였다. 아프리카에서 근무하는 한 미국 외교관은 말했다. "정책을 둘러싼 이견은 우리 문화다. …… 이견에 포상도 한다."[43] 그러나 트럼프 대통령은 이런 문화를 경멸했다. 국무부에서 많은 직책이 공석으로 남아 있는 이유를 묻는 질문에 트럼프는 외교관이 맡은 소임 자체를 전면적으로 부정했다. "내가 유일하게 중요한 사람입니다. 결국 정책이 어디로 갈지 결정하는 사람은 저니까요."[44]

의회는 외교관과 국무부 관료에게 소환장을 발부해서 '협조할 수 있게 하는 약간의 보호막'을 제공했다.[45] 각 증인이 차례로 등장해 하원이 진행하는 탄핵 절차에 '좋은 정부'를 인정하는 도장을 찍어 줬다. 전형적 배역을 맡은 또 다른 인물은 국무부에서 우크라이나 정책을 담당한 조지 켄트 George Kent 부차관보였다. 독특한 나비넥타이를 매고 나온 켄트는 '삼대째 공직을 선택하고 미국의 모든 공복이 하는 헌법 수호 맹세를 한 가족의 일원'이라는 개인적 배경이 더욱 돋보였다. 켄트는 트럼프 대통령이 우크라이나 대통령에게 요청한 내용을 두고 이렇게 말했다. "보편적 원칙의 문제입니다. 저는 미국이 다른 국가에 선별적이고 정치에 연루된 수사나 기소를 요구해서는 안 된다고 생각합니다. 이런 선별적 조치가 법치를 파괴하기 때문입니다."[46]

이어서 경력직 공무원인 마리 요바노비치Marie Yovanovitch 전 우크라이나 대사는 트럼프 행정부가 자기를 비공식적 외교 채널을 가로막는 장애물로 간주하게 된 과정을 증언했다. 요바노비치는 국무부가 '잘못한 일이 없다'고 확언한 뒤에도 우크라이나에서 소환됐다. "제가 대통령을 만족시켜야 한다는 점은 이해했지만, 그래도 미국 정부가 분명히 동기가 의심스러운 사람들이 하는 근거 없는 거짓 주장에 따라 대사를 해임하기로 결정한 사실은 믿을 수 없었습니다."⁴⁷ 요바노비치는 트럼프의 우군과 수상한 우크라이나 인사들이 벌인 이 '허위 정보 캠페인'이 자기가 주도한 진짜 반부패 활동\*을 막으려는 반발이라고 주장했다. 요바노비치가 지닌 강한 자신감과 전문성은 인상적이었지만, 대통령은 실시간으로 이 외교관이 하는 증언을 중상했다. 증언이 이어지는 동안 트럼프는 트위터 메시지를 올렸다. "마리 요바노비치가 간 곳마다 상황이 나빠졌다." 이 메시지는 괴롭힘과 여성 비하로 얼룩진 대통령의 평판을 생생히 상기시켰고, 요바노비치는 청문회 위원회에 트럼프가 쓴 메시지를 '위협'으로 느낀다고 보고했다.⁴⁸

언론은 딥 스테이트 프레임을 수용했다. 《뉴욕 타임스》는 '딥 스테이트가 그림자에서 부상했다'고 보도했고, 《폴리티코》는 '딥 스테이트로 조롱받던 외교관들'이 '복수에 나섰다'고 선언했다.⁴⁹ 그러나 트럼프하고 대립한 경력직 공무원만이 행정부가 내린 증언 금지 명령을 무시하지는 않았다. 심지어 몇몇 트럼프 충성파도 의회를 존중하고 단일 행정부에 반대하는 편이 법률적 지뢰밭 속에서 더 안전한 선택이라고 판단했다. 유럽연합 대사이자 트럼프를 후원한 주요 인사인 고든 손들랜드Gordon Sondland는 대통령이 우크라

---

\* 트럼프 대통령은 바이든 부자를 겨냥한 반부패 수사를 기획했다.

이나에 관련해 내린 지시를 실행하는 데 중요한 사람으로, 이 드라마의 중심 인물이었다. 손들랜드는 조사 초기에 한 비공개 증언에서는 '대통령이 선거를 염두에 둔 줄은 몰랐다'고 주장했지만, 그런데도 '우크라이나 정책을 트럼프의 개인 변호사인 루디 줄리아니Rudy Giuliani에게 맡기는 결정에는 반대했다'고 말했다. 손들랜드는 미국의 대우크라이나 외교 정책은 대통령 개인 변호사가 아니라 '국무부 사람들'이 책임져야 한다는 견해를 피력했다.[50] 트럼프는 손들랜드가 증언하지 못하게 막으려 시도해서 더 난처한 상황에 빠졌다. "나는 물론 손들랜드 대사를 …… 증언에 …… 보내고 싶지만, 불행하게도 대사는 완전히 편향된 캥거루 법정* 앞에서 증언하게 될 겁니다."[51] 그 뒤 손들랜드는 기억을 '새로 고침'해서 모호한 증언을 중단하고 대가성 거래를 알고 있다고 인정했다. 손들랜드는 증언을 갱신하면서 미국이 지원금을 투입하는 조건은 반부패 수사를 개시한다는 우크라이나 쪽 발표라고 말했다. "나는 지원금 보류가 [트럼프가] 제안한 반부패 법안에 연결돼 있다고 추측했습니다."[52] 손들랜드는 공개 증언에서 단도직입으로 말했다. "'대가성 거래'가 있었습니까? [라고 질문하신다면] …… 답은 '예'입니다." 나아가 대통령을 직접 연루시켰다. "우리는 대통령이 한 명령을 따랐습니다."[53]

모든 대통령은 외교 정책에서 독자적 목표를 추진하며, 예전에도 줄리아니처럼 사적인 측근을 통해 타국을 상대로 비공식적 협상을 벌여 목표를 실현하려 한 긴 역사가 있다. 게다가 우크라이나 정부가 부패한 상태라는 사실은 공공연한 비밀이었고, 미국이 정책을 수행하는 데 중대한 걸림돌이었다. 그러나 트럼프 대통령은 현장에서 부패 문제를 다루는 국무부 관료, 우크라

---

\* 법적이고 윤리적인 의무를 무시하는 엉터리 법정을 뜻한다.

이나가 지원 조건을 준수하는지 감시하는 국방부 관료, 부패 혐의를 다루는 강력한 법무부 수사 기구를 거의 활용하지 않았다. 트럼프는 정부를 완전히 우회해 정책을 시행했다. 단순한 비공식 채널이 행정 관리자를 불편하게 만들지는 않았다. 문제는 서로 대결하는 두 개의 채널이었다.

트럼프의 군사 재판 관련 트위터 메시지를 공식 명령으로 간주해야 하는지 해군성 장관이 의문을 제기한 사례처럼, 윌리엄 테일러 우크라이나 임시 대사는 대통령이 활용한 비공식 채널이 실제로 미국 정책을 변화시키지 않은 듯하다고 설명했다. 최소한 자기가 관여한 부분에서는 그렇다는 의미였다. 임시 대사가 볼 때 우크라이나 사안에서 백악관 지시가 낳은 문제는 행정부에 상충하는 두 목표를 부과한 점이었다. "정책 수립과 실행에서 채널이 두 개 있는 듯했습니다. 하나는 정규 채널이고 다른 하나는 깊이 숨은 비정규 채널이었습니다." 정규 채널에서는 러시아 침공에 저항 중인 우크라이나 지원 정책에 따른 외교 절차가 진행됐으며, 비정규 채널에서는 트럼프 대통령의 개인 변호사 루디 줄리아니가 주도해 정치적 표적 수사를 기획했다. 테일러는 미국의 공식 외교 정책이 줄리아니가 벌인 '비정규 활동' 때문에 훼손된 상태라고 증언했다. 트럼프 대통령은 우크라이나 대통령이 '부리스마 수사와 2016년 선거 개입 의혹 수사를 공개적으로 약속'하게 만들고 싶어했지만, 테일러는 의회와 행정부의 공식 약속을 이행하는 일이 자기 임무라고 봤다. 테일러는 우크라이나 대통령에게 미국의 국내 정치에 휘말려 '초당적 지지'를 위태롭게 하지 않아야 한다고 말한 론 존슨(공화당, 위스콘신 주) 상원의원과 크리스 머피(민주당, 코네티컷 주) 상원 의원에게 동의했다.[54] 백악관은 테일러가 한 증언이 '헌법에 전쟁을 선포하는 극좌 의원들과 급진적 비선출 관료들이 벌이는 비방 캠페인 각본의 일부'라고 주장했다.[55] 역설적이게도 테일러를 임시 대사로 임명한 사람은 트럼프였다. 테일러는 우크라이나 압박 행동에 방해가 되는 마리 요바노비치를 제거한 뒤 선택된 인물이었다.

행정부 하위 공무원들은 하원 탄핵 청문회에 참석해 대통령이 우크라이나에서 자기 자신의 정치적 이익에 초점을 맞춰 외교 정책을 추진한 점과 이 정책이 의회가 계획하고 다른 행정부 관료들이 시행한 정책하고는 다르다는 점을 보여 주는 데 성공했다. 그러나 대통령 법률팀이 볼 때 트럼프가 '공식 정책'을 무시한 사람이라고 말한 행정부 관료들은 논점을 완전히 놓치고 있었다. 법률팀은 관료들이 '헌법적 권한 배분의 본질을 완전히 오해'한 상황이고 단일 행정부가 올바른 헌법 해석이라고 주장했다. "헌법 2조는 '행정권이 대통령에게 부여된다'고 명시합니다. 행정권은 행정부 직원에게 부여된 권한이 아닙니다." 더 나아가 '공식 정책'에 다른 해석이 존재한다는 사실 자체가 딥 스테이트의 실재를 입증한다고 봤다. "직업 관료들 사이의 이른바 기관 간 '합의'가 부당한 동기를 증명하는 데 사용될 수 있다는 이론은 대통령 트럼프가 추진하는 외교 정책을 지지하면서 워싱턴 기득권들이 정한 정책 우선순위를 거부한 수천만 미국 시민들을 모욕하는 처사입니다."[56]

## 그 장소의 헌법적 권리

탄핵 조사에서 의회의 제도적 이해관계가 심도에 걸쳐 있다는 사실이 여실히 드러났다. 행정 영역의 독립, 정부 부문 간의 공식적 중개, 전문가 규범, 정규적 소통 통로, 횡적 연결망, 자유로운 정보 흐름 등은 대통령보다는 의회에 기여한다. 비록 이 사건에서 두 기관이 모두 오만을 드러냈지만, 무대 아래에는 심도를 제거하고 의회에서 대통령 문책 수단을 박탈할 때 나타날 수 있는 치명적 결과가 숨어 있었다.

두 번째 탄핵 사유인 '의회 방해obstruction of Congress'는 의회의 제도적 이해관계에 직결된 사안이었다. 상원 심리에서 탄핵소추위원단을 이끈 애덤 시프는 대통령이 관련 정보를 행정부에서 의회로 이송하지 못하게 차단하며 저지른 대규모 방해 행위를 강조하면서 상원이 제임스 매디슨이 말한 '그 장소의 헌법적 권리The Constitutional rights of the place'를 수호해야 한다고 탄원했다.[57]

대통령이 자기가 연루된 수사를 방해할 수 있다면, 헌법에서 대통령이 비행을 저지르지 못하게 하려고 의회에 부여한 권한, 헌법이 부여한 실로 궁극적인 권한을 실효적으로 무효화할 수 있다면, 대통령은 설명 책임을 초월하고 법 위에 서게 됩니다. 기소될 수도 없고, 탄핵될 수도 없습니다. 이런 상황은 대통령을 군주로 만들며, 바로 그런 악을 막으려고 우리의 헌법과 세심하게 설계된 권력 분립 체제가 존재하는 겁니다.[58]

시프는 무죄 판결이 내려지면 의회가 제도적 권력을 양도하고 대통령이 품은 단일 행정부 야망을 승인하게 된다고 설명했다.

대통령 법률팀은 하원 민주당이 제기하는 주장을 구성하는 구체적 논거에는 동의하지 않았지만, 단일 행정부 이론이 심사대에 오른 점에는 동의했다. 법률팀은 의견서에서 헌법에 명기된 권한 부여 조항을 반복해 언급했다. 특히 팻 시폴론 백악관 고문과 제이 세큘로우 외부 고문은 두 가지 탄핵 사유에 응답한 대통령 공식 답변에서 하원이 제기하는 주장을 기각해야 할 구실로 권한 부여 조항을 인용했다.

첫 번째 탄핵 사유[권한 남용]에 관련해 하원은 헌법 2조에 따라 대통령에게 부여된 외교 정책 결정 권한을 탈취하려 시도했습니다. 두 번째 탄핵 사유[의회 방해]에서는 행정부가 헌법적 특권을 행사하는 행위를 통제하고 처벌하려 들면서 동시에 헌법 제정자들이 설계한 견제와 균형 체계를 파괴하려 했습니다. 이런 탄핵 사유를 승인하면서 하원은 우리의 헌법 질서를 위반했습니다. …… 하원은 헌법 2조가 '미국 대통령'에게 전적으로 부여한 '행정권'을 파괴하려 했습니다.[59]

대통령 법률팀은 헌법적 주장에 이어 국민 투표적 논리를 추가했다. "대통령 유죄 판결은 헌법 구조상 특히 심각한 문제를 제기합니다. 모든 유권자가 참여하는 유일한 전국 선거에서 민주적으로 표명된 국민의 의지를 전복하는 행위이기 때문입니다."[60] 팻 시폴론은 상원 공화당 의원들과 대통령 지지층을 특히 의식했고, 공개 성명 서두에서는 다가오는 선거를 강조했다. "그 사람들은 트럼프 대통령을 투표지에서 제거하고 싶어합니다."[61] 탄핵 심판 과정 후반부에 트럼프를 변호하는 스타 변호사 앨런 더쇼위츠Alan Dershowitz는 법률팀이 하는 주장을 논리적 극단으로 밀어붙였다. 더쇼위츠는 멀베이니가 한 '받아들이세요' 발언하고 같은 맥락에서 국가적 이익과 대통령의 정치적 이익 사이에 명확한 경계선이 없다고 주장했다. 더쇼위츠는 대통령이 저지른 선거 개입 문제를 직접 언급했다. "만약 대통령이 재선에 도움이 될 수 있다고 생각한 일을 실행한다면, 목적은 공익이기 때문에 탄핵을 초래할 수 있는 대가성 거래 범주에는 속하지 않습니다."[62]

하원 민주당 의원들은 크게 기울어진 정치적 여건 속에서 '그 장소의 헌법적 권리'를 시험대에 올렸다. 탄핵 혐의를 다룬 하원 투표는 당파적으로 극명히 나뉘었으며, 상원 내부의 권력 구도가 정당에 맞춰 정렬된 점을 고려할 때 하원에서 통과되더라도 탄핵이 가결될 가능성은 처음부터 희박했다. 행정 관리자들이 인상적인 증언을 했지만, 이런 요소도 바탕에 깔린 정치 동학에는 거의 영향을 미치지 못했다. 미치 맥코넬 공화당 상원 원내 대표(켄터키주)는 상황을 단순명료하게 설명했다. "하원은 탄핵에서 당파적인 정치적 결정을 내렸습니다. 상원에서도 대체로 당파적인 결과가 나오리라 예상합니다. 저는 이 문제에서 전혀 공정하지 않습니다."[63] 몇몇 공화당 상원 의원은 탄핵 심판이 종료되기 전에 대통령이 한 행동이 부적절하다는 견해를 밝혔지만, 궁극적으로는 대통령이 지닌 제도적 권리가 승리했다.[64] 행정부 고위 관료를 증언에 소환하자는 투표에 찬성한 공화당 상원 의원은 단 두 명이었으며, 권한 남용 혐의에 찬성표를 던진 공화당 상원 의원은 한 명이었고, 의회 방해 혐의에 찬성한 공화당 상원 의원은 아예 없었다. 의심할 여지 없이 낸시 펠로시 하원 의장이 탄핵 조사를 시작하는 데 신중한 태도를 취한 이유 중 하나는 예상되는 무죄 판결이 앞으로 [삼부가 지닌] 제도적 특권들 사이의 균형에 미칠 영향을 고려한 때문인 듯했다. 상원은 경쟁하는 두 통치 체계 중에서 심도보다는 단일성을 지지했다.

트럼프는 이런 메시지를 받아들였다. 무죄 판결 덕분에 단일 행정부를 확고히 지지하는 대통령은 완벽한 기반을 확보했다. 탄핵 절차가 진행되는 과정에서 행정부의 심층이 철저하게 노출된 때문이었다. 대통령은 곧바로 딥 스테이트를 상대로 치른 폭넓은 전쟁에서 정당성을 입증하게 된 평결을 알리며 승전고를 울렸다. 트럼프는 상황을 평가하면서 더는 참을 수 없다고 선언했다. "우리는 지난 3년 넘게 이 일을 겪었습니다. …… 그리고 이런 일이 다른 대통령에게는 절대, 절대 다시 일어나서는 안 됩니다." 트럼프는 자기를 공격한 이들이 대가를 치르게 되리라고 경고했다. "이 사람들은 내가 지금까지 본 사람들 중에 가장 비틀리고, 가장 부정직하며, 가장 더러운 치들입니다." 트럼프는 무죄 판결이 여당이 지닌 힘을 입증한다고 간주했고, 자기를 강력히 방어한 몇몇 공화당 인사에게 특별한 찬사를 보냈다. 그리고 이런 사람들을 모두 백악관에 초대해 '축하연'을 열었다.[65]

트럼프 대통령은 지체 없이 위협을 실행에 옮겼다. 조사에 협조한 당사자로 여겨진 인사를 노려 즉각 보복 조치가 취해지자 자리에 남아 있는 사람은 모두 오해할 수 없는 신호로 받아들였다. 트럼프는 하원에서 진행된 탄핵 소추에서 중심적인 구실을 맡은 손들랜드를 해임했다.[66] 또한 빈드먼은 손들랜드가 해임된 직후 국가안전보장회의에서 방출돼 국방부로 복귀해야 했다. 트럼프 행정부의 국가안보좌관 로버트 오브라이언은 빈드먼에 관해 이렇게 말했다. "우리는 중령들이 모여서 정책이 무엇인지, 또는 어때야 하는지 결정하는 바나나 공화국\*이 아닙니다."[67] 그 뒤 백악관은 트럼프가 대령 진급이 예정된 빈드먼을 승진시키는 데 반대한다는 의견을 국방부에 전달했다. 빈드먼은 대통령의 결의를 시험하기보다는 군에서 퇴역하기로 결정했는데, '트럼프 대통령과 우군들이 저지른 괴롭힘, 위협, 보복 운동'을 이유로 지목했다.[68] 또한 존 루드John Rood 국방부 정책 담당 차관도 대통령이 행사한 압력을 받아 사임했다. 루드가 눈 밖에 난 이유는 무엇이었을까? 우크라이나가 원조 자금을 투입하는 데 충분한 안전장치를 마련한 상태라는 증명을 의회에 제출한 때문이었다. 그러니까 루드가 증명한 덕분에 대통령이 [우크라이나] 부패를 염려해서 자금 지급을 보류한다는 명분이 허약해졌다.[69]

---

\*  바나나 같은 한정된 1차 생산품 수출에 기대어 해외 원조로 살아가는 가난한 나라. 주로 외국 자본에 통제받는 부패한 독재자가 통치하며 정정이 불안한 작은 나라를 가리킨다.

행정부가 내부 고발 보고서를 숨기려 할 때 보고서가 있다는 사실을 의회에 알린 정보기관 감찰관 마이클 앳킨슨을 해임하면서 보복은 더욱 공세적으로 변했다. 트럼프 대통령은 하원 정보위원회와 상원 정보위원회 지도부에 각각 해임 결정을 알리는 서한을 보냈다. "저에게는 감찰관으로 일하는 임명직을 전적으로 신뢰해야 한다는 점이 매우 중요합니다. 그러나 이 감찰관에게는 더는 그런 신뢰가 없습니다."[70] 법무부 장관 윌리엄 바는 해임을 지지하면서 대통령이 '올바른 결정을 내렸다'고 말했다. 바는 감독 체제를 뒷받침하는 '기념비적인 법률들'에 의회가 보여 준 존중을 비웃듯 '꽤 협소한 법률'의 선을 넘은 앳킨슨을 비난했다.[71] 앳킨슨은 자기는 법적 의무를 '성실히 이행'한 사람일 뿐이라고 반론했으며, 미래의 내부 고발자에게 이런 사건들 때문에 '여러분의 목소리를 침묵하게' 놓아두지 말라고 당부했다.[72]

앳킨슨을 해임한 조치는 널리 규탄받았다. 법무부 감찰관 마이클 호로위츠는 동료 감찰관을 대표해 행정부를 비판하고 동료를 변호했다. "앳킨슨 감찰관은 감찰관 집단 내부에서 정직성, 전문가 정신, 법치와 독립적 감독에 헌신한다고 널리 알려져 있다. 여기에는 우크라이나 내부 고발자 보고서를 처리하는 과정에서 취한 행동도 포함된다."[73] 의회 내부에 있는 몇몇 대통령 지지자마저 이 사건에는 염려를 표명했다. 1989년 내부고발자 보호법을 작성하고 감찰관 해임 때 보고 요건을 강화한 2008년 법안을 공동 발의한 척 그래슬리Chuck Grassley 상원 의원(공화당, 아이오와 주)은 대통령에게 '해명'을 요구했다. 물론 트럼프 대통령은 분명하게 해명했다. 대통령은 아무 핑계도 대지 않고 앳킨슨에게 불만을 느낀 진짜 이유를 공개했다. "그자는 이 끔찍하고 부정확한 내부 고발자 보고서를 의회에 가져갔습니다."[74] 그래슬리는 초당적인 반대를 주도하면서 앳킨슨 해임이 의회가 지닌 의도를 훼손한다고 주장했다. "의회는 직무를 수행하지 못한 증거가 명확할 때만 감찰관을 해임할 수 있게 정했으며, 직무 수행하고 무관한 이유로 해임되지 않게 해서 감찰관 독립성을 보장하려 했다."[75]

그러나 [탄핵] 무죄 판결은 감찰관과 의회 감독 권한을 향한 강공을 허용하는 일종의 면허로 작동했다. 트럼프 대통령은 국무부 장관을 상대로 공적자원 오용 혐의를 조사하던 국무부 감찰관을 해임했다.[76] 이 결정에 관련된 질문을 받자 대통령은 감찰관을 향한 태도를 명확히 했다. "나는 감찰관을 해고할 수 있는 절대적인 권리가 있습니다."[77]

코로나19 팬데믹이 불러온 경제적 충격을 완화하려 마련한 2조 2000억 달짜리 긴급 구제 법안에 서명하면서 트럼프는 법률자문실이 제출한 서명 의견서를 첨부했다. 여기에서 트럼프는 지원 자금을 사용하는 과정에서 기업이 부정행위를 저지르거나 정보를 제공하라는 요청에 정부 기관이 협조하지 않는 등 비정상적 상황을 적발하면 의회에 직접 고지할 권한이 새롭게 임명된 감찰관에게 부여된다는 신설 조항에 이의를 제기했다. 이 서명 의견서는 헌법 2조에 따라 대통령에게 부여된 '법 집행' 권한에 의존했다. 의회에 부여된 행정부 감시 권한에 관해 누가 묻자 대통령은 선언했다. "내가 감시자가 될 겁니다."[78]

대통령은 더 나아가 국방부 감찰관 대행을 해임했다. 동료 감찰관들이 '팬데믹 대응 책임위원회' 위원으로 선택한 인물이었다. 트럼프는 대신 브라이언 밀러 Brian Miller 전 감찰관을 이 자리에 임명했다. 밀러는 대통령 탄핵 방어팀에 참여한 백악관 쪽 변호사였으며, 따라서 염려스러운 인사였다.[79] 병원 의료 장비 부족 사태를 지적하는 보고서를 제출한 크리스티 그림 Christi Grimm 보건복지부 감찰관 대행이 제출한 보고서 관련 질문을 받자 트럼프는 불쾌

감을 나타냈다. "'감찰관'이라는 단어를 들었나요? 정말로? 잘못됐군요." 그 뒤 트럼프는 그림을 교체했다.[80] 펠로시 하원 의장이 위기 대응을 감독할 새로운 위원회를 구성하려 하자 트럼프는 러시아 선거 개입 수사와 탄핵 절차를 언급하면서 모든 감독 노력을 폄하했다. "또 시작입니다. ······ 마녀사냥 다음에 마녀사냥, 다음에 마녀사냥입니다."[81]

단일 행정부에 맞서 행정 영역이 시도한 저항은 도널드 트럼프 탄핵 과정에서 가장 강력했다. 의회가 요청하자 심층에서 떠오른 관료들은 공직과 정규 절차를 옹호하는 최선의 논거를 제시했다. 결과는 실패였다. 그렇지만 다른 정치적 조건에서 나타날 수 있는 대안적 결과를 상상하기는 어렵지 않다. 공화당이 하원을 장악한 상황이라면 탄핵 소추안은 절대 제기될 수 없었고, 민주당이 상원을 장악한 상황이라면 최소한 고위 관료를 증언대에 세울 수 있었다. 이런 반사실적 가정은 매우 흥미롭다. 트럼프 탄핵을 단 하나뿐인 특수 사례로 분류하면 안 된다는 사실을 알려 주고 진짜 문제를 보여 주기 때문이다. 정치 세력들이 근본적이고 긴급한 거버넌스 의제들을 장악할 수 있다는 문제다. 곧 이 의제들은 정치 현안과 제도 내부의 정치 권력 구도에 따라 좌우된다. 이런 운영 방식은 현대 국가에 적합하지 않다. 더 직접적으로 심도를 숙고하는 방법을 대체할 수 없다.

# 3부
# 에필로그

10장

# 국가 심도를 숙고하기

딥 스테이트와 단일 행정부가 벌인 대결은 무시하기에는 지나치게 생생했다.[1] 우리는 모두 현시대 미국 정부에서 행정부가 놓인 불안정한 위치에 깊은 인상을 받을 만하다. 누군가는 이런 문제가 국가를 효과적으로 운영하는 데 사활이 걸린 만큼 오래전에 해결된 사안이라 생각할 수도 있다. 그렇지만 지난 반세기 동안 행정 영역의 권력과 그 권력을 향한 정치적 통제를 둘러싼 논쟁은 점점 격화되는 중이다. 트럼프의 대통령직은 오래전에 해결돼야 마땅한 문제를 숙고하도록 강요한다.

쌍둥이 유령이 서로 맞부딪친 다양한 현장에 빛을 비춰 보면 전방위적인 경고가 필요하다는 점을 알게 된다. 우리가 지금까지 살펴본 모든 현장에서 정신이 번쩍 드는 상황 전개가 관찰됐다. 대통령이 단일 행정부 체제를 지지할 증거를 찾지 못한 사실은 문제가 아니었다. 문제는 그 체제에 내재한 해결책에 있었다. 트럼프가 수용하라고 요구한 국가는 모든 면에서 트럼프가 버리라고 요구한 국가만큼 위협적이다. 딥 스테이트와 단일 행정부는 둘 다 야망과 두려움이 응축된 개념이며 현실의 문제와 제도 배치를 과장하고 왜곡한 투영물이다. 트럼프가 심도를 향해 퍼부은 공격에서 긍정적인 면을 애써 찾자면, 미국 국가가 형성될 때 생긴 거대한 사각지대와 오랫동안 잘 처리되던 구조적 모호성에 주의를 환기한 점일 듯하다.

## 현명한 선택

트럼프가 제기한 딥 스테이트 음모론은 행정 영역 전체를 향한 포괄적 기소 형식을 갖췄다. 이런 방식이 아니라면 공직 애국주의, 곧 국민을 위해 성실히 일하고 헌법에 충실한 행정 관리자들이 지닌 덕목을 부정하는 대항 서사는 마치 시민 교육 교과서에 나오는 표준적 설명처럼 가볍게 지나가고 말 수도 있었다. 관리자는 무죄가 아니다. '저항'은 하나의 쇼였으며, 예의를 고상하게 차리지만 언제나 스스로 하는 주장에 부응하지 못하는 그런 쇼였다. 오만이 주요 약점이었고, 공연이 끝나면 관리자가 부린 허세가 괴로운 방식으로 드러날 때도 있었다. 모든 절차적 일탈(내부 고발자가 의회를 상대로 직접 상의하고, 감찰관이 법률자문실을 무시하고, 해군성 장관이 트윗을 무시한 일)은 자해 행위로 판명됐다. 어떤 행동은 완전히 도착적이었다. 백악관 참모들이 사보타주를 벌였다. 소비자금융보호국은 필사적인 음모를 꾸몄다. 연방수사국은 정치적 적대감, 독선, 문서 위조, 신중하지 못하게 절차를 무시하는 잘못을 저질렀다.

국가는 많은 짐을 짊어진다. 자기 자신이 정한 의제에 사로잡힌 불량한 행위자는 행정 영역의 심도에 수반되는 현실적 문제 중 하나다. 국가는 무엇보다도 단일 행정부 주장의 논거를 강화하고 대통령중심주의를 안전한 피난처처럼 보이게 만든다. 그렇지만 우리가 알게 된 대로 그런 유혹적이고 상식적으로 보이는 해결책을 거부할 이유도 이제 분명하다. 대통령이 실행한 억압 조치는 그것 자체로 좋은 정부를 모독했다. 단일 행정부는 대통령의 책임과 민주적 설명 책임을 확립하겠다는 명분을 내세우지만, 실제로는 자의적 조치와 개인적인 명령 강요 행위에 면허증을 발부할 뿐이었다.

트럼프 대통령 임기 동안 우리는 단일 행정부를 추구한 시도가 귀중한 정부 자산 전체를 위험에 빠트리는 상황을 많이 목도했다. 눈을 돌려 트럼프 행정부에서 일어난 최악의 방종을 다시 살펴보자. 백악관 내부의 방해 공작원들은 대통령이 솔직한 토론과 성실한 중개에 무관심하다는 사실을 알게 됐다. 공작원들은 정책의 상호 의존성과 정부 의무의 연속성을 소리 높여 주장했다. 이성과 정당한 심의를 향해 드러낸 적대감은 절박한 대응을 요구하는 듯했다. 소비자금융보호국에서 일하는 음모가들은 중앙의 지휘 통제와 충실한 법 집행을 교환하려 하지 않았다. 집권 정당이 교체되는 현실에서 조직 전체를 철거하기보다는 운영상의 조정이 필요하다고 봤다. 연방수사국 내부에 있는 도당은 외국이 선거에 개입한 사실을 보여 주는 믿을 만한 증거가 대통령의 개인적 감정에 종속되고 집단적 판단이 개인적 충성을 바라는 요구에 굴복하는 모습을 지켜봤다.

대통령이 홀로 미국 국가의 행정권을 쥐고 있다고 트럼프가 주장하자 심도에 근거한 저항이 일어났다. 앙갚음을 주고받으면서, 트럼프와 행정부 관료들은 딥 스테이트 음모론을 자기 충족적 예언으로 만들었다. 그렇기 때문에 트럼프와 코미가 벌인 싸움이나 멀베이니와 잉글리시가 벌인 싸움에서 어느 한쪽을 선택하면 실수하게 된다. 모든 저항 현장에서 항의 형태가 똑같다는 점을 숙고해야 한다. 저항자들은 심도에 의존했다. 트럼프 행정부는 행정 영역에서 독립성을 제거하고 대통령의 강력한 의지에 따라 행정부를 운영해야 한다는 지혜에 의존했다. 여기에서 현명한 선택은 딥 스테이트와 단일 행정부 사이의 양자택일이 아니다. 선택은 우리가 국가의 심층을 소중히 여기는지 그렇지 않은지 사이에서 실행돼야 한다.[2] 그렇지 않으면 단일 행정부를 주장하는 논거가 무한정 강해지게 된다. 그렇지만 심도를 고민한다면 단일 행정부 주장은 약해지게 되며, 우리는 심도가 떠안긴 짐을 처리할 다른 방법을 찾아야만 한다.

트럼프 대통령 재임기는 이 고민을 강제했다. 아마 트럼프 임기 뒤에도 오랫동안 회자될 듯하다. 트럼프 행정부는 심도의 장점을 우리에게 상기시켰다. 물론 단점도 함께 보여 줬다. 또한 트럼프는 대통령직을 수행하면서 단일 행정부 이론이 지닌 함의도 완전히 펼쳐 보였다. 단일 행정부 이론에는 정부를 권력 수단으로 대하는 적나라한 도구주의를 방어할 수 있는 좋은 논리가 없다. 이 이론을 채택하면 실질적으로 어떤 종류의 심도도 방어하기 어렵다. 트럼프 같은 지도자를 가능하게 만드는 이론이며, 선거 결과를 쇠창살로 만들어 우리를 모두 가두는 이론이다.

## 분리된 두 세계

트럼프 대통령 임기 동안 미국 정부를 보는 두 관점이 충돌했다. 공통점은 놀라울 정도로 적었다. 마치 두 관점을 지지하는 옹호자가 서로 다른 행성에 사는 양 보일 지경이었다. 어느 평론가는 '행정부에 불리하게 판이 짜'이고 의회도 여기에 동조한 결과라고 주장한다. "그 사람들은 점점 더 대통령의 통제에서 [행정 영역을] 단절시키려 한다."[3] 의회를 규율하고, 행정부를 종속시키고, 민주주의를 회복하고, 입헌 정부를 복원하는 데 필요한 단 하나의 방책이 단일 행정부였다. 다른 평론은 단일 행정부란 제왕적 대통령제를 부르는 다른 이름일 뿐이며, 따라서 미국 민주주의에 등장한 위협이라고 주장했다.[4] 몇 년 동안 대통령들은 미국 정부를 포위했으며, 의회는 기습당해 후퇴하는 중이었다. '안정된 국가'가 무너지는 와중이었고, 대통령은 '[자기] 권력을 제한하는, 미국 시스템에 내재된 보호 장치에서 벗어나려 적극적으로 활동'하고 있었다. 이런 흐름은 '현대 미국의 견제와 균형 시스템을 공격하는 가장 큰 도전 중 하나'였다.[5]

두 평론가는 완전히 다른 세계를 묘사했지만, 사실은 똑같은 행정부 내부에서 동시대에 활동했다. 경쟁하는 역사 서술은 끔찍한 위협을 설명하는 상반된 서사를 구성했다. 이런 이들이 힘을 합쳐 정부를 분열시켰다.

러시아 선거 개입 수사와 탄핵 청문회가 진행되는 동안에는 저항 세력이 대통령을 쥐고 흔드는 듯 보였다. 트럼프식 변명에 맞서 행정 영역이 감행한 반발은 오랫동안 정치적 연옥에 빠져 있던 대안적 질서 감각을 중앙 무대로 복귀시켰다. 지식에 기반을 둔 권위, 중립적 역량, 정보에 입각한 의사 결정, 전문성과 판단을 존중하는 태도, 규칙과 정규적인 절차 등 권력 행사를 탈인격화하는 모든 가치가 진보주의 시대 이후 어느 때보다 큰 문화적 공감을 얻었다. 어떤 사람들에게는 심도를 공개적으로 옹호할 수 있고 그런 가치를 경청하는 청중을 찾은 사실 자체가 심도의 회복력을 확인시키는 증거로 보였다.[6] 트럼프 자신도 이런 견해에 신뢰성을 보탰다. 대통령은 자기가 '딥 스테이트보다 우위에 있다'고 말하면서도 머뭇거리며 '[그렇지만] 우리는 갈 길이

멀다'고 인정했다.[7]

아마도 이 말을 할 때 트럼프는 연준 이사회나 국립기상국, 아니면 파우치 박사를 떠올린 듯했다. 어쨌든 대통령은 지나치게 겸손했다. 트럼프가 안긴 패배는 인상적이었다. 자기가 자르거나 강제 사임시킨 모든 사람에게 물어보기만 해도 알 수 있는 사실이다. 드러내 놓고 심도를 보호한다 해도 대통령이 가하는 탄압을 이겨 낼 수 없는 현실이 밝혀졌다. 대통령은 헌법상 특권을 강력하게 주장하면서 보호 장치를 제거했다. 이를테면 백악관 내부 지침은 법무부의 수사 독립성이 중요하다고 강조했다. [그렇지만] 이 원칙은 대통령에게 적용되지 않았으며, 트럼프는 원칙을 존중할 이유가 없다고 생각했다. 러시아 사건을 수사하는 동안 트럼프가 한 행동을 보여 주는 철저하고 충격적인 보고서가 있었지만, 법률자문실이 현직 대통령을 기소할 수 없다는 의견을 내는 바람에 결론은 모호한 표현으로 마무리됐다. 정부 기관이 하는 연구와 의사 결정 과정에는 과학적 진실성을 보호하는 규칙이 적용됐지만, 대통령이 임명한 정무직 공무원이 좋은 연구 관행을 판별하는 기준을 바꾸자 진실성 규칙은 효력을 잃었다.

법률 조항이 더 강력한 보호를 제공한다는 구상도 있었지만, 마찬가지로 거듭 기대에 미치지 못했다. 해군에는 통합 군사법전이 있었지만, 최고 사령관 트럼프의 권위가 법전을 능가했다. 대통령이 지닌 정부 재편 권한은 철회됐지만, 농무부 소속 전문가들이 물리적으로 뽑혀 나가 외부로 쫓겨나는 사태를 막을 수는 없었다. 국가정보장 자리에 전문가를 임명하라는 법적 지침도 능력이 의심스러운 충성파가 임명되는 상황을 막지 못했다. 이민국 사례에서 행정부는 법이 명시한 임시 임명 규칙을 완벽히 우회했다. 의회는 국가안전보장회의에 제도적 기억과 전문성을 갖춘 직원을 제공했지만, 그렇다고 해서 대통령이 그 직원을 활용해야 한다는 의미는 아니었다. 의회는 소비자금융보호국을 보호하려 했지만, 적대적인 성향을 띤 국장 대행을 내세우고 기관의 사명을 약화시키려는 정무직 공무원으로 자리를 채우는 대통령을 막을 수 없었다. 공직 보호 제도는 행정 명령 때문에 약화됐고, 마찬가지로 행정법 판사를 능력에 따라 임명하라는 법 조항은 성공적인 법정 싸움과 뒤이은 대통령의 펜 터치\*라는 원투 펀치에 무너졌다. 대통령은 해임권을 휘둘러 연방수사국 국장의 임기를 10년으로 규정한 법 조항과 감찰관을 해고할 때 의회에 설명해야 한다는 법 조항을 무력화했다. 또한 대통령은 우크라이나에서 벌어진 난국에 관련된 문건에 행정부가 특권을 가지고 있다고 주장해서 의회 감독을 제한하고 탄핵 소송의 발을 묶었다.

이렇듯 심도를 향한 공격이 산발적으로 발생한 탓에 전반적인 요지보다 개별 에피소드가 더 많이 주목받았고, 각 사건에 담긴 중심 메시지는 세부 사항 속에 묻힌 듯 보였다. 그렇기 때문에 집약적 관점이 더욱 필요하다. 이 책에서 검토한 다양한 심도의 원천은 결국 단 하나로 귀결된다. 곧 우리가 한 조사에 한 가지 시사점이 있다면, 심도란 궁극적으로 좋은 정부가 무엇인지를 둘러싼 공통된 이해에 달려 있다는 사실이다.[8] 정말이지 결국 모든 것은 규범의 문제다.[9] 트럼프 행정부 시기는 최고 행정관이 심도에 존중할 만한 가치가 있다고 동의하지 않으면 심도를 지킬 수 없다는 사실을 보여 줬다.

트럼프하고 길이 어긋난 행정 관리자들은 대통령이 관리자의 사명감과 질서 감각을 노골적으로 무시할 수 있다는 현실을 믿을 수 없었다. 그렇지만 다른 사람이 생각하는 공익을 받아들이라고 대통령에게 강요하는 일은 어

---

\* 행정 명령을 뜻한다. 영어 표현은 'stroke of the presidential pen'이다.

렵다. 심도에 관한 일정한 동의가 부족하다면, 곧 치밀하게 결합된 관리 행정 영역을 기꺼이 수용하려는 의향이 없다면, 심도를 지키는 보호 조치는 제구실을 다 하지 못한다.[10] 심도를 보호하는 법령은 의회의 이해관계와 의도를 표현한다. 의회는 약한 국가를 원하지 않는다. 그러나 의회는 대통령이 위계적으로 통제하는 강한 국가보다는 '깊은 국가'를 일관되게 선호했다. 의회는 대통령에게 정규 절차와 정보 기반 의사 결정을 촉진하는 참모진을 제공했다. 수사 독립성, 유능한 공무원, 감독의 정당성이 필요하다고 주장하면서 대통령을 압박했다. 그러나 문제는 대통령에게 협조할 의무가 없는데다가 법령에 따르는 후속 조치도 단지 기대일 뿐이라는 점이다.

단일 행정부 이론은 [대통령이 합의에 참여하지 않겠다는] 옵트아웃opt-out 조항이다. 심도를 겨냥한 회의론을 재발굴해서 정교화한 결과물에 다름없다. 명백히 대통령에게 유리한 방식으로 행정권을 해석한 뒤, 여기에 반대하는 오래된 합의가 헌법적 근본 원리를 배신한다고 낙인찍는다. 현실에서 단일 행정부 이론은 대통령들이 심도를 향한 본능적 적대감을 표출할 수 있는 면허로 작동했으며, 미래의 대통령들도 이 이론을 똑같은 방식으로 사용하게 되리라고 기대하는 편이 마땅하다.

기대의 변화는 상황의 변화를 반영한다. 정당이 여전히 분권적으로 운영되고 법안 통과가 대통령의 우선순위를 진전시키는 주요한 기회이던 시절, 대통령들은 의회에 치밀하게 결합한 행정부를 구성할 수 있는 권한을 건넸다. 이때는 협치를 고리로 대통령의 정치적 위상을 높이고 행정 영역의 심도에 연관된 의회의 이익을 증진할 수 있었다. 그러나 1970년대에 들어서면서 동반자 협정을 떠받친 근간이 무너지기 시작했다. 위대한 입법 혁신*으로 정치가 전국화되고 행정 영역에 권력이 집중된 뒤였다.[11] 그 뒤 대통령 중심 정당이 등장하면서 현직 대통령은 정치 활동에서 훨씬 더 독립적인 행위자가 됐다. 행정 영역을 통제해 정치적 우선 사항을 추진할 수 있다는 전망이 뚜렷해지면서 단일 행정부는 더욱 매력적인 제안이 됐다. 1970년대에 가장 공화주의적인 부[의회]는 제왕적 파트너[대통령]가 행정부를 여당의 직접적 연장선상에 놓기 시작한 사실을 알게 됐다. 행정 영역의 심도가 대통령이 품은 야망을 가로막는 가장 큰 장애물이 된 상황이라서 선택지는 명확했다. 의회는 이선으로 전락하는 현실을 받아들이거나 특권을 더욱 강화해야 했다.

1970년대에 의회가 한 선택은 반복될 수 있다. 트럼프가 제시한 단일 행정부 주장에 맞서는 대응에서 다시 시작된 의회 '부활'의 조짐이 보인다.[12] 몇몇 입법자는 과학적 진실성을 위한 행정 규칙을 법령에 더욱 확고히 고정하려 한다.[13] 의원들은 이제 법무부가 수사 독립성 규범을 강화할 수 있게 백악관에 관련된 모든 연락 사항을 의회에 보고하라고 요구한다.[14] 법무부 장관 임기를 대통령 임기에서 분리해 장기화하는 방안도 논의 중이다.[15] 의원들은 또한 감찰관을 임의로 해임하지 못하게 보호하거나, 그렇게 하지 못할 때는 회계감사원을 더 적극적으로 활용해 감독을 강화하는 방안을 모색하고 있다.[16] 한때 유명하던 대통령 중심 관리 행정 옹호론자들도 독립성의 가치를 재고하고 있다. 이를테면 저명한 법학자이자 정보규제국 국장을 역임한 캐스 선스타인은 법무부와 연방수사국의 독립성을 위한 실행 가능한 모델로 연준을 소환했다.[17]

그러나 이런 방안은 두더지 잡기식 공화주의다. 문제가 발생할 때 개별

---

\* 문맥상 1960년대 사회 혁명을 가리키는 듯하다(4장 참조). 이 노선은 린든 존슨 행정부에서 '위대한 사회' 계획이라는 이름으로 불리기도 했다.

적으로 두더지 대가리를 치는 활동이며, 배후에 자리한 억누를 수 없는 동력을 체계적으로 다루지는 않는다. 의회가 대면한 문제는 구조적 문제다. 개혁을 계획하는 의원은 기껏해야 느낌에 의존한다. 심도를 확충하는 개혁은 자기들이 지닌 제도적 이해관계를 민감하게 감지해 효과적으로 압박하는 의회를 전제로 한다. 이런 전제는 충족하기 어렵다. 많은 의원이 대통령 중심 정당을 지지하는 경향을 띠는 점은 비밀이 아니며, 나머지 의원들도 소속 정당이 백악관을 점령할 때를 기대하며 심도를 제거하기를 바란다는 점도 공공연한 사실이다.[18] 의회 개혁가들은 또한 대통령이 개혁 법안에 서명하고 개혁안을 시행하는 데 협력할 의향이 있는지 계산해야 한다. 1970년대에 진행된 개혁에서는 대통령이 지닌 의사가 발휘하는 제약의 힘이 고스란히 드러났다. 워터게이트 사건 뒤 몇 년도 지나지 않아 대통령직은 위상을 되찾았다. 이 시기에 재임한 대통령들도 더 독립적인 법무부를 만들고 위계적 통제에 맞서 감찰관을 더 안전하게 보호하려는 의회 활동에 성공적으로 저항해서 의회를 이빨 빠진 호랑이 꼴로 만들 수 있었다. 그때는 단일 행정부 이론이 막 정교화되기 시작했다. 오늘날 대통령은 더 확고한 입지를 지니고 있으며 훨씬 대담해졌다. 이제 법원은 단일 행정부를 요구하는 헌법적 주장과 국민 투표적 주장에 더 전향적이다. 대통령은 이제 이런 법원에 호소할 수 있게 됐다.[19]

대통령이 더 확고한 권력 분립을 추진하는 한 의회가 더 강한 견제 장치를 만드는 데는 한계가 따를 수밖에 없다. 이 증후군은 대통령과 의회 사이를 밀어 떨어트리고 법원을 정치적 갈등의 중심으로 끌어당긴다. 이런 동학이 원래의 국가 설계에 일치한다고 생각할 수도 있지만, 막다른 골목으로 보는 편이 정확하다. 이 포위된 공화국에는 협력으로 되돌아갈 수 있는 경로가 필요하다. 의회는 대통령이 심도에 가하는 각각의 공격은 비껴갈 수 있지만,

대립에서 협력으로 방향을 돌리는 변화가 없다면 다시는 번견을 넘어선 구실을 할 수는 없다. 합의의 영역을 만드는 일보다 나은 대안은 없다.

## 헌법의 형식성과 제도적 상상

국가는 복잡한 조직이며, 미국 국가는 그중에서도 가장 복잡한 조직에 속한다.[20] 관리자의 변절은 새로운 현상이 아니며, 정부 기관 내부나 기관들 사이에 목적이 상충하는 일도 마찬가지다. 이런 부담 때문에 국민의 관용은 항상 시험대에 오른다.

어쨌든 우리는 헌법 설계와 행정 영역 통제라는 이 얽히고설킨 문제를 거의 해결하지 못한 채 오랜 세월을 버텼다. 그런 의미에서 현재 우리가 심도를 대면한 상황은 일종의 성년식이라고 할 수도 있다. 지금은 우리가 원하는 국가의 모습을 진지하게 숙고할 첫 기회일 수도 있지만, 이 기회를 놓친다면 당면한 증후군 때문에 파산 선고를 받을 수도 있다. 쌍둥이 유령이 제기하는 피할 수 없는 질문이 바로 이것이다. 우리는 마침내 낡은 공화주의 가치를 버리고 강력하고 위계적으로 통제되는 대통령 중심 민주정을 받아들일 작정인가? 우리는 적어도 50년에 걸쳐 그 방향으로 걸음을 내디뎠고, 따라서 이 질문은 더는 비약처럼 보이지 않는다.

그러나 오해는 금물이다. 헌법은 지금 이런 결과를 미리 점치지 않았다. 사실 오늘날에 와서 뒤늦게 헌법적 명확성을 추구하는 세태에서는 이상하게 인위적인 무엇인가가 느껴진다. 헌법 제정자들이 만든 작품의 의미가 이제 와서 갑자기 명확하고 특정한 지향을 내포하게 된 듯 말이다. 헌법에 행정 영역의 모든 권력을 대통령의 지휘 통제 아래에 두는 강력한 국가 설계가 명시돼 있고 우리가 거기 묶여 있다는 생각은 더욱 이상하다. 오늘날 단일행정부 주의자들은 분명 미국 국가가 획득한 심도를 불편하게 여긴다. 그러나 헌법 2조를 설명하려는 법률적 의견서를 모두 고려하더라도 심도를 다루는 가장 좋은 길이 [헌법의] 형식성에 집착하는 방식이라고 단정할 수는 없다.

우리 역사 속에는 정반대 경향이 우세하다. 지난날 미국인들이 행정 영역을 다루려고 마련한 다양한 제도 배치는 헌법에 담긴 지혜를 느슨하게 다룬 결과였다. 그때 미국인들은 헌법에 행정 영역 통제를 다루는 명확한 처방이나 국가적 정치 리더십을 설명하는 견고한 공식이 없다는 사실을 인정했다. 슬쩍 눈 감고 헌법 앞을 지나갔다.

헌법 제정자들은 정당의 발전을 두려워했고, 정당을 억압할 수 있는 정부를 설계했다. 그렇지만 19세기에 들어서면서 지역에서 통제하는 정당들이 헌법 제정자들이 만든 작품에 관여해 주도권을 장악하고 정부를 상향식으로 재조직했다. 초기 미국의 정당들은 헌법이 분리해 놓은 요소들을 하나로 합쳤으며, 그런 결과로 대통령은 여러 지역 영수들에게 대부분의 행정부 직책을 나눠 주는 관직 브로커로 전락했다. 20세기에 미국 정부는 더 멀리 나아갔다. 개혁가들은 행정권과 입법권을 분리하는 것보다 정치와 행정 영역을 분리하는 데 더 많은 노력을 기울였다. 대통령이 지닌 정치적 위상을 높이고 대통령을 정책 기업가이자 전국적 의제 설정자로 변모시키면서도, 행정 영역에 고유한 조직적 완결성을 정착시키고 행정부의 일상 업무와 최고 행정관 사이에 일정한 거리를 두는 데 신경 썼다. 단일 행정부에 매료된 사람들에게는 이 모든 일이 이단일 수 있다. 그런데도 이렇듯 새로운 제도적 즉흥 조치는 좋은 시절과 나쁜 시절을 모두 거치면서 국가에 도움이 됐다. 헌법에서 벗어난 이단들 덕분에 대부분의 역사 속에서 효과적으로 운영된 미국 정부라고 말하고 싶은 유혹이 고개를 들 정도다.

모든 현장에서 권한 다툼이 벌어지는 지금, 모두 헌법을 강조하고 헌법 제정자들이 품은 뜻을 올바로 이해하겠다고 나선다. 권력 분립과 견제를 바라보는 우리의 사고방식은 거기에 상응하듯 편협하고 경직되고 반동적으로 변했다. 우리의 제도적 상상력이 두 유령에 점령된 현실은 놀랍지 않다. [그렇지만] 공화국은 스스로 문제를 해결해 온 우리 역사에서 자신감을 얻을 수 있다. 헌법이 우리를 지혜로 포위하거나 창의성을 질식시키게 둘 필요는 없다. 이전 세대 개혁가들이 개척한 경로를 따르는 대안이 있다. 지난날 개혁가들은 구조적 모호성을 해소하는 데 시간을 낭비하는 대신 모호성을 활용할 새로운 방안을 찾는 데 집중했다. 견고한 해결책은 항상 비공식적이고 헌법 외적인 방안이었다. 개혁가들은 문서화된 텍스트를 우회해 제도적 동반자 관계를 구축하려 했다.

이런 시도는 임시방편이 아니다. 대통령 선거 한 번으로 해결책을 찾을 가능성은 크지 않다. 단 한 번으로 체제 전체를 다시 상상하라는 요구는 무리다. 그렇지만 예전에도 지금 같은 문제가 있었고, 지난 경험에서 문제를 해결하는 데 필요한 많은 지침을 얻을 수 있다.

우리는 역사에서 협치를 복원할 두 주요 장소, 곧 정당과 행정 영역을 발견할 수 있다. 통치의 공통 기반을 다시 주장할 수 있는 희망이 아직 있다면, 그 희망은 정당과 행정 영역의 배치를 재정비하는 데 걸려 있다. 지금은 대통령이 정당과 행정 영역을 모두 장악했다. 이런 상황이 우리가 놓인 곤경이다. 모든 주요한 이해관계가 대통령직을 장악하고 자기 목적을 달성하려 직위를 이용하는 데 쏠리는 한 심도와 단일성이 화해할 수 있는 퇴로는 존재하지 않는다. 모든 재설계는 대통령직을 둘러싼 집착을 깨는 데에서 시작해야 한다. 그러나 이 뒤늦은 시점에 누가 그런 대의를 받아들일지 상상하기는 어렵다.

19세기 정당 국가로 복귀하기란 불가능하다. 그러나 정당 설계는 다시 생각해 보는 편이 좋다. 곧 정치 지도자를 협력 사업에 확실하게 묶어 둘 수 있는 새로운 정당 조직을 고민해야 한다.[21] 이제 목표는 대통령이 전국 정당을 지배할 수 없게 만드는 데 있다. 지지 기반을 더 넓히고 연정 파트너가 지닌 영향력을 더욱 강화하면 대통령이 취하는 일방적 조치 때문에 발생하는 정치적 비용을 증가시킬 수 있다.

진보주의자들이 내세운 정치와 행정을 분리하자는 구상은 너무 오랫동안 순진한 생각으로 치부됐다.[22] 진보주의자들은 행정 영역에 독자적 완결성을 부여하면 정책 중심 정부의 집합적 책무를 보호하고 지지할 수 있다고 생각했다. 우리 시대의 순진함은 전혀 다르다. 우리는 진보주의 처방에 수반되는 부담[심층 국가의 부작용]을 해소할 유일한 방법이 정치 최상층의 강력한 지도자를 강화하는 방안뿐이라는 순진함에 빠져 있다. 요즘 들어 두더지 잡기식 대응만으로는 부족하다는 진보주의 공식에 강하게 반하는 방향으로 제도 발전이 진행된 이유는 정확히 이런 순진함 때문이다. 그렇지만 [현시대의] 개혁가들은 진보주의가 내세운 공식이 무너진 원인을 직접 대면해야 하며, 진보주의 공식하고는 다르지만 그만큼 심오한 제도적 재배치를 구상해야 한다. 어떤 사람은 이런 관점에서 조사를 시작하면 결국 정당 조직이라는 원점으로 돌아갈 수밖에 없으며 현재 마주한 곤경을 1970년대 대통령 선출 체계의 변화에서 찾을 수밖에 없다고 볼 수도 있다. 다른 사람들은 행정 영역의 자리를 확보하는 헌법 수정이 결여된 점을 진보주의적 재설계에 내재한 결함으로 지적할 수도 있다. 그러나 여기에서도 헌법 수정을 향한 갈망은 우리 시대의 증후로 보인다. [헌법] 형식의 문제는 정치적 방향 전환 없이는 해결되지 않는다. 여기에서 의문은 심도의 가치를 두고 공감대를 재건할 수 있는지에 있다.[23]

이런 관점에서 미국 정치에서 일어난 체계적 변화를 고려해야 하는 근거는 다른 방향으로 나아가는 근본적 변화가 이미 이론과 정치에서 상당히 진행된 탓이다. 닉슨의 대통령직은 단순히 '실패한 음모'[24]가 아니었다. 닉슨은 새로운 통치 관계를 대담하게 구상했고, 이 구상은 다른 이들에게 이어졌다. 닉슨이 한 구상은 장기 프로젝트로 전환했으며, 미래를 위한 로드맵이 됐다. 그 미래가 지금이다. 닉슨 때 시작된 변화가 딥 스테이트와 단일 행정부 사이의 선택이라는 수사적 형태로 우리 앞에 나타났다. 이 갈림길은 대통령이 위계적으로 통제하는 강한 국가로 우리를 유인한다. 옹호자들은 강한 국가가 원래 의도에 일치한다고 주장한다. 이런 사람들에 따르면 헌법 제정자들은 현직 대통령이 깊이 개입할 수 있는 국민 투표적 민주정, 대통령 각자가 진정한 자기만의 행정부를 구성할 수 있는 민주정을 구상했다. 그러나 권한 부여 조항은 대통령 파당을 강화하려는 목적으로 작성되지 않았다. 이런 해석 조합은 원래 의미를 왜곡한다. 마치 강제로 한 결혼처럼, 이런 조합은 불안정한 연합이며 실질적인 재앙에 가깝다. 만약 헌법 제정자들이 지닌 지혜를 재발견하는 데 목표를 둔다면, 미국인들은 지금 우리를 괴롭히는 증후군에서 벗어나 스스로 적절한 균형을 찾아야 한다.

## 증보판 후기

"선거에는 결과가 따른다." 이 무장 해제 주문은 2016년에 벌어진 정치적 이변 속에 등장했으며, 도널드 트럼프가 '딥 스테이트'를 공격하고 단일 행정부 이론을 옹호하는 불길에 기름을 끼얹었다. 트럼프 재임기에 숱하게 반복됐고, 현시대 전국적 정치 동원 체계를 대통령의 행정부 통제권을 지향하는 포괄적 주장에 결합시키는 주문이었다. 유례없이 변덕스러운 통치 공식, 곧 카리스마적 지도자가 행정부를 개인 중심 정당의 강력한 도구로 탈바꿈시키는 통치 공식을 구체화하는 데 기여한 주문이기도 했다.

이변 같은 승리를 거둬 집권한 지 4년 뒤, 트럼프는 선거 결과에 불복하는 수단으로 그동안 강화시킨 권력 기반을 이용하려 했다. 트럼프는 연임 도전에 실패하자 연방 행정 관리자들과 각 주의 정당 엘리트들에게 선거 결과를 부정하고 유권자가 내린 판단을 무시하라고 요구했다. 이런 시도가 좌절되자 트럼프는 최후 수단으로 지지층에게 호소하며 직접 행동에 나서라고 독려했다. 결국 의사당 폭동이 일어나 의회에서 선거인단 투표 개표가 지연됐다.

분명 2020년 대통령 선거에서 가장 중요한 결과는 그 모든 혼란 속에서도 결국 트럼프가 자리에서 물러나고 정당하게 선출된 상대 후보가 예정대로 취임한 사실이다. 그렇지만 정규 절차를 어렵게 재확인하는 과정 아래에는 다른 문제가 잠복해 있었다. 트럼프가 패배하고 퇴진하는 바람에 2기에 계획한 행정 영역 전체에 걸친 중대한 후속 조치가 보류됐다.

조 바이든은 대선 승리로 향하는 여로에서 트럼프하고 뚜렷이 대조되는 모습을 보였다. 법무부의 독립성을 존중하고, 팬데믹에 대응하는 과정에서 과학을 따르고, 기후 변화를 경고하는 전문가들에게 귀를 기울이겠다고 약속했다. 바이든이 무사히 취임하면서 다행스럽게도 대통령과 행정부 사이의 극적 충돌은 일상 뉴스에서 사라졌다.

그럼 바이든이 집권하면서 우리가 트럼프 대통령직을 두고 제기한 사안은 모두 해결됐을까? 우리는 그렇지 않다고 주장한다. 트럼프주의하고는 반대 방향으로 진행된 바이든의 선거 운동은 안도감을 줬지만, 바이든 진영도 몇몇 근본적 질문을 회피했다. 이제 대통령은 자기 판단에 따라 과학에 귀 기울일지, 아니면 검찰 독립성을 존중할지를 선택할 수 있는가? 이런 원칙들은 대통령이 정치적 편의에 따라 제공하거나 거부할 수 있는 선택지일 뿐인가? 트럼프 스타일 대신 바이든 스타일을 받아들이는 방식은 개인적 대통령직 personal presidency*에 많은 양보를 하는 셈이다. 훌륭한 인격을 강조하거나 선의를 암시하는 정도는 대통령 중심주의로 향하는 흐름을 막기에 역부족하다.

이 글을 쓰는 지금도 트럼프에서 바이든으로 대통령이 바뀌는 정권 교체

---

\* 대통령 개인을 중심으로 재편된 대통령직을 지칭한다. 보통 최초의 '텔레비전 대통령'인 존 피츠제럴드 케네디가 기원으로 여겨진다.

가 여진을 이어 가고 있다. 관리 행정 권력을 사적 권력으로 전환하려는 4년에 걸친 시도가 곳곳에 영향을 뿌렸고, 트럼프가 펼치는 공세 때문에 바이든 백악관은 적절한 행동 반경을 다시 설정하는 데 어려움을 겪었다. 바이든은 행정 관리자의 권위를 존중하겠다고 선언했지만, 그런 선언은 행정부 통제를 향한 대통령의 뿌리 깊은 이해관계하고 경합한다. 권력 행사를 자제하겠다고 공언하면서도 새 대통령은 일방적 조치를 통해 직접 성과를 내려는 가능성을 배제하지 않았으며, 행정 관리자들도 바이든 집권에 안심하고 긴장을 늦추지 않았다.

요즘은 '심층 국가'나 '단일 행정부' 논의가 예전만큼 많지 않지만, 포위된 공화국의 쌍둥이 유령은 여전히 퇴치되지 않았다. 이 글을 쓰는 시점에서 볼 때, 두 유령은 헌법의 그림자 속 옛 거처로 물러나지도 않은 상태다. 현시대 미국 대통령제 민주정의 제도 배치에 내재한 병리 현상은 트럼프 재임기에 더욱 악화했다. 대통령에 따라 전략은 미묘하게 달라질 수 있지만, 기본적인 제도 재배치가 일어나지 않는 한 대통령의 행정권 범위를 둘러싼 다툼은 더욱 격화될 수밖에 없다. 우리는 초판이 마무리된 2020년 가을부터 이 증보판이 인쇄된 2021년 가을까지 벌어진 사건 중 일부를 선별해 본문에서 다룬 여러 쟁점을 뒤이어 검토하고, 이어서 트럼프 시대에 벌어진 갈등을 해소하려 바이든 대통령이 벌인 활동을 개괄하려 한다.

**트럼프 행정부**

앞에서 지적한 대로 단일한 지휘 통제가 연방 정부를 더 기민하게 만들 수 있다고 생각할 근거는 거의 없다. 대통령의 행정부 통제력을 극대화하면 오히려 관리 행정이 개인화되고 대통령 권력의 선택적 영향력을 강화하는 효과가 나타난다. 트럼프는 반정부 수사를 내세운 대통령이지만, 기록을 보면 보수 대통령이 국가를 축소하지 않는다는 점을 확인할 수 있다. 국방부, 재무부, 국토안보부, 제대군인부 등에 인력이 충원돼 트럼프 재임기 동안 연방 정부 전체 공무원 수는 3퍼센트 넘게 늘어났다.[1]

트럼프가 '딥 스테이트'에 가한 공격은 커다란 충격을 남겼지만, 양상은 분산됐다. 미국 공무원들은 일방적인 샌드백 처지를 가볍게 받아들이지 않았다. 소속 기관이 정치화되고 정무직 인사가 조언을 무시한다고 느낀 공무원들은 집단 이탈을 감행했다. 그러자 행정부 역량에 오래전부터 지속된 문제들이 악화했다. 트럼프 대통령이 취임하고 첫 9개월이 되는 동안 연방 정부를 떠난 직원 수는 8만 명 정도로, 오바마 행정부 때 같은 기간 퇴직자 수보다 40퍼센트 더 많았다.[2] 고위공무원단 Senior Executive Service에서 1년 차 이탈률도 오바마 1년 차 대비 26퍼센트 높았다.[3] 백악관이 표적으로 삼은 기관들은 큰 타격을 입었으며, 특히 고위공무원 수준에서 이탈이 두드러졌다.[4]

행정의 심도를 걷어 내고 하향식 통제를 강화하면 법 집행이 정치화되고 정부 기관의 임무와 국가적 책무를 결정하는 의회의 권한이 약화된다.[5] 트럼프 재임기 동안 행정부는 전체 공중 보건 교육 인력의 28퍼센트 이상과 국세청 직원의 20퍼센트 정도를 상실했다. 노동부 산하 노동기준국, 산업안전보건청 OSHA, 광산국 등은 감독과 조사 기능에 큰 타격을 입었다.[6] 주택도시개발부 HUD에서는 고위직 경력직 공무원이 대거 퇴직하면서 주요 부서가 마비됐고, '내부 축적 지식'도 함께 소멸했다. 공정주택법 집행 등 핵심 기능까지 빠르게 약화됐다.[7] 믹 멀베이니가 소비자금융보호국을 무력화한 뒤 트럼프가 후임 국장으로 임명한 캐시 크래닝거Kathy Kraninger는 초점을 집행에서 '교육'으로 전환했다. 크래닝거는 '소비자 역량'을 강화해 스스로 '자기 이익'을 보호할 수 있게 만들겠다는 기조를 앞세웠다.⁸

정부 안에 심도를 일구는 데는 시간이 걸리며, 심도가 일단 제거되면 회복하기 어렵다. 한 연방 인사 정책 전문가는 말했다. "심도는 한 번의 행정부로 회복할 방법이 없다. …… 전문성이 없으면, 결국 처음부터 재발명해야 한다."⁹ 트럼프 행정부는 연방 공무원에게 적대적 태도를 보이면서 인재 채용 활동에 심각한 타격을 입혔으며, 그 결과 '재발명'조차 쉽지 않았다.¹⁰ 이를테면 트럼프가 국무부를 공격한 뒤 외교관 시험 지원자 수는 2016년 1만 2000명에서 2020년에는 6000명 미만으로 절반 가까이 줄었다.¹¹

트럼프가 표적 삼은 기관들은 행정부 전반에 걸쳤고, 이 기관들에 생긴 공석 때문에 바이든 행정부가 정책을 추진하는 과정이 심각하게 위축할 위험이 있었다. 기후 의제를 보자. 본문에서 살핀 대로 트럼프 행정부가 농무부 산하 경제연구소와 국립식량농업연구소를 이전시킨 결과 직원 중 3분의 2가 이탈했다. 이 두 기관은 기후 변화가 농업에 미치는 영향을 연구하는 곳이었다. 그 뒤 최종적으로 75퍼센트 정도가 기관을 떠났다. 이런 결과는 앞으로 벌어질 사태를 알리는 전조였다. 토지관리국 본부를 워싱턴에서 콜로라도 주 그랑융티온으로 옮긴 뒤에는 재배치된 직원 중 23퍼센트를 제외하고 모든 인원이 떠났다. 이미 공석이 100여 개 있는 상황에서 엎친 데 덮친 격이었다. 재배치된 한 직원은 '모든 게 무너졌다'고 평했다. 바이든 행정부는 토지관리국 본부를 워싱턴으로 다시 이전할 계획이지만, 복귀는 장기적 과제인 반면 기후 목표 달성을 위한 과학 전문 인력은 지금 당장 필요하다.¹² 미국지질조사국USGS은 과학자와 기술 전문가 약 300명을 잃어 기후 변화 영향을 예측하는 모델링 구축 역량이 약화됐다. 환경보호청도 환경 보호 전문 인력이 24퍼센트 줄었다. 환경보호청 내부에서는 새로운 기후 규칙을 마련하고 규제를 도입하는 데 몇 년이 더 걸릴 수 있다고 전망했다. 앞으로 또다시 과학 연구가 대통령 정치에 따라 요동칠 수 있다는 인식은 행정부에서 일어난 '두뇌 유출'의 여파를 더욱 장기화할 위협 요소로 남아 있다.[13]

바이든은 트럼프 시기에 생긴 공석뿐 아니라 임명된 인사 때문에 제약받기도 했다. 이를테면 트럼프는 이민 관료제 통제를 강화함으로써 바이든에게 '딥 스테이트' 문제를 건네줄 수 있었다.[14] 트럼프 행정부의 법무부는 전체 직업 이민 판사의 3분의 2 이상에 해당하는 323명을 신규 임명했다. 임명 속도가 지나치게 빠른 나머지 자격을 둘러싸고 염려가 제기됐다. 미국변호사협회[ABA]는 빠른 채용 절차 때문에 '자격 미달이거나 편향된 판사들'이 생겨날 수 있다고 경고했고, 회계감사원은 행정부가 당파적 판사를 의도적으로 임명하고 있는지 조사하기 시작했다. 트럼프 행정부는 임명 효과를 강화하려고 각 이민 판사에게 연간 최소 700건을 처리하라고 지시했고, 망명 승인율이 가장 낮은 판사들을 이민항소위원회[BIA] 위원으로 임명했다.[15] 바이든은 이런 조치에 어떻게 대응할지, 최소한 그런 조치가 미치는 영향을 어떻게 우회할지 고심해야 했다. 이민 판사가 재배치나 해임에서 완전히 보호받지 못하기 때문에,[16] 바이든 행정부는 초동 조치로 이민심사국[Executive Office of Immigration Review·EOIR] 국장을 교체하고 트럼프 시기에 확정한 이민 쿼터 지침을 폐기했다.[17] 더 공세적인 대응을 요구받자 바이든은 자기가 새로운 이민 판사를 임명하는 방안을 제안했고, 이민국 인력을 대폭 확충하는 계획도 수립했다.[18]

우리는 본문에서 트럼프가 코로나19 팬데믹을 다룬 방식을 평가하면서 위기 관리에는 권력 공유가 필요하며 '단일 행정부'란 팀워크를 대신할 수 없는 미흡한 대체물일 뿐이라고 주장했다. 이런 측면에서 트럼프의 대응 수준은 임기 말까지 개선되지 않았으며, 트럼프가 관리 행정 자산에 남긴 영향은 이 분야에서 가장 오래 지속될 가능성이 크다. 위기는 장기화됐고, 보건 전문가들이 반복적으로 증거를 재검토하고 지침을 수정하면서 분명 대중들의 인내심이 위태로운 상태에 놓였다. 그러나 트럼프가 적대적 태도를 보이면서 전문가의 신뢰성에 항구적인 타격을 입힌 대가는 치명적이었다. 2020년 10월, 트럼프가 코로나19에 감염되면서 정부 의료 자문진을 상대로 공식적 관계를 재설정할 기회가 생겼지만, 그런 일은 일어나지 않았다. 분명 우리는 트럼프 행정부가 백신 개발에서 거둔 놀라운 최신 성과를 적극 홍보하고, 대선 패배 뒤 위신을 회복하려고 위해 전국적인 백신 접종 캠페인을 주도하리라 기대했다. 그러나 하수인들이 팬데믹 대응을 더욱 정치화하는 동안 트럼프는 멀찍이 물러서 있었다. 자기가 빠르게 추진한 백신 프로그램이 암시와 허위 정보의 수렁에 빠지게 방치했다. 트럼프가 남긴 유산은 '파우치주의Fauci-ism'*를 향한 정치적 공세를 지속했고, 정부 정책과 권고에 관련된 왜곡된 대중적 인식하고 공명했다.[19] 바이든 취임 첫해에 코로나19 백신을 거부하는 정치적 저항은 트럼프를 지지하는 지자체에 집중됐고, 그 결과 트럼프 지지자들 사망률이 지나치게 높아졌다.[20]

트럼프는 두 번째 임기를 활용해 자기가 거둔 성과를 굳히기 전에 멈춰섰고, 트럼프주의는 장기적 전망이 불투명해졌다. 그러나 사안을 넓게 보면 트럼프는 의식하든 의식하지 않든 간에 미국 정부를 재구성하는 데 가장 굳건한 성공을 거둔 대통령들이 밟아 온 경로를 상당히 충실하게 따른 듯하다.

---

\* 국립알레르기·전염병연구소 소장 앤서니 파우치의 이름을 딴 단어로, '마스크와 손 소독제 체제'를 가리킨다.

트럼프는 반대 세력의 정책 약속을 떠받치던 제도적 기반을 완벽히 해체했고, 자기가 정해 놓은 우선순위에 충실한 새롭고 강력한 정당을 구축했으며, 새로운 지향에 공감하는 판사로 법원을 채웠다.[21] 트럼프는 두 번째 임기를 수행하지 않고도 사법부에 지대한 영향을 남겼다. 대법관 3명, 연방 항소법원 판사의 약 3분의 1, 전체 재직 판사의 4분의 1 이상을 임명했다. 이런 조치는 앞으로 미국 정부 구조에 오랫동안 변화를 일으킬 수 있다.[22] 트럼프가 선택한 이들은 주로 젊은 층에 몰려 있었다.[23] 그중 다수는 단일 행정부 이론을 열렬히 지지했다. 앞으로 보게 되겠지만, 단일행정부주의자들이 대통령 권력을 바라보는 방식은 이미 행정부를 재구성하는 중이다.

### 간발의 차

트럼프는 세 개 주에서 4만 4000표 차이로 패배했다.[24] 재선은 간발의 차로 무산됐다. 패배 전 트럼프 행정부는 정부를 탈바꿈시킬 수 있는 몇 가지 조치에 막 착수하려는 참이었다. 여기에서는 본문에서 주목한 다섯 가지 사안을 중심으로 사태 전개를 살펴본다.

트럼프 행정부가 '투명성' 정책을 명분으로 환경보호청을 무력화하려던 시도는 시한이라는 운명에 부딪혀 무산됐다. 선거일이 다가오면서 행정부는 비공개 데이터를 환경 규제를 마련하는 데 사용할 수 없게 제한하는 새로운 '메타 규칙'을 제정하려 서둘렀다.[25] 2021년 1월 초 트럼프 정부 환경보호청은 최종안을 발표하면서 해당 규칙이 '실질적' 규칙이 아니라 '절차적' 규칙이라고 명시했다. 의도적 분류였다. 절차적 규칙으로 분류하면 해당 규칙을 바로 발효할 수 있을 뿐만 아니라 민주당 우위 의회가 의회심사법을 근거로 규칙을 폐기하지 못하게 할 수 있었다. 그러나 이 분류는 도박이었고, 결국에는 실패했다. 연방 지방법원 판사는 해당 규칙이 사실상 실질적 성격을 띠며 행정절차법상 요구되는 입법 예고와 의견 수렴 절차를 거치지 않은 상태라고 판결했다.[26] 기술적 사유로 무효가 된 탓에 2기 행정부가 들어서면 더욱 강력히 추진할 규칙이었다. 바이든이 당선하면서 투명성 전쟁에서 벌어진 최신 전투는 (분명 최종 승리는 아니지만) 과학자들의 승리로 마무리됐다.

본문에서 이미 살핀 대로 정보기관에 관한 권한을 개인화하려는 시도는 트럼프가 2020년 대선을 준비하는 과정 중 하나였다. 트럼프는 로버트 오브라이언을 국가안보보좌관으로 임명하고 존 래트클리프를 국가정보장으로 임명하면서 전문가의 역량과 신뢰성을 정치적 이해관계와 개인적 충성심으로 대체하는 작업을 진전시켰다. 새로운 팀은 트럼프가 바란 방식으로 선거 문제를 처리했다. 러시아가 다시 트럼프를 지원하려 선거에 개입한다는 신뢰할 만한 첩보는 축소되고 왜곡되며 희석됐다. 래트클리프 국가정보장은 주장했다. "중국은 다른 어떤 나라보다도 훨씬 대규모로 [미국에] 영향력을 미치려는 정교한 작전을 벌이고 있다." 오브라이언도 이런 주장을 되풀이했다. "일단 중국이 가장 대규모로 미국 개입 정책을 펼치고 있으며, [그다음이] 이란과 러시아다." 선거 뒤 트럼프 동맹 세력도 중국 개입이라는 서사를 채택해 공화당 의원들을 상대로 대선 결과가 무효라고 설득하는 데 활용했다. 그 뒤 발표된 외국 개입 관련 공식 보고서에서 정보기관은 중국은 영향력이 없지만 러시아는 트럼프 캠프를 일관되고 강력하게 지원한 나라라는 결론을 내렸다.[27] 게다가 내부 고발자가 한 제보에 따르면 국토안보부 소속 대행 임명자인 채드 울프와 켄 쿠치넬리가 경력직 공무원들에게 러시아 활동이나 백인우월주의 위협 관련 평가를 축소하라고 지시한 사실이 드러났다.[28] 트럼프가 선거 이후 정보기관 리더십을 경륜을 갖춘 인사에게 돌려줄 의향을 보인 정황은 없었다. 반대로 트럼프는 2기 임기 초부터 서사를 완전히 장악하고 역량과 신뢰성을 주장하는 목소리를 말끔히 제거할 계획이었다. 중앙정보국 국장 지나 해스펠Gina Haspel과 연방수사국 국장 크리스토퍼 레이는 모두 경질 명단에 올라 있었다.[29]

트럼프는 인구조사국에서도 중요한 변화를 추진했다. 이 기관은 초판 집필 막바지에 이르러서야 비로소 우리가 주목하기 시작한 곳이었다. 2020년 7월 트럼프는 미국 내 불법 체류 이민자를 인구 조사에서 제외하라는 행정 각서를 발표했고, 각 주별 인구 추산 작업을 감독하려고 새로운 정무직 감독관을 배치했다.[30] 인구 조사는 연방 하원 의석 배분과 연방 세금 분배가 달린 사안이었다. 트럼프가 발표한 행정 각서는 공화당에 상당한 이익을 안겨 줄 수 있었다. 이 계획에 제기된 법적 도전은 대법원에서 유보됐지만, 인구조사국 내부의 경력직 공무원들이 자체적으로 문제를 제기했다. 트럼프가 임명한 스티븐 딜링햄Steven Dillingham 국장이 불법 체류자 수 추산치를 제출하라고 지시하자 고위 공무원들은 신뢰성에 의문을 제기하면서 수치에 신뢰할 수 없다는 설명을 반드시 첨부해야 한다고 주장했다. 다른 경력직 공무원들도 과학적 진실성 정책에 따른 규칙을 근거로 상무부 감찰관에게 문제를 제기했다. 감찰관이 보낸 질의와 정권 말이라는 상황을 의식한 딜링햄은 결국 계획을 철회했다. 선거 결과가 다르게 나오고 더 많은 시간이 주어진 상황이라면 트럼프 행정부는 분명히 이렇게 쉽게 물러서지 않았다. 실제로 이 사건 뒤 인구조사국 직원들은 정치적 개입을 걱정하면서 기관을 더 확실히 보호할 방안을 모색하기 시작했다. 한편 바이든 대통령은 취임 첫날 트럼프가 내린 지

침을 폐지하는 행정 명령에 서명했다.[31]

    정권 막바지에 미국 우정청에 관련된 조치에서도 비슷한 동학이 드러났다. 선거 자체에 직결된 사안이었다. 2020년 여름, 대선 국면에 본격적으로 진입하면서 트럼프 행정부가 새로 임명한 루이스 드조이Louis DeJoy 우정청장은 과감한 비용 절감 정책을 지시하기 시작했다. 지시에는 우편물 분류기 해체, 우편 수거함 철거, 초과 근무 수당 삭감 등이 포함됐다. 우정청 직원들은 강하게 반발했다. 팬데믹 때문에 우편 투표가 폭발적으로 늘어날 상황에서 이런 반발은 더욱 설득력을 얻었다. 드조이가 구상한 비용 절감 조치가 그대로 실행돼 투표지 배송을 지연시키면 개표에 심각한 영향을 미칠 수도 있었다.[32] 의회와 법원이 조사를 시작하자 드조이는 매우 극단적인 조치 중 일부를 일시적으로 철회하는 데 동의했다. 선거 뒤에도 비용 삭감이 남긴 영향을 놓고 의문이 이어지지만 선거에 결정적 영향을 미칠 정도로 강한 조치는 아니었다.[33] 개표가 끝난 뒤 드조이는 계획을 계속 추진했고, 우편물 배송은 다시 눈에 띄게 느려졌다. 바이든 대통령은 드조이를 해임하려 했지만, 우정청장 해임권은 우정청 이사회에 있었다. 트럼프가 임명한 사람들로 채워진 이사회가 드조이를 보호하면서 사태가 복잡해졌다.[34]

    가장 중대한 '간발의 차이 실패'는 아마 트럼프가 공무원 제도에 새롭게 도입하려 한 '스케줄 에프Schedule F' 행정 명령이 시행되지 못한 일일 듯하다. 2020년 10월에 발표된 스케줄 에프는 정책 자문을 수행하는 모든 공직자의 신분 보호를 박탈하는 내용이었다. 이 조치는 잠재적으로 경력직 공무원 수천 명에게 영향을 미칠 가능성을 지녔으며, '1883년 미국 공무원 제도가 도입된 이래 가장 실질적인 변화'를 일으킬 수도 있었다.[35] 이 명령은 트럼프 임기 초에 제임스 셔크가 작성한 메모에서 비롯됐는데, 여기에서 셔크는 대통령이 내리는 지시에 대항하는 공무원을 주변화[임의 해고]할 수 있는 '헌법적 선택지'를 제안했다. 아울러 스케줄 에프는 대법원이 얼마 전 내린 판결에서 나타난 우호적 신호를 활용한 시도이기도 했다. 스케줄 에프는 결국 시기와 실행 준비 문제로 무산됐다. 행정 명령은 취임 이전에 시행될 수 없었고, 따라서 트럼프가 패배하면서 함께 폐지될 운명이었다.[36] 바이든 대통령은 스케줄 에프 행정 명령을 곧바로 폐지할 뿐만 아니라 공무원 노조를 겨냥하거나 해임을 막는 보호 장치를 약화시킨 다른 행정 명령들도 각 기관이 철회하라고 지시했다.[37] 물론 '명령을 폐지하는 명령'이라는 형식을 보면 이제 행정 영역의 심도가 대통령 재량에 취약하게 의존하게 된 정도를 단적으로 알 수 있다. 어느 행정학자가 지적한 대로 의회가 직접 대응하지 않는 한 이렇게 '관료제를 통제하려는 시도'가 다시 등장하지 않으리라는 근거는 거의 없다.[38]

## 저항

트럼프 행정부를 서툴고 무능한 정부로 치부하는 이들은 행정 조치 관련 사법 절차에서 드러난 낮은 승소율을 지적한다. 일반적으로 행정부는 이런 소송에서 70퍼센트 정도 승률을 기록하지만, 트럼프 행정부는 승소율이 23퍼센트에도 못 미쳤다. 법원은 많은 행정 조치를 절차상 문제로 무효화했는데, 준비가 허술하고 성급하다는 의미다.[39] 절차적 기각은 조치 내용을 판단하지 않기 때문에 똑같은 조치가 다시 추진될 가능성은 열려 있다. 더욱이 트럼프 행정부는 불리한 판결에 대응하면서 종종 제동을 거는 사법부를 조롱했다. 오바마 행정부 시기에 적용된 규제를 뒤집는 데 실패하면 트럼프 행정부는 법적 절차를 지연시키거나, 시행을 미루거나, 아예 전체 규칙을 철회하는 식으로 대응했다.[40] 그런데도 법원이 반드시 준수해야 한다고 요구한 절차적 요건을 일상적으로 경시한 태도는 자승자박이 됐고, 행정 영역에서 심도가 여전히 중요한 이유를 입증했다.

트럼프 행정부 시기 법무부에서 단일성과 심도 사이에 벌어진 대결은 2020년 대선 전만큼이나 정권 막바지에도 치열하게 펼쳐지면서 진흙탕을 헤맸다. 한편으로 연방수사국은 트럼프가 딥 스테이트 음모를 폭로하려 할 때 주요한 표적이었다. 선거 뒤 윌리엄 바 법무부 장관은 존 더럼 연방 검사를 특별검사로 임명해 연방수사국이 러시아 수사를 개시한 경위를 조사하게 했고, 바이든 행정부에서도 조사가 지속될 수 있게 보장했다. 더럼은 연방수사국 변호사 케빈 클라인스미스를 기소한 뒤, 이어 연방수사국을 만나 트럼프 그룹과 러시아 은행이 연계돼 있을 가능성을 제기한 사이버 보안 분야 변호사를 기소했다. 힐러리 클린턴 캠프에 연관된 사실을 숨긴 혐의였다.[41] 그 뒤 더럼은 악명 높은 스틸 문건의 주요 정보원인 이고르 단첸코를 연방수사국에 허위 진술을 한 혐의로 기소했다. 특별검사는 단첸코 또한 민주당 관계자들에 연관된 사실을 숨긴데다가 몇몇 주장을 날조한 사실이 있다고 밝혔다. 이 글을 쓰는 지금도 더럼은 조사를 이어 가고 있다. 그러나 지금까지 밝혀진 사실 중에서 상원 정보위원회의 초당적 보고서가 결론지은 트럼프 캠프와 러시아의 연계 사실을 반박할 만한 내용은 없었다. 또한 초기 감찰관 보고서는 연방수사국이 부실한 조사 방식을 쓴다고 강하게 비판하면서도 스틸 문건에 상관없이 러시아 수사를 개시하는 데 충분한 근거가 있다는 결론을 내렸다. 그런데도 민주당과 연방수사국 사이의 연결 관계가 드러나면서 공정성 의혹은 불식되지 않았고, 연방수사국은 신뢰성에 관련해 자신감을 회복할 수 없었다. 실제로 연방수사국은 외국첩보감시법 관련 영장 신청서에서 스틸 문건 중 몇몇 내용을 인용한 적이 있다.[42]

더럼이 연방수사국을 조사하는 동안 법무부는 다른 여러 전선에서도 압박받았다. 법무부가 직면한 핵심적 도전은 무엇보다도 수사 독립성 규범을 노골적으로 위협한 대통령이었다. 이 문제는 선거 뒤 더욱 뚜렷해졌다. 트럼프는 윌리엄 바가 뮬러 특검 수사가 미치는 영향을 축소하려 한 시도조차 과거로 넘겨 버렸다. [이제] 트럼프는 아예 법무부 자체를 배제하고 로저 스톤, 폴 매너포트, 마이클 플린 등 주요 인물을 사면했다. 이렇게 해서 트럼프가 '마녀사냥'이라 부른 수사가 무력해졌다.[43] 트럼프가 퇴임 직전까지 공무원들에게 선거 사기를 입증하라며 압박한 일은 더욱 충격적이다. 처음에는 트럼프가 하는 압박에 맞선 저항은 미적지근했다. 바는 선거 전에는 대통령이 제시하는 논점에 공감하는 듯 보였다. 팬데믹 때문에 우편 투표가 널리 도입되는 상황에서도 트럼프를 따라서 우편 투표가 심각한 부정 선거로 이어질 수 있다는 주장을 반복했다.[44] 선거 뒤에도 바는 대통령이 하는 요구에 부응하는 모습을 보였다. 뚜렷한 증거가 거의 없는데도 검사들에게 선거 부정 가능성을 조사하라고 지시했다. 이런 지시에 항의해 법무부 선거범죄수사부 책임자가 사임하기도 했다.[45]

그러나 결국 트럼프가 하는 요구는 윌리엄 바가 감당할 수 없는 수준이라는 사실이 증명됐다. 바는 2020년 12월에 사임했지만, 사임에 앞서 법무부가 조사한 결과 폭넓은 선거 사기를 보여 주는 증거는 발견된 적이 없다고 발표했다. 트럼프는 나중에 바가 한 이 단호한 공개 반론이 자기는 대통령이 조종하는 꼭두각시가 아니라는 주장을 증명하려 한 행동이라고 설명했다. "빌 바는 내 꼭두각시처럼 보였어요. 사람들은 바가 트럼프의 '개인 변호사'이고 '무슨 일이든 다 할 거야'라고 말했고, 나는 '봐라, [또] 시작이지……'라고 생각했죠. 바는 점점 말을 안 듣게 됐고, 나는 그런 사실을 알았어요." 트럼프는 이어서 법무부가 선거 사기에 관련된 아무런 기소도 하지 않고, 제임스 코미나 앤드루 맥케이브를 형사 고발하지도 않고, 헌터 바이든 관련 수사 발표도 없고, 더럼 특검이 진행한 수사도 선거 전에 결론이 나지 않은 점에 불만을 터트렸다.[46] 트럼프는 이 모든 상황을 딥 스테이트가 감행한 전면적 방해 공작이라고 봤다.

바가 사임한 뒤 트럼프는 법무부에 더 강도 높은 요구를 했다. 제프리 로즌Jeffrey Rosen 법무부 장관 대행에게 대선을 판가름한 몇몇 주에서 선거 사기가 벌어진 의혹을 수사하라고 압박했다.[47] 로즌이 요구를 받아들이지 않자 선거 사기 수사를 추진할 뜻을 밝힌 제프리 클라크Jeffrey Clark로 장관 대행을 교체하려 했다. 클라크는 구체적으로 주요 경합 주 공무원들에게 투표 '부정' 가능성을 경고하고 주 의회에 선거 결과를 다시 검토할 필요가 있다는 제안을 하겠다는 뜻을 비쳤다. 그러나 로즌 대행과 리처드 도너휴Richard Donoghue 법무부 차관 대행은 이 계획에 반대했다. 도너휴가 남긴 기록에 따르면 트럼프는 법무부에 2020년 선거가 '부패'한 선거라는 공개 선언을 하라는 지시를 내리고 '나머지는 나랑 [공화당] 의원들이 처리하겠다'고 말했다.[48] 백악관 집무실에서 벌어진 대치는 2021년 1월 3일까지 이어졌다. 상원 사법위원회 보고서에 따르면 도너휴는 트럼프에게 '로즌을 클라크로 교체하면 모든 법무부 차관보가 사임할 예정'이라고 경고했다. 나아가 '연방 검사들과 다른 법무부 관리들도 집단 사임할 가능성이 크다'고 덧붙였다.[49] 공개적인 저항이 승리했다. 대통령은 고립된 듯했다.

그렇지만 트럼프가 완벽히 고립된 상황은 아니었다. 그 뒤 트럼프를 옹호하는 의회 인사들은 단일 행정부 주장을 되풀이하며 이 사안에서 벌어진 '딥 스테이트' 공작을 비판했다. 상원 사법위원회 소속 공화당 의원들은 트럼프가 한 행동이 전적으로 헌법상 대통령 의무 안에 포함된다고 주장했다. "트럼프 대통령이 내린 조치는 법을 성실히 집행하고 행정부를 감독할 대통령의 책임에 부합했다." 또한 이 의원들은 주장했다. "트럼프 대통령이 법무부와 연방수사국의 중립성, 선거 사기 혐의를 철저하고 공정하게 수사할 능력을 상당히 회의한 일은 충분히 타당하다."[50] 짐 조던Jim Jordan 하원 의원(공화당, 오하이오 주)은 트럼프나 마크 메도스 비서실장이 법무부에 선거 사기를 조사하라고 압박한 행위는 문제의 본질이 아니라고 주장했다. "미국 대통령 비서실장이 뭔가를 요청하자 행정부 관계자들은 사실상 가운뎃손가락을 내밀었습니다. 이런 행위야말로 우리가 문제 삼아야 할 대상입니다."[51]

트럼프가 선거 뒤 행정 관리자들에게 던진 요구는 법무부뿐 아니라 펜타곤에서도 경고음을 울렸다. 이 지점에서도 트럼프는 단일 행정부를 구실로 행정 영역이 복종하는지를 시험했고, 그 결과 '딥 스테이트' 음모론은 자기실현적 예언이 됐다. 사실 대통령과 국방부 사이는 이미 2020년 6월 백악관 인근에서 일어난 '흑인의 생명도 소중하다Black Lives Matter·BLM' 시위에 대응할 때부터 긴장 상태였다. 트럼프는 폭동진압법Insurrection Act을 발동해 군을 투입하라고 요구했지만, 마크 에스퍼 국방부 장관은 이 요구를 거부했다. 트럼프는 불복종에 격노했다. "당신은 내 권한을 훔쳤어! …… 당신은 대통령이 아니야! 내가 젠장맞을 대통령이라고!"[52] 이 사건 뒤 에스퍼와 트럼프는 관계를 전혀 회복하지 못했고, 트럼프는 11월 선거가 끝나자마자 에스퍼를 해임했다.[53] 그런데도 폭동진압법은 발동되지 않았다.

트럼프와 합동참모본부 의장 마크 밀리Mark Milley 장군 사이의 관계도 이 시기에 급격히 악화했다. 합참 의장이 지닌 정치적 위상은 레이건 시대에 골드워터-니콜스 개혁*이 일어난 뒤 점점 높아졌고, 개혁이 가져온 효과는 종종 논란 대상이 됐다.[54] 밀리는 비엘엠 시위대에 경고하려 전투복을 차려입고 트럼프하고 함께 세인트 존스 성공회 교회로 행진했다. 이 모습은 군이 국내 정치에 동원된다는 인상을 남겼고, 밀리는 곧바로 사과했다.[55] 그러나 대선 뒤 트럼프가 내리는 판단을 둘러싸고 안보 부문 기성 세력이 품은 염려는 더욱 부풀어 올랐다. 밀리 합참 의장과 지나 해스펠 중앙정보국 국장은 선거에 패배한 대통령이 감정적 안정을 해칠까 봐 걱정했으며, 트럼프가 자존심에 상처를 입고 돌발 행동에 나설지도 모른다고, 심지어 전쟁을 일으킬 수도 있다고 생각했다. 2021년 1월 6일 의사당 폭동이 일어난 뒤 합참 의장이 트럼프가 핵무기 발사를 포함한 주요 군사 작전을 지시하면 개입할 수 있게 대비한 사실이 보도됐다. 밀리 장군은 낸시 펠로시 하원 의장에게 무슨 명령이든 자기가 반드시 검토하겠다는 말까지 했다.[56] 군이 최고 사령관의 명령을 능동적으로 저지하려 할 가능성이 제기되자 다시 딥 스테이트 논란이 불붙었고, 밀리는 곤란한 처지에 놓였다. 심지어 트럼프 팬은커녕 첫 번째 탄핵 청문회에서 증인으로 나서서 스타가 된 알렉산더 빈드먼조차 군사력에 관한 민간 통제를 우회하려 한 점을 근거로 밀리에게 사임을 요구했다.[57]

결국 '저항군'은 부통령까지 포섭했다. 트럼프는 의회에서 선거인단 투표를 집계하는 부통령 지위를 이용해 몇몇 주에서 선거인단 인증을 기각하라고 요구했다. 이 요구를 거부하면서 마이크 펜스는 예기치 못하게 딥 스테이트

---

\* 1986년 국방부재편법(일명 골드워터-니콜스법)으로 실현됐다. 이 개혁으로 합참 의장의 권한이 대폭 강화되고 기능이 크게 확장됐다.

변절자를 상징하는 마지막 인물이 됐다. 트럼프가 '도둑질을 중단하라Stop the Steal' 시위에서 지지자들에게 [부정 선거를] 바로잡아야 한다고 주장하면서 책임은 이제까지 충직하게 지낸 펜스에게 완전히 전가됐다. 의사당에 침입해 개표를 지연시킨 시위대는 '펜스를 교수대에 매달아라Hang Mike Pence!'고 외쳤다. 펜스와 의원들을 노린 직접적인 폭력과 의사당 공격에 대응해 하원은 궁극적 제재 수단을 발동했다. 다시 대통령 탄핵 소추가 발의됐고, 이번에는 폭동 선동 혐의였다.[58] (트럼프가 퇴임한 뒤 진행된) 상원 탄핵 심판에서 공화당 상원 의원 7명이 탄핵에 찬성했다. 미국 역사상 가장 초당적인 탄핵 유죄 표결이었다. 그러나 공화당 상원 의원 대다수는 여전히 트럼프를 지켰고, 트럼프 대통령은 최종적으로 무죄를 선고받았다.[59]

## 이정표

대선, 팬데믹, 선거 뒤 위기가 복합적으로 얽힌 트럼프 임기 마지막 몇 달은 매우 밀도 높게 흘러갔다. 압력 속에서 새로운 노선들이 엇갈렸고, 개념적 연결과 실천적 연계가 새롭게 구축됐다. 트럼프는 결국 퇴임했지만, 그 시대가 남겨 놓은 이정표를 간과해서는 안 된다. 이제 너무도 분명한 미래, 대통령중심주의를 가리키는 이정표다.

해치법은 정부 소유물을 두고 공적 업무와 정치 활동이 혼합되지 못하게 금지하는 법이다. 이 법 위반을 둘러싼 문제 제기가 요즘 여러 행정부에서 자주 나타났다. 트럼프 행정부도 예외는 아니었다. 그러나 해치법 위반에 관련된 문제 제기에 트럼프 행정부가 보인 대응은 유독 달랐다. 그동안 대개 대통령이 백악관 안팎에서 이 규칙을 긍정했는데, 이번 행정부에서는 선을 넘은 대통령 보좌진들이 의례 하던 사과조차 유독 보기 어려웠다. 2021년 11월, 해치법 위반 신고를 조사한 특별검사실은 트럼프 행정부 말기에 고위 관료 13명이 연루된 여러 위반 사례를 상세히 다룬 강도 높은 보고서를 발표했다. 트럼프가 임명한 헨리 커너Henry Kerner가 작성한 이 보고서는 단순히 위반 사실을 기록한 데 그치지 않고 행정부가 법을 '고의로 무시'한 점을 지적했다. 많은 위반 사례는 공화당 전당 대회에 백악관 부지를 사용하거나 다른 연방 기관 청사를 선거 유세 장소로 활용한 문제에 관련됐다. 대통령이 내린 승인 아래에서 반항은 더욱 뻔뻔해졌다.[60]

커너가 제출한 보고서는 하나의 표식이었다. 되짚어 보면, 이 보고서는 모든 구슬을 한 줄로 꿰어 보여 줬다. 보호 장치가 제거됐고, 정부가 대통령의 사적인 정치적 이해관계에 직접 노출됐고, 행정 관리는 정치적 동원에 융합됐고, 정치와 행정 사이의 구분이라는 형식조차 무너졌다. 그러나 이 보고서는 임기 말 나타난 명확한 변화 중 하나일 뿐이었다. 우리가 특히 주목한 또 하나의 사례는 2021년 1월 6일 대통령이 지지자를 동원한 행위를 옹호하며 제기된 주장에 담겨 있었다. 에릭 스왈웰Eric Swalwell 하원 의원(민주당, 캘리포니아 주)이 트럼프를 폭동 선동 혐의로 고소한 사건에서, 트럼프 쪽 변호인은 기각을 주장하며 헌법 2조의 권한 부여 조항에 기대어 논리를 전개했다.

변호인은 메모를 작성해 대통령에게 보장된 표현의 자유는 일반 시민이 지닌 권리하고 달라서 경계나 한계 같은 제한을 받지 않는다고 주장했다. 정치 동원이 대통령 직무를 구성하는 본질적 요소라며 강변하기도 했다. "대통령이 하는 정치적 발언은 대통령의 의무에서 '외곽'이 아니라 정중앙에 있다." 변호인은 이렇게 놀라운 헌법 2조 해석을 더욱 밀고 나아가서 대통령의

'의무'는 헌법상 폭넓게 보호받으며, 심지어 선동이라 하더라도 대통령이 하는 발언을 규제하려는 모든 시도는 행정권 침해라고 주장했다. "당시 대통령의 말이나 행동에 기반을 둔 명령이나 선언을 심판하는 행위는 행정권이 대통령에게만 부여된다는 헌법 2조 1항을 위반한다." 헌법 제정자들이 정치화되고 대중을 동원하는 대통령을 명백히 불편하게 여긴 사실에 어긋날 뿐 아니라 대통령이 원하는 방식으로 지지자를 동원할 수 있는 자유를 헌법이 보장한다는 주장이었다. 단일 행정부 이론이 사실상 선거 책임을 약화시키고 협소한 정파적 이익을 추구하는 수단으로 활용될 수 있다는 문제가 적나라하게 드러났다. "행정권은 대통령 단 한 사람에게만 부여된다. …… 트럼프 전 대통령은 재임 중 선거인단 지명과 인증을 주장할 자유가 있었다."[61]

이렇듯 임기 말에 노선들이 엇갈리고 새로운 개념적 연계가 구축된 일은 갑작스럽지 않았다. 기성 제도 배치를 발판으로 삼아 벌어진 일이고, 새롭게 제기된 '행정권' 주장하고도 맞물려 있었다. 행정권 주장과 기성 제도 배치가 연계되면서 행정부 관리와 대통령 개인 중심 정당 기반 정치 동원이 결합했고, 오랫동안 미국 정부를 지탱한 균형추로 작용한 대안적 사고방식과 비공식적 권력 배열은 약화했다.

## 발 묶인 바이든

바이든은 경력과 능력, 정부와 정부 역량에 관한 존중, 안정된 지도력, 건실한 관리를 향한 관심을 제안하며 대통령직에 올랐다. 바이든은 자기가 행정 영역이 지닌 자산을 건설적으로 활용할 수 있고 국가를 효율적으로 작동시킬 수 있다는 점을 입증하려 했지만 그런 노하우는 잘 드러나지 않았다. 취임 첫해 동안 신임 대통령은 거듭해서 의도를 실현하지 못했고, 그중 많은 부분은 스스로 내세운 브랜드에 발목이 잡힌 결과였다. 대통령은 바뀌었지만, 대통령직은 바뀌지 않았다. 그리고 정부를 옹호하는 경륜 있는 인물조차 정권 이양 과정에서 비틀거릴 때 제도적 사안들이 더욱 선명히 시야에 잡힌다.

오늘날 대통령을 둘러싼 정치 환경 속에서 관리라는 가치관은 잘 작동할 수 없다. 이를테면 바이든이 내건 대선 공약 중 하나인 '이민 정책 철회'가 진척되는 과정을 살펴보자. 신임 행정부는 공약을 빠르게 이행하겠다는 다짐이 불러올 파장을 금세 알게 됐지만, 이미 속도를 늦추기에는 너무 늦은 시점이었다. 결국 이민자들이 밀려들어 문제를 해결할 줄 안다고 장담한 대통령을 무색하게 만드는 남부 국경 위기가 야기됐다.[62]

바이든은 '지금 행동하라', '더 빨리 움직이라', '대담해지라', '크게 생각하라', '결과를 보이라'는 압력을 항상 받는 자리에 앉았다. 이런 압력은 대통령이 단일한 지휘 통제를 강력하게 지향하게 만드는 유인이다. 바이든은 전문가들이 하는 말을 듣고 과학에 따라 지도하겠다고 약속했지만, 동시에 취임 '1일'부터 단호하게 행동하겠다고 장담하기도 했다. 실제로 바이든 행정부가 출범하며 보여 준 개인 중심 관리 행정은 충격적이었다. 바이든은 결단력 있는 대통령이라는 인상을 주려고 기록 경신 수준인 대통령 일방주의를 계획했다.[63] 백악관 비서실은 빠르게 확대됐고, 역사상 비용이 가장 높은 대통령 수행단이 구성됐다. 행정부를 바이든이 제시한 정책 우선순위의 연장선 위에 두려고 백악관에 정책 '차르'*들이 고용됐다.[64] 정보규제국도 비슷한 방식으

---

\* 한 가지 정책 문제만을 다루는 행정부 고위 공무원을 지칭한다. 슬라브어권에서 황제를 가리키는 단어다.

로 방향을 돌렸다. 바이든이 정보규제국에 보낸 인상적인 메모는 마치 선거 유세 연설문을 옮긴 듯했다. 바이든은 정보규제국에 요구했다. "규제 심사 절차가 공중 보건과 안전, 경제 성장, 사회복지, 인종 정의, 환경 수호 책무, 인간 존엄성, 형평성, 미래 세대 이익 증진에 기여할 수 있게 할 구체적 제안을 제출하라."[65] 지지층은 이 지시가 공약 이행으로 이어지는지 감시하며 조바심을 냈다.[66]

바이든 행정부는 동원과 관리 사이의 관계를 조율하는 방식에서 트럼프 행정부보다 큰 갈등을 빚을지도 모르지만, 지금 나타나는 사안들은 현시대 미국 대통령제 민주정의 제도 배치에 뿌리내린 문제들이다. 기대하던 '정상' 복귀[*]는 갈피를 못 잡은 채 변죽만 울려 대고, 새 대통령은 [정치] 구조에 기입된 단층선에 걸려 거듭 넘어지고 있다. 동의할 만한 권한 계통을 탐색하려는 활동은 불안정한 상태이고, 그러는 내내 '쌍둥이 유령'은 줄다리기를 벌이는 중이다.

## 바이든과 딥 스테이트

'저항군'이 도널드 트럼프라는 독특한 위협에 맞선 반작용이라는 인식에 따라, 새 대통령은 행정부하고 공감대를 형성하리라는 기대가 퍼졌다. 그렇지만 바이든 대통령이 권한을 주장하기 시작하자 구조적 현실이 명확해졌다.

---

[*] 1920년 워렌 하딩이 내세운 대통령 선거 공약에 빗댄 말이다. 하딩은 진보주의와 1차 대전을 겪은 미국을 '정상으로 복귀(return to normalcy)'시키겠다고 약속했다.

바이든이 규범 회복 쪽으로 기울면 지지층은 대통령이 권한을 더 공세적으로 활용하지 않는다며 비판했다. 바이든이 국가를 이끄는 정치 지도자로서 전면에 나서면 행정 영역에 쌓인 자산이 허세를 무력화했다.

　바이든은 행정 영역의 독립성을 존중하겠다는 신호를 거듭 보냈다. 법무부의 신뢰성을 회복하겠다는 약속을 강조하기 위해 연방 항소법원 판사 메릭 갈런드Merrick Garland를 법무부 장관에 지명했다. 신임 법무부 장관은 통상적인 각본을 따랐다. "저는 이 부서에서 일하는 경력직 공무원들이 정권 교체 때문에 정치적 관점이 곧바로 적용된다고 생각하지 않기를 바랍니다." 그러나 갈런드가 공정이라고 본 가치를 대통령 지지자들은 협잡이라고 해석했다. 대통령 지지 세력은 신속하고 단호한 역행을 기대했다. 신임 법무부 장관이 '트럼프 시대에 맞서 명확히 단절'하거나 '그동안 벌어진 일들을 밝히는 임무'에 실패하고는 '[법무부를] 개인 사무실처럼 운영한다'며 비판했다.[67] 바이든은 전임자가 지명한 제롬 파월을 연준 의장에 재임명했다. 규범 회복을 알리는 또 다른 신호였다. 대통령은 '연준의 안정성과 독립성'을 확증하려는 목적 아래 취한 조취였지만, 많은 지지자들은 기회를 놓쳤다고 생각했다. 은행 규제를 옹호하고 기후 변화 대응에 힘쓸 정치적 동맹자로서 연준 의장을 기대한 때문이었다.[68] '정상 복귀'에는 행정 관리자를 신뢰하는 태도를 복원하는 데 더해 의회가 대통령이 공약한 개혁을 입법하리라는 신뢰도 포함됐다. 그렇지만 대통령이 제기한 의제를 입법하려는 시도는 가로막혔고, 의원들은 대통령에게 일방적 조치를 강하게 요구하기 시작했다. "지금은 대통령이 모든 분야에서 즉시 사용할 수 있는 궁극적 도구인 행정 조치를 활용해서 우리와 미국 국민에게 한 약속을 지켜야 할 시점이다."[69]

　바이든은 빠른 움직임을 요구받는 와중에 다른 방향에서 제기된 반발에도 부딪혔다. 팬데믹 대응 과정에서 공언한 '과학을 따르겠다'는 약속에 관련된 실랑이가 그런 사례다. 과학을 따른다는 약속이 위기에 대처하는 활동에 미칠 영향에 연관된 사안이었다. 바이든은 역병을 뭉개 버리겠다는 굳건한 결의를 보이려고 정부 과학자들을 동원할 수 있었을까? 과학자를 동원하려 할 때 대통령의 결심은 '과학'보다 앞서 나갔다. 행정부 심층의 요원들은 대통령이 드러낸 과단성을 비난했으며, 대중적 신뢰를 주려는 시도는 혼란 속에서 사그라들었다.

이야기는 2021년 여름에 전개됐다. 백악관은 시간이 지나면 백신 효과가 감소한다는 사실을 파악하고 모든 미국인이 부스터 샷을 맞아야 한다고 결론 내렸다. 대통령은 부스터 샷 프로그램 개시를 9월 20일로 안내하면서 더 추운 계절에 확진자가 급증하지 않게 예방하겠다는 계획을 발표했다. 물론 부스터 샷이 필요하다는 자문은 과학자들이 했다. 그렇지만 일정은 백악관이 결정했다. 그런데 식품의약국 소속 백신 규제 담당 고위직 두 명이 사임을 발표했다. 두 사람은 백악관이 부스터 샷 계획을 세울 때 기관이 지닌 자율성을 공격한 사실이 있다고 비판했다. 식품의약국 자문위원 중 한 명은 말했다. "행정부가 세운 부스터 계획이지 식품의약국이 한 계획은 아니었다." 9월 시한을 맞추려다 '행정부가 스스로 발목을 잡았다'는 비판이었다. 바이든 팀은 정책 실행 시한 전에 '충분한 정보와 자료를 확보'할 수 있다고 말하면서 이견을 봉합하려 했다. 그러나 대통령 리더십을 둘러싼 불협화음은 뚜렷했다. 한 전직 트럼프 행정부 관료는 규제 당국이 발표하기 전에 대통령이 부스터 샷 개시일을 공개한 일은 '전례가 없다'고 비판했다.[70]

트럼프 시절을 겪으면서 저항을 학습한 행정 관리자들은 바이든에게도 관용을 베풀지 않았다. 사임을 발표한 두 식품의약국 고위직은 의학 학술지

《랜싯The Lancet》에 논문을 게재했다. 두 사람은 미국인 대부분에게 부스터 샷을 접종할 근거는 없다는 결론을 내렸다. "정치가 아니라 신뢰할 수 있는 과학에 기반을 둔 부스터 결정이 내려지려면, 점차 늘어나는 데이터를 세심하고 공개적으로 검토할 필요가 있다."[71] 바이든이 설정한 시한에 다다르기 며칠 전, 식품의약국 자문위원회는 대통령이 제시한 계획을 압도적 반대로 거부했다.[72] 전문가들 사이에 부스터 샷을 둘러싼 공개적이고 전국적인 논쟁이 벌어져 대통령은 신뢰성에 상처를 입었다. 위기 관리의 최상층에 자리한 자기 모습을 보여 주려 결심한 바이든은 누가 언제 부스터 샷을 맞아야 하는지 묻는 질문이 서사를 통제하면서 역풍을 맞았다. 곧 여러 주에서 자체 방침을 세웠고, 식품의약국과 질병통제예방센터는 주별 방침을 뒤쫓기 급급했다. 어느 조치도 훌륭해 보이지 않았다. 식품의약국과 질병통제예방센터는 11월이 돼서야 성인 전체를 대상으로 하는 부스터 샷 접종을 승인하고 권고했지만, 이때는 자문위원회를 소집하지 않았다. 과학을 따라 지도한다는 약속은 간단한 일이 아니었다.[73]

바이든이 군 수뇌부가 건넨 조언을 무시하고 아프가니스탄에서 이어진 '영원한 전쟁forever war'에 관여하는 정책을 종료한 때, 대통령이 내린 결단은 심각한 반작용으로 돌아왔다. 아프가니스탄 철군은 2020년 대선 기간에 양 후보가 모두 약속했고, 바이든은 임기 초부터 공약을 이행하려는 강한 의지를 내비쳤다. 이 사안에서 전문가 반대를 무릅쓴 강경책은 헌법적 측면이나 정치적 측면에서 단단한 기반 위에 놓인 듯했다. 그러나 최고 사령관으로서 권위를 단단히 세우고 국민에게 한 약속을 지키는 과정에서 바이든은 스스로 내세운 전문가 존중 원칙을 위배하고 독단적으로 결정하는 위험을 감수해야 했다.

신임 대통령에게는 파병 연장을 옹호하는 군사자문단에 회의적인 태도를 보일 만한 이유가 있었다. [일단] 아무도 조만간 낙관적인 결과가 나올 수 있다고 말하지 않았다. 나아가 부통령 시절에 바이든은 오바마가 임기 초부터 아프가니스탄에 추가 파병을 하라는 압박에 시달리는 장면을 지켜봤다. 곤혹스러운 협상 과정에서 바이든은 오바마에게 '새 대통령을 옭아매려는' 장군들을 경계해야 하며 '그 사람들이 당신 발목을 붙잡지 말게 하라'고 경고했다.[74] 바이든은 트럼프 행정부가 보인 불안한 행보도 목격했다. 처음에 군에 '발목을 붙잡히자' 나중에는 미군 철수를 다루는 협상에서 탈레반 반군에 사실상 항복하는 모습이었다. 이 모든 경험 때문에 자기는 달라야 한다는 결단이 굳어졌다. 군 수뇌부가 주둔 병력을 유지해야 한다고 끈질기게 제안하는데도 완전 철수를 밀어붙인 바이든은 오랫동안 기다린 철군이 안정적이고 질서 있는 방식으로 진행될 예정이라고 국민 앞에 단언했다.[75]

결과적으로 2021년 8월 말까지 주요 목표는 달성되지만 혼란스러운 광경이 공개되지 않을 수는 없었다. 미군이 뒷받침하던 아프간 정부군은 떠나는 동맹군에게서 싸움을 이어받지 않았고, 정부는 빠르게 붕괴됐으며, 적대적 조건에서 급박한 대피 활동이 조직됐다. 현지에 발 묶인 미국인을 모두 파악하기는 어려웠다. 절박한 상황에 놓인 아프간 출신 동맹자들이 안전한 탈출 경로를 약속한 미국이 구원해 주기를 바라면서 카불 공항에 집결했지만, 치명적인 테러 공격이 대피 활동 중심부를 강타했다. 바이든은 자기가 공언한 유능함과 단호한 결단이 가져온 결과 사이에서 마음을 졸이게 됐다.

펜타곤 취주 악단[국방부 수뇌부]은 대통령을 엄호하지 않았다. 마크 밀리 합참 의장과 케네스 '프랭크' 매켄지 중부사령부 사령관은 대통령이 주둔 유지 권고를 받은 적 없다고 주장하자 공개 반론을 제기했다. 대통령에게 아프가니스탄 정부가 붕괴할 가능성을 사전에 경고하고 지원을 유지할 필요성도 조언한 사실을 의회에 증언했다. 로이드 오스틴$^{Lloyd\ Austin}$ 국방부 장관은 동맹국들이 지닌 신뢰가 '여전히 견고'하다고 주장했지만, 밀리는 '손상$^{damage}$이라는 표현도 쓸 수 있다'고 반론했다. 항의하는 의미로 사임하지 않은 이유를 묻자 밀리는 대통령의 군 통수권을 존중하는 차원에서 우회적으로 발언했다. "대통령이 조언을 받아들이지 않는다는 이유만으로 임관 장교가 사임하는 행위는 정치적 저항에 가까운 놀라운 행위일 겁니다."[76]

외교 정책과 안보 전문가들은 바이든이 지닌 역량에 직접적인 의문을 던지며 비판 수위를 높였다. 오바마 행정부 시절 아프가니스탄 대사를 지내고 조지 워커 부시 행정부 시절 이란 대사를 거친 라이언 크로커는 철군을 '자해'라고 표현하면서 바이든이 '최고 사령관으로서 국가를 이끌 수 있는 능력'을 지닌 사람인지 의문을 제기했다. 리언 파네타$^{Leon\ Panetta}$ 전 국방부 장관도 마찬가지로 퉁명스러웠다. "내가 볼 때 단지 운이 따르기를 바란 듯하다. 그런데 그런 방식은 통하지 않는다."[77] 데이비드 퍼트레이어스$^{David\ Petraeus}$ 예비역 장군은 철수가 '재앙적'인 사건이라고 묘사하면서 '바람직하지 않은 정책 결과'를 단순히 '정보 실패' 탓으로 돌릴 수는 없다고 지적했다.[78] 리처드 하스 미국외교협회 회장은 바이든을 직격했다. "트럼프 정책을 물려받아 그대로 시행했고, 방식도 '트럼프식'이었으며, 다른 사람들에게 최소한으로 상담만 하더니 북대서양조약기구 동맹국들을 혼란에 빠트렸다."[79] 한 논평가는 이렇게 정리했다. "[외교 정책과 안보 정책 분야 기성 세력인] '블롭$^{Blob}$'은 전쟁 목표는 전혀 달성하지 못했지만, 당신[대통령]을 정치적으로 난파시키는 데는 성공했다."[80]

바이든은 독자적인 부스터 샷 프로그램을 시행하고 아프가니스탄에서

'영원한 전쟁'을 종료했다. 그러나 행정부 수반과 행정부 사이의 긴장을 해소하지는 못했다. 공정하게 말하자면 이 사례들은 트럼프 시대를 특징짓는 요란한 갈등이 아니라 '일상적으로 엉망snafu-like'*인 성격을 드러낸다. 바이든이 드러낸 가장 뚜렷한 차이는 맞불을 놓지 않는 점이다. 이 행정부는 전문가를 우회할 때조차 전문가의 지위나 충성심을 공개적으로 문제 삼지 않았다. 대통령은 행정 영역에서 반발이 일어나도 대립을 일으키는 계기로 삼지 않았다. 그러나 단층선은 여전히 선명하다. 행정부의 심도는 대통령에게도 위험을 안긴다. 바이든은 정책을 추진하면서 임무와 평판을 보호하려는 행정 관리자와 주변 우군들 때문에 적지 않은 대가를 치러야 했다. 바이든은 행정 영역의 심도를 존중하겠다고 서약하고 유능함을 보이겠다고 장담한 자기 자신을 상대로 대립해야 했다.

바이든 사례에서는 중대한 질문이 귀환한다. 심도는 그런 모든 부담을 짊어지면서도 여전히 보호해야 할 가치가 있을까? 만약 그렇다면 우리가 그런 가치를 방어할 때 얼마만큼이나 대통령에게 기댈 수 있을까? 심도하고 충돌해야 하는 유인을 지닌 대통령에게 말이다.

## 바이든과 단일 행정부

트럼프 행정부를 거친 뒤 조 바이든만 좋은 정부라는 가치를 회복하겠다고

---

* 'Situation Normal: All Fucked Up'의 약어로, 군대에서 쓰는 속어다. 2차 대전에 참전한 미 해병대에서 유래한 말로 알려져 있다.

약속하지는 않았다. 민주당 의원들 또한 민주주의보호법Protecting Our Democracy Act·PODA을 발표하면서 같은 목표를 약속했다. 민주당 의원들은 워터게이트 이후 진행된 여러 개혁을 상기시키면서 다양한 분야에서 행정권을 제한하려 했다. 이를테면 민주주의보호법에는 내부 고발자 보호 강화, 상원 인준 필수 직책에 관련된 '대행' 임명 권한 제한, 부패한 방식의 사면권 행사 제약, 의회 예산 편성에 반하는 자금 집행이나 동결 방지, 공직자 수익 금지 조항 강화, 비상사태 선포 권한에 관련된 제한 추가, 대통령 임기 중 형사 범죄 공소 시효 만료 방지, 해치법 위반 단속 강화를 위한 특별검사실 권한 확대 등이 포함됐다. 대통령 대변인은 민주주의보호법을 행정부 차원에서 지지한다고 표명하면서 트럼프주의에 맞선 강력한 거부 선언이라는 이름을 붙였다. "이전 행정부에서 일상이던 권력 남용과 오랜 규범을 훼손하는 행위는 우리 민주주의에 심각한 위협이 됐다. …… 우리는 가드레일을 복원하고 이 오랜 규범이 지닌 생명력을 되살리려는 노력을 강력히 지지한다."[81]

그렇지만 복원과 협력이라는 언명하고 다르게 바이든 행정부는 이 법안에 담긴 몇몇 조항을 꺼렸다. 개혁안은 행정부의 단일성과 위계를 위협하고 협치를 둘러싼 행정부의 이해관계가 지닌 한계를 시험했다. 이런 모습은 카터 행정부가 워터게이트 뒤에 진행된 개혁에 드러낸 미온적인 반응을 떠올리게 했다. 백악관과 법무부 간 접촉을 의회에 보고하게 강제하는 조항, 정당한 사유 없이 감사관을 해임할 수 없게 하는 조항이 특히 민감한 쟁점이었다.[82] 2021년 12월 하원이 이 법안을 통과시키기 직전에 행정부는 날카롭게 경고하는 듯 비치는 지지를 표명했다. "헌법 원칙에 기반을 둔 법안을 …… 의회하고 함께 만들겠으며, …… 여기에는 행정부의 오랜 이해관계를 존중하고 어느 한 정부 부처도 권한을 남용하거나 삼부에 동등한 헌법적 특권을 침해하지 않게 보장하는 조항이 포함된다."[83] 이 글을 쓰고 있는 지금 상원은 이 법안을 여러 부분으로 분리할 듯하며, 각 조항은 통과될 가능성이 불확실하다.*

바이든 행정부는 [헌법적] 특권을 포기하는 상황을 경계했고, 행정 관리자를 향한 억압을 강화할 수 있는 새로운 권한은 빠르게 수용했다. 얼마 전 보수 성향 법관이 다수가 된 대법원은 새로이 열정을 불태우며 행정부 단일성 원칙을 진전시키는 판결을 이어 왔다. 대법관들은 이전에 내린 판결을 강화했다. '루시아 대 증권거래위원회' 판결(행정법 판사가 하위 공무원이라는 결정)을 확대한 '연방 정부 대 앤서렉스' 판결에서는 '[특허 판사의] 심사받지 않는 집행권이 헌법상 하위 공무원 지위하고 양립할 수 없다'고 결정했고, 대통령이 적절한 행정부 감독을 시행하려면 특허청 청장이 특허 판사가 내린 결정을 심사하거나 변경할 수 있어야 한다고 명시했다. 여기에서도 단일성 원칙이 심도를 제거했다. 로버츠 대법원장은 이렇게 썼다. "헌법은 ······ [특허청] 청장이 특허 판사가 내린 결정을 지시하거나 감독하지 못하게 보호하는 법적 제한을 금지한다. ······ 청장이 특허 판사가 내린 결정을 심사할 수 있는 재량을 보유해야 한다는 점이 중요하다. 이런 권리를 통해 대통령은 행정권 행사를 책임지고 국민은 대통령을 통해 행정권 행사에 관한 설명 책임을 보장받는다."[84] 또한 대법원은 '세일라 법무법인 대 소비자금융보호국' 판결(대통령이 소비자금융보호국 국장을 해임할 수 있어야 한다는 결정)을 재확인했다. '콜린스 대 옐런' 판결에서는 연방주택금융청Federal Housing Finance Authority·FHFA 청장 해임 제한 조항이 '권력 분립 원칙에 위배된다'고 판시했다.

---

\* 이 법안은 필리버스터 때문에 상원을 통과하지 못했다. 2023년 7월, 하원 의원 애덤 시프가 이 법안을 다시 의회에 제출해 계류 중이다.

알리토 대법관은 이어지는 여러 사건에 통일된 법리가 적용된다고 지적했다. "이런 판결은 '세일라 법무법인 대 소비자금융보호국' 판결에 적용한 논리를 일관되게 적용한 결과다."[85]

'콜린스 대 옐런' 판결에 달린 주석에는 더 폭넓은 목적이 암시돼 있다. 여기에는 행정부 내부에 있는 다른 취약한 표적들이 나열됐다. "법정 조언자*는 법원이 경제회복법$^{Recovery\ Act}$상 해임 제한 조항이 위헌이라고 주장한다면 연방 정부 내 다른 측면에도 의문이 제기될 수 있다고 경고한다. …… 법정 조언자는 사회보장국, 특별검사실, 회계감사원, 대통령 지명과 상원 인준을 거쳐 임기가 보장된 위원장 체제를 갖춘 복수의 구성원이 참여하는 기관, 연방 공무원 제도 등을 지적한다." 대법원이 이 제안을 덥석 받아들이지는 않았지만, 그래도 불길한 문제 제기였다. "[법정 조언자가 언급한] 기관들은 이 사건 당사자가 아니며, 우리는 이 기관들에 적용되는 해임 제한의 합헌성을 언급하지 않는다."[86]

트럼프하고 다르다고는 해도 바이든도 새로운 단일 지휘 통제권을 거부하지 않았다. 바이든 또한 정치적 계산에 따라 행정적 권한을 운영하는 개인 중심 관리 행정을 이끌었다. 바이든은 쓸 수 있는 권한을 활용해 정치적 우선순위를 추진해서 결과적으로 단일 행정부를 향한 추동력을 유지하고 있다. '세일라 법무법인 대 소비자금융보호국' 판결을 따라 바이든은 트럼프가 임명한 소비자금융보호국 국장을 임기 만료 전에 해임했다.[87] '콜린스 대 옐런' 판결이 나온 직후에는 연방주택금융청 국장을 해임했다.[88]

---

\* 법정 조언자(Amicus Curiae)는 사건 당사자가 아닌 참고인을 가리킨다. 주로 영향력이 큰 사건에 국가나 공공 단체 등이 참고인으로 참석해 전문 지식과 의견을 개진할 수 있게 한 제도다.

더 나아가 바이든은 대법원이 제시한 논리를 자의적으로 확대했다. 트럼프 행정부에서 일어난 '손상'을 회복하겠다는 정치적 결심이 결과적으로 단일 행정부의 장악력을 더 공고하게 하는 반어법적 상황이었다. 신임 대통령은 공무원 보호 신분 속으로 '숨은' 트럼프 쪽 잔류 인사들을 해임했다.[89] 바이든은 전국노동관계위원회National Labor Relations Board·NLRB 위원장을 임기 만료 열 달을 남기고 해고했다. 소비자금융보호국에서는 희망퇴직 인센티브를 활용했고, 감사를 시작해 고위 경력직 공무원을 배제하면서 신임 대통령 쪽 사람이 들어올 자리를 만들었다.[90] 트럼프가 국가정보장을 내각 구성원으로 지정한 조치도 유지했다. 국가정보장을 내각 구성원으로 두면 정보기관이 정치화되고 정책 우선순위에 종속될 수 있다고 의회가 염려하는데도 강행했다.[91] 바이든은 심지어 행정법 판사를 공채 시험 대상에서 제외하겠다는 트럼프 행정부 시절 정책도 행정 명령을 거쳐 강화했다.[92] 행정법 판사 채용을 다시 공채 시험으로 복원하려는 하원 민주당 면전에서 벌어진 일이었다.[93]

더 직접적인 사례는 바이든이 트럼프 행정부 잔류자이며 임기가 2025년에 끝나는 사회보장국Social Security Administration·SSA 국장을 해임한 일이다.[94] 대통령은 자기 정책에 반대하는 관료가 그런 곳에 남아 있기를 원하지 않는다는 사실은 두말할 나위가 없다. 그러나 적어도 '정당한 사유'를 꾸며서 해임할 수도 있었다. 바이든은 그렇게 하지 않았고, 법무부 법률자문실은 얼마 전 대법원에서 나온 단일 행정부 판례를 설명하면서 이 조치를 정당화했다. "우리는 '콜린스 대 옐런' 판결과 '세일라 법무법인 대 소비자금융보호국' 판결을 가장 합당하게 해석하면 해임 제한 조항이 있다고 해도 대통령은 사회보장국 국장을 임의로 해임할 수 있다는 결론에 이르게 된다고 본다." 법률자문실은 판례에 나온 전형적인 단일 행정부 이론을 문구 그대로 인용했다. "헌법은 대통령에게 행정권을 비롯해 그 밖의 특정한 권한을 부여하며, 대통령은 '법을 성실히 집행해야 할' 의무를 지닌다."[95]

법률자문실도 대법원처럼 이 판단이 미칠 파급 효과에는 신중한 태도를 보였는데, 이렇게 해서 오히려 판단이 확장될 가능성을 보여 준 셈이었다. 법률자문실은 '콜린스 대 옐런' 판결에 달린 주석을 따라 아직 무너지지 않은 도미노들을 나열했다 "[우리 의견은] 다른 행정부 공무원, 이를테면 특별 검사처럼 해임 제한에 다른 고려할 요소가 있는 1인 기관에 부여된 임기 보호의 유효성에 관련해 비슷한 판단이 내려질 수 있다는 의미는 전혀 아니다. …… 또한 우리가 내린 결론은 의견에서 확인된 특정한 특징을 공유하지 않는 사안들, 곧 복수의 구성원이 참여하는 위원회 등 어떤 기관의 수장에 해당하는 적용 중이거나 가설적인 임기의 합헌성을 언급하고 있지는 않다."[96]

이제 단일 행정부를 추진하는 일은 땅 짚고 헤엄치기나 다름없다. 대법원은 행정 영역의 심도를 걷어 내고 행정부를 정치화하려는 시도에 청신호를 보냈다. 어느 대통령도, 좋은 정부라는 가치관을 내세운 대통령도, 통제를 개인화하고 행정부를 자기중심으로 운영하겠다는 유혹을 거부하지 않는다.

## 제도 재배치

행정부를 대통령 정치에 덜 노출하는 일은 쉽지 않다. 비용이나 위험 없이는 불가능한 목표다. 대통령들은 심도를 더하는 데 저항하고, 그럴 만한 이유도 있다. 종종 심도에 수반되는 정치적 대가를 치르는 처지에 놓이기 때문이다. 그렇지만 심도는 집합적 선善을 지탱한다. 안정된 법 집행을 촉진하고 거버넌스에서 지속성과 일관성, 협치를 보장한다. 전문성을 육성하고, 과학적 진실성을 보호하고, 수사 독립성을 고취한다. 우리는 민주적 설명 책임과 헌법적 권력 분립을 지나치게 염려하면서 이런 가치들을 억누르기 전에 다시 생각할 필요가 있다.

행정 영역이 여전히 저항한다는 증거가 있지만, 현재 미국의 대통령제 민주정은 행정 영역의 단절을 무력화하고 행정부를 여당이 활용할 수단으로 변형하는 방향으로 조정됐다. 정부 관리와 정치 동원이 단단히 결합했고, 두 영역 모두 대통령 중심이자 개인 중심으로 변모했다. 트럼프가 제시한 '딥 스테이트' 설명 틀은 이런 추세를 부각했다. 트럼프는 임기 동안 헌법적 추론과 민주주의라는 핑계를 결합해 미래의 강력한 대통령들이 심도를 제거할 수 있게 작전 지침서를 제공했다.[97]

바이든처럼 다른 기준을 내세우는 대통령조차 이런 경향을 홀로 저지할 수는 없을 듯하다. 지금 있는 제도 안에서 행동하는 한 오히려 흐름을 강화할지도 모른다. 아무리 선의를 지니고 있더라도 대통령에게 기대어 대통령중심주의로 표류하는 흐름에 저항할 수는 없다. 헌법이나 민의에 기댈 수도 없다. 미국 민주주의가 후퇴할 위험은 정당성의 토대가 현재 배열된 방식에 달려 있다.

다행스럽게도 미국은 새로운 통치 방식을 발명하는 오랜 역사를 지녔다. 우리는 여러 차례에 걸쳐 행정부 관리와 정치 동원의 관계를 바꿨으며, 헌법적 구조도 재구성했다. 이런 일은 대부분 수정 헌법을 제정하지 않고서도 가능했다. 제도 재배치가 대통령 권력에 적대적인 방향일 필요는 없다. 20세기 내내 연달아 진행된 구조 개편은 점점 더 강력한 대통령 리더십을 수용했다. 동시에 이런 개편은 행정부에 맡겨진 책무를 관리하는 과정에서 정부 부처 간 협력을 강화하는 방향으로 진행됐다. 우리는 대통령 권력과 행정 영역의 집합적 책임을 제로섬 관계로 고정하는 방식을 거부해 온 전통을 복원해야 한다.

대통령 권력 자체가 문제는 아니다. 문제는 대통령 권력을 개인화하는 흐름이다. 강력한 대통령직은 적절히 제도화된다면 입법부와 사법부를 위해 안정적이고 효과적으로 작동할 수 있다. 지금 진행되는 재편은 행정부에 단일성을 주입하는 방향이 아니라 정부 전반에 걸쳐 운영을 더욱 통합적으로 만들게 유도하는 방향을 목표로 삼아야 한다. 이런 접근은 이전에도 시도됐다. 형식적 권력 분립을 완화하고, 대통령을 둘러싼 제도들을 강화하고, 국가 지도자가 가능한 협력적 통치 체계에 동참하게 유도하는 시도였다.

요즘 현실이 보여 주듯 근본적 경로 변경이 필요하다. 헌법 형식주의가 유행하는 오늘날은 제도 관계를 다시 사고할 수 있는 창의력이 억눌린 상태다. 권력 분립을 절대시하는 경직된 사고방식 때문에 대통령직이 더 쉽게 개인화되며, 현재의 대통령 선출과 정치적 동원 체계 아래에서는 특히 문제가 더 심각하다. 대법원은 단일 행정부 판촉에 나서서 [대통령직] 개인화 추세를 가속하고 있다.[98] 이런 상황 때문에 행정 영역의 심도는 취약해졌고, 삼부 간 협력은 더욱 어려워졌다.

대안적 경로를 향한 절박하지만 주목해야 하는 주장이 '세일라 법무법인 대 소비자금융보호국' 판결에서 반대 의견으로 모습을 드러냈다. 엘레나 케이건 대법관은 대법원의 새로운 형식주의를 직접 겨냥했다. 학문적으로는 '대통령 중심 관리 행정'을 옹호한 사람으로 유명했지만, 케이건은 반대 의견을 이용해 제도 혁신자로서 입법부가 지닌 역사적 소임을 상기시켰다. 케이건은 의회가 '미국 거버넌스의 모든 제도를 조직할 수 있는' 상당한 재량권을 보유한다고 단언하면서 대법원이 새로운 제도 배치를 지원해야 한다고 촉구했다. "미국 역사를 통틀어 대법원은 행정부 구조를 설계할 방향을 결정하는 일을 대부분 의회와 대통령에게, 곧 양자가 동의한 법률에 맡겨 왔다."[99]

케이건이 낸 반대 의견은 의회에 초점을 맞췄다. 게다가 권력 분립을 강조하고 의회가 행정부 관리자들에게 정책 형성 권한을 지나치게 많이 위임하지 못하게 막아야 한다는 흔한 주장하고 결을 달리한다는 점에서도 주목할 만하다. 케이건은 [행정 관리자들에게] 정책 형성 권한을 위임할 수 있게 한 창조성 자체가 현대 거버넌스에서 의회가 온전히 참여하는 데 핵심이 된다고 봤다. 복잡한 법안을 구성하는 일은 어렵기 때문에 행정 제도를 설계하는 과정에서 의회가 지닌 혁신 능력이 더욱 중요하다는 주장이다. 권력 분립을 명분으로 혁신 능력을 제한하면 민주주의를 강화할 수도 없고, 더 나은 정책을 생산할 수도 없고, 의회가 입법 주도 기관이라는 지난날의 영광을 회복할 수도 없다. 반대로 입법부가 더 무력해질 가능성은 훨씬 커진다.

케이건은 의회가 행정 영역 설계를 혁신할 권한을 대법원이 사전에 차단한 결정에 반대했다. 민주주의보호법은 의회가 자기 권한을 다시 주장하려는 가장 최근 시도다. 이 법안에는 유용한 수정 사항이 많이 담겨 있지만, 설령 입법에 성공하고 사법적 기준을 통과하더라도 여전히 트럼프 시대에 일어난 위반들을 겨냥한 두더지 잡기식 대응을 묶은 꾸러미일 뿐이다. 워터게이트 이후 진행된 여러 개혁처럼 이 법안도 지난 시기에 쓴 동원 방식에 대응하려는 방안이지 미래를 준비하지는 못한다. 우리 앞에 놓인 복잡한 문제를 해결하려면 더 많은 요소가 필요하다.

철저한 재설계 구상은 찾기 어렵지 않다. 의회는 복수의 구성원이 참여하는 독립 이사회를 부활시킴으로써 동반자 기능을 회복할 수 있다. 부처 내부에서 일하는 정무직 감독관의 수와 범위를 제한하고 직업 관료 보호 기능을 강화할 수 있다.[100] 행정법 판사 등 몇몇 '하위 공무원' 임명권을 법원에 이양해 핵심 행정직이 정치화되지 못하게 막을 수 있다.[101] 대통령 산하 정보규제국에 대응되는 의회 산하 규제 기관을 신설해 행정부 기관들하고 더욱 협력적인 규칙 형성 절차를 구축할 수도 있다.[102] 이런 다양한 방안에 담긴 이점은 여럿이겠지만, 공통된 관심은 행정 관리 개인화에 대응하는 데 쏠려 있다.

정부 설계, 특히 행정 영역의 심도를 보호하는 데 의회가 전통적으로 쏟은 관심을 부활시키는 문제는 중요하지만 충분하지는 않다. 관료제 강화가 동시에 민주주의 강화가 될 수 없다면, 개혁의 결과는 지속될 수도 없고 책임 있는 해결책이 되지도 못한다. 대통령이 부과하는 강요에서 행정 영역을 단절시키면서도 미국 민주주의를 동원할 수 있는 제도를 함께 재설계하지 않는다면 행정 영역의 심도가 가져오는 문제들이 더 악화되는 데 그칠 수도 있다. 민주정을 개혁하는 시도가 병행되지 않으면 행정부를 통제하는 과정에서 의회가 더 많은 협치를 요구할 유인과 대통령이 협력할 유인이 모두 취약해질 수 있다.

현재 미국 민주정은 심오한 제도 재배치를 겪고 있으며, 그중 많은 요소가 전복적이다. 게리맨더링, 투표권 제한, 주 선거 관리 공무원의 권한 약화, 선거 자금 규제 완화 등은 정치적 동원의 유형을 고착화시켜 모든 수준에서 정치 권력의 개인화를 더욱 심화하는 재배치다. 여기에서도 역전은 어렵다. 그렇지만 건설적인 개혁 정책의 배후에 자리한 일반 원칙은 똑같다. 제도 재배치는 되도록 국민의 의지를 더욱 효율적으로 제도화하고 대통령을 둘러싼 다른 행위자의 입지를 강화하는 방향을 추구해야 한다.

단일 행정부를 향한 흐름은 전당 대회를 통한 후보 지명 방식이 붕괴하고 후보자 중심 선거 운동이 부상하는 흐름에 맞물려 왔다.[103] 그런 결과로 정당은 약화하지만 당파성은 더욱 맹렬해지는 기이한 조합이 생겨났다.[104] 이 조합은 여러 효과를 가져오지만, 그중에서도 행정 영역 관리에서 집합적 책임 개념을 약화시킨 점이 중요하다. 거꾸로 생각하면 후보 선출 방식과 전국적 동원 방식을 바꿀 때 행정부 관리 방식에 큰 영향을 미칠 수 있다. 이때 개혁 목표는 대통령이 강력하고 독립적인 정당 조직에 더욱 설명 책임을 지게 하고 정당 자체가 모든 수준에서 폭넓고 다양한 연합을 유지하게 하는 데 있다.[105] 이런 개혁은 헌정 체계 전반에 걸쳐 반향을 일으켜 정부 부처 간 관계를 재편할 가능성도 크다.

현재 투표권 보호와 미국 민주주의 확대를 둘러싸고 빚어지는 소요는 주로 선거 제약을 강화하는 흐름에 맞선 반작용이다.[106] 이 소요에 참여하는 사람들은 아직 자기 목소리로 거버넌스에 필요한 개정된 공식을 말하지는 못하고 있다. 전통적으로 정치체가 더욱 철저히 민주화되는 시기에는 국가 운영 방식을 다시 사고할 이런 기회가 생겨나기 마련이었다. 정치 동원에 부과된 제약을 완화하는 개혁이 효과를 발휘하려면 그 개혁이 행정부 운영 방식을 바라보는 새로운 통찰하고 개념, 조직, 제도 측면에서 연결돼 있어야 한다. 지금, 불행하게도 양쪽에서 포퓰리스트들이 선거 개혁을 둘러싼 논쟁을 주도하는 중이다. 제도적 매개와 집합적 통제를 주제로 삼은 진지한 논의는 거의 사라질 위기에 놓여 있다. 이런 상황은 미국 대통령제 민주정의 미래에 좋은 징조가 아니다.

# 주

### 증보판 서문

1 Jack Balkin, "Depth and Unity," *Balkinization*, July 12, 2021.
2 이를테면 Balkin, "Depth and Unity"; Blake Emerson, "Going Deeper," Balkinization, July 9, 2021; Anya Bernstein and Cristina Rodríguez, "Are the Phantoms Real?" Balkinization, July 14, 2021.
3 John A. Dearborn, Desmond S. King, and Stephen Skowronek, "How to Tame the Presidency after Trump," *New York Times*, March 16, 2021.
4 Philip A. Wallach, "How Deep Is Your State?" Law & Liberty, June 23, 2021.
5 Steven Gow Calabresi, "A Shining City on a Hall': The Unitary Executive and the Deep State," Balkinization, July 11, 2021. 이런 논점은 다음도 참조하라. William Howell, "Populism, the Deep State, and the Unitary Executive," New Rambler, April 15, 2021.

### 1부 딥 스테이트와 단일 행정부

### 1장 백척간두에 선 미국

1 '심층 국가'라는 용어의 기원은 Jean Pierre-Filiu, From Deep State to Islamic State: The Arab Counter-Revolution and Its Jihadi Legacy (New York: Oxford University Press, 2015), ch. 1을 참고하라.
2 이를테면 다음을 참고하라. David A. Graham, "There Is No American 'Deep State,'" *The Atlantic*, February 20, 2017.
3 Anonymous, "I Am Part of the Resistance Inside the Trump Administration," *New York Times*, September 5, 2018.
4 Anonymous, "I Am Part of the Resistance Inside the Trump Administration."
5 Stephen Skowronek, *The Politics Presidents Make: Leadership from John Adams to Bill Clinton* (Cambridge, MA: Belknap Press of Harvard University Press, 1997).
6 Blake Emerson, "The Departmental Structure of Executive Power: Subordinate Checks from Madison to Mueller," *Yale Journal on Regulation* 38, no. 1 (January 2021).
7 Hugh Heclo, *On Thinking Institutionally* (Boulder, CO: Paradigm, 2008), 55쪽.
8 이를테면 다음을 보라. James McGregor Burns, *Presidential Government: The Crucible of Leadership* (Boston: Houghton Mifflin, 1965).
9 Malcolm Byrne, *Iran-Contra: Reagan's Scandal and the Unchecked Abuse of Presidential Power* (Lawrence: University Press of Kansas, 2014).
10 Paul C. Light, *Thickening Government: Federal Hierarchy and the Diffusion of Accountability*

(Washington, DC: Brookings Institution, 1995).
11   James W. Fesler, "The Higher Civil Service in Europe and the United States," in *The Higher Civil Service in Europe and Canada: Lessons for the United States*, ed. Bruce L. R. Smith (Washington, DC: Brookings Institution, 1984), 87~92.
12   *An Investigation into the Removal of Nine U.S. Attorneys in 2006*, Office of the Inspector General and Office of Professional Responsibility, U.S. Department of Justice, September 2008.
13   James Risen, "If Donald Trump Targets Journalists, Thank Obama," *New York Times*, December 30, 2016.
14   Jeffrey Crouch, Mark J. Rozell, and Mitchel A. Sollenberg, "The Unitary Executive Theory and President Donald J. Trump," *Presidential Studies Quarterly* 47, no. 3 (September 2017): 561~573.
15   이 분야의 문헌을 개관하는 글은 Desmond King and Robert C. Lieberman, "The American State," in *The Oxford Handbook of American Political Development*, eds. Richard M. Valelly, Suzanne Mettler, and Robert C. Lieberman (New York: Oxford University Press, 2016), 231~258.
16   '병존하는' 시스템들 사이의 충돌은 Karen Orren and Stephen Skowronek, *The Search for American Political Development* (New York: Cambridge University Press, 2004)을 보라. '다중적 질서'는 Desmond S. King and Rogers M. Smith, "Racial Orders in American Political Development," *American Political Science Review* 99, no. 1 (February 2005): 75~92를 참조하라.


#### 2장  약한 국가, 강한 국가, 심층 국가

1   J. P. Nettl, "The State as a Conceptual Variable," *World Politics* 20, no. 4 (July 1968), 559~592.
2   Samuel P. Huntington, *Political Order in Changing Societies* (New Haven, CT: Yale University Press, 1968), 98~99.
3   Richard E. Neustadt, *Presidential Power: The Politics of Leadership* (New York: Wiley, 1960), 33.
4   Marver H. Bernstein, *Regulating Business by Independent Commission* (Westport, CT: Greenwood Press, 1955); Grant McConnell, *Private Power and American Democracy* (New York: Alfred A. Knopf, 1966). 최근 연구는 Daniel Carpenter and David A. Moss, eds., *Preventing Regulatory Capture: Special Interest Influence and How to Limit It* (New York: Cambridge University Press, 2014)를 참조하라.
5   Theodore J. Lowi, "How the Farmers Get What They Want," *Reporter*, May 21, 1964, 34~37; Theodore J. Lowi, *The End of Liberalism: The Second Republic of the United States* (New York: W. W. Norton, 1979).
6   Steven G. Calabresi and Nicholas Terrell, "The Fatally Flawed Theory of the Unbundled Executive," *Minnesota Law Review* 93, no. 5 (May 2009): 1696~1740, 1700. 또한 Cass R. Sunstein and Lawrence Lessig, "The President and the Administration," *Columbia Law Review* 94, no. 1 (January 1994): 1~123; Elena Kagan, "Presidential Administration" *Harvard Law Review* 114, no. 8 (June 2001): 2245~2385도 참조하라.
7   Jody Freeman, "Collaborative Governance in the Administrative State," *UCLA Law Review* 45, no. 1

(October 1997): 1~98.
8   Desmond King and Robert C. Lieberman, "Ironies of State Building: A Comparative Perspective on the American State," *World Politics* 61, no. 3 (July 2009): 547~588.
9   Dwight D. Eisenhower, "Farewell Radio and Television Address to the American People," January 17, 1961, *The American Presidency Project*.
10  Lowi, *End of Liberalism*.
11  Lawrence R. Jacobs and Desmond King, *Fed Power: How Finance Wins* (New York: Oxford University Press, 2016).
12  Peter Dale Scott, *The American Deep State: Big Money, Big Oil, and the Attack on US Democracy* (Lanham, MD: Rowman and Little.eld, 2015).
13  Blake Emerson, *The Public's Law: Origins and Architecture of Progressive Democracy* (New York: Oxford University Press, 2019).
14  B. Dan Wood, *The Myth of Presidential Representation* (New York: Cambridge University Press, 2009); Douglas L. Kriner and Andrew Reeves, *The Particularistic President: Executive Branch Politics and Political Inequality* (New York: Cambridge University Press, 2015).
15  John A. Dearborn, *Power Shifts: Congress and Presidential Representation* (Chicago:-University of Chicago Press, 2021), Part. 2.
16  James N. Druckman and Lawrence R. Jacobs, *Who Governs? Presidents, Public Opinion, and Manipulation* (Chicago: University of Chicago Press, 2015).
17  "Executive Branch Employment by Gender and Race/National Origin," September 2006-September 2017, Federal Employment Reports, Data, Analysis & Documentation, Office of Personnel Management.
18  Joel D. Aberbach, Robert D. Putnam, and Bert A. Rockman, *Bureaucrats and Politicians in Western Democracies* (Cambridge, MA: Harvard University Press, 1981), 64, 73; Jon D. Michaels, "The American Deep State," *Notre Dame Law Review* 93, no. 4 (2018): 1653~1670, 1658~1663.
19  Herbert Kaufman, *The Forest Ranger: A Study in Administrative Behavior* (Baltimore: Johns Hopkins University Press, 1960); Daniel P. Carpenter, *The Forging of Bureaucratic Autonomy: Reputations, Networks, and Policy Innovation in Executive Agencies, 1862~1928* (Princeton, NJ:Princeton University Press, 2001).
20  "Americans' Trust in Military, Scientists Relatively High; Fewer Trust Media, Business Leaders, Elected Officials," *Pew Research Center*, March 22, 2019. 그렇지만 군대를 향한 공적 관심이 높더라도 군에서 나타나는 인위적 위계를 숨길 수는 없다. Desmond King, *Separate and Unequal: African Americans and the US Federal Government*, rev. ed. (New York: Oxford Univeristy Press, 2007), ch. 4. 지난날 [인종] 통합은 성공했지만, 2020년 시점에서 보면 군내 상급 장교 수준에서 소수 인종 집단의 대표성은 붕괴했다. 헬렌 쿠퍼가 제시한 데이터에 따르면 소수 인종은 군의 43퍼센트인 130만 명이지만 최고위 상급 장교 지위 41명 중 단 두 명만이 소수 인종이다. Helene Cooper, "African Americans Are Highly Visible in the Military, but Almost Invisible at the Top," *New York Times*, May 25, 2020. 쿠퍼는 통합을 향한 예전의 진전이 역전된 사실을 보고한다.
21  Neustadt, *Presidential Power*, ch. 2.

22 더 최근 사례로 트럼프 행정부에서 국방부 장관 제임스 매티스가 사임한 일을 살펴보라. Helene Cooper, "Jim Mattis, Defense Secretary, Resigns in Rebuke of Trump's Worldview," *New York Times*, December 20, 2018.
23 Ronald Kessler, *The Secrets of the FBI* (New York: Crown, 2011), 40~41.
24 Bruce Ackerman, *The Decline and Fall of the American Republic* (Cambridge, MA: Belknap Press of Harvard University Press, 2010), 60.
25 Daniel J. Sargent, *A Superpower Transformed: The Remaking of American Foreign Relations in the 1970s* (New York: Oxford University Press, 2015), 46.
26 William J. Novak, "The Myth of the 'Weak' American State," *American Historical Review* 113, no. 3 (June 2008): 752~772.
27 Suzanne Mettler, *The Submerged State: How Invisible Government Policies Undermine American Democracy* (Chicago: University of Chicago Press, 2011); Adam Sheingate, "Why Can't Americans See the State?" *The Forum* 7, no. 4 (2009): 1~14; Ursula Hackett, *America's Voucher Politics: How Elites Learned to Hide the State* (New-York:-Cambridge University Press, 2020).
28 Brian Balogh, *A Government out of Sight: The Mystery of National Authority in Nineteenth-Century America* (New York: Cambridge University Press, 2009).
29 Paul Frymer, *Building an American Empire: The Era of Territorial and Political Expansion* (Princeton, NJ: Princeton University Press, 2017).
30 Michael Mann, "The Autonomous Power of the State: Origins, Mechanisms and Results," *European Journal of Sociology* 25, no. 2 (1984): 185~213.
31 Ira Katznelson, "Flexible Capacity: The Military and Early American Statebuilding," in *Shaped by War and Trade: International Influences on American Political Development*, eds. Ira Katznelson and Martin Shefter (Princeton, NJ: Princeton University Press, 2002), 82~110; Jonathan Obert, *The Six-Shooter State: Public and Private Violence in American Politics* (New York: Cambridge University Press, 2018).
32 이를테면 Rogers M. Smith, *Civic Ideals: Conflicting Visions of Citizenship in US History* (New Haven, CT: Yale University Press, 1997); King, *Separate and Unequal*; Karen Orren and Stephen Skowronek, *The Policy State: An American Predicament* (Cambridge, MA:-Harvard University Press, 2017), 23~24.
33 James Willard Hurst, *Law and the Conditions of Freedom in the United States Nineteenth Century* (Madison: University of Wisconsin Press, 1956), ch. 1.
34 Franz Neumann, *The Democratic State and the Authoritarian State: Essays in Political and Legal Theory* (New York: Free Press, 1964).
35 Frank Dobbin and John Sutton, "The Strength of a Weak State: The Rights Revolution and the Rise of Human Resources Management Divisions," *American Journal of Sociology* 104, no. 2 (September 1998): 441~476, 441.
36 Gerald Berk, Dennis C. Galvan, and Victoria Hattam, eds. *Political Creativity: Reconfiguring Institutional Order and Change* (Philadelphia: University of Pennsylvania Press, 2013).
37 Michael McFaul, "The Deeply Dedicated State," *New York Review of Books*, October 31, 2019.

3장 단일 행정부

1 예상치 못한 선거 결과에서 국민 위임이 유래할 수 있다는 생각은 Lawrence A. Grossback, David A. M. Peterson, and James A. Stimson, *Mandate Politics* (New York: Cambridge University Press, 2007), 189을 보라.
2 Donald J. Trump, "Remarks by President Trump before Marine One Departure," July 12, 2019, White House.
3 Michael Brice-Saddler, "While Bemoaning Mueller Probe, Trump Falsely Says the Constitution Gives Him 'the Right to Do Whatever I Want,'" *Washington Post*, July 23, 2019.
4 Jason Zengerle, "How the Trump Administration Is Remaking the Courts," *New York Times*, August 22, 2018. 또한 Amanda Hollis-Brusky, Ideas with Consequences: The Federalist Society and the Conservative Counterrevolution (New York: Oxford University Press, 2015)도 참조하라.
5 Jed Shugerman, "Brett Kavanaugh's Legal Opinions Show He'd Give Donald Trump Unprecedented New Powers," *Slate*, July 19, 2018; Mark Sherman, "Kavanaugh: Watergate Tapes Decision May Have Been Wrong," *Associated Press*, July 21, 2018.
6 Neomi Rao, "The Administrative State and the Structure of the Constitution," Heritage Foundation, Lecture No. 1288, June 15, 2018 [Delivered October 4,0 2017], 4.
7 Bob Woodward, *Fear: Trump in the White House* (New York: Simon and Schuster, 2018), 326.
8 Letter from Marc E. Kasowitz to Robert S. Mueller, June 23, 2017. "The Trump Lawyers' Confidential Memo to Mueller, Explained," *New York Times*, June 2, 2018.
9 Emily Bazelon, "Who Is Bill Barr?" *New York Times*, October 26, 2019.
10 Adam Liptak, "Supreme Court to Rule on Trump's Power to Fire Head of Consumer Bureau," *New York Times*, October 18, 2019.
11 John Yoo, "Beware of Impeaching Trump. It Could Hurt the Presidency," *New York Times*, September 24, 2019; Justine Coleman, "Trump, New Legal Guru Meet at White House," *The Hill*, August 2, 2020.
12 Peter Strauss, "The Trump Administration and the Rule of Law," *Revue française d'administration publique* no. 170 (2019): 443~446; Peter M. Shane, *Madison's Nightmare: How Executive Power threatens American Democracy* (Chicago: University of Chicago Press, 2009).
13 @realDonaldTrump, October 17, 2019, 11:06 PM, Twitter.
14 Peter Baker, Lara Jakes, Julian E. Barnes, Sharon LaFraniere, and Edward Wong, "Trump's War on the 'Deep State' Turns against Him," *New York Times*, October 23, 2019.
15 Julie Hirschfeld Davis, "Rumblings of a 'Deep State' Undermining Trump?: It Was Once a Foreign Concept," *New York Times*, March 6, 2017.
16 Michelle Cottle, "They Are Not the Resistance. They Are Not a Cabal. They Are Public Servants," *New York Times*, October 20, 2019.
17 Jefferson Morley, "The 'Deep State' Is a Political Party," *New Republic*, November 8, 2019.
18 James B. Stewart, *Deep State: Trump, the FBI, and the Rule of Law* (New-York:-Penguin Press, 2019), 324에서 인용.

19  Alexander Hamilton, "The Federalist No. 69" [March 14, 1788], in *The Federalist*, ed. Terence Ball (New York: Cambridge University Press, 2003), 335; Charles C. Thach Jr., *The Creation of the Presidency, 1775~1789: A Study in Constitutional History* (Baltimore: Johns Hopkins University Press, 1923), 138~139.
20  *Morrison v. Olson*, 487 U.S. 654, 705 (1988) (Scalia, J., dissenting). 강조는 원문.
21  Saikrishna Bangalore Prakash, *Imperial from the Beginning: The Constitution of the Original Executive* (New Haven, CT: Yale University Press, 2015), 196.
22  이를테면 다음 같은 상이한 관점들을 보라: Steven G. Calabresi and Kevin H. Rhodes, "The Structural Constitution: Unitary Executive, Plural Judiciary" *Harvard Law Review* 105, no. 6 (April 1992): 1153~1216; John Yoo, *The Powers of War and Peace: The Constitution and Foreign Affairs after 9/11* (Chicago: University of Chicago Press, 2005); Prakash, *Imperial from the Beginning*; Cass R. Sunstein and Lawrence Lessig, "The President and the Administration," *Columbia Law Review* 94, no. 1 (January 1994): 1~123; Vicki Divoll, "Transcript: Eight Things I Hate about the Unitary Executive Theory," *Vermont Law Review* 38, no. 1 (Fall 2013): 147~154.
23  Steven G. Calabresi and Christopher S. Yoo, *The Unitary Executive: Presidential Power from Washington to Bush* (New Haven, CT: Yale University Press, 2008).
24  Stephen Skowronek, "The Conservative Insurgency and Presidential Power: A Developmental Perspective on the Unitary Executive," *Harvard Law Review* 122, no. 8 (June 2009): 2070~2103; Daphna Renan, "The President's Two Bodies," *Columbia Law Review* 120, no. 5 (June 2020): 1119~1214.
25  Bazelon, "Who Is Bill Barr?"
26  Jeremy D. Bailey, *The Idea of Presidential Representation: An Intellectual and Political History* (Lawrence: University Press of Kansas, 2019), ch. 5.
27  Edward Rubin, "The Myth of Accountability and the Anti-administrative Impulse," *Michigan Law Review* 103, no. 8 (August 2005): 2073~2136; Heidi Kitrosser, *Reclaiming Accountability: Transparency, Executive Power, and the U.S. Constitution* (Chicago: University of Chicago Press, 2015).
28  Andrew Kent, Ethan J. Leih, and Jed Handelsman Shugerman, "Faithful Execution and Article II," *Harvard Law Review* 132, no. 8 (June 2019): 2111~2192.
29  William P. Barr, "Attorney General William P. Barr Delivers the 19th Annual Barbara K. Olson Memorial Lecture at the Federalist Society's 2019 National Lawyers Convention," November 15, 2019, Office of Public Affairs, Department of Justice.
30  David Brian Robertson, *The Original Compromise: What the Constitution's Framers Were Really Thinking* (New York: Oxford University Press, 2013), ch. 10~11; Jonathan Gienapp, *The Second Creation: Fixing the American Constitution in the Founding Era* (Cambridge, MA: Belknap Press of Harvard University Press, 2018), ch. 3.
31  Terry M. Moe, "The Politicized Presidency," in *New Directions in American Politics*, eds. John E. Chubb and Paul E. Peterson (Washington, DC: Brookings Institution, 1985), 235~271.
32  Calabresi and Yoo, *Unitary Executive*.

33  Nicholas F. Jacobs, Desmond King, and Sidney M. Milkis, "Building a Conservative State: Partisan Polarization and the Redeployment of Administrative Power," *Perspectives on Politics* 17, no. 2 (June 2019): 453~469; Matt Welch, "No, Donald Trump Did Not 'Shrink' Government," *Reason*, August 27, 2020.
34  Arthur M. Schlesinger Jr., *The Imperial Presidency* (Boston: Houghton Mifflin, 1973).
35  Stuart E. Eizenstat, *President Carter: The White House Years* (New York: Thomas Dunne Books, 2018), 697.
36  Joel D. Aberbach and Bert A. Rockman, *In the Web of Politics: Three Decades of the US Federal Executive* (Washington, DC: Brookings Institution Press, 2000), 32~35.
37  *Removing Politics from the Administration of Justice*, Hearings before the Subcommittee on Separation of Powers of the Committee on the Judiciary, United States Senate, 93rd Congress, 2nd Session (Washington, DC: Government Printing Office, 1974); Calabresi and Yoo, *Unitary Executive*, 363~366.
38  Andrew Rudalevige, "Beyond Structure and Process: The Early Institutionalization of Regulatory Review," *Journal of Policy History* 30, no. 4 (October 2018): 577~608.
39  Shane, *Madison's Nightmare*, 154~155.
40  "민주당원들은 역사적으로 공화당원들만큼이나 출세주의자하고 함께 일하기를 꺼려 왔다. 이데올로기 문제가 아니라 [출세주의자들이] 속도를 열망하기 때문이었다." Paul Light, 다음 글에서 재인용. Charles S. Clark, "Deconstructing the Deep State," *Government Executive*, August 15, 2017.
41  Karen Orren and Stephen Skowronek, *The Policy State: An American Predicament* (Cambridge, MA: Harvard University Press, 2017), 123~138.
42  Alexander Hamilton, "The Federalist No. 72" [March 19,11788], in *The Federalist*, 352~353.
43  Alexander Hamilton, "The Federalist No. 77" [April 4,1 1788], in *The Federalist*, 373.
44  Hamilton, "Federalist No. 72," 352.
45  James W. Ceaser, *Presidential Selection: Theory and Development* (Princeton, NJ: Princeton University Press, 1979), ch. 1.
46  Gary C. Jacobson, *Presidents and Parties in the Public Mind* (Chicago: University of Chicago Press, 2019).

**4장 공화주의적 해법**

1  Steven G. Calabresi and Christopher S. Yoo, *The Unitary Executive: Presidential Power from Washington to Bush* (New Haven, CT: Yale University Press, 2008).
2  Stephen Skowronek, "The Conservative Insurgency and Presidential Power: A Developmental Perspective on the Unitary Executive," *Harvard Law Review* 122, no. 18 (June 2009): 2071~2103.
3  Mel Laracey, "Jefferson's Unitary Executive Theory, as Expressed in His Presidential Newspaper," Paper Presented at the 2019 Annual Meeting of the American Political Science Association, Washington, DC.

4   Noble E. Cunningham Jr., *The Jeffersonian Republicans in Power: Party Operations, 1801~1809* (Chapel Hill: University of North Carolina Press, 1963), 29, 39, 60~63.

5   Leonard White, *The Jeffersonians: A Study in Administrative History* (New York: Macmillan, 1951), 52~53.

6   하원 의원 윌리엄 개스턴(William Gaston)(연방파, 노스캐롤라이나 주)는 1814년 의회 본회의 토론에서 의원 총회를 비판했다. "이 기형적 관행은 얼마나 끔찍합니까! 헌법이 금지하는 선거 개입을 자행하는 자들이 최초로 선거에 발을 내디뎠습니다." *Annals of Congress*, 13th Congress, 2nd Session (January 3, 1814), 842. 다음에서 재인용. M. Ostrogorski, "The Rise and Fall of the Nominating Caucus, Legislative and Congressional," *American Historical Review* 5, no. 2 (December 1899): 1253~1283.

7   White, *Jeffersonians*, 54.

8   Andrew Jackson, "Veto Message [of the Re-authorization of the Bank of the United States]," July 10, 1832, *The American Presidency Project*.

9   Andrew Jackson, "Message Read to the Cabinet on Removal of the Public Deposits," September 18, 1833, *The American Presidency Project*.

10  Kendall v. Stokes, 38 U.S. 607 (1838); Leonard White, *The Jacksonians: A Study in Administrative History, 1829~1861* (New, York:, Macmillan, 1954), 38~39.

11  Daryl J. Levinson and Richard H. Pildes, "Separation of Parties, Not Powers," *Harvard Law Review* 119, no. 8 (June 2006): 2311~2386.

12  White, *Jacksonians*, 45.

13  Letter from James K. Polk to Cave Johnson, December 21, 1844, in "Letters of James K. Polk to Cave Johnson, 1833~1848," *Tennessee Historical Magazine* 1, no. 3 (September 1915): 209~256, 그중 254쪽 강조는 원문.

14  James K. Polk, "Inaugural Address," March 4, 1845, *The American Presidency Project*.

15  정당 체제는 '[정부의] 각 부를 상호 의존적으로 만든다.' White, *Jacksonians*, 554.

16  John A. Dearborn, "The 'Proper Organs' for Presidential Representation: A Fresh Look at the Budget and Accounting Act of 1921," *Journal of Policy History* 31, no. 1 (January 2019): 1~41.

17  Stephen Skowronek, "Twentieth-Century Remedies," *Boston University Law Review* 94, no. 3 (May 2014): 795~805; John A. Dearborn, *Power Shifts: Congress and Presidential Representation* (Chicago: University of Chicago Press, 2021), Part 1.

18  M. J. C. Vile, *Constitutionalism and the Separation of Powers* (Oxford: Oxford University Press, 1967), ch. 10.

19  *Humphrey's Executor v. United States*, 295 U.S. 602 (1935).

20  Sidney M. Milkis, *The President and the Parties: The Transformation of the American Party System* (New, York: Oxford University Press, 1993), ch. 5~6; John A. Dearborn, "The Foundations of the Modern Presidency: Presidential Representation, the Unitary Executive Theory, and the Reorganization Act of 1939," *Presidential Studies Quarterly* 49, no. 1 (March 2019): 185~203. 프랭클린 루스벨트가 한 제안과 단일 행정부 이론의 거리를 분석하는 문헌은 Noah A. Rosenblum, "The Antifascist Roots of Presidential Administration," NYU School of Law, working paper.

21  트럼프 행정부의 법무부 장관인 윌리엄 바는 연방주의자협회에 이야기하면서 의회가 정부 기관들을 대통령

권한에서 '격리'하려 시도한다고 불평했다. "이런 현상은 [1930년대] 대공황 이후 의회가 이른바 '독립 기관'들을 많이 만들어 적어도 명목상으로는 행정부에 포함시키면서 처음 발생했다." William P. Barr, "Attorney General William P. Barr Delivers the 19th Annual Barbara K. Olson Memorial Lecture at the Federalist Society's 2019 National Lawyers Convention," November 15, 2019, Office of Public Affairs, Department of Justice.

22  Sean Gailmard and John W. Patty, *Learning While Governing: Expertise and Accountability in the Executive Branch* (Chicago: University of Chicago Press, 2013), ch. 6.

23  Karen Orren and Stephen Skowronek, *The Policy State: An American Predicament* (Cambridge, MA: Harvard University Press, 2017), 108~109.

24  Richard E. Neustadt, *Presidential Power: The Politics of Leadership* (New York: Wiley, 1960).

25  *Youngstown Sheet & Tube Co. v. Sawyer*, 343 U.S. 579, 635 (1952) (Jackson, J., concurring).

26  Gene Sperling, director of the National Economic Council, 다음에서 인용. James Bennet and Robert Pear, "How a Presidency Was Delned by the Thousand Parts of Its Sum," *New York Times*, December 8, 1997.

27  Jeffrey Hart, "The Presidency: Shifting Conservative Perspectives?" *National Review*, November 22, 1974, 1351~1355, 1353.

28  William M. Lunch, *The Nationalization of American Politics* (Berkeley and Los Angeles: University of California Press, 1987); Gary Gerstle, *Liberty and Coercion: The Paradox of American Government from the Founding to the Present* (Princeton, NJ: Princeton University Press, 2015); Bryan D. Jones, Sean M. Theriault, and Michelle Whyman, *The Great Broadening: How the Vast Expansion of the Policymaking Agenda Transformed American Politics* (Chicago: University of Chicago Press, 2019); Stephen Skowronek and Karen Orren, "The Adaptability Paradox: Constitutional Resilience and Principles of Good Government in Twenty-First Century America," *Perspectives on Politics* 18, no. 2 (June 2020): 354~369.

29  Elena Kagan, "Presidential Administration," *Harvard Law Review* 114, no. 8 (June 2001): 2245~2385, 2309.

30  Sam Rosenfeld, *The Polarizers: Postwar Architects of Our Partisan Era* (Chicago: University of Chicago Press, 2018), 177.

31  Samuel Beer가 Senator George McGovern에게. 1969, 다음에서 인용. Rosenfeld, *Polarizers*, 139.

32  Ronald Reagan이 Conservative Political Action Conference에서, 1975, 다음에서 인용. Rosenfeld, *Polarizers*, 188.

33  Sidney M. Milkis, "The Progressive Party and the Rise of Executive-Centered Partisanship," in *The Progressives' Century: Political Reform, Constitutional Government, and the Modern American State*, eds. Stephen Skowronek, Stephen M. Engel, and Bruce Ackerman (New Haven, CT: Yale University Press, 2016), 174~196; Sidney M. Milkis and John Warren York, "Barack Obama, Organizing for Action, and Executive-Centered Partisanship," *Studies in American Political Development* 31, no. 1 (April 2017): 1~23.

34  Kagan, "Presidential Administration," 2335.

35  Skowronek, "Conservative Insurgency," 2099.

36  Richard P. Nathan, *The Plot That Failed: Nixon and the Administrative Presidency* (New York: Wiley, 1975); Joel D. Aberbach and Bert A. Rockman, "Clashing Beliefs within the Executive Branch: The Nixon Administration Bureaucracy," *American Political Science Review* 70, no. 2 (June 1976): 456~468.
37  Richard J. Ellis, *The Development of the American Presidency* (New York: Routledge, 2012), 284.
38  Michael Koncewicz, "The GOP Appointees Who Defied the President," *The Atlantic*, November 19, 2019.
39  Karen M. Hult and Charles E. Walcott, *Empowering the White House: Governance under Nixon, Ford, and Carter* (Lawrence: University Press of Kansas, 2004).
40  Ellis, *Development of the American Presidency*, 284~287.
41  Daniel J. Galvin, *Presidential Party Building: Dwight D. Eisenhower to George W. Bush* (Princeton, NJ: Princeton University Press, 2010), ch. 4; Rosenfeld, *Polarizers*, 173~178.
42  "'I have impeached myself': Edited transcript of David Frost's interview with Richard Nixon Broadcast in May 1977," *Guardian*, September 7, 2007.
43  Paul C. Light, *Monitoring Government: Inspectors General and the Search for Accountability* (Washington, DC: Brookings Institution Press, 1993), 51. 입법을 넘어 감독에 점점 주목하는 의회는 다음을 참조하라. Jones, Theriault, and Whyman, *Great Broadening*, 276.
44  Keith E. Whittington, *Constitutional Construction: Divided Power and Constitutional Meaning* (Cambridge, MA: Harvard University Press, 1999), ch. 5.
45  "직원이 개인적이거나 집단적으로 의회나 의원에게 청원하거나, 의회나 의회 위원회나 의회 위원회 위원에게 정보를 제공할 수 있는 권리는 간섭하거나 거부할 수 없다." 5 U.S.C. § 7211.
46  *Improving Congressional Budget Control*, Hearings before the Joint Study Committee on Budget Control, 93rd Congress, 1st Session (Washington, DC: Government Printing Office, 1973), 42, 73.
47  Light, *Monitoring Government*, 67.
48  *Congressional Record*, 95th Congress, 2nd Session (September 27, 1978), 32032, 32029.
49  *Establishment of Offices of Inspector General*, Hearings before a Subcommittee of the Committee on Government Operations, House of Representatives, 95th Congress, 1st Session (Washington, DC: Government Printing Office, 1977), 165.
50  Scott Shane, "Recent Flexing of Presidential Powers Had Personal Roots in Ford White House," *New York Times*, December 30, 2006.
51  제럴드 포드 대통령이 한 발언은 다음에서 인용. Louis Fisher, *Presidential War Power*, 3rd ed. (Lawrence: University Press of Kansas, 2013), 156.
52  다음에서 재인용. Light, *Monitoring Government*, 60쪽.
53  Department of Justice, "Memorandum on the Constitutional Issues Presented by H.R. 2819." 이 문헌은 *Establishment of Offices of Inspector General*, Hearings, 844으로 재출판.
54  *Establishment of Offices of Inspector General*, Hearings, 22~23.
55  *Establishment of Offices of Inspector General*, Hearings, 238.
56  "Separation of Powers: Legislative-Executive Relations," and cover memo from Stephen J. Markham, Assistant Attorney General for the Office of Legal Policy, to Edwin Meese III, re: "Separation of

Powers," April 30, 1986, 38, 14, 19. Posted by Charlie Savage, *New York Times*, 출처는 다음 같음. https://www.documentcloud.org/documents/6561980-Meese-Separation-of-Powers-Report.html.
57 의회 내 정당들의 행동 유인은 이를테면 Frances E. Lee, *Insecure Majorities: Congress and the Perpetual Campaign* (Chicago: University of Chicago Press, 2016)를 참고하라.
58 Calabresi and Yoo, *Unitary Executive*, 400~404.
59 Andrew Rudalevige, *The New Imperial Presidency: Renewing Presidential Power after Watergate* (Ann Arbor: University of Michigan Press, 2005).


**2부 풀려난 유령들**

**서론**

1 이를테면 '국토안보부 대 캘리포니아 대학교 평의회' 판결(2020)로 트럼프 행정부가 '불법 체류 청소년 추방 유예제(Deferred Action for Childhood Arrivals)'를 일방적으로 종료하려는 노력이 중단됐다. '트럼프 대 밴스' 판결(2020)로 뉴욕 카운티 소속 지방 검사는 도널드 트럼프 대통령 과세 기록 제출 명령 소환장을 발부할 수 있게 됐다. '하원 법사위원회 대 도널드 맥간 주니어' 판결(전원합의체)로 하원은 법적 지위를 명확히 할 수 있었다. 이 판결에 따라 하원은 법원에 요청해 전임 백악관 고문 변호사 도널드 맥간이 하원 법사위원회가 발부한 소환장에 따라 위원회에 출석해 증언하도록 강제할 수 있는 법적 지위를 인정받았다.
2 John R. Commons, *The Legal Foundations of Capitalism* (New, York: Macmillan, 1924), 123.
3 Dave Philipps, "Trump Clears Three Service Members in War Crimes Cases," *New York Times*, November 15, 2019.
4 Philipps, "Trump Clears Three Service Members in War Crimes Cases."
5 Jimmy Carter, "Proclamation 4483-Granting Pardon for Violations of the Selective Service Act, August 4, 1964 to March 28, 1973," January 21, 1977, *The American Presidency Project*.
6 Ron Soodalter, *Hanging Captain Gordon: The Life and Trial of an American Slave Trader* (New York: Washington Square Press, 2006), 159.
7 Richard Spencer, "Richard Spencer: I Was Fired as Navy Secretary. Here's What I've Learned Because of It," *Washington Post*, November 27, 2019.
8 Maggie Haberman, Helene Cooper, and Dave Philipps, "Navy Is Said to Proceed with Disciplinary Plans against Edward Gallagher," *New York Times*, November 23, 2019.
9 Helene Cooper, Maggie Haberman, and Dave Philipps, "Esper Demands Resignation of Navy Secretary over SEAL Case," *New York Times*, November 24, 2019.
10 Jeremy Diamond, "Trump Defends Military Pardons over Objections from 'Deep State' at Florida Rally," *CNN*, November 26, 2019.
11 @realDonaldTrump, November 21, 2019, 8:30 AM, Twitter.
12 Spencer, "I Was Fired as Navy Secretary."
13 Cooper, Haberman, and Philipps, "Esper Demands Resignation of Navy Secretary over SEAL Case."
14 이를테면 Eric Schmitt, Helene Cooper, Thomas Gibbons-Neff and Maggie Haberman, "Esper Breaks

with Trump on Using Troops against Protesters," *New York Times*, June 3, 2020; Helene Cooper, "Milley Apologizes for Role in Trump Photo Op: 'I Should Not Have Been There'," *New York Times*, June 11, 2020; Lara Seligman, "Trump Skirts Senate to Install Nominee under Fire for Islamophobic Tweets in Pentagon Post," *Politico*, August 2, 2020.

## 5장 참모의 심층

1   President's Committee on Administrative Management (PCAM), *Report of the Committee with Studies of Administrative Management in the Federal Government*, 74th Congress, 2nd Session (Washington, DC: US Government Printing Office, 1937), 5.
2   Patrick R. O'Brien, "A Theoretical Critique of the Unitary Executive Framework: Rethinking the First Mover Advantage, Collective Action Advantage, and Informational Advantage," *Presidential Studies Quarterly* 47, no. 1 (March 2017): 169~185.
3   PCAM, *Report*, 5. 강조는 저자.
4   PCAM, *Report*, 52.
5   Daphna Renan, "The President's Two Bodies," *Columbia Law Review* 120, no. 5 (June 2020): 1119~1214.
6   Katie Zezima, Dan Balz, and Chris Cillizza, "Reince Priebus Named Trump's Chief of Staff" *Washington Post*, November 13, 2016.
7   Ana Swanson, "Trump's America First Trade Agenda Roiled by Internal Divisions," *New York Times*, October 20, 2017.
8   Deborah B. Solomon, "Who Is Peter Navarro?: He Said There's a 'Special Place in Hell' for Trudeau," *New York Times*, June 11, 2018.
9   Bob Woodward, *Fear: Trump in the White House* (New York: Simon and Schuster, 2018), 140.
10  Woodward, *Fear*, 141, 143.
11  Philip Rucker and Carol Leonnig, *A Very Stable Genius: Donald J. Trump's Testing of America* (London: Bloomsbury, 2020), 130~132.
12  Rucker and Leonnig, *Very Stable Genius*, 133.
13  Woodward, *Fear*, 223.
14  Rucker and Leonnig, *Very Stable Genius*, 138.
15  Woodward, *Fear*, 155~158.
16  Woodward, *Fear*, 264, xvii~xix.
17  Woodward, *Fear*, xix.
18  Woodward, *Fear*, 298.
19  Ben White, "How Trump's Trade War Finally Broke Gary Cohn," *Politico*, March 6, 2018.
20  Tim Alberta, *American Carnage: On the Front Lines of the Republican Civil War and the Rise of President Trump* (New York: Harper, 2019), 495~497, 558~559.
21  Ana Swanson, "Peter Navarro, a Top Trade Skeptic, Is Ascendant," *New York Times*, February 25,

2018.
22  Philip Bump, "Objective Information Has Less of a Place in an Intuition-Based Presidency," *Washington Post*, March 13, 2018에서 인용.
23  Sanya Mansoor, "Former White House Chief Economic Advisor to Trump Says Tariffs 'Hurt the US'," *Time*, January 19, 2020에서 인용.
24  Dion Rabouin, "US Farmers Could Really Use Some Help," *Axios*, November 5, 2019; Dion Rabouin, "The End of Trump's Manufacturing Renaissance," *Axios*, December 5, 2019.
25  Daniel J. Galvin, "Party Domination and Base Mobilization: Donald Trump and Republican Party Building in a Polarized Era," *The Forum* 18, no. 2 (2020): 135~168.
26  David Shribman, "Rising with a Network of Contacts," *New York Times*, April 27, 1983, A22.
27  Robert E. Lighthizer, "The Venerable History of Protectionism," *New York Times*, March 6, 2008.
28  Matt Peterson, "The Making of a Trade Warrior," *The Atlantic*, December 29, 2018.
29  Andrew Rustuccia and Megan Cassella, "'Ideological Soulmates': How a China Skeptic Sold Trump on a Trade War," *Politico*, December 26, 2018에서 인용.
30  Adam Behsudi and Doug Palmer, "Labor Unions Win, Drug Companies Lose in New Trade Deal," *Politico*, December 10, 2019.
31  Doug Palmer, "Trade Rep: China Will Determine Success of Trade Deal," *Politico*, December 15, 2019.
32  Brian Bennett, "Inside Jared Kushner's Unusual White House Role," *Time*, January 16, 2020.
33  Jill Colvin and Zeke Miller, "Where's Mick?: Trump Acting Chief of Staff Has Low-Key Style," *Associated Press*, March 16, 2019.
34  Nancy Cook, "Mick Mulvaney as Chief of Staff: Let Trump Be Trump," *Politico*, December 19, 2018.
35  John Bresnahan, Jake Sherman, and Nancy Cook, "Trump Taps Key Hill Ally Mark Meadows to Be Chief of Staff," *Politico*, March 6, 2020.

### 6장 규범의 심층

1  Daphna Renan, "Presidential Norms and Article II," *Harvard Law Review* 131, no. 8 (June 2018): 2187~2282.
2  Stephen Skowronek, *Building a New American State: The Expansion of National Administrative Capacities, 1877~1920* (New York: Cambridge University Press, 1982), 47, 51.
3  *Congressional Globe*, 41st Congress, 2nd Session (April 27, 1870), 3036.
4  Jed Handelsman Shugerman, "The Creation of the Department of Justice: Professionalization without Civil Rights or Civil Service," *Stanford Law Review* 66, no. 1 (January 2014): 121~172, 그중 171.
5  Shugerman, "Creation of the Department of Justice," 165.
6  *Congressional Globe*, 41st Congress, 2nd Session (April 27, 1870), 3036.
7  Shugerman, "Creation of the Department of Justice," 156.

8   Jed Handelsman Shugerman, "Professionals, *Politicos*, and Crony Attorneys General: A Historical Sketch of the US Attorney General as a Case for Structural Independence," *Fordham Law Review* 87, no. 5 (April 2019): 1965~1994.

9   Steven G. Calabresi and Christopher S. Yoo, *The Unitary Executive: Presidential Power from Washington to Bush* (New Haven, CT: Yale University Press, 2008), 363~366.

10  "An Address by the Honorable Griffin B. Bell, Attorney General of the United States, before Department of Justice Lawyers," US Department of Justice, Washington, DC, September 6, 1978, 5. 강조는 저자.

11  Renan, "Presidential Norms and Article Ⅱ," 2210. 대통령에게 적용되는 예외는 다음을 참고하라. Donald F. McGahn Ⅱ, Counsel to the President, Memorandum to all White House Staff, re: "Communications Restrictions with Personnel at the Department of Justice," January 27, 2017.

12  *Ten-Year Term for FBI Director*, Report to accompany S. 2106, Report No. 93-1213, United States Senate, 93rd Congress, 2nd Session (October 2, 1974), 1.

13  Bruce A. *Green and Rebecca Roiphe*, "May Federal Prosecutors Take Direction from the President?," *Fordham Law Review* 87, no. 5 (April 2019): 1817~1858.

14  James Comey, *A Higher Loyalty: Truth, Lies, and Leadership* (New York: Flatiron Books, 2018), 96~98. 강조는 저자.

15  Barack Obama, "Remarks on the Resignation of Robert S. Mueller Ⅲ as Director of the Federal Bureau of Investigation and the Nomination of James B. Comey, Jr., to Be Director of the Federal Bureau of Investigation," June 21, 2013, *The American Presidency Project*.

16  이를테면 다음을 참조하라. Dennis Halcoussis, Anton D. Lowenberg, and G. Michael Phillips, "An Empirical Test of the Comey Effect on the 2016 Presidential Election," *Social Science Quarterly* 101, no. 1 (January 2020): 161~171.

17  Memorandum from Attorney General Michael Mukasey to All Department Employees, re: "Election Year Sensitivities," Office of the Attorney General, Department of Justice, March 5, 2008, 1.

18  Comey, *Higher Loyalty*, 169~172.

19  Matt Apuzzo, Adam Goldman, and Nicholas Fandos, "Code Name Crossfire Hurricane: The Secret Origins of the Trump Investigation," *New York Times*, May 16, 2018.

20  James B. Comey, "Statement for the Record," *Senate Select Committee on Intelligence*, June 8, 2017, 3~4.

21  Comey, "Statement," 5.

22  James B. Stewart, *Deep State: Trump, the FBI, and the Rule of Law* (New York: Penguin Press, 2019), 174~176; Comey, "Statement," 6~7.

23  David Alistair Yalof, *Prosecution among Friends: Presidents, Attorneys General, and Executive Branch Wrongdoing* (College Station: Texas A&M University Press, 2012).

24  Bob Woodward, *Fear: Trump in the White House* (New York: Simon and Schuster, 2018), 166.

25  Special Counsel Robert S. Mueller Ⅲ, *Report on the Investigation into Russian Interference in the 2016 Presidential Election*, Vol. Ⅱ, US Department of Justice, March 2019, 73.

26  Woodward, *Fear*, 162.

27  Stewart, *Deep State*, 12, 204.
28  Philip Rucker and Carol Leonnig, *A Very Stable Genius: Donald J. Trump's Testing of America* (London: Bloomsbury, 2020), 61, 65.
29  Comey, *Higher Loyalty*, 269~270.
30  Stewart, *Deep State*, 243.
31  Mueller, *Report*, Vol. II, 78.
32  Mueller, *Report*, Vol. II; Katy J. Harriger, "'Witch Hunts' and the Rule of Law: Trump, the Special Counsel, and the Department of Justice," Presidential Studies Quarterly 50, no. 1 (March 2020): 176~192.
33  Confidential Memo from John M. Dowd and Jay A. Sekulow to Robert S. Mueller III, January 29, 2018. "The Trump Lawyers' Confidential Memo to Mueller, Explained," *New York Times*, June 2, 2018.
34  Woodward, *Fear*, 333.
35  Woodward, *Fear*, 350.
36  William P. Barr, "Attorney General William P. Barr Delivers the 19th Annual Barbara K. Olson Memorial Lecture at the Federalist Society's 2019 National Lawyers Convention," November 15, 2019, Office of Public Affairs, Department of Justice.
37  Stewart, *Deep State*, 245.
38  Confidential Memo from John M. Dowd and Jay A. Sekulow to Robert S. Mueller III, January 29, 2018.
39  Woodward, Fear, 327. 퓨전 지피에스는 민주당 의뢰를 받아 트럼프 후보자와 러시아의 연관 관계를 조사했으며, 그 결과 악명 높은 스틸 문건이 작성됐다. 이 문건 내용은 아직도 논란에 휩싸여 있다.
40  *Report of Investigation of Former Federal Bureau of Investigation Director James Comey's Disclosure of Sensitive Investigative Information and Handling of Certain Memoranda*, Office of the Inspector General, US Department of Justice, August 2019, 57.
41  *A Review of Various Actions by the Federal Bureau of Investigation and Department of Justice in Advance of the 2016 Election*, Office of the Inspector General, US Department of Justice, June 2018, x.
42  Stewart, *Deep State*, 96, 137, 299.
43  Michael S. Schmidt, Matt Apuzzo, and Adam Goldman, "Mueller Removed Top Agent in Russia Inquiry over Possible Anti-Trump Texts," *New York Times*, December 2, 2017.
44  *A Review of Various Actions by the Federal Bureau of Investigation and Department of Justice in Advance of the 2016 Election*, xii.
45  *Review of Four FISA Applications and Other Aspects of the FBI's Crossfire Hurricane Investigation*, Office of the Inspector General, US Department of Justice, December 2019, iii, viii, 362.
46  Charlie Savage, "Problems in FBI Wiretap Applications Go beyond Trump Aide Surveillance, Review Finds," *New York Times*, March 31, 2020.
47  Jack Goldsmith, "Independence and Accountability at the Department of Justice," *Lawfare*, January 30, 2018.
48  David Rohde, "William Barr, Trump's Sword and Shield," *New Yorker*, January 13, 2020.

49  Stewart, *Deep State*, 279.
50  Stewart, *Deep State*, 313.
51  "Attorney General William P. Barr Delivers Remarks on the Release of the Report on the Investigation into Russian Interference in the 2016 Presidential Election," April 18, 2019, Office of Public Affairs, Department of Justice.
52  Mueller, *Report*, Vol. II, 158.
53  Jeffrey Toobin, "Why the Mueller Investigation Failed," New Yorker, June 29, 2020; Michael S. Schmidt, "Justice Dept. Never Fully Examined Trump's Ties to Russia, Ex-Officials Say," *New York Times*, August 30, 2020.
54  Rucker and Leonnig, *Very Stable Genius*, 250, 376.
55  Mueller, *Report*, Vol. II, 181~182.
56  Stewart, *Deep State*, 311.
57  Stewart, *Deep State*, 329.
58  Stewart, *Deep State*, 330에서 인용.
59  Quint Forgey, "Barr Taps US Attorney to Investigate 'Unmasking' as Part of Russia Probe Review," *Politico*, May 28, 2020.
60  Adam Goldman and William K. Rashbaum, "Review of Russia Inquiry Grows as FBI Witnesses Are Questioned," *New York Times*, October 19, 2019.
61  Adam Goldman, Julian E. Barnes, and Katie Benner, "Durham Inquiry Includes Scrutiny of a Media Leak," *New York Times*, April 24, 2020.
62  Katie Benner, "Barr and Durham Publicly Disagree with Horowitz Report on Russia Inquiry," *New York Times*, December 9, 2019.
63  Josh Gerstein and Natasha Bertrand, "Horowitz Pushes Back at Barr over Basis for Trump-Russia Probe," *Politico*, December 11, 2019.
64  Joint statement of Representatives Adam Schiff (D-CA) and Jerrold Nadler (D-NY), 다음에서 재인용. Ana Radelat, "Escalation of Durham Probe Ratchets Up Political Bickering," *Connecticut Mirror*, October 25, 2019.
65  Katelyn Polantz and Veronica Stracqualursi, "Barr Defends Trump's Firing of Intel Community Watchdog as 'Right Thing' to Do," *CNN*, April 10, 2020.
66  *Russian Active Measures Campaigns and Interference in the 2016 U.S. Election*, Vol. 5: *Counterintelligence Threats and Vulnerabilities*, Report of the Select Committee on Intelligence, United States Senate, 116th Congress, 1st Session (August 2020); Karoun Demirjian, Ellen Nakashima, and Matt Zapotosky, "Senate Panel Told Justice Dept. of Suspicions over Trump Family Members' Russia Testimony," *Washington Post*, August 15, 2020.
67  Adam Goldman, "Ex-F.B.I. Lawyer Expected to Plead Guilty in Review of Russia Inquiry," *New York Times*, August 14, 2020; Maria Bartiromo interview on "*Sunday Morning Futures*" with Senate Judiciary Chairman Lindsay Graham, "Graham Shares Newly Declassified FBI Docs Showing 'Clear' Bias toward Trump," *Fox News*, YouTube, August 23, 2020.
68  Brooke Singman, "Trump Lays Down Gauntlet for Barr on Durham Probe: Either 'Greatest Attorney

General' or 'Average Guy'," *Fox News*, August 13, 2020.
69  Stewart, *Deep State*, 256.
70  Mueller, *Report*, Vol. II, 78.
71  Anne Flaherty, "Barr Blasts Trump's Tweets on Stone Case: 'Impossible for Me to Do My Job'," *ABC News*, February 13, 2020.
72  Mark Sherman, "Trump Says He's the Nation's Top Cop, a Debatable Claim," *Associated Press*, February 19, 2020.
73  Carol E. Lee, Ken Dilanian, and Peter Alexander, "Barr Takes Control of Legal Matters of Interest to Trump, Including Stone Sentencing," *NBC News*, February 11, 2020.
74  "DOJ Alumni Statement on the Events Surrounding the Sentencing of Roger Stone," *Medium*, February 16, 2020.
75  Nicholas Fandos, Katie Benner, and Charlie Savage, "Justice Dept. Officials Outline Claims of Politicization under Barr," *New York Times*, June 24, 2020.
76  Josh Gerstein, "Barr Reignites Charge He Is Conducting Mueller Cleanup for Trump," *Politico*, May 8, 2020.
77  Mary B. McCord, "Bill Barr Twisted My Words in Dropping the Flynn Case. Here's the Truth," *New York Times*, May 10, 2020.
78  "DOJ Alumni Statement on Flynn Case," *Medium*, May 11, 2020.
79  Sherman, "Trump Says He's the Nation's Top Cop."
80  Peter Baker, "In Commuting Stone's Sentence, Trump Goes Where Nixon Would Not," *New York Times*, July 11, 2020.
81  Robert S. Mueller III, "Robert Mueller: Roger Stone Remains a Convicted Felon, and Rightly So," *Washington Post*, July 11, 2020.
82  @realDonaldTrump, July 9, 2020, 10:38 AM, Twitter. 트럼프가 쓴 트위터 메시지 전체는 다음 같다. "대법원은 사건을 하급 법원으로 돌려보냈고, 재판이 계속됩니다. 전적으로 정치적인 기소입니다. 저는 뮬러의 저지른 마녀사냥을 이겨 냈고, 이제 정치적으로 부패한 뉴욕에서 계속 싸워야 합니다. 이란 상황은 대통령이나 행정부에 공정하지 않습니다!"
83  *In Re: Michael T. Flynn*, No. 20-5143 (D.C. Cir. 2020). (Rao, Circuit Judge, opinion of the court), 8.
84  Renan, "Presidential Norms and Article II," 2193, 2281.


7장 지식의 심층

1  Vannevar Bush, *Science: The Endless Frontier*, A Report to the President (Washington, DC: Government Printing Office, 1945), 11.
2  5 U.S.C. § 706.
3  Sheila Jasanoff, *The Fifth Branch: Science Advisers as Policymakers* (Cambridge, MA: Harvard University Press, 1990).
4  *Whistleblower Protection Enhancement Act of 2012*, Report 112-155 to Accompany S.743, Committee

on Homeland Security and Governmental Affairs, United States Senate, 112th Congress, 2nd Session (Washington, DC: Government Printing Office, 2012), 24.

5   Rachel Augustine Potter, *Bending the Rules: Procedural Politicking in the Bureaucracy* (Chicago: University of Chicago Press, 2019), 116~118.
6   Brad Plumer and Coral Davenport, "Science under Attack: How Trump Is Sidelining Researchers and Their Work," *New York Times*, December 28, 2019.
7   Potter, *Bending the Rules*, 117.
8   Lisa Friedman and Coral Davenport, "Trump Administration Rolls Back Clean Water Protections," *New York Times*, September 12, 2019.
9   Plumer and Davenport, "Science under Attack."
10  Jason Ross Arnold, *Secrecy in the Sunshine Era: The Promises and Failures of U.S. Open Government Laws* (Lawrence: University Press of Kansas, 2014), 219~220.
11  *Massachusetts v. Environmental Protection Agency*, 549 U.S. 497 (2007).
12  Barack Obama, "Inaugural Address," January 20, 2009, *The American Presidency Project*.
13  Barack Obama, "Memorandum on Scientific Integrity," March 9, 2009, *The American Presidency Project*.
14  Office of Science and Technology Policy, "Scientific Integrity," Obama White House; Heidi Kitrosser, "Scientific Integrity: The Perils and Promise of White House Administration," *Fordham Law Review* 79, no. 6 (May 2011): 2395~2424.
15  Albert C. Lin, "President Trump's War on Regulatory Science," *Harvard Environmental Law Review* 43, no. 2 (2019): 247~306, 287.
16  Arnold, *Secrecy in the Sunshine Era*, 363~366.
17  Jackie Calmes and Gardiner Harris, "Obama Endorses Decision to Limit Morning-After Pill," *New York Times*, December 8, 2011.
18  Tim Dickinson, "The Spill, the Scandal and the President," *Rolling Stone*, June 8, 2010.
19  Lisa Friedman, "A War against Climate Science, Waged by Washington's Rank and File," *New York Times*, June 15, 2020.
20  Oliver Milman, "Trump Administration's War on Science Has Hit 'Crisis Point', Experts Warn," *Guardian*, October 3, 2019.
21  @realDonaldTrump, September 1, 2019, 10:51 AM, Twitter.
22  Lisa Friedman and Mark Walker, "Hurricane Tweet That Angered Trump Wasn't about Trump, Forecasters Say," *New York Times*, November 7, 2019.
23  Caitlin Oprysko, "An Oval Office Mystery: Who Doctored the Hurricane Map?" *Politico*, September 4, 2019.
24  *Evaluation of NOAA's September 6, 2019, Statement about Hurricane Dorian Forecasts*, Report No. OIG-20-032-1, Office of Inspector General, US Department of Commerce, June 26, 2020, 19, 35.
25  Andrew Freedman, Josh Dawsey, Juliet Eilperin, and Jason Samenow, "Trump Pushed Staff to Deal with NOAA Tweet That Contradicted His Inaccurate Hurricane Claim, Officials Say," *Washington Post*, September 11, 2019; *Evaluation of NOAA's September 6, 2019, Statement about Hurricane*

Dorian Forecasts, 43~44.

26  Christopher Flavelle, Lisa Friedman, and Peter Baker, "Commerce Chief Threatened Firings at NOAA after Trump's Dorian Tweets, Sources Say," *New York Times*, September 9, 2019.

27  Flavelle, Friedman, and Baker, "Commerce Chief Threatened Firings at NOAA after Trump's Dorian Tweets, Sources Say."

28  Caitlin Oprysko, "Government Scientists Blast Trump Weather Wars after NOAA Defends His Hurricane Forecast," *Politico*, September 9, 2019.

29  Nicholas Bogel-Burroughs, Christopher Flavelle, and Lisa Friedman, "NOAA Chief, Defending Trump on Dorian, Also Tries to Buoy Scientists," *New York Times*, September 10, 2019.

30  Zahra Hirji and Jason Leopold, "'HELP!!!!' Internal #SharpieGate Emails Show Government Officials Freaked Out over Trump's 'Doctored' Hurricane Map," *BuzzFeed News*, February 1, 2020.

31  "NAO 202-735D: Scientific Integrity," December 7, 2011, National Oceanic and Atmospheric Administration.

32  Andrew Freedman and Jason Samenow, "NOAA Leaders Violated Agency's Scientific Integrity Policy, Hurricane Dorian 'Sharpiegate' Investigation Finds," *Washington Post*, June 15, 2020.

33  *Evaluation of NOAA's September 6, 2019, Statement about Hurricane Dorian Forecasts*, 45.

34  Stephen Skowronek, *Building a New American State: The Expansion of National Administrative Capacities, 1877~1920* (New York: Cambridge University Press, 1982), 70.

35  트럼프 행정부가 의회에서 협조받은 영역 중 하나는 재향군인회(Department of Veterans Affairs)였다. 2017년 6월, 의회는 성과 부진 문제를 해결할 목적으로 재향군인회가 직원을 쉽게 해고할 수 있게 하는 법안을 통과시켰다. 입법자들은 고위직이 책임을 지게 되리라고 기대했다. 그러나 몇 달 만에(2018년 3월까지) 재향군인회는 1700여 명을 경미한 위반을 이유로 해고했고, 대부분 평직원이었다. 몇몇 의원은 이 법안을 지지한 행위를 후회했다. 그 뒤 의회는 트럼프 행정부가 규칙을 약화시키려 하는 요청에 더욱 회의적인 태도를 보였다. Isaac Arnsdorf, "The Trump Administration's Campaign to Weaken Civil Service Ramps Up at the VA," *ProPublica*, March 12, 2018.

36  Mihir Zaveri, "Trump's NOAA Pick, Barry Myers, Asks to Withdraw Nomination," *New York Times*, November 21, 2019.

37  Andrew Freedman and Jason Samenow, "As NOAA Leaders Take Fall for 'Sharpiegate,' Commerce Department Officials Have So Far Escaped Scrutiny," *Washington Post*, June 18, 2020.

38  15 U.S.C. § 313; "Role of the National Weather Service and Selected Legislation in the 114th Congress," Report 44583, *Congressional Research Service*, August 8, 2016, 1; Christopher Flavelle and Lisa Friedman, "As Election Nears, Trump Makes a Final Push Against Climate Science," *New York Times*, October 27, 2020.

39  Scott Detrow, "Scott Pruitt Confirmed to Lead Environmental Protection Agency," *NPR*, February 17, 2017.

40  Friedman, "A War Against Climate Science, Waged by Washington's Rank and File."

41  Coral Davenport, "Trump's Environmental Rollbacks Find Opposition Within: Staff Scientists," *New York Times*, March 27, 2020.

42  Lisa Friedman, "Cost of New EPA Coal Rules: Up to 1,400 More Deaths a Year," *New York Times*,

August 21, 2018.
43 Davenport, "Trump's Environmental Rollbacks Find Opposition Within."
44 *Policy Assessment for the Review of the National Ambient Air Quality Standards for Particulate Matter*, External Review Draft, September 2019, US Environmental Protection Agency, Office of Air Quality Planning and Standards, Health and Environmental Impacts Division, Research Triangle Park, NC, 1~2.
45 *Regulatory Impact Analysis for the Proposed Emission Guidelines for Greenhouse Gas Emissions from Existing Electric Utility Generating Units; Revisions to Emission Guideline Implementing Regulations; Revisions to New Source Review Program*, August 2018, US Environmental Protection Agency, Office of Air Quality Planning and Standards, Health and Environmental Impact Division, Research Triangle Park, NC, ES-1.
46 Davenport, "Trump's Environmental Rollbacks Find Opposition Within."
47 Davenport, "Trump's Environmental Rollbacks Find Opposition Within."
48 Nadja Popovich, Livia Albeck-Ripka, and Kendra Pierre-Louis, "The Trump Administration Is Reversing 100 Environmental Rules. Here's the Full List," *New York Times*, July 15, 2020,
49 Danny Hakim and Eric Lipton, "Pesticide Studies Won EPA's Trust, Until Trump's Team Scorned 'Secret Science'," *New York Times*, August 24, 2018.
50 "CLA Petitions EPA to Stop Using Studies That Are Not Backed by Sound Science or Quality Data," *CropLife America*, December 2, 2016.
51 Hakim and Lipton, "Pesticide Studies."
52 Hakim and Lipton, "Pesticide Studies."
53 Eric Niiler, "The EPA's Anti-Science 'Transparency' Rule Has a Long History," *Wired*, November 13, 2019.
54 Donald J. Trump, "Executive Order 13777—Enforcing the Regulatory Reform Agenda," February 24, 2017, *The American Presidency Project*.
55 Lorraine Chow, "Trump Gives Pen to Dow Chemical CEO after Signing Executive Order to Eliminate Regulations," *EcoWatch*, February 24, 2017.
56 "EPA Administrator Pruitt Proposes Rule to Strengthen Science Used in EPA Regulations," News Releases, Environmental Protection Agency, April 24, 2018.
57 Hakim and Lipton, "Pesticide Studies."
58 Liz Crampton, "EPA Will Not Ban Chlorpyrifos," *Politico*, July 18, 2019.
59 Ellie Kaufman, "Senate Confirms Former Coal Lobbyist Andrew Wheeler to Lead EPA," *CNN*, February 28, 2019.
60 Lisa Friedman, "EPA to Limit Science Used to Write Public Health Rules," *New York Times*, November 11, 2019.
61 Friedman, "EPA to Limit Science Used to Write Public Health Rules."
62 US Environmental Protection Agency Science Advisory Board Draft Report, "SAB Consideration of the Scientific and Technical Basis of EPA's Proposed Rule Titled *Strengthening Transparency in Regulatory Science*," October 16, 2019, 1~2.

63　Lisa Friedman, "EPA Updates Plan to Limit Science Used in Environmental Rules," *New York Times*, March 4, 2020.
64　Rebecca Beitsch, "EPA Looks to Other Statutes to Expand Scope of Coming 'Secret Science' Rule," *The Hill*, July 29, 2020.
65　Lisa Friedman, "Coronavirus Doesn't Slow Trump's Regulatory Rollbacks," *New York Times*, March 25, 2020; Don Jenkins, "Federal judges rehear case for banning chlorpyrifos," Capital Press, July 28, 2020.
66　"Policy on EPA Scientific Integrity," US Environmental Protection Agency.
67　Maggie Koerth, "Trump Finds the Weak Spot in Obama's Protections for Scientists," *FiveThirtyEight*, January 24, 2017.
68　Office of the Chief Scientist, "Scientific Integrity," Departmental Regulation 1074-001, Office of the Chief Information Officer, US Department of Agriculture.
69　Jeffrey Hart, "The Presidency: Shifting Conservative Perspectives?," *National Review*, November 22, 1974, 1351~1355, 그중 1353.
70　*INS v. Chadha*, 462 U.S. 619 (1983).
71　*Ratification of Reorganization Plans*, Hearing before a Subcommittee of the Committee on Government Operations, House of Representatives, 98th Congress, 2nd Session (Washington, DC: Government Printing Office, 1985 [1984]), 3.
72　Dwight D. Eisenhower, "Special Message to the Congress Transmitting Reorganization Plan 2 of 1953 Concerning the Department of Agriculture," March 25, 1953, *The American Presidency Project*.
73　Liz Crampton and Ryan McCrimmon, "Trump Administration to Move USDA Researchers to Kansas City Area," *Politico*, June 13, 2019.
74　Ryan McCrimmon, "Economists Flee Agriculture Dept. after Feeling Punished under Trump," *Politico*, May 7, 2019.
75　Crampton and McCrimmon, "Trump Administration to Move USDA Researchers to Kansas City Area."
76　Derrick Z. Jackson, "A Stealth Move to Undermine Science at the US Department of Agriculture," Union of Concerned Scientists, November 14, 2018.
77　Liz Crampton, "USDA Farms Out Economists Whose Work Challenges Trump Policies," *Politico*, May 22, 2019.
78　Plumer and Davenport, "Science under Attack."
79　Ryan McCrimmon, "Farm Spending Bill Set for House Markup," *Politico*, July 9, 2020.
80　"Interior Set to Move BLM Headquarters to Colorado," *FEDWeek*, January 22, 2020.
81　James McGregor Burns, *Leadership* (New York: Harper and Row, 1978); Archie Brown, *The Myth of the Strong Leader: Political Leadership in the Modern Age* (New York: Basic Books, 2014).
82　Arjen Boin, Paul't Hart, Eric Stern, and Bengt Sundelius, *The Politics of Crisis Management: Public Leadership under Pressure* (New York: Cambridge University Press, 2005).
83　Eric A. Posner and Adrian Vermeule, "Crisis Governance in the Administrative State: 9/11 and the Financial Meltdown of 2008," *University of Chicago Law Review* 76, no. 4 (2009): 1613~1681,

그중 1614. 또한 Clinton Rossiter, *Constitutional Dictatorship: Crisis Government in the Modern Democracies* (Princeton, NJ: Princeton University Press, 1948)도 참조하라.

84　National Emergencies Act of 1976 (P.L. 94-412, 90 Stat. 1255, September 14, 1976).

85　그렇다고 해서 이번 사례에서 사적 이해관계가 전혀 영향을 준 적 없다는 뜻은 아니다. 이를테면 트럼프 대통령 사위인 재러드 쿠슈너가 주도해 백악관 의료진용 개인 보호 장비를 확보하려던 시도에서도 '브이아이피(VIP)', 곧 대통령의 정치적 동맹이 건넨 물품 정보가 우선으로 고려됐다. Yasmeen Abutaleb and Ashley Parker, "Kushner Coronavirus Efforts Said to Be Hampered by Inexperienced Volunteers," *Washington Post*, May 5, 2020.

86　Boin, Hart, Stern, and Sundelius, *Politics of Crisis Management*, 49.

87　Plumer and Davenport, "Science under Attack."

88　Deb Riechmann, "Trump Disbanded NSC Pandemic Unit That Experts Had Praised," *Associated Press*, March 14, 2020.

89　Dan Diamond and Nahal Toosi, "Trump Team Failed to Follow NSC's Pandemic Playbook," *Politico*, March 25, 2020.

90　*Worldwide Threat Assessment of the US Intelligence Community*, Daniel R. Coats, Director of National Intelligence, Statement for the Record, Senate Select Committee on Intelligence, January 29, 2019, 21.

91　David E. Sanger, Eric Lipton, Eileen Sullivan, and Michael Crowley, "Before Virus Outbreak, a Cascade of Warnings Went Unheeded," *New York Times*, March 19, 2020.

92　Marisa Taylor, "Exclusive: US Slashed CDC Staff inside China Prior to Coronavirus Outbreak," *Reuters*, March 25, 2020.

93　Marisa Taylor, "Exclusive: US Axed CDC Expert Job in China Months before Virus Outbreak," *Reuters*, March 22, 2020.

94　Emily Baumgaertner and James Rainey, "Trump Administration Ended Pandemic Early-Warning Program to Detect Coronaviruses," *Los Angeles Times*, April 2, 2020.

95　Yasmeen Abutaleb, Josh Dawsey, Ellen Nakashima, and Greg Miller, "The US Was Beset by Denial and Dysfunction as the Coronavirus Raged," *Washington Post*, April 4, 2020.

96　Dan Diamond, "Trump's Mismanagement Helped Fuel Coronavirus Crisis," *Politico*, March 7, 2020.

97　Greg Miller and Ellen Nakashima, "President's Intelligence Briefing Book Repeatedly Cited Virus Threat," *Washington Post*, April 27, 2020.

98　David Nakamura, "'Maybe I Have a Natural Ability': Trump Plays Medical Expert on Coronavirus by Second-Guessing the Professionals," *Washington Post*, March 6, 2020.

99　Thomas Frank, "Trump Says the Coronavirus Is the Democrats' 'New Hoax'," *CNBC*, February 28, 2020.

100　Diamond, "Trump's Mismanagement Helped Fuel Coronavirus Crisis."

101　Luciana Borio and Scott Gottlieb, "Act Now to Prevent an American Epidemic," *Wall Street Journal*, January 28, 2020.

102　Aaron Blake, "'It Will Go Away': A Timeline of Trump Playing Down the Coronavirus Threat," *Washington Post*, March 12, 2020.

103 Natasha Bertrand, Daniel Lippmann, Meredith McGraw, and Lara Seligman, "American's National Security Machine Stares Down Viral Threat," *Politico*, March 12, 2020.

104 Abutaleb, Dawsey, Nakashima, and Miller, "The US Was Beset by Denial and Dysfunction as the Coronavirus Raged."

105 Elizabeth Chuck, "'It Is a Failing. Let's Admit It,' Fauci Says of Coronavirus Testing Capacity," *NBC News*, March 12, 2020.

106 단일 행정부와 효과적인 조정의 관계를 향한 의심은 다음을 참조하라. Steven G. Calabresi and Nicholas Terrell, "The Fatally Flawed Theory of the Unbundled Executive," *Minnesota Law Review* 93, no. 5 (May 2009): 1696~1740, 1717. Caitlyn Oprysko, "'I Don't Take Responsibility at All': Trump Deflects Blame for Coronavirus Testing Fumble," *Politico*, March 13, 2020.

107 Eric Lipton, David E. Sanger, Maggie Haberman, Michael D. Shear, Mark Mazzetti, and Julian E. Barnes, "He Could Have Seen What Was Coming: Behind Trump's Failure on the Virus," *New York Times*, April 11, 2020.

108 Brianna Ehley, "US Coronavirus Outbreak Inevitable, CDC Official Says," *Politico*, February 25, 2020.

109 Lipton, Sanger, Haberman, Shear, Mazzetti, and Barnes, "He Could Have Seen What Was Coming."

110 Charles Duhigg, "Seattle's Leaders Let Scientists Take the Lead. New York's Did Not," *New Yorker*, April 26, 2020.

111 "Mike Pence Coronavirus Update Transcript: Pence & Task Force Hold Briefing," *Rev*, March 2, 2020.

112 "Press Briefing by Vice President Pence and Members of the Coronavirus Task Force," White House, Press Briefings, March 10, 2020.

113 Sarah Owermohle, "'You Don't Want to Go to War with a President'," *Politico*, March 3, 2020; Alexander Bolton, "GOP Senators Tell Trump to Make Fauci Face of Government's Coronavirus Response," *The Hill*, March 10, 2020.

114 Sheryl Gay Stolberg, "Top Coronavirus Official for US Has Fought an Epidemic Before," *New York Times*, March 6, 2020.

115 Michael D. Shear, Noah Weiland, Eric Lipton, Maggie Haberman, and David E. Sanger, "Inside Trump's Failure: The Rush to Abandon Leadership Role on the Virus," *New York Times*, July 18, 2020.

116 David E. Sanger and Maggie Haberman, "Does the Coronavirus Task Force Even Matter for Trump?," *New York Times*, May 7, 2020.

117 "15 Days to Slow the Spread," March 16, 2020, White House; Kevin Liptak, "White House Advises Public to Avoid Groups of More than 10, Asks People to Stay Away from Bars and Restaurants," *CNN*, March 16, 2020.

118 @realDonaldTrump, March 22, 2020, 11:50 PM, Twitter; Thomas Heath and Jacob Bogage, "Dow Caps Its Worst First Quarter with a Slide of More than 400 Points," *Washington Post*, March 31, 2020.

119 Quint Forgey, "Trump Says He'll 'Rely on' Public Health Experts on Social Distancing Decisions," *Politico*, March 30, 2020.

120 Kevin Breuninger and Jacob Pramuk, "Trump Plays Campaign-Style Video in White House Coronavirus Briefing Touting His 'Decisive Action'," *CNBC*, April 13, 2020.

121 Michael D. Shear and Sheila Kaplan, "A Debate over Masks Uncovers Deep White House Divisions," *New York Times*, April 3, 2020.

122 Katie Rogers, "Trump's Scientists Push Back on His Claim That Virus May Not Return This Fall," *New York Times*, April 22, 2020.

123 Caroline Kelly, "Trump Disagrees with Fauci on US Testing Capacity," *CNN*, April 23, 2020.

124 Jill Covin and Zeke Miller, "Trump Backs Off Total Authority Claim in Row with State Governors," *Yahoo*, April 15, 2020.

125 Kevin Liptak, "In Reversal, Trump Says Task Force Will Continue 'Indefinitely'—Eyes Vaccine Czar," *CNN*, May 6, 2020.

126 Stephen Collinson, "Trump's Rebuke of Fauci Encapsulates Rejection of Science in Virus Fight," *CNN*, May 14, 2020.

127 Jon Cohen, "'I'm Going to Keep Pushing': Anthony Fauci Tries to Make the White House Listen to Facts of the Pandemic," *Science*, March 22, 2020.

128 Gabriel Sherman, "Inside Donald Trump and Jared Kushner's Two Months of Magical Thinking," *Vanity Fair*, April 28, 2020.

129 Joe Palca, "NIH Panel Recommends against Drug Combination Promoted by Trump for COVID-19," *NPR*, April 21, 2020.

130 Sheila Kaplan, "Stephen Hahn, F.D.A. Chief, Is Caught between Scientists and the President," *New York Times*, August 10, 2020.

131 Charles Piller, "Former FDA Leaders Decry Emergency Authorization of Malaria Drugs for Coronavirus," *Science*, April 7, 2020.

132 Palca, "NIH Panel Recommends against Drug Combination Promoted by Trump for COVID-19"; Jacqueline Howard, Arman Azad, and Maggie Fox, "FDA Revokes Authorization of Drug Trump Touted," *CNN*, June 15, 2020.

133 Quint Forgey, "Trump Gets Stung from All Sides after Floating Injections of Disinfectants," *Politico*, April 24, 2020.

134 Jonathan Martin and Maggie Haberman, "Nervous Republicans See Trump Sinking, and Taking Senate with Him," *New York Times*, April 25, 2020.

135 Jason Silverstein, "McConnell: 'Probably a Good Idea' for Coronavirus Briefings to Focus on Experts, Not Trump," *CBS News*, April 28, 2020.

136 Ashley Parker and Philip Rucker, "Coronavirus Pushes Trump to Rely on Experts He Has Long Maligned," *Washington Post*, February 27, 2020.

137 Nancy Cook and Gabby Orr, "Trump's April Challenge: Leaning into the 'Deep State' to Quell a Raging Crisis," *Politico*, March 29, 2020.

138 Eric Bradner and Gregory Krieg, "Biden Says Trump's Coronavirus Response Exposes Administration's 'Severe Shortcomings'," *CNN*, March 12, 2020.

139 Robert Costa, Phillip Rucker, Yasmeen Abutaleb, and Josh Dawsey, "Trump's May Days: A Month of

Distractions and Grievances as Nation Marks Bleak Coronavirus Milestone," *Washington Post*, May 31, 2020.
140  Yasmeen Abutaleb, Josh Dawsey, and Laurie McGinley, "Fauci Is Sidelined by the White House as He Steps Up Blunt Talk on Pandemic," *Washington Post*, July 11, 2020.
141  이 시점에 하원 의장 낸시 펠로시(민주당, 캘리포니아 주)는 벅스의 신뢰성에 의문을 제기한 참이었다. 벅스가 비서실장 마크 메도스가 이끄는 코로나 대응 그룹하고 밀접한 관계를 맺은 때문이었다. Max Cohen, "Trump Blasts Birx after She Warns Coronavirus Pandemic Is 'Extraordinarily Widespread'," *Politico*, August 3, 2020.
142  Lena H. Sun and Josh Dawsey, "CDC Feels Pressure from Trump as Rift Grows over Coronavirus Response," *Washington Post*, July 9, 2020.
143  Savannah Behrmann, "'Science Should Not Stand in the Way' of Schools Reopening, White House Press Secretary Kayleigh McEnany Says," *USA Today*, July 16, 2020.
144  Ben Gittleson, Jordyn Phelps, and Libby Cathey, "Pandemic Probably Will 'Get Worse before It Gets Better': A Solo Trump Holds 1st Coronavirus Briefing in Months," *ABC News*, July 21, 2020; Elizabeth Thomas, "The New Doctor in Trump's Pandemic Response Briefings: Scott Atlas Agrees with Him on Masks, Opening Schools," *ABC News*, August 14, 2020; Sheryl Gay Stolberg, "Top U.S. Officials Told C.D.C. to Soften Coronavirus Testing Guidelines," *New York Times*, August 26, 2020; Katie Thomas and Sheri Fink, "F.D.A. 'Grossly Misrepresented' Blood Plasma Data, Scientists Say," *New York Times*, August 24, 2020.

### 8장 임명의 심층

1  J. David Alvis, Jeremy D. Bailey, and F. Flagg Taylor IV, *The Contested Removal Power: 1789~2010* (Lawrence: University Press of Kansas, 2013), ch. 1.
2  Kathyn Dunn Tenpas, "Tracking Turnover in the Trump Administration," Brookings Institution Report, April 2020.
3  Andrew Rudalevige, *The New Imperial Presidency: Renewing Presidential Power after Watergate* (Ann Arbor: University of Michigan Press, 2005), 61.
4  Joel D. Aberbach and Bert A. Rockman, "Clashing Beliefs within the Executive Branch: The Nixon Administration Bureaucracy," *American Political Science Review* 70, no. 2 (June 1976): 456~468.
5  Terry M. Moe, "The Politicized Presidency," in New Directions in American Politics, eds. John E. Chubb and Paul E. Peterson (Washington, DC: Brookings Institution, 1985), 235~271; David E. Lewis, *The Politics of Presidential Appointments: Political Control and Bureaucratic Performance* (Princeton, NJ: Princeton University Press, 2008).
6  Toluse Olorunnipa, Ashley Parker, and Josh Dawsey, "Trump Embarks on Expansive Search for Disloyalty as Administration-Wide Purge Escalates," *Washington Post*, February 21, 2020.
7  Jonathan Swan, "Scoop: Trump's Loyalty Cop Clashes with Agency Heads," *Axios*, June 14, 2020.
8  Douglas T. Stuart, *Creating the National Security State: A History of the Law That Transformed*

America (Princeton, NJ: Princeton University Press, 2008), 237.
9   50 U.S.C. § 3021
10  Stuart, *Creating the National Security State*, 130.
11  Amy B. Zegart, *Flawed by Design: The Evolution of the CIA, JCS, and NSC* (Stanford, CA: Stanford University Press,1999), 10~11.
12  Harry S. Truman, Memoirs, Vol. 2: *Years of Trial and Hope* (Garden City, NY: Doubleday, 1956), 60.
13  Sidney W. Souers, "II. Policy Formulation for National Security," *American Political Science Review* 43, no. 3 (June 1949): 534~543, 그중 537.
14  Sean Gailmard and John Patty, *Learning While Governing: Expertise and Accountability in the Executive Branch* (Chicago: University of Chicago Press, 2013), 215~221.
15  Zegart, *Flawed by Design*, 94.
16  Stuart, *Creating*, 237.
17  Zegart, *Flawed by Design*, 79~81.
18  Robert Cutler, "The Development of the National Security Council," *Foreign Affairs* 34 (April 1956): 441~458, 442.
19  Cutler, "Development of the National Security Council," 441, 455.
20  Greg Miller and Philip Rucker, "Michael Flynn Resigns as National Security Adviser," *Washington Post*, February 14, 2017.
21  Bob Woodward, *Fear: Trump in the White House* (New York: Simon and Schuster, 2018), 89.
22  Alex Ward, "Trump's National Security Adviser, H. R. McMaster, Is Out. It Was a Long Time Coming," *Vox*, March 22, 2018.
23  Philip Rucker and Carol Leonnig, *A Very Stable Genius: Donald J. Trump's Testing of America* (New York: Penguin Press, 2020), 165.
24  Woodward, *Fear*, 124~125.
25  Patrick Radden Keefe, "McMaster and Commander," *New Yorker*, April 23, 2018.
26  Keefe, "McMaster and Commander" Woodward, *Fear*, 126.
27  Keefe, "McMaster and Commander." 강조는 원문.
28  Ward, "Trump's National Security Adviser, H. R. McMaster, Is Out."
29  John Bolton, *The Room Where It Happened: A White House Memoir* (New York: Simon and Schuster, 2020), 34.
30  Jordyn Hermani, "Trump: I 'Temper' Bolton's Hawkish Instincts," *Politico*, May 9, 2019.
31  Eileen Sullivan, "Five Policy Clashes between John Bolton and President Trump," *New York Times*, September 10, 2019.
32  Peter Baker, Mujib Mashal, and Michael Crowley, "How Trump's Plan to Secretly Meet with the Taliban Came Together, and Fell Apart," *New York Times*, September 8, 2019.
33  Peter Baker, "Trump Ousts John Bolton as National Security Adviser," *New York Times*, September 10, 2019.
34  Susan B. Glasser, "'It Won't End Well': Trump and His Obscure New National-Security Chief," *New Yorker*, September 19, 2019.

35  Michael Crowley, Peter Baker, and Maggie Haberman, "Robert O'Brien 'Looks the Part,' but Has Spent Little Time Playing It," *New York Times*, September 18, 2019.
36  Glasser, "'It Won't End Well.'"
37  Michael Crowley and David E. Sanger, "Under O'Brien, NSC Carries Out Trump's Policy, but Doesn't Develop It," *New York Times*, February 21, 2020.
38  Robert C. O'Brien, "Robert C. O'Brien: Here's How I Will Streamline Trump's National Security Council," *Washington Post*, October 16, 2019.
39  President's Committee on Administrative Management, *Report of the Committee with Studies of Administrative Management in the Federal Government*, 74th Congress, 2nd Session (Washington, DC: US Government Printing Office, 1937), 5.
40  "'This Week' Transcript 1-12-20: House Speaker Nancy Pelosi, National Security Adviser Robert O'Brien," *ABC News*, January 12, 2020.
41  Jim Acosta, Zachary Cohen, Jake Tapper, and Jason Hoffman, "What National Security Adviser Robert O'Brien Is Saying about Russia Briefing 'Conflicts' with What Lawmakers Were Told," *CNN*, February 23, 2020.
42  Keefe, "McMaster and Commander"; Crowley and Sanger, "Under O'Brien, NSC Carries Out Trump's Policy, but Doesn't Develop It."
43  Lara Seligman, "Robert O'Brien Is the Anti-Bolton," *Foreign Policy*, January 27, 2020.
44  Crowley and Sanger, "Under O'Brien, NSC Carries Out Trump's Policy, but Doesn't Develop It."
45  Karen DeYoung, Dan Lamothe, Missy Ryan, and Kareem Fahim, "As Trump Withdraws US Forces from Northern Syria, His Administration Scrambles to Respond," *Washington Post*, October 13, 2019.
46  Michael Crowley and Eric Schmitt, "White House Dismisses Reports of Bounties, But Is Silent on Russia," *New York Times*, July 1, 2020.
47  Quoted in Noah Bierman, "White House Quietly Trims Dozens of National Security Experts," *Los Angeles Times*, February 12, 2020.
48  Seligman, "Robert O'Brien Is the Anti-Bolton"; Kathryn Dunn Tenpas, "Crippling the Capacity of the National Security Council," *Brookings Institution*, January 21, 2020.
49  Kathryn Dunn Tenpas, "And Then There Were Ten: With 85% Turnover across President Trump's A Team, Who Remains?," *Brookings Institution*, April 13, 2020.
50  Juliet Eilperin, Josh Dawsey, and Seung Min Kim, "'It's Way Too Many': As Vacancies Pile Up in Trump Administration, Senators Grow Concerned," *Washington Post*, February 4, 2019.
51  Anne Joseph O'Connell, "Actings," *Columbia Law Review* 120, no. 3 (April 2020): 613~728.
52  Joel D. Aberbach and Bert A. Rockman, "The Appointments Process and the Administrative Presidency," *Presidential Studies Quarterly* 39, no. 1 (March 2009): 38~59.
53  Julie Hirschfeld Davis, Mark Mazzetti, and Maggie Haberman, "Firings and Discord Put Trump Transition Team in a State of Disarray," *New York Times*, November 15, 2016.
54  David E. Lewis, "Deconstructing the Administrative State," *Journal of Politics* 81, no. 3 (July 2019): 767~789.

55  Robert P. Saldin and Steven M. Teles, *Never Trump: The Revolt of the Conservative Elites* (New York: Oxford University Press, 2020).
56  Christina M. Kinane, *Vacancy Politics: Presidential Appointments and the Strategic Evasion of Senate Consent*, Yale University, 미출간 원고.
57  Valerie C. Brannon, "The Vacancies Act: A Legal Overview," Report 44997, *Congressional Research Service*, July 20, 2018, 9~14.
58  Anonymous, *A Warning* (New York: Twelve, 2019), 49~50.
59  50 U.S.C. § 3023(a)(1). 강조는 저자.
60  Niels Lesniewski, "Former Senator Dan Coats Easily Confirmed as Intelligence Director," *Roll Call*, March 15, 2017.
61  Jeremy Diamond, "Trump Sides with Putin over US Intelligence," *CNN*, July 16, 2018.
62  Robert Draper, "Unwanted Truths: Inside Trump's Battles with US Intelligence Agencies," *New York Times* Magazine, August 8, 2020.
63  Maggie Haberman, Julian E. Barnes, and Peter Baker, "Dan Coats to Step Down as Intelligence Chief; Trump Picks Loyalist for Job," *New York Times*, July 28, 2019.
64  Zachary Cohen, Pamela Brown, Allie Malloy, and Kaitlin Collins, "Trump Says Ratcliffe Is No Longer His Pick for Director of National Intelligence," *CNN*, August 2, 2019.
65  Shane Harris and Ellen Nakashima, "Trump Announces Shakeup at Top of US Intelligence," *Washington Post*, August 8, 2019.
66  Draper, "Unwanted Truths."
67  Ellen Nakashima, Shane Harris, Josh Dawsey, and Anne Gearan, "Senior Intelligence Official Told Lawmakers That Russia Wants to See Trump Reelected," *Washington Post*, February 21, 2020.
68  Julian E. Barnes and Maggie Haberman, "Trump Names Richard Grenell as Acting Head of Intelligence," *New York Times*, February 19, 2020.
69  Brooke Seipel, "Trump's New Intel Chief Makes Immediate Changes, Ousts Top Official," *The Hill*, February 21, 2020.
70  그 뒤 래트클리프는 상원 탄핵 심사에서 트럼프 변호인단에 소속됐다.
71  Zachary Cohen and Jason Hoffman, "Trump Says He Will Nominate Rep. John Ratcliffe to Be Director of National Intelligence," *CNN*, February 28, 2020.
72  Nicholas Fandos and Julian E. Barnes, "Trump Ally Sees Easier Path to Intelligence Post in Second Attempt," *New York Times*, May 4, 2020.
73  Julian E. Barnes and Nicholas Fandos, "Republican Senate Panel Signals Support for John Ratcliffe as Intelligence Chief," *New York Times*, May 5, 2020.
74  Julian E. Barnes and Nicholas Fandos, "Senate Approves John Ratcliffe for Top Intelligene Job in Sharply Split Vote," *New York Times*, May 21, 2020.
75  Alex Marquardt, Zachary Cohen, and Jeremy Herb, "Grenell Takes Parting Shot at Democrats as He Exits Top Intelligence Job," *CNN*, May 26, 2020.
76  Julie Hirschfeld Davis and Michael D. Shear, *Border Wars: Inside Trump's Assault on Immigration* (New York: Simon and Schuster, 2019), 287.

77　Nick Miroff and Josh Dawsey, "Before Trump's Purge at DHS, Top Officials Challenged Plan for Mass Family Arrests," *Washington Post*, May 13, 2019.
78　Ted Hesson, "The Man behind Trump's 'Invisible Wall'," *Politico* Magazine, September 20, 2018.
79　Ryan Devereaux, "US Citizenship and Immigration Services Will Remove 'Nation of Immigrants' from Mission Statement," *The Intercept*, February 22, 2018.
80　Davis and Shear, Border Wars, 287, 376, 382, 388.
81　Nick Miroff, Josh Dawsey, and Maria Sacchetti, "Trump to Place Ken Cuccinelli at the Head of the Country's Legal Immigration System," *Washington Post*, May 24, 2019.
82　Ted Hesson, "Cuccinelli Starts as Acting Immigration Official despite GOP Opposition," *Politico*, June 10, 2019.
83　Geneva Sands, "Ken Cuccinelli's Rise at the Department of Homeland Security," *CNN*, October 16, 2019.
84　마크 크리코리안(Mark Krikorian)이 한 발언이다. 이민연구센터(Center for Immigration Studies) 전무이사였다. Sands, "Ken Cuccinelli's Rise at the Department of Homeland Security."
85　Geneva Sands and Priscilla Alvarez, "Judge Says Ken Cuccinelli Unlawfully Appointed to Lead US Immigration Agency," *CNN*, March 2, 2020.
86　Kyle Cheney, "GAO Finds Chad Wolf, Ken Cuccinelli Are Ineligible to Serve in Their Top DHS Roles," *Politico*, August 14, 2020.
87　@HomelandKen, September 11, 2019, 7:46 PM, Twitter.
88　@realDonaldTrump, November 25, 2017, 4:48 PM, Twitter.
89　David H. Carpenter, "The Consumer Financial Protection Bureau (CFPB): A Legal Analysis," Report 42572, *Congressional Research Service*, January 14, 2014, 9~12.
90　NLRB v. *Noel Canning*, 573 U.S. (2014).
91　Manu Raju, Burgess Everett, and John Bresnahan, "Senate Deal Averts Nuclear Option," *Politico*, July 17, 2013.
92　Jonnelle Marte, "Trump Administration Calls Structure of the Consumer Financial Protection Bureau Unconstitutional in Filing," *Washington Post*, March 17, 2017.
93　Gillian B. White, "The Departing Consumer-Finance Director Moves to Thwart Trump," *The Atlantic*, November 24, 2017.
94　12 U.S.C. § 5491(b); Nicholas Confessore, "Mick Mulvaney's Master Class in Destroying a Bureaucracy from Within," *New York Times* Magazine, April 16, 2019.
95　Faith Karimi, "Confusion as Trump and Outgoing Director Pick Leaders for Consumer Agency," *CNN*, November 25, 2017.
96　Confessore, "Mick Mulvaney's Master Class in Destroying a Bureaucracy from Within."
97　Stephen A. Engel, Assistant Attorney General, "Designating an Acting Director of the Bureau of Consumer Financial Protection," Opinion of the Office of Legal Counsel, Department of Justice, November 25, 2017, 2.
98　Stacy Cowley, "Battle for Control of Consumer Agency Heads to Court," *New York Times*, November 26, 2017.

99 Email from Leandra English to Zixta Martinez, Chris D'Angelo, David Silberman, Sartaj Alag, Mary McLeod, and Gail Hillebrand, re: "Delegations," November 27, 2017, 6:40 AM, Consumer Financial Protection Bureau. 다음 자료로 발표됨. "Records Show Richard Cordray Scrambled in Final Days to Name Successor, Thwart Trump's Nominee," Cause of Action Institute, January 31, 2018.

100 Katie Rogers, "2 Bosses Show Up to Lead the Consumer Financial Protection Bureau," *New York Times*, November 27, 2017.

101 Email from Mary E. McLeod, General Counsel, to the Senior Leadership Team, CFPB, re: "Acting Director of the CFPB," November 25, 2017, Consumer Financial Protection Bureau, 1.

102 "Leandra English v. Donald Trump," *New York Times*, November 27, 2017.

103 Jesse Eisinger, "The CFPB's Declaration of Dependence," ProPublica, February 15, 2018.

104 Jessica Silver-Greenberg and Stacy Cowley, "Consumer Bureau's New Leader Steers a Sudden Reversal," *New York Times*, December 5, 2017.

105 Robert O'Harrow Jr., Shawn Boburg, and Renae Merle, "How Trump Appointees Curbed a Consumer Protection Agency Loathed by the GOP," *Washington Post*, December 4, 2018.

106 Yuka Hayashi and Lalita Clozel, "Donald Trump's Appointee Asserts Control over CFPB for Now," *Wall Street Journal*, November 27, 2017.

107 Michael Grunwald, "Mulvaney Requests No Funding for Consumer Financial Protection Bureau," *Politico*, January 18, 2018; Glenn Thrush, "Mulvaney, Watchdog Bureau's Leader, Advises Bankers on Ways to Curtail Agency," *New York Times*, April 24, 2018.

108 O'Harrow, Boburg. and Merle, "How Trump Appointees Curbed a Consumer Protection Agency Loathed by the GOP."

109 Renae Merle, "Mulvaney Fires All 25 Members of Consumer Watchdog's Advisory Board," *Washington Post*, June 6, 2018.

110 O'Harrow, Boburg, and Merle, "How Trump Appointees Curbed a Consumer Protection Agency Loathed by the GOP."

111 Confessore, "Mick Mulvaney's Master Class in Destroying a Bureaucracy from Within."

112 O'Harrow, Boburg, and Merle, "How Trump Appointees Curbed a Consumer Protection Agency Loathed by the GOP."

113 Confessore, "Mick Mulvaney's Master Class in Destroying a Bureaucracy from Within."

114 O'Harrow, Boburg, and Merle, "How Trump Appointees Curbed a Consumer Protection Agency Loathed by the GOP."

115 Confessore, "Mick Mulvaney's Master Class in Destroying a Bureaucracy from Within."

116 Eisinger, "CFPB's Declaration of Dependence."

117 Confessore, "Mick Mulvaney's Master Class in Destroying a Bureaucracy from Within."

118 O'Harrow, Boburg, and Merle, "How Trump Appointees Curbed a Consumer Protection Agency Loathed by the GOP."

119 O'Harrow, Boburg, and Merle, "How Trump Appointees Curbed a Consumer Protection Agency Loathed by the GOP"; Confessore, "Mick Mulvaney's Master Class in Destroying a Bureaucracy from Within."

120 Leandra English, "The Fight to Protect Consumers, at a Crossroads," *New York Daily News*, January 14, 2020.
121 *Seila Law LLC v. Consumer Financial Protection Bureau*, 591 U.S. (2020) (slip op., 11, 22) (Roberts, C. J., opinion of the Court).
122 James Sherk, "Proposed Labor Reforms," Domestic Policy Council Memo, 2017, 12, 다음 주소에서 볼 수 있음. https://assets.documentcloud.org/documents/6948593/Sherk-White-House-document.pdf; Erich Wagner, "White House Advisor Sought Legal Opinion to Allow Trump to Fire Anyone in Government," *Government Executive*, June 25, 2020.
123 Donald J. Trump, "Executive Order 13836—Developing Efficient, Effective, and Cost-Reducing Approaches to Federal Sector Collective Bargaining," May 25, 2018, *The American Presidency Project*; Donald J. Trump, "Executive Order 13837—Ensuring Transparency, Accountability, and Efficiency in Taxpayer-Funded Union Time Use," May 25, 2018, *The American Presidency Project*; Donald J. Trump, "Executive Order 13839—Promoting Accountability and Streamlining Removal Procedures Consistent with Merit System Principles," May 25, 2018, *The American Presidency Project*. (저자 주: 이 책 원고가 완성된 뒤 트럼프는 훨씬 더 나아갔다. Lisa Rein and Eric Yoder, "Trump Issues Sweeping Order for Tens of Thousands of Career Federal Employees to Lose Civil Service Protections," *Washington Post*, October 22, 2020.)
124 Peter Baker, "Trump's Efforts to Remove the Disloyal Heightens Unease across His Administration," *New York Times*, February 22, 2020.
125 Donald J. Trump, "Executive Order 13842 — Establishing an Exception to Competitive Examining Rules for Appointment to Certain Positions in the United States Marshals Service, Department of Justice," July 10, 2018, *The American Presidency Project*. 그전에 법무부 장관은 이민 판단 결정을 취소할 수 있는 권한이 있었다. 그러나 트럼프 정부 법무부는 임시 규칙을 발표하여 이 책임을 법무국 이민심사국 소속의 인준 받지 않는 정무직에 위임했다. 타바도르 회장은 이 조치를 두고 평했다. "이민 법정이 실질적으로 해체됐다." Eric Katz, "Trump Administration Expands Political Power over Career Immigration Judges," *Government Executive*, August 26, 2019.
126 Steven M. Teles, *The Rise of the Conservative Legal Movement: The Battle for Control of the Law* (Princeton, NJ: Princeton University Press, 2008).
127 Chris Guthrie, Jeffrey J. Rachlinski, and Andrew J. Wistrich, "The 'Hidden Judiciary': An Empirical Examination of Executive Branch Justice," *Duke Law Journal* 58, no. 7 (April 2009): 1477~1530; Jack Beermann, "The Future of Administrative Law Judge Selection," *Regulatory Review*, October 29, 2019.
128 Joanna L. Grisinger, *The Unwieldy American State: Administrative Politics since the New Deal* (New York: Cambridge University Press, 2012), 60; Joanna L. Grisinger, "The Hearing Examiners and the Administrative Procedure Act," *Journal of the National Association of Administrative Law Judiciary* 34, no. 1 (2014): 1~46; 5 U.S.C. § 556.
129 Bernard Schwartz, "Adjudication and the Administrative Procedure Act," *Tulsa Law Review* 32, no. 2 (Winter 1996): 203~219, 210.
130 Margaret Newkirk and Greg Stohr, "Trump's War on 'Deep State' Judges," *Bloomberg Businessweek*,

April 20, 2018.
131 Trevor Hunnicutt, "US SEC Fines, Bars 'Buckets of Money' Radio Host for Fraud," *Reuters*, July 9, 2013.
132 Andrew Chung, "US Supreme Court Takes Up Challenge to SEC In- House Judges," *Reuters*, January 12, 2018.
133 Brieffor Respondent, *Lucia, et al. v. Securities and Exchange Commission* (No. 17-130), 10~11, 14~15, 20.
134 *Lucia v. Securities and Exchange Commission*, 585 U.S. (2018) (slip op., 1) (Kagan, J., opinion of the Court).
135 흥미롭게도 케이건은 그 뒤 '세일라 법무법인 대 소비자금융보호국' 판결에서 반대 의견을 작성하게 된다. 좁은 범위로 판결을 제한하려던 의도하고 같은 맥락으로 케이건은 자기가 강하게 지지하는 '대통령 중심 관리 행정'과 단일 행정부 이론 사이의 중요하지만 모호한 차이를 제시한다. 이 판결에서 케이건은 '역사의 판단'을 지지했으며, 로버츠가 단일 행정부 이론을 지지하는 의견이 '18세기부터 오늘날까지 미국이 겪은 경험을 부정' 한다고 언급했다. *Seila Law LLC v. Consumer Financial Protection Bureau*, 591 U.S.(2020)(slip op., 3) (Kagan, J., dissenting).
136 Adam Liptak, "SEC Judges Were Appointed Unlawfully, Justices Rule," *New York Times*, June 21, 2018.
137 *Lucia v. Securities and Exchange Commission*, 585 U.S. (2018) (slip op., 2) (Thomas, J., concurring).
138 *Lucia v. Securities and Exchange Commission*, 585 U.S. (2018) (slip op., 3, 6) (Breyer, J., concurring in part). 강조는 원문.
139 *Lucia v. Securities and Exchange Commission*, 585 U.S. (2018) (slip op., 2-3) (Sotomayor, J., dissenting).
140 Donald J. Trump, "Executive Order 13843 — Excepting Administrative Law Judges from the Competitive Service," July 10, 2018, *The American Presidency Project*.
141 Memorandum from Solicitor General to Agency General Counsels on "Guidance on Administrative Judges after Lucia v. SEC (S. Ct.)," Office of the Solicitor General, Department of Justice, undated [July 2018], 2~3, 9; "Guidance on Administrative Law Judges after Lucia v. SEC (S. Ct.), July 2018," *Harvard Law Review* 132, no. 3 (January 2019): 1120~1127.
142 이를테면 다음을 참고하라. Kent Barnett, "Raiding the OPM Den: The New Methodof ALJ Hiring," *Notice & Comment*, July 11, 2018.
143 Beermann, "The Future of Administrative Law Judge Selection."
144 E. Garrett West, "Clarifying the Employee-Officer Distinction in Appointments Clause Jurisprudence," *Yale Law Journal Forum* 127 (May 2017): 42~61.
145 Kent H.Barnett, "Resolving the ALJ Quandary," *Vanderbilt Law Review* 66, no. 3 (April 2013): 797~865.
146 Joel S. Nolette, "The ALJ Executive Order: A Modest Step towards Re-Integrating the Executive Branch," *Federalist Society*, July 24, 2018.
147 Jessie Bur, "Administrative Law Judges Oppose Trump Executive Order," *Federal Times*, July 10, 2018.

148 Jessie Bur, "Bipartisan Bill Would Counter Administrative Law Judge Executive Order," *Federal Times*, September 4, 2018.

149 *In Re: Aiken County*, No. 10-1050 (D.C. Cir. 2011) (Kavanaugh, Circuit Judge, concurring), 15, fn 5.

150 Stephen Skowronek, "Franklin Roosevelt and the Modern Presidency," *Studies in American Political Development* 6, no. 2 (Fall 1992): 322~358.

151 트럼프 행정부는 의회심사법에 정해진 요건, 곧 새로운 규제가 '주요 규칙'으로 분류되는지 여부는 의회에 고지돼야 한다는 요건을 인용하며 이 조치를 시행했다. Russell T. Vought, Memorandum for the Heads of Executive Departments, re: "Guidance on Compliance with the Congressional Review Act," Office of Management and Budget, Executive Office of the President, April 11, 2019; Cass R. Sunstein, "Trump White House Seeks New Power over Agencies," *Bloomberg Opinion*, April 23, 2019.

152 Frederick A. Bradford, "The Banking Act of 1935," American Economic Review 25, no. 4 (December 1935): 661~672; Sarah Binder and Mark Spindel, *The Myth of Independence: How Congress Governs the Federal Reserve* (Princeton, NJ: Princeton University Press, 2017), ch. 4.

153 Donald F. Kettl, *Leadership at the Fed* (New Haven, CT: Yale University Press, 1986), 120~129; Lawrence R. Jacobs and Desmond King, Fed Power: How Finance Wins (New York: Oxford University Press, 2016), 78.

154 Jimmy Carter, "An Economic Position Paper for Now and Tomorrow," April 22, 1976, in *The Presidential Campaign* 1976, Vol. 1, Part 1: *Jimmy Carter* (Washington, DC: Government Printing Office, 1978), 141~148, 그중 145.

155 Binder and Spindel, *Myth of Independence*, ch. 6.

156 Ana Swanson and Binyamin Appelbaum, "Trump Announces Jerome Powell as New Fed Chairman," *New York Times*, November 2, 2017.

157 Michael C. Bender, Rebecca Ballhaus, Peter Nicholas, and Alex Leary, "Trump Steps Up Attacks on Fed Chairman Jerome Powell," *Wall Street Journal*, October 23, 2018.

158 Philip Rucker, Josh Dawsey, and Damian Paletta, "Trump Slams Fed Chair, Questions Climate Change and Threatens to Cancel Putin Meeting in Wide-Ranging Interview with The Post," *Washington Post*, November 27, 2018.

159 Peter Baker and Maggie Haberman, "For Trump, 'a War Every Day,' Waged Increasingly Alone," *New York Times*, December 22, 2018.

160 Matt Egan, "Why Jerome Powell's Quiet Show of Defiance against Trump and Wall Street Is So Important," CNN Business, December 20, 2018.

161 "Full 60 Minutes Interview with Fed Chair Jerome Powell," *CBS News*, March 10, 2019.

162 Jeanna Smialek, "How the Fed Chairman Is Shielding It from Trump," *New York Times*, January 28, 2020.

163 Bender, Ballhaus, Nicholas, and Leary, "Trump Steps Up Attacks on Fed Chairman Jerome Powell."

164 Justin Sink, Saleha Mohsin, Steven T. Dennis, and Jennifer Jacobs, "Trump's 0-for-4 Streak on Fed Choices Raises Concerns on Vetting," *Bloomberg*, May 2, 2019.

165 Smialek, "How the Fed Chairman Is Shielding It from Trump."

166 Egan, "Why Jerome Powell's Quiet Show of Defiance against Trump and Wall Street Is So

167 Jeanna Smialek, "Trump Says He Could Demote Fed Chair Powell, Risking More Market Turmoil," *New York Times*, March 14, 2020.
168 Peter Conti-Brown, "What Happens If Trump Tries to Fire Fed Chair Jerome Powell?," Brookings Institution, September 9, 2019; Jeanna Smialek, "Trump Faces a Stubborn Opponent in Fed's Economic Experts," *New York Times*, August 25, 2019.
169 Nick Timiraos and Alex Leary, "Trump to Fed Chairman Powell: 'I Guess I'm Stuck with You'," *Wall Street Journal*, April 2, 2019.
170 Bender, Ballhaus, Nicholas, and Leary, "Trump Steps Up Attacks on Fed Chairman Jerome Powell."
171 Victoria Guida, "Fed Breaks the Bank in Bid to Rescue Economy," *Politico*, March 24, 2020; Courtenay Brown, "Trump Says Fed Chairman Is Doing a 'Good Job' amid Coronavirus Crisis," *Axios*, March 24, 2020.

## 9장 감독의 심층

1 이를테면 다음을 참고하라. David R. Mayhew, *Divided We Govern: Party Control, Lawmaking, and Investigations*, 1946~2002, 2nd ed. (New Haven, CT: Yale University Press, 2005); Douglas L. Kriner and Eric Schickler, *Investigating the President: Congressional Checks on Presidential Power* (Princeton, NJ: Princeton University Press, 2016).
2 Mathew D. McCubbins and Thomas Schwartz, "Congressional Oversight Overlooked: Police Patrols versus Fire Alarms," *American Journal of Political Science* 28, no. 1 (February 1984): 165~179.
3 David E. Kyvig, *The Age of Impeachment: American Constitutional Culture since 1960* (Lawrence: University Press of Kansas, 2008).
4 Carl Bernstein and Bob Woodward, *All the President's Men* (New York: Simon and Schuster, 1974).
5 Peter Baker, "Trump Pressed Ukraine's President to Investigate Democrats as 'a Favor'," *New York Times*, September 25, 2019; Josh Dawsey, Paul Sonne, Michael Kranish, and David L. Stern, "How Trump and Giuliani Pressured Ukraine to Investigate the President's Rivals," *Washington Post*, September 21, 2019.
6 Kenneth P. Vogel and Michael S. Schmidt, "Trump Envoys Pushed Ukraine to Commit to Investigations," *New York Times*, October 3, 2019.
7 Caroline Kelly, "CNN Host Was Set to Interview Ukrainian President until Scandal Took Shape," *CNN*, November 7, 2019.
8 Eric Lipton, Maggie Haberman, and Mark Mazzetti, "Behind the Ukraine Aid Freeze: 84 Days of Conflict and Confusion," *New York Times*, December 29, 2019.
9 Michael S. Schmidt, Julian E. Barnes, and Maggie Haberman, "Trump Knew of Whistle-Blower Complaint When He Released Aid to Ukraine," *New York Times*, November 26, 2019.
10 *Legislation to Establish Offices of Inspector General — H.R. 8588*, Hearings before the Subcommittee on Governmental Efficiency and the District of Columbia of the Committee on Governmental

Affairs, United States Senate, 95th Congress, 2nd Session (Washington, DC: Government Printing Office, 1978), 147, 20.

11  Whistleblower Complaint, August 12, 2019, 1. 다음 출처에서 확인 가능. "Document: Read the Whistle-Blower Complaint," *New York Times*, September 26, 2019.

12  Whistleblower Complaint, August 12, 2019, 3.

13  Letter from Office of the Inspector General of the Intelligence Community to Joseph Maguire, Director of National Intelligence (Acting), August 26, 2019, 5. 다음 출처에서 확인 가능. "Document: Read the Whistle-Blower Complaint," *New York Times*, September 26, 2019.

14  Adoree Kim, "The Partiality Norm: Systematic Deference in the Office of Legal Counsel," *Cornell Law Review* 103, no. 3 (March 2018): 757~816, 그중 778.

15  Schmidt, Barnes, and Haberman, "Trump Knew of Whistle-Blower Complaint When He Released Aid to Ukraine."

16  Bruce Ackerman, *The Decline and Fall of the American Republic* (Cambridge, MA: Belknap Press of Harvard University Press, 2010), 115.

17  Memorandum from Steven A. Engel, Assistant Attorney General, to Jason Klintenic, General Counsel of the Director of National Intelligence, Re: "'Urgent Concern' Determination by the Inspector General of the Intelligence Community," Opinion of the Office of Legal Counsel, Department of Justice, September 3, 2019, 1, 5, 7.

18  Julian E. Barnes, Michael S. Schmidt, and Matthew Rosenberg, "Schiff, House Intel Chairman, Got Early Account of Whistle-Blower's Accusations," *New York Times*, October 2, 2019.

19  Natasha Bertrand and Daniel Lippman, "The Intelligence Watchdog at the Center of Ukraine Firestorm," *Politico*, September 23, 2019.

20  "Chairman Schiff Issues Subpoena for Whistleblower Complaint Being Unlawfully Withheld by Acting DNI from Intelligence Committees," US House of Representatives, Permanent Select Committee on Intelligence, Press Releases, September 13, 2019.

21  Li Zhou, "Even Senate Republicans Want the White House to Share a Whistleblower Report on Trump with Congress," *Vox*, September 24, 2019.

22  Katherine Tully-McManus and Kellie Mejdrich, "Whistleblower Complaint Delivered to Intel Committees, House Still Votes for Its Release," *Roll Call*, September 25, 2019.

23  Michael S. Schmidt, Julian E. Barnes, and Maggie Haberman, "White House Seeks Deal for Whistle-Blower to Speak to Congress," *New York Times*, September 24, 2019.

24  Joan E. Greve and Max Benwell, "White House Accidentally Emails Trump-Ukraine Talking Points to Democrats," *Guardian*, September 25, 2019.

25  Justin Baragona, "White House Adviser Stephen Miller: 'The President of the United States Is the Whistleblower'," *Daily Beast*, September 29, 2019.

26  Paul LeBlanc, "Trump Says He Wants to Meet Whistleblower: 'I Deserve to Meet My Accuser'," *CNN*, September 30, 2019; Maggie Haberman and Katie Rogers, "Trump Attacks Whistle-Blower's Sources and Alludes to Punishment for Spies," *New York Times*, September 26, 2019.

27  @realDonaldTrump, October 14, 2019, 6:39 AM, Twitter.

28　Salvador Rizzo, "Schiff's Claim That the Whistleblower Has a 'Statutory Right' to Anonymity," *Washington Post*, November 20, 2019.
29　Barnes, Schmidt, and Rosenberg, "Schiff, House Intel Chairman, Got Early Account of Whistle-Blower's Accusations."
30　Maggie Haberman and Michael S. Schmidt, "Trump Has Considered Firing Intelligence Community Inspector General," *New York Times*, November 12, 2019.
31　"CIGIE Letter to the Office of Legal Counsel (OLC) in Response to OLC Opinion on a Whistleblower Disclosure," Council of the Inspectors General on Integrity and Efficiency, October 22, 2019, 4, 1.
32　Ackerman, *Decline and Fall*, ch. 4.
33　"Nancy Pelosi's Statement on Impeachment: 'The President Must Be Held Accountable'," *New York Times*, September 24, 2019.
34　"우크라이나 대통령과 [트럼프 대통령이] 한 그 완벽한 통화가 적절하다고 여겨지지 않는다면, 미래의 어떤 대통령도 절대 다른 외국 지도자하고 대화할 수 없다!" @realDonaldTrump, September 27, 2019, 11:24 AM, Twitter.
35　Michael D. Shear and Katie Rogers, "Mulvaney Says, Then Denies, That Trump Held Back Ukraine Aid as Quid Pro Quo," *New York Times*, October 17, 2019.
36　Peter Baker, "Trump's Sweeping Case against Impeachment Is a Political Strategy," *New York Times*, October 9, 2019.
37　@realDonaldTrump, October 1, 2019, 7:41 PM, Twitter.
38　Nahal Toosi, "The Revenge of the State Department," *Politico*, October 20, 2019.
39　"Read the White House Letter in Response to the Impeachment Inquiry," *New York Times*, October 8, 2019, 5, 7.
40　Jeremy Stahl, "DOJ: If Watergate Happened Today, We'd Block Evidence from Congress," *Slate*, October 8, 2019.
41　"Read Alexander Vindman's Prepared Opening Statement from the Impeachment Hearing," *New York Times*, November 19, 2019.
42　Toosi, "The Revenge of the State Department."
43　Jeffrey Gettleman, "State Dept. Dissent Cable on Trump's Ban Draws 1,000 Signatures," *New York Times*, January 31, 2017. 이 외교관이 말한 이견을 위한 권리는 《외교 업무 지침(Foreign Affairs Manual)》에 명문화됐다. David T. Jones, "Advise and Dissent: The Diplomat as Protester," Foreign Service Journal (April 2000): 36~40.
44　Bill Chappell, "'I'm the Only One That Matters', Trump Says of State Dept. Job Vacancies," *NPR*, November 3, 2017.
45　Toosi, "The Revenge of the State Department."
46　"Read George Kent's Prepared Opening Statement from the Impeachment Hearing," *New York Times*, November 13, 2019; Vanessa Friedman, "George Kent and the Bow Tie of History," *New York Times*, November 13, 2019.
47　Sharon LaFraniere, Nicholas Fandos, and Andrew E. Kramer, "Ukraine Envoy Says She Was Told Trump Wanted Her Out over Lack of Trust," *New York Times*, October 11, 2019.

48  Peter Baker, "Key Takeaways from Marie Yovanovitch's Hearing in the Impeachment Inquiry," *New York Times*, November 15, 2019.

49  Peter Baker, Lara Jakes, Julian E. Barnes, Sharon LaFraniere, and Edward Wong, "Trump's War on the 'Deep State' Turns against Him," *New York Times*, October 23, 2019; Toosi, "The Revenge of the State Department."

50  Nicholas Fandos and Michael S. Schmidt, "Gordon Sondland, EU Envoy, Testifies Trump Delegated Ukraine Policy to Giuliani," *New York Times*, October 17, 2019.

51  Nicholas Fandoss and Michael S. Schmidt, "White House Signals It Won't Cooperate with Impeachment Inquiry," *New York Times*, October 8, 2019.

52  Michael S. Schmidt, "Sondland Updates Impeachment Testimony, Describing Ukraine Quid pro Quo," *New York Times*, November 5, 2019.

53  "Read Gordon Sondland's Opening Statement," *New York Times*, November 20, 2019, 14, 4.

54  "Read the Ukraine Envoy's Statement to Impeachment Inquiry," *New York Times*, October 22, 2019, 4, 12.

55  Julia Arciga, "White House: Bill Taylor Testimony Part of a 'Coordinated Smear Campaign' by 'Radical Unelected Bureaucrats'," *Daily Beast*, October 22, 2019.

56  *Congressional Record*, 116th Congress, 2nd Session (January 21, 2020), S320.

57  James Madison, "The Federalist No. 51" [February 6, 1788], in *The Federalist*, ed. Terence Ball (New York: Cambridge University Press, 2003), 252[알렉산더 해밀턴 외, 《페더럴리스트》, 박찬표 옮김, 후마니타스, 2019, 396. 여기에서는 '그 자리의 헌법적 권한'으로 옮겼다 — 옮긴이].

58  *Congressional Record*, 116th Congress, 2nd Session (January 21, 2020), S378.

59  *Congressional Record*, 116th Congress, 2nd Session (January 21, 2020), S291.

60  *Congressional Record*, 116th Congress, 2nd Session (January 21, 2020), S317.

61  *Congressional Record*, 116th Congress, 2nd Session (January 21, 2020), S385.

62  *Congressional Record*, 116th Congress, 2nd Session (January 29, 2020), S650.

63  Kelsey Snell, "McConnell: 'I'm Not Impartial' about Impeachment," *NPR*, December 17, 2019.

64  Emily Cochrane: "Republicans' Emerging Defense: Trump's Actions Were Bad, but Not Impeachable," *New York Times*, February 2, 2020.

65  "Remarks by President Trump to the Nation," White House, February 6, 2020.

66  James Politi and Kadhim Shubber, "Donald Trump Emboldened to Seek Vengeance after Acquittal," *Financial Times*, February 13, 2020.

67  Sean D. Naylor, "'We're Not Some Banana Republic': National Security Adviser Defends Removal of Trump Impeachment Witness from White House Job," *Yahoo News*, February 11, 2020.

68  Alexander S. Vindman, "Alexander Vindman: Coming Forward Ended My Career. I Still Believe Doing What's Right Matters.," *Washington Post*, August 1, 2020; Eric Schmitt and Helene Cooper, "Army Officer Who Clashed with Trump over Impeachment Is Set to Retire," *New York Times*, July 8, 2020.

69  Helene Cooper, "John Rood, Top Defense Official, Latest to Be Ousted after Impeachment Saga," *New York Times*, February 19, 2020.

70 Natasha Bertrand and Andrew Desiderio, "Trump Fires Intelligence Community Watchdog Who Defied Him on Whistleblower Complaint," *Politico*, April 3, 2020.
71 Matt Zapotosky, "Barr Says He Supports Trump's Ouster of Intelligence Watchdog Who Received Whistleblower Complaint That Helped Spark Impeachment," *Washington Post*, April 10, 2020.
72 Ed Pilkington, "Ousted US Intelligence Inspector General Urges Whistleblowers Not to Be 'Silenced' by Trump," *Guardian*, April 6, 2020.
73 Bertrand and Desiderio, "Trump Fires Intelligence Community Watchdog Who Defied Him on Whistleblower Complaint."
74 Andrew Desiderio, "Trump Defends Firing 'Terrible' Intel Community Watchdog as Republicans Question Sacking," *Politico*, April 4, 2020.
75 Rebecca Falconer, "Bipartisan Group of Senators Demands Explanation from Trump on IG Firing," *Axios*, April 9, 2020.
76 Melissa Quinn, "Ousted State Department IG Tells Congress Top Officials Knew of Probes into Pompeo," *CBS News*, June 4, 2020.
77 Kyle Cheney, "Trump's Drive against Watchdogs Faces Constitutional Reckoning," *Politico*, May 24, 2020.
78 Jeff Stein and Devlin Barrett: "Trump Takes Immediate Step to Try to Curb New Inspector General's Autonomy, as Battle over Stimulus Oversight Begins," *Washington Post*, March 28, 2020.
79 Ben Kesling, Andrew Restuccia, and Dustin Volz, "Trump Removes Watchdog Who Heads Panel Overseeing Pandemic Stimulus Spending," *Wall Street Journal*, April 7, 2020.
80 Peter Baker, "Trump Moves to Replace Watchdog Who Identified Critical Medical Shortages," *New York Times*, May 1, 2020; Christi A. Grimm, Principal Deputy Inspector General, *Hospital Experiences Responding to the COVID-19 Pandemic: Results of a National Pulse Survey March 23~27, 2020*, Report OEI-06-20-00300, Office of Inspector General, US Department of Health and Human Services, April 2020.
81 Sheryl Gay Stolberg and Nicholas Fandos, "From Afar, Congress Moves to Oversee Trump Coronavirus Response," *New York Times*, April 2, 2020.

### 3부 에필로그

### 10장 국가 심도를 숙고하기

1 Bruce Miroff, *Presidents on Political Ground: Leaders in Action and What They Face*, (Lawrence: University Press of Kansas, 2016), ch. 1.
2 Jon D. Michaels, *Constitutional Coup: Privatization's Threat to the American Republic* (Cambridge, MA: Harvard University Press, 2017); Michael Lewis, The Fifth Risk (New York: W. W. Norton, 2018).
3 William P. Barr, "Attorney General William P. Barr Delivers the 19th Annual Barbara K. Olson Memorial Lecture at the Federalist Society's 2019 National Lawyers Convention," November 15, 2019,

Office of Public Affairs, Department of Justice.

4  Charlie Savage, *Takeover: The Return of the Imperial Presidency and the Subversion of American Democracy* (Boston: Little, Brown, 2007); Suzanne Mettler and Robert C. Lieberman, Four Threats: Crises of American Democracy (New York: St. Martin's Press, 2020).

5  Anonymous, *A Warning* (New York: Twelve, 2019), 19쪽, 120쪽.

6  Susan Hennessy and Benjamin Wittes, "The Disintegration of the American Presidency," *The Atlantic*, January 21, 2020.

7  @realDonaldTrump, March 9, 2020, 7:39 AM, Twitter.

8  Peter M. Shane, *Madison's Nightmare: How Executive Power Threatens American Democracy* (Chicago: University of Chicago Press, 2009).

9  막스 베버의 책임 윤리 논의에 관련해서는 다음을 보라. "Politics as a Vocation" [1918], in *From Max Weber: Essays in Sociology*, eds. H. H. Gerth and C. Wright Mills (New York: Oxford University Press, 1946), 77~128.

10  Eric A. Posner and Adrian Vermeule, *The Executive Unbound: After the Madisonian Republic* (New York: Oxford University Press, 2010).

11  Desmond King, "Forceful Federalism against American Racial Inequality," *Government and Opposition* 52, no. 2 (April 2017): 356~382; Stephen Skowronek and Karen Orren, "The Adaptability Paradox: Constitutional Resilience and Principles of Good Government in Twenty-First Century America," *Perspectives on Politics* 18, no. 2 (June 2020): 354~369.

12  James L. Sundquist, *The Decline and Resurgence of Congress* (Washington, DC: Brookings Institution, 1981).

13  Jeffrey Mervis, "Scientific Integrity Bill Advances in US House with Bipartisan Support," *Science*, October 17, 2019.

14  Paul Kane, "Democrats Seek to Rein In the Contact between White House, Justice Department on Probes," *Washington Post*, June 19, 2019.

15  James A. Gagliano, "It's Not Just Barr—We Need a New Way to Keep Attorneys General Nonpartisan," *CNN*, November 4, 2019.

16  Kyle Cheney, "Democrats Seek Protections for Inspectors General after Trump Attacks," *Politico*, April 10, 2020; Kyle Cheney, "A Watchdog out of Trump's Grasp Unleashes Wave of Coronavirus Audits," *Politico*, April 20, 2020.

17  Cass R. Sunstein, "Imagine That Donald Trump Has Almost No Control over Justice," *New York Times*, February 20, 2020. 더욱 독립적인 법무부를 만들기 위한 조치를 다룬 다음 문헌도 참조하라. Melissa Mortazavi, "Institutional Independence: Lawyers and the Administrative State," *Fordham Law Review* 87, no. 5 (April 2019): 1937~1964; Jed Handelsman Shugerman, "Professionals, Politicos, and Crony Attorneys General: A Historical Sketch of the US Attorney General as a Case for Structural Independence," *Fordham Law Review* 87, no. 5 (April 2019): 1965~1994; Andrew Kent, "Congress and the Independence of Federal Law Enforcement," *UC Davis Law Review* 52, no. 4 (April 2019): 1927~1997.

18  Thomas E. Mann and Norman J. Ornstein, *The Broken Branch: How Congress Is Failing America*

and *How to Get It Back on Track* (New York: Oxford University Press, 2006).
19  *Seila Law LLC v. Consumer Financial Protection Bureau*, 591 U.S. (2020).
20  [1825년부터 1829년까지 재임한 대통령] 존 퀸시 애덤스는 미국 정부를 '지구상에서 가장 복잡한 정부'라고 불렀다. *A Discourse on the Constitution of the United States* (New York: Berford, 1848), 115.
21  Nathan Persily, ed., *Solutions to Political Polarization in America* (New York: Cambridge University Press, 2015); Frances McCall Rosenbluth and Ian Shapiro, *Responsible Parties: Saving Democracy from Itself* (New Haven, CT: Yale University Press, 2018); Daniel Schlozman and Sam Rosenfeld, "The Hollow Parties," in *Can America Govern Itself?*, eds. Frances E. Lee and Nolan McCarty (New York: Cambridge University Press, 2019), 120~152.
22  Dwight Waldo, *The Administrative State: A Study of the Political Theory of American Public Administration* (New York: Ronald Press, 1948); Christopher Hood, "A Public Management for All Seasons?," *Public Administration* 69, no. 1 (March 1991): 3~19.
23  우리가 제기한 정치적 문제를 교정할 수 있는 헌정적 개혁 제안은 다음을 참고하라. Brian J. Cook, *The Fourth Branch: Reconstructing the Administrative State for the Commercial Republic* (Lawrence: University Press of Kansas, 2021).
24  Richard P. Nathan, *The Plot That Failed: Nixon and the Administrative Presidency* (New York: Wiley, 1975).

## 증보판 후기

1  Lisa Rein, "The Federal Government Puts Out a 'Help Wanted' Notice as Biden Seeks to Undo Trump Cuts," *Washington Post*, May 21, 2021.
2  Rudy Mehrbani, "Biden Inherited a Broken Government. Attracting a New Generation of Civil Servants Won't Be Easy," Monkey Cage, *Washington Post*, October 25, 2021. 연방 정부 직원들이 사직할 가능성을 높인 조건을 확인하려면 다음을 참조하라. Mark D. Richardson, "Politicization and Expertise: Exit, Effort, and Investment," *Journal of Politics* 81, no. 3 (July 2019): 878~891.
3  Joe Davidson, "Top Civil Servants Leaving Trump Administration at a Quick Clip," *Washington Post*, September 9, 2018.
4  Rein, "The Federal Government Puts Out a 'Help Wanted' Notice as Biden Seeks to Undo Trump Cuts"; Eric Kratz, "The Number of Top Career Execs Leaving Government Nearly Doubled in Trump's First Year," *Government Executive*, September 5, 2018; Kathleen M. Doherty, David E. Lewis, and Scott Limbocker, "Executive Control and Turnover in the Senior Executive Service," *Journal of Public Administration Research and Theory* 29, no. 2 (April 2019): 159~174. 기관 이데올로기에 관련해서는 Joshua D. Clinton, Anthony Bertelli, Christian R. Grose, David E. Lewis, and David C. Nixon, "Separated Powers in the United States: The Ideology of Agencies, Presidents, and Congress," *American Journal of Political Science* 56, no. 2 (April 2012): 341~354를 참조하라.
5  Jody Freeman and Sharon Jacobs, "Structural Deregulation," *Harvard Law Review* 135, no. 2 (December 2021): 585~665.

6   Rein, "The Federal Government Puts Out a 'Help Wanted' Notice as Biden Seeks to Undo Trump Cuts."
7   Glenn Thrush, "Biden's First Task at Housing Agency: Rebuilding Trump-Depleted Ranks," *New York Times*, June 18, 2021.
8   David Lazarus, "Column: $1 Fines from Consumer Agency were Common under Trump. That's about to Change," *Los Angeles Times*, January 11, 2021.
9   Kathryn Dunn Tenpas, 다음에서 재인용. Megan Cassella and Alice Miranda Ollstein, "Biden Confronts Staffing Crisis at Federal Agencies," *Politico*, November 12, 2020.
10  Mehrbani, "Biden Inherited a Broken Government. Attracting a New Generation of Civil Servants Won't Be Easy."
11  Rein, "The Federal Government Puts Out a 'Help Wanted' Notice as Biden Seeks to Undo Trump Cuts."
12  *Bureau of Land Management: Better Workforce Planning and Data Would Help Mitigate the Effects of Recent Staff Vacancies*, U.S. Government Accountability Office, Report GAO-22-104247, November 2021, 15; Joshua Partlow, "Bureau of Land Management Headquarters to Return to D.C., Reversing Trump Decision," *Washington Post*, September 17, 2021; Joshua Partlow, "After Trump, An Agency Key to Biden's Climate Agenda Tries to Rebuild," *Washington Post*, October 29, 2021.
13  Coral Davenport, Lisa Friedman, and Christopher Flavelle, "Biden's Climate Plans are Stunted after Dejected Experts Fled Trump," *New York Times*, August 1, 2021.
14  Rebecca Hamlin, "Trump's Immigration Legacy," *The Forum* 19, no. 1 (2021): 97~116.
15  Reade Levinson, Kristina Cooke, and Mica Rosenberg, "Special Report: How Trump Administration Left Indelible Mark on U.S. Immigration Courts," *Reuters*, March 8, 2021.
16  이민 판사는 정당한 사유가 있다면 법무부 장관이 청문회 없이 해임할 수 있으며, 정당한 사유가 없어도 해임이 가능한 2년 수습 기간을 거친다. 그리고 이민심사국이 내리는 조치에 따라 재배치될 수 있다. Amit Jain, "Bureaucrats in Robes: Immigration Judges and the Trappings of Courts," *Georgetown Immigration Law Journal* 33, no. 2 (Winter 2019): 261~326, 그중 275~276.
17  Josh Gerstein and Sabrina Rodriguez, "Biden Administration Replaces Top Immigration Court Official," *Politico*, January 27, 2021; Erich Wagner, "Biden Admin. Suspends Immigration Judge Quotas, Prompting Similar Requests Elsewhere," *Government Executive*, October 26, 2021.
18  Eric Katz, "Biden Proposes Dramatic Hiring Surge in Asylum Workforce as Part of Immigration Overhaul," *Government Executive*, August 18, 2021.
19  2021년 12월 트럼프는 백신과 백신의 효력을 두고 공을 자기에게 돌렸지만, 그 뒤 백신 저항은 트럼프주의를 상징하는 주요 구호가 됐다. Philip Bump, "Trump's Message on Vaccines Isn't as Powerful as Trumpism's Message," *Washington Post*, December 21, 2021; Sam Dorman, "DeSantis Says Florida 'Chose Freedom over Fauci-ism', Urges Conservatives to Have a 'Backbone'," *Fox News*, July 15, 2021.
20  Philip Bump, "The Two Halves of the Pandemic," *Washington Post*, December 2, 2021; Daniel Wood and Geoff Brumfiel, "Pro-Trump Counties Now Have Far Higher COVID Death Rates. Misinformation is to Blame," *NPR*, December 5, 2021. 팬데믹은 또한 인종에 따라 각기 다른 영향을 미

쳤으며, 이런 사실은 첫 유행 국면에서 가장 크게 드러났다. Gerda Hooijer and Desmond King, "The Racialized Pandemic: Wave One of COVID-19 and the Reproduction of Global North Inequalities," *Perspectives on Politics* 20, no. 2 (June 2022).

21  Stephen Skowronek, *Presidential Leadership in Political Time: Reprise and Reappraisal*, 3rd ed. (Lawrence, KS: University Press of Kansas, 2020), ch. 7.

22  Jacob Finkel, "Trump's Power Won't Peak for Another 20 years," *The Atlantic*, April 10, 2021; Amanda Hollis-Brusky and Celia Parry, "'In the Mold of Justice Scalia': The Contours & Consequences of the Trump Judiciary," *The Forum* 19, no. 1 (2021): 117~142.

23  Micah Schwartzman and David Fontana, "Trump Picked the Youngest Judges to Sit on the Federal Bench. Your Move, Biden," *Washington Post*, February 16, 2021.

24  Benjamin Swasey and Connie Hanzhang Jin, "Narrow Wins in These Key States Powered Biden to the Presidency," *NPR*, December 2, 2020.

25  투명성 규칙은 '기관이 법률상 의무를 수행할 수 있는 능력을 약화시키거나 제거할 수 있는 메타 규칙'의 한 사례였다. David L. Noll, "Administrative Sabotage," *Michigan Law Review*, 753, 37.

26  Rachel Frazin, "Court Tosses Trump EPA's 'Secret Science' Rule," *The Hill*, February 1, 2021.

27  Zachary Cohen and Jeremy Herb, "Intelligence Report Contradicts Claims by Trump and His Team on China Election Interference," *CNN*, March 17, 2021; Alan Feuer, "A Retired Colonel's Unlikely Role in Pushing Baseless Election Claims," *New York Times*, December 21, 2021.

28  Zachary Cohen, "Whistle blower Trump Appointees of Downplaying Russian Interference and White Supremacist Threat," *CNN*, September 9, 2020.

29  Jonathan Swan and Alayna Treene, "Scoop: Trump's Post-Election Execution List," *Axios*, October 25, 2020.

30  Michael Wines, "At the Census Bureau, a Technical Memo Raises Alarms Over Politics", *New York Times*, August 6, 2020.

31  Emily Bazelon and Michael Wines, "How the Census Bureau Stood Up to Donald Trump's Meddling," *New York Times*, August 12, 2021; Adam Liptak, "Justices Put Off Ruling on Trump Plan for Unauthorized Immigrants and Census," *New York Times*, December 18, 2020; Joseph R. Biden, "Executive Order 13986 — Ensuring a Lawful and Accurate Enumeration and Apportionment Pursuant to the Decennial Census," January 20, 2021, *The American Presidency Project*.

32  Jacob Bogage, "Postal Service Workers Quietly Resist DeJoy's Changes with Eye on Election," *Washington Post*, September 29, 2020.

33  Emily Cochrane, Hailey Fuchs, Kenneth P. Vogel, and Jessica Silver-Greenberg, "Decision to Halt Postal Changes Does Little to Quell Election Concerns," *New York Times*, August 19, 2020; Jacob Bogage and Christopher Ingraham, "USPS Processed 150,000 Ballots After Election Day, Jeopardizing Thousands of Votes," *Washington Post*, November 6, 2020.

34  Aaron Mak and Mark Joseph Stern, "Why Biden Can't Fire Postmaster General Louis DeJoy," *Slate*, February 8, 2021.

35  Donald P. Moynihan, "Public Management for Populists: Trump's Schedule F Executive Order and the Future of the Civil Service," *Public Administration Review*, 82, no. 1 (January/February 2022):

174~178, 그중 174.
36  Lisa Rein, "Trump's 11th-Hour Assault on the Civil Service By Stripping Job Protections Runs Out of Time," *Washington Post*, January 18, 2021.
37  Erich Wagner, "The Fine Print of Biden's Directive Rescinding Trump-Era Workforce Orders," *Government Executive*, January 25, 2021.
38  Moynihan, "Public Management for Populists," 174, 177.
39  Bethany A. Davis Noll, "'Tired of Winning': Judicial Review of Regulatory Policy in the Trump Era," *Administrative Law Review* 73, no. 2 (2021): 353~419; "Roundup: Trump-Era Agency Policy in the Courts," Institute for Policy Integrity, New York University School of Law.
40  Bethany Davis Noll, "Trump's Regulatory Whack-a-Mole," *Politico*, April 10, 2019. 또한 다음을 참고하라. Sharece Thrower, "Policy Disruption Through Regulatory Delay in the Trump Administration," *Presidential Studies Quarterly* 48, no. 3 (September 2018): 517~536.
41  Charlie Savage and Adam Goldman, "Trump-Era Special Counsel Secures Indictment of Lawyer for Firm With Democratic Ties," *New York Times*, September 16, 2021.
42  Zachary Cohen, Evan Perez, and Katelyn Polantz, "Russian Analyst Who Was Source for Steele Dossier Charged with Lying to FBI," *CNN*, November 4, 2021.
43  "All the People President Trump Pardoned on His Way Out of Office," *Washington Post*, January 20, 2021.
44  Katelyn Polantz and Caroline Kelly, "Barr Says Voting by Mail is 'Playing with Fire'", *CNN*, September 2, 2020
45  Jonathan D. Karl, "Inside William Barr's Breakup With Trump," *The Atlantic*, June 27, 2021; Dartunorro Clark and Ken Dilanian, "Justice Department's Election Crimes Chief Resigns after Barr Allows Prosecutors to Investigate Voter Fraud Claims," *NBC News*, November 9, 2020. 선거 사기 주장이 증거가 없다는 점은 다음을 참고하라. Andrew C. Eggers, Haritz Garro, and Justin Grimmer, "No Evidence for Systematic Voter Fraud: A Guide to Statistical Claims about the 2020 Election," *Proceedings of the National Academy of Sciences* 118, no. 45 (2021): e2103619118.
46  Carol Leonnig and Philip Rucker, "'I'm Getting the Word Out': Inside the Feverish Mind of Donald Trump Two Months After Leaving the White House," *Vanity Fair*, July 19, 2021.
47  Katie Benner, "Trump Pressed Official to Wield Dept. to Back Election Claims", *New York Times*, June 15, 2021.
48  Andrew Desiderio, "Trump Pressured DOJ to Call Election 'Corrupt', Ex-Official Wrote," *Politico*, July 30, 2021,.
49  Devlin Barrett, "Senate Report Gives New Details of Trump Efforts to Use Justice Dept. to Overturn Election" *Washington Post*, October 7, 2021.
50  Barrett, "Senate Report Gives New Details of Trump Efforts to Use Justice Dept. to Overturn Election."
51  Nick Niedzwiadek, "Jordan Tears into DOJ Officials for Hostility to Meadows' Election Fraud Inquiries," *Politico*, June 15, 2021.
52  Bob Woodward and Robert Costa, *Peril* (New York: Simon and Schuster, 2021), 101~102.

53  Robert Burns and Lolita C. Baldor, "Trump Fires Esper as Pentagon Chief after Election Defeat," *Associated Press*, November 9, 2020.
54  Bruce Ackerman, *The Decline and Fall of the American Republic* (Cambridge, MA: Belknap Press of Harvard University Press, 2010), 49~50.
55  Woodward and Costa, *Peril*, 106~107.
56  Woodward and Costa, *Peril*, 152, xix-xxiv.
57  Dominick Mastrangelo, "Vindman Calls for Milley's Resignation: 'He Usurped Civilian Authority'" *The Hill*, September 15, 2021.
58  Nicholas Fandos, "Trump Impeached for Inciting Insurrection," *New York Times*, January 13, 2021.
59  Alayna Treene, "The Senate Acquits Trump," *Axios*, February 13, 2021.
60  Nick Niedzwiadek, "Watchdog: 13 Trump Officials Violated Hatch Act During 2020 Campaign" *Politico*, November 9, 2021.
61  Jesse R. Binnall, "Memorandum in Support of Donald J. Trump's and Donald Trump Jr's Motion to Dismiss," *Washington Post*, May 26, 2021, 9, 12, 10.
62  Ashley Parker, Nick Miroff, Sean Sullivan, and Tyler Page, "'No End in Sight': Inside the Biden Administration's Failure to Contain the Border Surge," *Washington Post*, March 20, 2021.
63  Tamara Keith, "With 28 Executive Orders Signed, President Biden Is Off to a Record Start," *NPR*, February 3, 2021.
64  Adam Andrzejewski, "Biden's Bloated White House Payroll Is Most Expensive in American History," *Forbes*, July 1, 2021.
65  Joseph R. Biden, "Memorandum on Modernizing Regulatory Review," January 20, 2021, *The American Presidency Project*.
66  Rebecca Beitsch, "Biden Faces Calls to Implement Day 1 Promise of Regulatory Reforms," *The Hill*, November 17, 2021.
67  David Montgomery, "Merrick Garland Will Not Deliver Your Catharsis," *Washington Post* Magazine, July 19, 2021; C. Ryan Barber, "Democrats Reveal Their Criticisms and Frustrations with Biden's Attorney General Merrick Garland," Business Insider, November 17, 2021; Harper Neidig and Rebecca Beitsch, "Garland Sparks Anger with Willingness to Side with Trump," *The Hill*, June 12, 2021.
68  Victoria Guida, "Biden Renames Powell to Lead Fed, Risking the Left's Wrath," *Politico*, November 22, 2021.
69  Scott Wong, "Progressive Leader Calls on Biden to Unilaterally Act on Agenda," *The Hill*, December 20, 2021.
70  Sarah Owermohle, "Biden's Top-Down Booster Plan Sparks Anger at FDA," *Politico*, August 31, 2021. 이 글에서 인용된 식품의약국 자문위원은 펜실베이니아 대학교에 근무하는 전염병 전문가 폴 오핏(Paul Offit)이다.
71  Lauren Gardner, "Departing FDA Regulators Pan Covid Boosters in Paper," *Politico*, September 13, 2021.
72  Sara G. Miller, Reynolds Lewis, and Erika Edwards, "FDA Advisory Group Rejects Covid Boosters

for Most, Limits to High-Risk Groups," *NBC News*, September 17, 2021.
73  Caitlin Owens, "Booster Snafu: Shots Lagged Data by Months," *Axios*, November 23, 2021; Philip R. Krause and Luciana Borio, "The Biden Administration Has Been Sidelining Vaccine Experts," *Washington Post*, December 2021.
74  Alex Thompson and Tina Sfondeles, "Biden v. the Pentagon," *Politico*, August 30, 2021.
75  Sarah Kolinovsky and Conor Finnegan, "Biden Says Military Withdrawal from Afghanistan Will Conclude Aug. 31," *ABC News*, July 8, 2021.
76  Tara Copp, "Austin, Milley Say White House Was Advised to Keep Troops in Afghanistan," *Defense One*, September 28, 2021; Robin Givhan, "The Limits of the Military's Best Advice," *Washington Post*, September 28, 2021.
77  Matt Viser, "Biden's Promise to Restore Competence to the Presidency Is Undercut By Chaos in Afghanistan," *Washington Post*, August 16, 2021.
78  Tunku Varadarajan, "David Petraeus Reflects on the Afghan Debacle," *Wall Street Journal*, August 20, 2021.
79  Richard Haas, "The Age of America First," *Foreign Affairs*, November/December 2021.
80  Sarah Lyall, "For Some, Afghanistan Outcome Affirms a Warning: Beware the Blob," *New York Times*, September 16, 2021.
81  Charlie Savage, "Proponents of Post-Trump Curbs on Executive Power Prepare New Push," *New York Times*, September 9, 2021.
82  Savage, "Proponents of Post-Trump Curbs on Executive Power Prepare New Push."
83  Statement of Administration Policy, H.R. 5314 — Protecting Our Democracy Act, Office of Management and Budget, Executive Office of the President, December 9, 2021.
84  *U.S. v. Anthrex*, 594 U.S.(2021) (slip op., 14, 23) (Roberts, C.J., opinion of the Court).
85  *Collins v. Yellen*, 594 U.S.(2021) (slip op., 26) (Alito, J., opinion of the Court).
86  *Collins v. Yellen*, 594 U.S.(2021) (slip op., 32, fn 21) (Alito, J., opinion of the Court).
87  Evan Weinberger, "CFPB Director Kraninger Resigns at Biden's Request," *Bloomberg Law*, January 20, 2021.
88  Katy O'Donnell, "Biden Removes FHFA Director after Supreme Court Ruling," *Politico*, June 23, 2021.
89  Lisa Rein and Anne Gearan, "Biden is Firing Some Top Trump Holdovers, But in Some Cases, His Hands May Be Tied," *Washington Post*, January 24, 2021.
90  Eric Katz, "Biden Employs Aggressive Strategy to Sideline Top Career Officials at Consumer Protection Bureau," *Government Executive*, June 14, 2021.
91  "Trump's Spy Chiefs to Be Members of Cabinet: White House," *Reuters*, February 8, 2017,; Kevin Xiao, "Independence in Intelligence: National Security Reform after 9/11," Yale University, working paper, December 2021.
92  Joe Davidson, "For Judges, Biden's Actions Are a Split Decision," *Washington Post*, July 4, 2021.
93  Erich Wagner, "House Panel Advances Bill to Undo Trump Order on Administrative Law Judges", *Government Executive*, July 23, 2021.

94 Lisa Rein, "Biden Fires Head of Social Security Administration, a Trump Holdover Who Drew the Ire of Democrats," *Washington Post*, July 11, 2021.
95 "Constitutionality of the Commissioner of Social Security's Tenure Protection," Slip Opinion, Office of Legal Counsel, Department of Justice, July 8, 2021, 1, 5.
96 "Constitutionality of the Commissioner of Social Security's Tenure Protection," 15.
97 트럼프 행정부 정무직 출신 인사들이 모인 자리에서 수석 전략가를 지낸 스티브 배넌은 다음 공화당 대통령이 더 효과적으로 통제권을 잡는 데 필요한 방안에 주목했다. "행정 국가를 장악해 해체하려 한다면, 즉시 접수할 준비가 된 돌격대가 있어야 한다." Jonathan Allen, "Bannon Fires Up 'Shock Troops' for Next GOP White House," *NBC News*, October 2, 2021.
98 David M. Driesen, *The Specter of Dictatorship: Judicial Enabling of Presidential Power* (Stanford, CA: Stanford University Press, 2021).
99 *Seila Law LLC v. Consumer Financial Protection Bureau*, 591 U.S. (2020) (slip op., 2, 1) (Kagan, J., dissenting).
100 David E. Lewis, *The Politics of Presidential Appointments: Political Control and Bureaucratic Performance* (Princeton, NJ: Princeton University Press, 2008), 212~216.
101 Kent H. Barnett, "Resolving the ALJ Quandary," *Vanderbilt Law Review* 66, no. 3 (April 2013): 797~865.
102 Philip Wallach and Kevin R. Kosar, "The Case for a Congressional Regulation Office," *National Affairs*, Fall 2016.
103 Theodore J. Lowi, *The Personal President: Power Invested, Promise Unfulfilled* (Ithaca, NY: Cornell University Press, 1985).
104 Julia Azari, "Is the U.S. the Exception to Presidential Perils?" *Democracy and Autocracy* 19, no. 1 (April 2021): 12~16, 그중 15.
105 Frances McCall Rosenbluth and Ian Shapiro, *Responsible Parties: Saving Democracy from Itself* (New Haven, CT: Yale University Press, 2018).
106 이런 흐름하고 비슷하게 하원은 2021년 3월 '국민을 위한 법(For the People Act)'을 통과시켰다. 그러나 상원에서 통과될 가능성은 크지 않다[2021년 6월 22일 상원 공화당은 필리버스터를 벌여 이 법안을 저지했다 — 옮긴이]. Dartunorro Clark, "House Passes Sweeping Voting Rights, Ethics Bill," *NBC News*, March 3, 2021.

# 찾아보기

**ㄱ**

갈런드, 메릭  305

감찰관  99~102, 114, 141, 143, 144, 149, 151, 162, 164, 218, 240~247, 262~264, 268, 273, 275, 276, 292, 295

강한 국가  59~61, 74, 76, 97, 274, 281

개인 중심 정당  29, 33, 283, 302

개인적 대통령직  284

갤러거, 에드워드  111~113

견제와 균형  16, 30, 47, 52, 75, 190, 259, 271

경력직 공무원  62, 79, 97, 164, 165, 168, 203, 208, 213, 215, 219, 220, 254, 286, 291~293, 305, 314

경제연구소  175, 176, 287

경제자문위원회  92

공석개혁법  205, 213, 214, 217

공직임기법  191

공화주의  16, 75~77, 80, 92, 97, 98, 103, 275, 277

과학 전쟁  160

과학적 진실성  157, 159, 162~165, 168, 172, 174, 272, 275, 292, 316

관료주의  61, 83, 84, 107

관리 행정  10, 16, 31, 45, 73, 75, 76, 79, 90, 95, 97, 110, 117, 136, 171, 223, 226~228, 237, 274, 275, 285, 286, 303, 313, 317

관리예산실  97, 216, 219, 232

관리인 이론  89

국가다움  52, 58

국가성  52

국가안보좌관  13, 14, 135, 149, 195~201, 206, 261, 291

국가안전보장법  193

국가안전보장회의  193~196, 198, 199, 201~203

국가정보장  178, 206~210, 214, 242~245, 272, 291, 314

국립공원관리청  158

국립과학재단  178

국립기상국  113, 160, 272

국립보건원  178

국립식량농업연구소  175, 176, 287

국립알레르기·전염병연구소  180, 182, 185, 289

국립은행  86

국립행정학술원 163, 165
국민 투표 33, 74, 82, 97, 118, 124, 250, 259, 276, 281
군산 복합체 54
권력 분립 16, 28~30, 35, 36, 47, 61, 85~87, 90, 101~104, 155, 156, 221, 223, 241, 251, 276, 279, 312, 316~318
권한 부여 조항 11, 34~36, 71~74, 80~82, 96, 225, 258, 281, 301
규제 심사 79, 102, 304
규제위원회 67, 90, 91
그랑융티온 287
그레넬, 리처드 208~210

ㄴ

나바로, 피터 118, 119, 123, 125
남북전쟁 111, 129
내부 고발 14, 68, 237, 239, 240, 242, 244, 262
내부 고발자 14, 69, 99, 102, 114, 239~247, 262, 268, 291, 311
내부고발자 보호법 99, 240, 241, 245, 246, 248, 262
내부고발자 보호증진법 157
노동기준국 286
농무부 102, 113, 121, 174~176, 272, 287
뉴스타트, 리처드 56
닉슨, 리처드 58, 96~98, 101, 130, 192, 221, 237, 251, 281

ㄷ

다우드, 존 68, 139~141
다우케미칼 169, 170
단일 행정부 128, 130, 132, 134~137, 139, 140, 145, 146, 150, 152, 154, 159, 160, 164, 167, 168, 177, 181, 186, 189, 191, 192, 204, 214, 217, 221~227, 230, 231, 233, 236, 245, 246, 248~251, 254, 257, 258, 260, 264, 267, 269~271, 274~276, 278, 281, 283, 285, 288, 290, 298, 302, 313~315, 317, 319
단일행정부주의자 12, 67~69, 77, 91, 102, 103, 145, 227, 230, 278, 290
당파성 36, 82, 248, 320
대통령 중심 정부 44, 90, 91
대통령 중심주의 61, 64, 284
대통령실 73, 92, 97, 125, 140, 195
대통령제 민주정 19, 26~28, 74, 95, 285, 304, 316, 320
대통령직 9, 10, 12, 15, 16, 18, 19, 21, 22, 26, 27, 29, 33~36, 51, 73, 84, 87, 88, 90, 92, 93, 96, 100, 113, 116, 118, 120, 126, 141, 146, 150, 236, 267, 270, 276, 279~281, 284, 302, 303, 317
대통령행정관리위원회 115, 116, 120, 126, 231
더럼, 존 149~151, 295~297
더쇼위츠, 앨런 259

동원 없는 관리  27, 34, 36
딜링햄, 스티븐  292
딥 스테이트  29, 30, 32, 39~41, 43, 46, 48~52, 55, 57, 61~65, 69, 70, 112, 122, 123, 132, 137, 139, 141, 142, 145, 146, 148, 150, 158, 162, 168, 186, 187, 203, 205, 217, 220, 224, 238, 245, 246, 250, 254, 257, 260, 267~271, 281, 283, 286, 288, 295, 297~299, 304, 316
딥스로트  237

## ㄹ

라오, 네오미  67, 74, 154, 155
라이트하이저, 로버트  125
래트클리프, 존  207~210, 291
럼즈펠드, 도널드  101
레이건, 로널드  44, 78, 79, 102, 103, 130
로스, 윌버  162, 165
로젠스타인, 로드  138, 147
로젠탈, 벤저민  101
루스벨트, 시어도어  80, 89, 192
루스벨트, 프랭클린  91, 92, 115, 156, 188, 231, 232
링컨, 에이브러햄  111

## ㅁ

마이어스, 배리  165
매코널, 미치  186
매티스, 제임스  120
맥과이어, 조지프  208, 209, 242~244
맥러플린, 존  70
맥매스터, 허버트 레이먼드  197~200, 202
맥엔티, 조니  192
맥케이브, 앤드루  136, 137, 148, 297
멀베이니, 믹  162, 176, 216~220
메도스, 마크  127, 183
뮬러, 로버트  133, 138~143, 145~148, 150, 154, 207
미국 무역대표부  125
미국 예외주의  51, 60
미국-멕시코-캐나다협정  125
미국작물보호협회  169
미국지질조사국  287
민주주의보호법  311, 318
밀러, 스티븐  211, 212, 245

ㅂ

바, 윌리엄  68, 145, 262, 295, 296,

바이든, 조  25, 186, 238, 284, 285, 287~289, 291, 294, 302~314, 316

배넌, 스티브  69, 70, 117, 122, 125, 137

백악관  12, 14, 32, 40, 42, 68, 88, 96, 97, 111, 113, 115~119, 121~123, 125, 126, 130~132, 138, 139, 158, 161, 170, 172, 173, 181~183, 186, 187, 192, 194, 209~213, 217, 241, 242, 244~246, 250, 256, 258, 261, 263, 268, 269, 272, 275, 276, 285, 286, 297, 298, 301, 303, 306, 311

벅스, 데보라  182, 183, 187

법률 형식주의  15, 28, 155

법률자문실  68, 147, 216, 218, 242~245, 247, 263, 268, 272, 314, 315

법률주의  107

법무부  128, 130~134, 136~139, 141, 143, 145~155, 166, 216, 225, 229, 242~244, 247, 251, 252, 256, 262, 272, 275, 276, 284, 288, 295~298, 305, 311, 314

베네수엘라  200

벨, 그리핀  130, 131, 152

보건교육복지부  98, 101

볼턴, 존  199, 200, 202

부스터 샷  306, 307, 309

부시, 조지 워커  45, 78, 133, 158

북대서양조약기구  198, 309

북미자유무역협정(나프타)  121, 122, 125

북한  200

브록, 빌  99

빈드먼, 알렉산더  252, 261, 299

ㅅ

사회 혁명  78, 79, 94, 275

삼권 분립  18, 75

상설 공무원  90, 129

상설 정부  45

상임직 공무원  194

선거 위임  87, 124

선거인단  15, 81, 283, 299, 302

선스타인, 캐스  275

설명 책임  69, 74~76, 86, 91, 97, 130, 181, 221, 227, 231, 232, 235, 250, 258, 269, 312, 316, 320

세션스, 제프  137, 152

세큘로우, 제이  139, 141, 258

셔크, 제임스  221, 222, 226, 293

소비자금융보호국  68, 206, 214~221, 206, 268, 269, 273, 286, 312~314, 317

손들랜드, 고든  238, 254, 255, 261
수정 헌법 12조  85
수질오염방지법  158
슈머, 척  112
스칼리아, 안토닌  101
스케줄 에프  293, 294
스트로크, 피터  137, 142, 143, 147, 148
스펜서, 리처드  111~113
시민사회  53
시스나, 리 프랜시스  211~214
시프, 애덤  243, 244, 246, 258
식품의약국  160, 180, 185, 188, 306, 307
심도  12, 30~32, 41~49, 51, 52, 54~58, 60~66, 70, 72, 76, 84~86, 93, 107, 110, 112~116, 123, 125, 126, 128, 133, 136, 143~145, 148, 154, 157, 158, 160, 164, 168, 169, 173, 174, 176, 178, 189~192, 194, 195, 197, 203, 206, 215, 221, 223, 230, 236, 240, 246~248, 257, 258, 260, 264, 268~279, 281, 286, 287, 294, 295, 310, 312, 315~317, 319
심층 국가  39, 40, 47, 48, 50, 51, 58, 61~63, 65, 66, 71, 118, 119, 123, 280, 285
쌍둥이 유령  29, 47, 50, 63, 119, 124, 132, 166, 217, 238, 245, 267, 277, 285, 304

ㅇ

아이젠하워, 드와이트  54, 55, 175, 195, 196
아틀라스, 스콧  187, 188
아프가니스탄  197, 198, 200, 203, 307~309
앳킨슨, 마이클  241~243, 262
약한 국가  58, 60, 61, 274
연방 항소법원  67, 154, 155, 230, 290, 305
연방거래위원회  91
연방공개시장위원회  235
연방수사국  13, 57, 68, 70, 74, 113, 128, 130~139, 141~145, 149~151, 192, 268, 269, 273, 275, 292, 295, 296, 298
연방주의자협회  67, 78, 230
연방준비제도(연준)  14, 54
염려하는 과학자 모임  159, 172~174, 176
엽관제  88, 89, 222
예산국  92, 97, 98
예산회계법  89
오바마, 버락  45, 79, 133, 134, 159, 160, 167, 215, 226, 233, 308
오브라이언, 로버트  200~203, 261, 291
외국첩보감시법  144, 151, 296
요바노비치, 마리  254, 257

우드워드, 밥  122
우정청  22, 293
우크라이나  68, 200, 201, 238~240, 244, 248, 249, 251~257, 261, 262, 273
워런, 엘리자베스  215, 217
워싱턴, 조지  81
워터게이트  58, 78, 100, 102, 130, 142, 238, 251, 252, 276, 311, 318
원본주의자  34
윌슨, 우드로  89
유, 존  68
의원 총회  86, 95
의회심사법  173, 291
의회예산처  98, 99
이민 판사  222, 288
이민국  14, 211~214, 272, 288
이민귀화국  103, 175
이익 집단  53, 125, 167
이익 집단 자유주의  51, 61
인구조사국  22, 292
인사위원회  91
일반 투표  66
일방주의  87, 97, 303
임명권  13, 190, 191, 215, 216, 230, 319
임명직 공무원  194
입법 예고  157~159, 223, 291
입법부 재조직법  92
입법적 거부권  102, 103
잉글리시, 리앤드라  216~218, 220, 269

ㅈ

자유무역협정  118
잭슨, 앤드루  86
전당 대회  87, 88, 301, 319
전쟁권한법  101
정경 유착  55
정보규제국  67, 232, 275, 303, 304, 319
정보기관 내부고발자 보호법  99, 240, 246, 248
정부윤리법  99
정치적 동원  26~28, 33, 36, 301, 317, 319
제도 배치  26, 27, 29, 30, 33, 35

제왕적 대통령제  271
제이콥스, 닐  162~164
제퍼슨, 토머스  84, 86
제퍼슨주의자  84~86
제헌 의회  17
젠크스, 토머스  129, 130
젤렌스키, 볼로디미르  238, 239
좋은 정부  25, 26, 30, 32, 36, 56, 70, 74, 120, 124, 131, 135, 141, 192, 249, 253, 269, 273, 310, 315\
주택도시개발부  286
줄리아니, 루디  255, 256
중앙 허가  100
중앙정보국  14, 70, 150, 193, 203, 208, 240, 292, 299
증권거래위원회  224~226, 228, 229, 314
지식 기반 권위  113, 156~158, 160, 161, 167, 174, 179, 182, 188
질병통제예방센터  179~182, 184, 187, 188, 307

**ㅊ**

체니, 딕  101
최고 행정관('최고' 행정관)  27, 41, 43, 46, 49, 53, 68, 72, 80, 88, 110, 140, 193, 273, 278

**ㅋ**

카소위츠, 마크  68
카터, 지미  78, 79, 102, 111, 232
캐버노, 브렛  67, 231, 317
커먼스, 존  109
커틀러, 로버트  196
케이건, 엘레나  79, 226, 228
켈리, 존  126
코드레이, 리처드  215~218
코로나19  113, 177, 234, 235, 263, 288, 289
코미, 제임스  192
코츠, 댄  207, 208
콘, 게리  118~120, 122, 123
쿠슈너, 재러드  126, 183, 197
쿠치넬리, 켄  211~214, 291
크로스파이어 허리케인  133, 144
클로르피리포스  169~171, 173
클린턴, 빌  79, 247
클린턴, 힐러리  132, 134

ㅌ

탄핵　14, 17, 101, 114, 147, 237~239, 244, 247~253, 257~261, 263, 264, 271, 279, 299, 300
토지관리국　177, 287
투명성　170, 171, 173, 174, 290, 291
튀르키예　11, 39, 40, 202
트럼프 추론　192
트럼프주의　26, 33, 35, 284, 285
트루먼, 해리　92, 194, 195, 203
특별검사　67, 102, 103, 132, 138, 139, 141, 143, 146, 147, 154, 207, 295, 301, 311, 313, 315

ㅍ

파우치, 앤서니　180, 182~185, 187, 188, 272, 289
파우치주의　289
파운틴, 로렌스　100, 102
파월, 제롬　233~235, 305
팬데믹　13, 113, 177~179, 182, 184, 186, 187, 189, 234, 263, 284, 288, 289, 293, 296, 300, 306
퍼듀, 소니　121, 175, 176
페이지, 리사　142~144, 148
펜들턴법　164, 222
펠로시, 낸시　244, 248, 260, 264, 299
포드, 제럴드　100, 102
포크, 제임스　88
포터, 롭　119, 121, 122, 125, 202
포퓰리스트　12, 320
포획　53, 54, 95
푸틴, 블라디미르　198, 207
프루이트, 스콧　166, 170, 171
프리버스, 라인스　117, 119, 126
플린, 마이클　135, 136, 149, 152~154, 196, 197, 296

ㅎ

한미자유무역협정　122
해밀턴, 알렉산더　80, 190
해스펠, 지나　292, 299
해양대기청　160, 162~165
해임권　13, 90, 190, 226, 229, 232, 273, 293
해치법　91, 300, 301, 311
행정 관리자　29, 43~45, 49, 53, 54, 56, 62, 63, 70, 78, 99, 110, 113, 122, 128, 139, 141, 143, 145, 149, 204, 241, 245, 248, 249, 256, 260, 268, 273, 283, 285, 298, 305, 306, 310, 312, 318

행정권  11, 26, 29, 34, 35, 44, 48, 57, 67~69, 71, 72, 80, 81, 84, 96, 99, 101, 108, 189, 193, 221, 222, 225, 257, 259, 264, 269, 274, 278, 285, 302, 311, 312, 315

행정법 판사  222~230, 273, 312, 314, 319

행정보좌관  115

행정부 관리  26, 27, 30, 100, 302, 316, 320

행정부 헌정주의  247

행정부재편법  115

행정절차법  92, 157, 223, 228, 291

헌법 원본주의  15

헌법 제2조(헌법 2조)  11, 26, 34, 44, 48, 71, 72, 75, 96, 101, 140, 155, 222, 225, 226, 248, 257, 259, 263, 278, 301, 302

헌법 제정자  15, 16, 27, 33, 35, 61, 68, 69, 74, 77, 80~82, 86, 96, 190, 221, 226, 259, 277~279, 281, 301

험프리, 휴버트  99, 100

협치  16, 75, 85, 86, 93, 98, 274, 279, 311, 316, 319

호로위츠, 마이클  141~144, 149~151, 247, 262

환경보호청  113, 158~160, 166, 168~174, 288, 290

환태평양경제동반자협정  119

회계감사원  91, 158, 214, 275, 288, 313

후버, 에드거  57, 131, 142

후보 지명권  95

휠러, 앤드루  168, 171~173

375